제3판

알기쉬운

재무관리

이상우 · 이의경

Principles of

Corporate Finance

명경사
MYUNGKYUNGSA

[제3판] 머·리·말

〈알기 쉬운 재무관리〉라는 이름으로 초판을 낸 지가 벌써 11년이 되었다. 그 사이에 제2판을 냈고 이제 제3판을 출간하게 되었다. 독자들의 지속적인 관심에 진심으로 감사한다.

2007년 후반 미국에서 시작된 금융위기가 세계경제를 뒤흔들어 많은 사람들이 어려움을 겪었다. 더블딥의 가능성을 경고하는 주장도 있지만 지금은 대체로 조심스럽게 경기회복을 점치고 있다. 이러한 금융위기의 반복성은 곧 재무관리의 중요성과 연결되어 있다. 재무관리에서 다루는 자금의 조달과 운용이라는 과제는 어느 시기에서나 누구에게나 계속적으로 요구되기 때문이다.

초판을 낸 후 제2판에 재무제표의 활용과 파생금융상품을 추가하고 본서의 내용은 크게 달라진 것이 없다. 본서는 크게 5부로 구성되어 있다. 1부는 재무관리의 기초개념, 2부는 투자결정, 3부는 위험과 수익률, 4부는 자본조달, 그리고 5부는 파생금융상품의 구조로 되어 있다. 재무이론의 큰 변화가 없었기에 당분간 이러한 구조도 크게 바뀌지는 않을 것 같다. 다만 제3판에서는 각 이론의 내용에 해당하는 사례를 신문기사에서 구하여 재무사례모음으로 수록하였다. 각 장을 공부한 후 이를 활용하면 현장감 있는 공부가 될 것이라고 생각된다. 그 외에도 그 동안 본서를 교재로 강의하면서 의미전달이 모호했던 부분과 오탈자 등을 수정하여 독자들의 이해를 돕고자 하였다.

새 책을 쓰는 것만큼이나 개정하는 작업도 적잖게 부담이 된다. 매번 충분히 완성된 교재를 내지 못하는 것 같은 불안감 때문이다. 꾸준한 관심과 노력을 더해 좀 더 나은 모습으로 독자들과 만날 것을 다짐한다.

2011년 1월
저자들 씀

머·리·말

IMF로부터 구제금융을 받으면서 재무관리에 대한 관심이 매우 높아졌다. 거의 모든 뉴스가 주가, 금리, 환율의 동향에 대한 보도로 시작되고 기업들의 재무구조에 관한 기사도 연일 끊이지 않는다. 이렇게 된 계기는 유감스럽게도 외환위기에서 비롯된 것이지만 아무튼 일반인들까지도 금융에 대해서 새롭게 인식하게 된 것은 다행이라고 하겠다. 금융선진국만이 미래의 세계경제를 주도할 수 있다고 생각하기 때문이다.

이와 때를 같이하여 우리나라의 최근 교육환경도 거의 모든 대학에서 학부제가 도입되면서 크게 변화되었다. 특히 기존의 필수과목들이 선택과목으로 바뀌게 되면서 전공별, 과목별로 경쟁적 관계에 놓이게 된 경우가 많은데 재무관리도 예외가 아닌 것 같다.

이렇게 커다란 두 가지의 환경변화에 대응해서 저자들은 재무관리에 관심을 갖게 된 학생들이 가급적 쉽게 공부할 수 있도록 「알기 쉬운 재무관리」를 쓰게 되었다. 따라서 본서는 다음과 같은 특징을 살리고자 하였다.

첫째, 학생들의 부담을 작게 하기 위해서 내용을 쉽게 다루었다. 앞으로는 많은 학생들이 재무관리를 선택과목으로 수강하는 경우가 많을 것인데 처음부터 어려운 내용을 접하게 되면 투자론이나 금융기관론 등 후속과목에 대해 흥미를 잃게 될 것이기 때문이다. 그리고 최근 많은 주목을 받는 증권투자 및 증권시장에 대한 내용 뿐만 아니라 매스컴에서 자주 등장하는 재무용어와 관련사이트를 소개하였기 때문에 학생들의 관심을 높일 수 있을 것으로 기대된다.

둘째, 실제로 한 학기에 교재의 내용을 마칠 수 있도록 구성하였다. 그동안 교재의 분량이 방대하여 한 학기에 교재의 일부만을 다루고 종강하거나 한 교재를 여러 학기에 걸쳐서 다루는 경우가 적지 않았다. 이런 경우 가르치는 교수나 배우는 학생 모두 학기를 끝내면서 성취감보다는 미진하거나 지루하다는 느낌을 가질 수 있다. 따라서 다른 과목의 내용과 중복되는 내용은 빼고 현대재무이론에서 꼭 필요하다고 생각되는 내용만을 다루었다.

셋째, 현대재무이론에서 중요한 비중을 차지하는 내용은 전개과정이 어렵다고 해서 내용을 빼거나 논리적인 비약을 하지 않았다. 오히려 쉬운 개념으로 차근차근 설명하고자 하였다. 예를 들어 자본자산가격결정모형(CAPM)에 대한 설명도 기존의 수리적 방법을 따르지 않고 효용이론과 일관성을 유지하면서 쉽게 다루었다. 이러한 방법을 따르면 효용이론과 자산가격결정모형을 함께 설명할 수 있게 된다.

넷째, 본문의 내용을 설명하면서 가급적 많은 예제를 이용하였다. 또한 필요한 경우에는 예제를 먼저 설명하면서 이론적 내용을 도출하기도 하였다. 이러한 방법을 통해서 학생들의 지속적인 관심을 유도할 수 있을 뿐만 아니라 재무이론의 현실적 이해를 도모할 수 있다고 생각되기 때문이다.

다섯째, 연습문제에서는 본문의 내용을 보완하는 문항 뿐 아니라 본문에서 다루지 못한 내용들도 추가적으로 다루었다. 따라서 연습문제가 다소 어렵게 느껴질 수도 있겠으나 이를 충실히 풀어보면 보다 높은 차원의 학습효과를 얻을 것으로 기대된다.

저자들은 내용의 구성과 집필과정에서 서로 많은 의견을 내고 토론과 검토를 반복하였다. 그래야만 실질적인 공저의 효과를 얻을 수 있을 것이기 때문이다. 이러한 의욕에도 불구하고 여러 부족한 점이 남아 있을 것으로 생각되는데 독자들의 비판과 의견을 기대한다.

책을 내면서 저자들을 가르쳐주신 서울대학교 심병구 명예교수님, 윤계섭교수님, 박정식 교수님, 김영진 교수님께 먼저 감사드리고 싶다. 항상 격려를 아끼지 않으시는 선후배, 동료 교수님들과 언제나 든든한 힘이 되어 주는 가족들에게도 감사한다. 끝으로 이 책의 출판을 위해 애써 주신 한의명사장, 임기택부장께 진심으로 고마움을 표한다.

2000년 1월
저자들 씀

주요 차례

차 례

제 1 부 재무관리의 기초개념

제1장 재무관리란 무엇인가?

제2장 재무제표의 이해

제3장 화폐의 시간적 가치

제 2 부 가치와 투자결정

제4장 자본예산

제5장 증권시장의 이해

제 3 부 위험과 수익률

제7장 위험과 효용

제8장 체계적 위험 : 베타

제11장 자본구조이론(Ⅰ)

제12장 자본구조이론(Ⅱ)

제13장 배당정책

제14장 리스금융

제 5 부 파생금융상품

제15장 선물거래

제16장 옵션거래

제 1 부 재무관리의 기초개념

제 1 장 재무관리란 무엇인가?

재무관리는 경영학의 한 분야이다. 재무관리에서는 기업활동에 필요한 자금을 조달하고 이를 운용하는데 관련된 의사결정문제를 주된 연구대상으로 삼는다. 재무관리에서는 이러한 의사결정을 통해 기업가치를 극대화하는데 목표를 두고 있으며 기업과 관련된 현금흐름이 중요한 분석대상이 된다. 재무관리이론이 다양하게 발전되어 왔지만 모두 이러한 기초적 명제에서 시작된 것이다.

제 1 절 경영학과 재무관리

1. 경영학이란?

재무관리는 경영학의 한 분야이다. 따라서 재무관리를 공부하기에 앞서서 경영학 전반에 대해서 먼저 살펴 볼 필요가 있다. 경영학을 한마디로 정의하면 기업경영을 연구하는 학문이라고 할 수 있다. 따라서 우리가 직접 기업을 경영한다고 가정할 때 어떤 자원이 필요한가를 떠올리면 경영학에서 어떤 공부를 하게 되는지를 자연스럽게 알 수 있다.

재무관리

첫째, 기업을 운영하려면 우선 자금이 있어야 한다. 사무실이나 공장을 얻으려고 해도 자금이 필요하고 원재료를 사거나 직원들에게 임금을 주려고 해도 자금이 필요하다. 이렇게 필요한 자금은 주주가 직접 출자하거나 또는 은행과 같은 금융기관에서 빌려야 한다. 재무관리에서는 이렇게 필요한 자금을 가장 좋은 조건으로 조달할 수 있도록 분석작업을 수행한다. 그리고 조달한 자금을 운용할 때에는 어떤 곳에 투자하는 것이 가장 수익성이 높은가를 판단할 수 있는 투자결정기준을 제시한다.

인사관리

둘째, 기업활동을 하려면 일할 사람들을 모아야 할 것이다. 이 과정에서 어떤 사람을 선발할 것인가, 그리고 선발된 사람들을 어떻게 관리해야 하는가를 연구하는 것이 인사관리이다. 좀더 구체적으로 설명하면 인사관리에서는 적절한 인재를 선발하고 이들을 교육, 훈련시키는 일부터 이들이 수행한 업무성과를 평가하는 작업을 수행한다. 아울러 그 평가결과를 이용해서 임금이나 승진에 반영시키고 다른 부서로 배치하는 등의 작업도 수행하게 된다.

생산관리

셋째, 기업이 이익을 얻기 위해서는 제품이나 서비스를 생산하여 소비자에게 판매해야 할 것이다. 그런데 제품이나 서비스를 생산하려면 먼저 공장을 세우고 생산설비를 갖추어야 한다. 그리고 원재료를 구입하여 이를 가공해서 제품을 만들게 된다. 이렇게 제품의 생산과 관련된 활동을 효율적으로 수행하는 학문이 생산관리이다. 구체적으로는 어느 곳에 공장을 설립할 것인가, 어떤 설비를 도입하고 어떻게 배치할 것인가 하는 문제부터 작업공정의 관리, 원재료 및 제품 등 재고관리, 그리고 품질관리문제를 다루게 된다.

마케팅관리

넷째, 기업의 제품이나 서비스의 수요자는 고객이다. 따라서 기업은 고객이 어떤 제품을 원하는지를 파악하여 이들의 요구에 맞는 제품이나 서비스를 생산하고 이를 고객에게 널리 알려야 하는데 이러한 제반 활동들을 수행하는 것이 마케팅관리이다. 구체적으로는 어떤 제품을 생산하며, 가격은 얼마로 할 것인가, 판매망은 어떻게 구축하며 어떤 방법으로 홍보를 할 것인가를 결정하는데 이러한 기능을 흔히 4P(product, price, place, promotion)라고 한다.

회계학

다섯째, 앞서 설명한 기업활동을 수행하다보면 거의 모든 활동이 화폐적 거래를 수반한다. 회계학에서는 기업활동을 화폐단위로 측정하고 기록하는 작업을 한다. 이를 통해 1년 동안 얼마를 벌었고 얼마를 썼는지, 이익이나 손실은 어느 정도인지를 파악해서 손익계산서로 나타내고 그 결과로 재산상태는 어떠한지를 재무상태표로 나타낸다. 이러한 손익계산서나 재무상태표와 같은 재무제표를 통해서 이해관계자에게 회계정보를 제공하는 것이 회계학의 주된 작업이다.

〈표 1-1〉 경영학의 내용

경영학의 분야	각 분야별 주요 내용
재무관리	자금조달과 운용, 투자결정, 위험관리 등
인사관리	채용, 교육 및 훈련, 인사고과, 조직관리 등
생산관리	공장입지, 설비배치, 공정관리, 품질경영 등
마케팅관리	제품계획, 가격결정, 판매망구축, 광고 등
회계학	회계자료의 처리, 회계정보의 제공 등

2. 재무관리의 특징

앞서 설명한 바와 같이 재무관리는 경영학의 한 분야를 구성하고 있지만 기업을 보는 시각이 다른 전공분야와는 뚜렷한 차이가 있다. 재무관리는 기업의 자금과 관련된 활동들을 효율적으로 관리하는 학문이다. 이러한 맥락에서 재무관리에서는 기업을 자금이 투입되고 이로부터 자금이 창출되는 블랙박스로 본다.

재무관리의 이러한 시각은 기계를 구입하거나 어떤 투자안을 수행하는 경우에도 그대로 적용된다. 기계를 구입할 때에 자금이 투입되고 이 기계로 생산된 제품이 판매되면서 자금이 창출되기 때문이다. 또한 투자안을 수행할 때에도 자금이 투입되지만 그 투자수익으로 자금이 창출되기 때문이다.[1)]

따라서 투입되는 자금보다 창출되는 자금이 더 많도록 하는 것이 재무관리의 목표가 될 것이다.

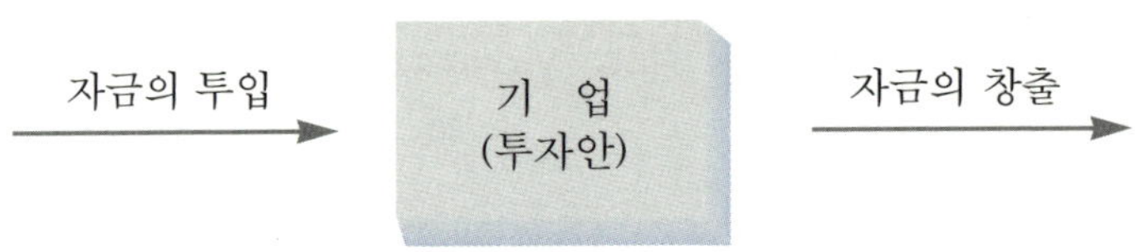

그림 1-1 재무관리에서 기업을 보는 시각

---

1) 예를 들어 어떤 투자안을 수행하기 위해서 현재 1억원의 자금을 투입해야 하고 이 투자안을 통해 1년 후 7,000만원, 2년 후 7,000만원의 자금을 얻을 수 있다면 재무관리에서는 이 투자안을 다음과 같이 본다(단, 음수는 자금유출을, 양수는 자금유입을 나타낸다).

시 점	0	1	2
현금흐름	−1억원	7,000만원	7,000만원

이렇듯 재무관리에서는 인사, 생산, 마케팅 등 다른 요소는 무시하고 자금흐름의 시각으로 기업활동을 바라본다는 특징을 가지고 있다.

제 2 절 재무관리의 구성 내용

넓은 의미의 재무관리(finance)는 크게 기업재무, 투자론, 금융기관론 등 세 가지 내용으로 구성된다. 그런데 이러한 세 가지 내용은 서로 밀접하게 연관되어 있기 때문에 획일적으로 구분되지 않는 경우도 있다. 그러나 각 내용의 중요한 부분을 간단하게 정리해서 소개하면 다음과 같다.

1. 기업재무

기업재무(corporate finance)란 기업의 경영활동 중에서 자금의 조달과 운용에 관련된 계획을 세우고 이를 집행하며 통제하는 활동을 말한다. 이는 재무관리를 주로 기업의 재무담당자의 관점에서 보는 것이라고 할 수 있다. 따라서 여기서는 시설투자의 결정, 차입금의 조달, 회사채나 주식의 발행, 배당지급, 운전자본의 관리 등 기업활동과 관련된 내용을 공부하게 된다. 보통 좁은 의미로 재무관리(financial management)라고 하면 기업재무를 말하는 것이다.

대체로 재무관리교재가 그렇듯이 이 책에서 다루는 내용도 주로 기업재무와 관련된 것이며 투자론의 일부 내용도 포함하고 있다.

2. 투자론

투자론(investment theory)은 주로 주식이나 채권 등이 거래되는 증권시장과 이들 증권에 대한 투자결정문제를 다루는 것이다. 먼저 증권시장의 구조를 이해하고 증시동향을 파악하는 방법, 그리고 증권거래와 관련된 제도 등을 공부한다.

그리고 투자결정과 관련된 첫째 문제로 어떤 종목을 선택할 것인가를 결정해야 하는데 이때는 증권의 내재가치를 나타내는 균형가격을 산출하는 것이 중요한 문제가 된다. 이를 위해 증권의 내재가치를 평가하기 위한 가격결정모형(pricing model)을 다룬다. 둘째 문제로는 선택된 종목을 어느 시점에서 사고 어느 시점에서 팔아야 하는가를 결정해야 하는데 이와 관련된 다양한 기술적 기법들이 소개된다.

3. 금융기관론

기업들은 은행 등 금융기관을 통해서 필요자금을 조달한다. 한편 개인들은 여유자금을 금융기관을 통해서 금융자산에 투자한다. 이때 금융기관은 금융시장을 구성하면서 개인들의 여유자금을 모아서 기업에 공급해 주는 중개기관의 역할을 수행한다.

금융기관론(financial institution theory)에서는 이러한 금융기관의 존재이유와 금융기관을 관리하기 위한 경영기법, 그리고 금융기관이 받고 있는 규제에 대한 내용을 다룬다.

〈표 1-2〉 재무관리의 내용

재무이론의 구성	주 요 내 용
기업재무	자금의 조달과 운용, 실물투자결정, 배당지급
투자론	증권시장의 구조, 투자종목의 선택, 매매시점의 포착
금융기관론	이자율이론, 금융기관의 존립이유, 금융기관의 경영기법

제 3 절 재무관리의 기능

재무관리의 기능을 한마디로 정의하면 자금을 조달하고 이를 운용하는 것이다. 이러한 재무관리의 기능은 재무상태표의 구조를 이용하면 쉽게 이해될 수 있다. 본절에서는 재무상태표의 구조를 이용해서 재무관리의 기능을 설명하기로 한다.

1. 재무상태표

재무상태표(또는 대차대조표)란 일정한 시점에서 특정기업의 재무상태를 나타내는 재무제표를 말한다. 이때 〈그림 1-2〉에서 보는 것처럼 재무상태표의 차변은 원재료, 제품, 기계설비, 건물 등 기업이 보유하고 있는 자산을 표시하고 있다. 그리고 대변은 이러한 보유자산을 취득하기 위해서 어떤 형태로 자금을 조달했는가를 나타낸다. 즉, 대변은 부채와 자본으로 구성되는데 부채가 많으면 자산을 취득하기 위해서 빌린 돈이 많다는 뜻이고 자본이 많으면 자산을 취득하기 위해서 주주가 출자한 돈이 많다는 뜻이 된다.

재무상태표

자금운용 →	유동자산	부 채	← 자금조달
	고정자산	자 본	
	자산총계	부채와 자본총계	

그림 1-2 재무상태표

2. 차변과 투자결정기능

재무상태표의 차변측면에서 볼 때 재무관리의 중요한 기능은 투자결정(investment decision)기능이다. 앞서 말한 대로 재무상태표의 차변은 기업이 영업활동을 하기 위해서 보유하고 있는 자산을 나타내고 있다. 이는 곧 조달한 자금을 운용한 상태를 의미하는 것이기 때문에 자금운용에 관한 투자결정이 재무관리의 중요한 기능이 되는 것이다.

재무관리에서는 건물, 토지, 기계설비 등과 같이 비교적 투자금액이 크고 투자효과도 장기간에 걸쳐서 나타나는 고정자산에 대한 투자결정방법으로서 자본예산(capital budgeting)을 공부하게 된다. 자본예산에서 공부하는 원리는 재무이론 전반에 걸쳐서 이용되기 때문에 매우 중요한 내용이라고 할 수 있다. 이외에 원재료, 제품, 매출채권 등과 같은 유동자산과 관련된 내용은 운전자본관리(working capital management)에서 다룬다.

3. 대변과 자본조달결정

재무상태표 대변은 자산구입, 즉 투자안을 수행하기 위해서 기업이 조달한 자금의 형태를 나타내는 것이다. 이와 관련한 재무관리의 기능은 자본조달결정(financing decision)기능이다. 이때에는 필요자금을 부채로 조달하는 것이 유리한지, 아니면 자기자본으로 조달하는 것이 유리한지를 결정해야 한다. 이러한 결정에서 판단기준이 되는 것은 자본비용(cost of capital)이다. 즉, 자본을 조달하면서 부담하게 되는 자본비용이 최소화되도록 자금을 조달해야 한다. 어떻게 자금을 조달해야 자본비용을 가장 작게 하고 동시에 기업가치를 극대화할 수 있는가를 자본구조이론(capital structure theory)에서 다룬다.

그리고 배당정책은 기업의 당기순이익을 주주에게 지급할 배당금과 미래투자를 위한 유보이익으로 나누는 것을 말한다. 이러한 결정은 자본조달과 관련되어 있기 때문에 배당이론(dividend theory)도 자본조달결정의 맥락에서 살펴볼 수 있다.

제 4 절 재무관리의 목표

경영학의 각론 중에서 재무관리는 회계학과 밀접한 관계에 있다. 회계학에서는 과거의 회계자료를 수집하여 재무제표 등 회계정보를 만들어 내는 반면, 재무관리에서는 이러한 정보를 이용해서 미래의 투자결정과 관련된 문제를 다루기 때문이다.

그러면서도 기업의 성과를 평가하거나 기업가치를 산출하는데 있어서 중요한 차이점이 있기 때문에 주의할 필요가 있다. 가장 중요한 차이점은 재무관리에서는 주된 평가기준으로 시장가치개념을 따르는데 비해서 회계학은 역사적 원가개념을 따른다는 것이다. 보다 구체적인 내용을 살펴보자.

1. 순이익과 현금흐름

회계학에서는 기업의 1년 동안의 성과를 순이익으로 측정한다. 이때의 순이익은 수익에서 비용을 차감하여 산출된 값이다. 그런데 여기서 순이익을 산출할 때에는 회계원칙을 따르도록 하고 있다. 그러므로 회계원칙이 변경되면 순이익도 달라지게 된다.

한편, 재무관리에서는 기업의 성과를 순현금흐름으로 측정한다. 이때의 순현금흐름은 현금수입에서 현금지출을 차감해서 산출한다. 따라서 순현금흐름은 실제로 기업에 유입되는 현금흐름이기 때문에 회계원칙이 변경되어도 달라지지 않는 것이다.

2. 현금흐름이 중요한 이유

재무관리에서는 순이익보다는 현금흐름을 중요하게 생각한다. 왜냐하면 기업이 경영활동을 하면서 종업원에게 임금을 지급하거나 원재료를 매입하거나 부채를 상환할 때에 필요한 것은 현금이지 회계상의 순이익이 아니기 때문이다. 회계상의 순이익은 많지만 현금이 부족하면 기업이 파산할 수 있으며 우리는 실제로 이러한 흑자도산의 사례를 자주 보아왔다.

그리고 물건을 팔면서 외상으로 2년 후에 1,000만원을 받는 경우와 지금 당장 현금으로 999만원을 받는 경우와 비교해 보자. 회계상 순이익은 외상판매의 경우가 더 크겠지만 누구나 현금매출이 더 바람직하다는 것을 안다. 실제로 많은 기업들이 큰 폭의 할인을 해주면서까지 현금으로 판매하는 것을 볼 수 있다.

결론적으로 기업의 가치를 결정하는 것은 회계상의 순이익이 아니라 실제로 기업에 들어오게 되는 순현금흐름이기 때문에, 재무관리에서는 현금흐름을 중요하게 보는 것이다.

3. 기업가치의 극대화

회계학에서는 대차대조표에 표시된 자산총계를 기업가치로 본다. 그러나 이 값은 회계원칙을 따라서 역사적 원가로 산출된 것이기 때문에 진정한 기업가치를 나타내지 못한다. 진정한 기업가치를 산출하려면 자산가치를 시장가치로 평가해야 한다.

재무관리의 목표는 기업가치를 극대화시키는 것이다. 그런데 시장가치로 측정된 자산가치는 앞서 설명한 현금흐름과 비례관계에 있다. 즉, 기업이 창출하는 현금흐름이 커질수록 기업가치도 커진다. 그러나 동일한 현금흐름이 발생하여도 높은 대가로 자본을 조달한 기업은 낮은 대가로 자본을 조달한 기업에 비해 가치가 낮을 것이다. 따라서 재무관리에서는 자금의 조달(낮은 비용으로 자본조달)과 자금의 운용(순현금흐름의 극대화)이라는 두 가지 기능을 통해서 기업가치의 극대화를 달성하고자 하는 것이다.[2] 이러한 재무관리의 목표를 그림으로 나타내면 〈그림 1-3〉과 같다.

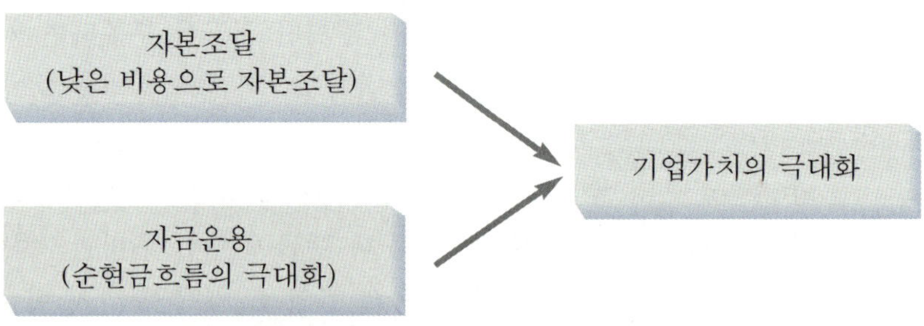

그림 1-3 재무관리의 목표

2) 재무상태표의 대변의 측면에서 보면 기업의 가치란 자기자본의 가치(즉, 주식의 가치)와 타인자본의 가치(즉, 부채의 가치)의 합이다. 그런데 부채의 가치란 크게 변동하는 것이 아니므로 기업가치의 극대화란 주식가치의 극대화와 동일한 개념이라고 할 수 있다.

제 5 절 재무관리이론의 발달

재무관리이론의 많은 부분은 경제학원리에 이론적 토대를 두고 있다. 이러한 이유로 재무관리이론의 발전은 경제학의 발전과 밀접한 관련을 가지고 있는데 그 발전에 기여한 주요 이론들을 살펴보자. 각 이론을 주장한 학자들을 중심으로 대략적인 시대순에 따라서 중요한 내용을 소개하면 다음과 같다.

1. 기업재무

Dewing(1920)

듀잉(A. Dewing)이 그 당시까지 발전되어 온 자금관리 및 재무분석기법을 정리해서 1920년에 '*The Financial Policy of Corporation*' 이라는 책으로 발간하였는데 이는 재무관리의 기초를 마련하는 계기가 되었다.

Dean(1951)

제2차 세계대전 이후 군사적 목적으로 이용되었던 각종 계량적 기법들이 경영기법으로 많이 활용되었다. 딘(J. Dean)은 이러한 계량적 기법을 투자안의 경제성을 평가하는 방법으로 이용해서 '*Capital Budgeting*' 이라는 책을 펴냈다. 이 책의 내용은 오늘날 자본예산이론의 근간을 이루고 있다. 이러한 내용은 본서의 제4장에서 다루게 된다.

Modigliani와 Miller(1958)

1958년에 모딜리아니(F. Modigliani)와 밀러(M.H. Miller)가 발표한 논문으로 재무관리이론은 종전보다 훨씬 높은 단계로 발전하게 되었다. 이들은 이 논문에서 완전자본시장에서는 자본구조가 기업가치에 아무런 영향을 주지 않는다고 주장하였는데 이를 자본구조의 무관련이론(irrelevance theory of capital structure)이라고 한다. 이들의 주장은 본서의 제11장에서 다루게 된다.

Modigliani와 Miller(1961)

또한 이들은 완전자본시장에서는 배당정책도 기업가치에 영향을 주지 못한다는 배당의 무관련이론(irrelevance theory of dividend)을 1961년에 제시하였는데 이는 자본구조의 무관련이론과 함께 모두 기존의 재무이론에 반론을 제기한 획기적인 내용으로 재무관리이론들이 새로이 정비되는 전환점이 되었다. 이러한 내용은 본서의 제13장에서 다루게 된다.

2. 투자론

Markowitz(1952)

마코위츠(H. Markowitz)는 1952년에 'Portfolio Selection' 이라는 논문에서 자산에 대한 투자결정시 기대수익과 위험을 함께 고려해야 하며 특히 여러 자산에 분산투자할 때에는 개별자산들간의 상관관계를 고려해야 한다는 포트폴리오이론을 제시하였다. 포트폴리오 이론은 제8장에서 다루고 있다.

Sharpe(1964), **Lintner**(1965), **Mossin**(1966)

샤프(W.F. Sharpe), 린트너(J. Lintner), 모신(J. Mossin) 등은 마코위츠의 포트폴리오이론을 발전시켜서 자산의 균형가격을 결정하는 모형으로 발전시켰는데 이 모형을 자본자산가격결정모형(capital asset pricing model : CAPM)이라고 한다. 이는 현대재무이론의 핵심적 내용으로 자리잡고 있는데 이를 통해서 자본조달문제와 투자결정문제를 하나의 통합이론으로 체계화시킬 수 있게 되었다.

마코위츠의 포트폴리오이론과 자본자산가격결정모형에 대한 내용은 본서의 제 7,8,9 장에서 다루게 된다.

Ross(1976)

로스(S. Ross)는 CAPM이 전제로 하고 있는 가정의 비현실성을 감안해서 이보다 더 일반적인 자산가격결정모형을 개발하였는데 이것이 재정가격결정이론(arbitrage pricing theory : APT)이다. 이는 CAPM보다 완화된 가정을 전제로 하고 있기 때문에 자산가격의 결정에 대한 실증적 설명력도 더 높일 수 있는 모형이다.

Black과 Scholes (1973)

1973년 시카고옵션거래소가 개설되면서 같은 해에 블랙(F. Black)과 숄즈(M. Scholes)는 옵션가격결정모형(option pricing model : OPM)을 제시하였다. 그런데 OPM은 옵션이라는 자산의 가격결정 뿐만 아니라 옵션을 이용한 파생금융상품의 설계와 가격결정, 그리고 위험관리 등 각종 재무의사결정에 널리 이용되고 있다. 이에 대한 내용은 제16장에서 다룬다.

3. 그밖의 재무이론

Jensen과 Meckling(1976)

젠센(M. Jensen)과 멕클링(W. Meckling)은 1976년에 발표한 논문에서 기업을 하나의 계약집합체로 보고 자본공급자들, 즉 소유경영자, 외부주주 그리고 채권자들 사이의 대리관계를 정립하였다. 그리고 이들 관계에서 발생하는 대리비용을 최소화시킬 수 있는 최적자본구조를 설명하였는데 이로부터 대리이론(agency theory)이 시작되었다. 대리이론에 대한 내용은 본서의 제12장에서 언급한다.

Ross(1977)

로스(S. Ross)는 1977년에 발표한 논문에서 자본구조가 기업의 미래성과를 알려주는 신호(signal)로서의 역할을 할 수 있음을 주장하였다. 좀더 구체적으로 설명하면 정보불균형하의 자본시장에서 기업은 부채비율을 통해서 기업의 실상을 잘 알지 못하는 외부투자자에게 기업의 미래성과를 알릴 수 있다는 것이다. 이로부터 신호이론(signalling theory)이 발전되었는데 신호이론은 본서의 제13장에서 다루고 있다.

Barnea, Haugen과 Senbet(1985)

정보경제학의 2대 주류는 대리이론과 신호이론인데 위의 각 논문을 시발점으로 후속연구가 진행되었다. 특히 대리이론은 각종 재무현상을 설명하는데 유용하여 많은 연구가 이루어졌는데 바니아(A. Barnea), 하우겐(A. Haugen), 센베(W. Senbet) 등은 1985년에 발간한 '*Agency Problems and Financial Contracting*' 이라는 책에서 이러한 내용을 체계적으로 정리하였다.

연습문제

1-1 재무관리의 목표에 대해 설명하라.

1-2 재무관리의 2대 기능을 재무상태표를 이용하여 설명해 보라.

1-3 고려시스템은 컴퓨터 부품을 조립하여 완제품을 생산하는 기업이다. 부품을 구입하는 비용은 대당 100만원이며 완제품의 가격은 대당 200만원이다. 다음과 같은 두 가지 제안이 있을 때 어떤 제안을 받아들일지 생각해 보라. 순이익의 극대화 측면에서는 어떠한 제안을 채택하는 것이 바람직한가?

(1) 대당 200만원에 1,000대를 판매하되 대금은 1년 후에 받는다.

(2) 대당 199만원에 1,000대를 판매하되 대금은 즉시 받는다.

1-4 삼화기업은 전문경영인제도를 도입하고 있다. 삼화기업은 전문경영인이 열심히 일하도록 인센티브를 제공하기 위해 순이익에 연동하여 성과급을 지급하고, 2년마다 순이익을 평가하여 전문경영인의 재임용 여부를 결정하기로 했다. 삼화기업의 초대 전문경영인인 최단기씨는 어떤 투자안을 고려하고 있는데, 이 투자안에 투자를 하면 3년간은 현금흐름이 발생하지 않고 이에 따라 순이익도 적지만 그 후로는 현금흐름이 매우 크게 발생하고 순이익도 크게 증가한다. 최단기씨는 이러한 투자안을 수행하겠는가? 이 투자안을 수행하게 되면 주가는 어떻게 되겠는가?

1-5 문제 1-4와 동일한 상황에서 전문경영인에 대한 보상이나 평가가 주가에 연동된다면 어떠한 결과가 발생할 것인가? 과거에는 많은 기업들이 순이익에 연동하여 경영자의 보상을 결정했으나 현재에는 대부분 주가를 보상의 결정기준으로 이용하는데 그 이유를 설명해 보라.

제 2 장 재무제표의 이해

재무제표는 기업의 재무상태와 경영성과를 나타내는 보고서이다. 따라서 기업과 이해관계를 갖는 사람들은 재무제표를 통해서 기업의 정보를 얻게 되며 이를 이용해서 경영과 관련된 의사결정을 하게 된다. 재무제표에는 여러 종류의 보고서가 포함되지만 그 중에서도 재무상태표와 손익계산서가 가장 중요하다고 할 수 있다. 본 장에서는 재무상태표와 손익계산서를 중심으로 재무제표에 대해 설명한 후 이를 이용한 기업평가의 한 방법으로 재무분석을 소개하고자 한다.

제 1 절 재무제표란?

재무제표(financial statements: F/S)란 기업의 재무상태나 경영성과 등 각종 재무정보를 표시하고 있는 회계보고서를 말한다. 기업활동과 관련된 이해관계자들은 이러한 재무제표를 통해서 기업의 경제적 실체를 파악하고 그 결과를 경영의사결정 또는 투자결정에 이용한다. 우리나라의 기업회계기준에서는 재무상태표, 손익계산서[1], 자본변동표 그리고 현금흐름표 등 네 가지 보고서를 기본 재무제표로 규정하고 있다. 이들 보고서가 담고 있는 내용을 간략하게 설명하면 다음과 같다.

- 재무상태표 : 결산일 현재 기업의 재무상태
- 손익계산서 : 1년 동안 기업의 경영성과
- 이익잉여금처분계산서 : 기업이 벌어들인 이익의 처분내용
- 현금흐름표 : 1년 동안 기업의 현금유입과 현금유출내역

제 2 절 재무상태표

1. 의의

재무상태표(Statement of financial postion)는 대차대조표(balance sheet : B/S)라고도 부르는 데 이는 일정한 시점을 기준으로 기업의 재무상태를 자산, 부채, 자본으로 나타낸 것이다. 기본적인 구조는 자산을 왼쪽 차변에 표시하고 부채와 자본을 오른쪽 대변에 표시하는데 차변은 자금운용내역을, 대변은 자금조달내역을 의미하는 것이다. 그리고 자산은 유동자산, 고정자산으로 구분하기 때문에 차변합계를 총자산이라고 한다. 한편 대변은 부채와 자본으로 구분되는데 부채는 타인으로부터 조달한 자금을, 자본은 주주가 출자한 자금으로서 각각 타인자본, 자기자본이라고 부르기 때문에 대변합계를 총자본이라고 한다. 또한 부채는 유동부채와 고정부채로, 자본은 자본금, 자본잉여금, 이익잉여금 등으로 각각 구분해서 표시한다. 좀더 자세하게 설명하면 다음과 같다.

---

1) 국제회계기준(IFRS)에 따르면 계속영업이익에 중단사업부분의 손익까지 나타내고 포괄손익계산서라고 부른다. 그러나 재무관리에서는 계속영업이익을 분석 대상으로 하기 때문에 굳이 '포괄' 이라는 용어를 쓸 필요는 없다.

2. 계정과목 해설

유동자산

유동자산은 큰 거래비용 없이 1년 이내에 현금화되는 자산으로서 당좌자산과 재고자산으로 분류된다. 당좌자산은 특히 현금화속도가 빠른 항목들로서 현금, 단기금융상품, 유가증권, 매출채권, 단기대여금 등이 이에 해당된다. 한편 재고자산은 정상적인 영업활동에서 판매과정을 거쳐서 현금화되는 것들인데 이에는 상품, 제품, 재공품, 원재료 등이 해당된다.

비유동자산

비유동자산은 고정자산 이라고도 하는데 주로 영업을 위해 투입되어 1년 이상의 기간 동안 수익창출에 기여하는 자산으로서 유형자산, 무형자산, 투자자산으로 분류한다.

유형자산과 무형자산은 모두 영업활동을 위해서 보유하고 있는 자산을 말하는데 유형자산은 물리적 형체가 있는 토지, 건물, 기계장치, 차량운반구 등이 이에 해당된다. 한편, 물리적 형체가 없는 영업권, 산업재산권, 창업비, 개발비 등은 무형자산으로 분류한다. 이외에 투자자산은 영업활동 이외에 여유자금을 활용할 목적으로 보유한 자산으로서 장기금융상품, 투자유가증권, 장기대여금, 투자부동산 등이 포함된다.

유동부채

유동부채는 대체로 만기가 1년 이내에 도래되는 채무를 말한다. 이에는 영업거래에서 발생하는 매입채무와 영업거래 이외에서 발생한 미지급금 등이 이에 해당된다. 예를 들어 전자회사가 전자제품을 생산하는 데 필요한 원재료를 외상으로 구입하면 매입채무가 되고 업무용차량을 외상으로 구입하면 미지급금이 된다. 이외에도 은행 등 금융기관에서 빌린 차입금 중 1년 이내에 상환해야 하는 단기차입금도 유동부채의 중요한 항목이다.

비유동부채

비유동부채(고정부채)는 만기가 1년 이후에 도래되는 채무로서 사채, 장기차입금, 장기성 매입채무 등이 포함된다. 이들은 주로 장기적 관점에서 자금을 조달한 것인데 특히 사채는 채무증서를 발행하여 일반대중에게서 대규모로 부담한 채무를 말한다. 비유동부채라고 해도 1년 이내에 상환하게 될 금액은 유동부채가 된다.

자본

자본은 자본금, 자본잉여금, 이익잉여금 등으로 구성된다. 자본금은 회사가 발행한 주식의 액면총액을 말하는데 보통주자본금과 우선주자본금을 구분한다. 그리고 자본잉여금은 증자 또는 감자 등 자본거래에서 발생한 잉여금으로서 주식발행초과금, 감자차익 등이 대표적인 것들이다. 이와는 달리 이익잉여금은 영업거래에서 발생한 잉여금으로서 이익준비금, 기타 적립금 등이 이에 해당된다.

〈표 2-1〉 재무상태표의 예

재무상태표

2012년 12월 31일 현재

가나주식회사 (단위 : 억원)

과 목	금 액	과 목	금 액
I. 유동자산	(60,000)	I. 유동부채	(55,000)
(1) 당좌자산	41,000	1.매입채무	21,200
1.현금예금	12,600	2.단기차입금	28,700
2.유가증권	13,000	3.미지급금	5,100
3.매출채권	15,400		
(2) 재고자산	19,000	II. 비유동부채	(84,000)
1.제품	8,500	1.사채	50,000
2.재공품	6,500	2.장기차입금	34,000
2.원재료	4,000		
		III. 자본	(71,000)
II. 비유동자산	(150,000)	1.자본금	7,500
(1) 투자자산	63,000	2.자본잉여금	22,500
(2) 유형자산	75,400	3.이익잉여금	41,000
(3) 무형자산	11,600	(당기순이익)	(3,200)
자산 총계	210,000	부채와자본총계	210,000

제 3 절 손익계산서

1. 의의

손익계산서(income statement : I/S)는 일정기간 동안에 발생한 수익과 비용을 비교해서 그 기간의 경영성과를 나타내는 보고서이다. 기본적인 구조는 수익에서 비용을 차감하여 이익을 나타내는 방식으로 표현되는데 수익과 비용을 그 발생원천에 따라서 분류하기 때문에 단계별로 손익을 제시한다. 따라서 매출총이익, 영업이익, 경상이익, 법인세비용차감전순이익, 당기순이익의 순서로 손익계산서에 나타낸다.

2. 계정과목 해설

매출총이익

매출총이익은 다음과 같이 매출액에서 매출원가를 차감하여 산출한다. 매출총이익은 매출활동에 직접적으로 관련된 이익을 말한다. 만약 전자회사라면 매출액은 전자제품을 판매한 금액을 말하고 매출원가는 판매한 전자제품을 만드는데 직접 들어간 원재료비, 노무비, 경비 등의 원가를 의미한다.

매출 − 매출원가 = 매출총이익

영업이익

영업이익은 다음과 같이 매출총이익에서 판매비와 관리비를 차감하여 산출한다. 즉, 영업이익은 매출총이익에서 광고선전비 등 판매부대비용이나 급여, 감가상각비 등의 관리비를 차감한 것인데 회사가 수행하는 본래의 영업활동에서 벌어들인 이익이라고 보면 된다. 예를 들어 전자회사라면 전자제품을 판매해서 벌어들인 이익이 영업이익이 되는 것이다.

매출총이익 − 판매비와 관리비 = 영업이익

경상이익

그런데 전자회사라고 해도 여유자금이 생기면 은행에 예금하여 이자수익이 생길 수도 있고 반대로 자금이 부족하여 은행에서 차입금을 사용하면 지급이자가 발생할 수도 있다. 이러한 항목은 전자회사 본래의 영업에서 나타나는 것은 아니기 때문에 영업외수익 또는 영업외비용이라고 한다.

영업외 항목은 본래의 업무에서 나타나는 것은 아니지만 매년 경상적으로 발생하는 것이기 때문에 이러한 항목까지 가감하여 산출되는 이익을 경상이익이라고 한다. 그래서 경상이익은 다음과 같이 산출된다.

영업이익 + 영업외수익 − 영업외비용 = 경상이익

법인세비용차감전순이익

기업활동 중에는 예상치 못한 항목이 특별하게 발생할 수도 있다. 대표적인 예를 들면 사옥을 매각하는 등 비경상적, 비반복적으로 발생하는 영업외손익이나 화재가 발생한다거나 하는 것들이다. 이러한 항목에서 발생하는 손익을 특별손익이라고 하는데 경상이익에 특별손익을 가감하면 법인세비용차감전 순이익이 산출된다.

경상이익 + 특별이익 − 특별손실 = 법인세비용차감전순이익

당기순이익

법인세비용차감전순이익은 말 그대로 세금을 내기 직전의 이익이라는 뜻이다. 따라서 여기서 세금을 차감하면 당기순이익이 된다. 이때에 세금이란 법인세는 물론이고 주민세처럼 법인세에 부가되는 관련세금까지 포함한 것이다.

법인세비용차감전순이익 − 법인세비용 = 당기순이익

주당순이익

주당순이익(earnings per share : EPS)이란 보통주 1주에 귀속되는 당기순이익을 말한다. 따라서 다음과 같이 당기순이익을 보통주식수로 나누어 계산하면 된다. 우선주를 함께 발행한 회사라고 해도 우선주식수는 무시하고 보통주식수만을 고려한다. 특히 주당순이익은 기업의 성과를 평가하거나 증권투자를 하는 등 각종 분석에서 많이 이용되는 중요한 개념이다.

$$주당순이익 = \frac{당기순이익}{보통주식수}$$

〈표 2-2〉 손익계산서의 예

손익계산서

2012년 1월 1일부터 2012년 12월 31일까지

가나주식회사 (단위 : 억원)

과 목	금 액	
I. 매 출 액		201,000
II. 매 출 원 가		140,000
III. 매출총이익		61,000
IV. 판매비와 관리비		
1. 급 여	11,200	
2. 감가상각비	10,500	
3. 광고선전비등	8,300	30,000
V. 영 업 이 익		31,000
VI. 영업외수익		18,300
VII. 영업외비용		44,900
VIII. 경 상 이 익		4,400
IX. 특 별 이 익		350
X. 특 별 손 실		520
XI. 법인세차감전순이익		4,230
XII. 법인세비용		1,030
XIII. 당기순이익		3,200
(1주당 순이익 : 2,850원)		

제 4 절 재무분석

기업과 관련된 자료를 일정한 기법에 따라서 분석하고 그 결과를 해석하는 것을 경영분석 또는 재무분석이라고 한다. 기업의 실체를 외부투자자에게 알려주는 자료로서 가장 대표적인 것이 재무제표이기 때문에 재무분석은 재무제표를 이용한 재무비율분석이 주된 내용을 이루게 된다. 분석목적에 따라서 달라질 수 있지만 대개 안전성비율, 활동성비율, 수익성비율, 주가관련비율 등을 살펴보는 것이 일반적이다.

한편, 개별기업의 재무비율이 구체적인 값으로 산출되면 이를 평가하기 위해서 비교기준이 되는 표준비율이 있어야 할 것이다. 대체로 표준비율로는 해당 기업이 속한 산업의 평균재무비율, 경쟁기업의 재무비율, 해당 기업의 과거비율, 이론적으로 설정된 표준비율 등을 이용할 수 있지만 대체로 산업평균비율을 가장 많이 이용한다. 산업평균비율은 한국은행에서 매년 발간되는 '기업경영분석' 에서 구할 수 있다.

1. 안전성분석

안전성분석이란 회사가 단기 채무를 변제할 능력이 어느 정도인가를 측정하고 더 나아가 경기변동이나 시장여건의 변화에 대응력이 충분한가를 파악하는 것이다. 이를 측정하기 위한 비율로는 유동비율, 당좌비율, 부채비율 등을 들 수 있다.

유동비율

유동비율이란 유동자산을 유동부채로 나눈 비율을 말하는데 기업의 단기부채상환능력을 측정하는 지표이다. 유동비율은 대체로 높을수록 좋다고 할 수 있는데 최소한 100% 이상을 유지하여야 하며 일반적으로 200% 이상이면 안전하다고 판단할 수 있다.

사례로 든 가나주식회사의 유동비율은 다음과 같이 109.1%로서 산업평균비율 102.6%보다 높은 편이다.

$$유동비율(\%) = \frac{유동자산}{유동부채} \times 100$$
$$= \frac{60,000}{55,000} \times 100 = 109.1\% \qquad (산업평균\ \ 102.6\%)$$

당좌비율

유동자산 중에서 재고자산은 정상적인 영업순환과정을 거쳐야 현금화되는 것이다. 따라서 채무상환에 즉각적으로 이용되는 자산만을 평가대상으로 안전성을 파악하기 위해서 당좌비율을 산출하여 이용한다. 당좌비율은 유동자산 중에서도 현금화가 빠른 현금, 예금, 유가증권, 매출채권 등 당좌자산을 유동부채로 나누어 산출한다. 당좌비율은 100% 정도를 이상적인 기준으로 본다. 유동비율이나 당좌비율이 높으면 부채상환능력은 좋지만 기업전체의 수익성은 떨어지게 된다.

가나주식회사의 경우 유동비율과 마찬가지로 당좌비율도 산업평균비율보다 높은 수준이므로 이 회사의 단기부채상환능력은 업종평균에 비해서 양호하다고 할 수 있다.

$$당좌비율(\%) = \frac{당좌자산}{유동부채} \times 100$$
$$= \frac{41,000}{55,000} \times 100 = 74.5\% \qquad (산업평균\ \ 72.6\%)$$

부채비율

부채비율이란 부채를 자본으로 나눈 비율을 말하는데 기업의 재무구조를 파악하는 가장 많이 이용되는 지표이다. 경기가 활황일 때에는 기업이 부채의 이자비용보다 높은 수익률을 올릴 수 있어서 부채를 사용하는 것이 유리하다. 그러나 경기가 불황일 때에는 부채의 이자비용부담이 더 크기 때문에 자칫하면 파산할 가능성이 높으므로 경기가 좋지 않을 때 부채비율이 높은 기업의 주식에 투자하는 것은 특히 주의해야 한다.

가나주식회사의 경우 부채비율은 195.8%로서 산업평균 281.9%보다 훨씬 낮은 수준이어서 자본구조의 안전성이 매우 좋으며 따라서 불경기에 대한 대응력이 좋다고 할 수 있다.

$$\text{부채비율}(\%) = \frac{\text{부채}}{\text{자본}} \times 100$$
$$= \frac{55,000 + 84,000}{71,000} \times 100 = 195.8\% \qquad (\text{산업평균}\ \ 281.9\%)$$

2. 활동성분석

활동성분석이란 회사에 투자된 자본이 얼마나 활발하게 이용되었는가를 파악하는 것이다. 구체적으로는 매출액을 각 자산 항목으로 나눈 값을 활동성비율로 산출해서 이를 분석하게 되는데 이 값을 대개 회전율이라고 부른다. 따라서 매출액을 총자산액으로 나누면 총자산회전율이 되고 매출액을 재고자산으로 나누면 재고자산회전율, 매출채권으로 나누면 매출채권회전율이 된다.

총자산회전율

총자산회전율은 총자본회전율이라고도 하는데 이 비율은 회사의 총자산이 1년 동안 몇 번 회전하였는가를 나타내므로 회사가 얼마나 총자산을 능률적으로 활용했는가를 나타내는 지표이다. 이 비율이 낮으면 과다투자나 비효율적 투자를 하고 있다는 뜻이 된다.

가나주식회사의 경우 총자산회전율은 산업평균보다 높다. 이는 자산규모를 고려해 볼 때에 매출액이 많은 편이라는 것으로서 자산운용이 효율적으로 이루어지고 있다고 볼 수 있다.

$$\text{총자산회전율(회)} = \frac{\text{매출액}}{\text{총자본}}$$
$$= \frac{201,000}{210,000} = 0.96\text{회} \qquad (\text{산업평균}\ \ 0.87\text{회})$$

재고자산회전율

재고자산회전율은 매출액을 재고자산으로 나눈 값으로서 재고자산이 얼마나 빨리 판매되는가를 나타낸다. 재고자산회전율이 낮다는 것은 매출액에 비해서 과다한 재고를 갖고 있다는 것이며 재고자산회전율이 높다는 것은 적은 재고자산으로 생산 및 판매활동을 효율적으로 수행하고 있다는 의미이다.

가나주식회사의 경우 다음과 같이 재고자산회전율이 산업평균에 비해서 높은 것을 확인할 수 있는데 이는 재고자산을 효율적으로 관리하고 있다는 의미이다.

$$\text{재고자산회전율(회)} = \frac{\text{매출액}}{\text{재고자산}}$$

$$= \frac{201,000}{19,000} = 10.58\text{회} \qquad (\text{산업평균 } 7.99\text{회})$$

매출채권회전율

매출채권회전율은 매출액을 매출채권으로 나누어 산출하는데 이는 매출채권이 얼마나 빨리 회수되는가를 나타내는 지표이다.

가나주식회사의 경우 매출채권회전율이 산업평균에 비해서 상당히 높은 편인데 이는 매출채권의 현금화속도가 빨라서 기업의 유동성이 양호하다는 것을 의미한다.

$$\text{매출채권회전율(회)} = \frac{\text{매출액}}{\text{매출채권}}$$

$$= \frac{201,000}{15,400} = 13.05\text{회} \qquad (\text{산업평균 } 7.74\text{회})$$

3. 수익성분석

수익성분석은 회사가 1년 동안 벌어들인 영업성과를 산출해서 매출액이나 투자자금의 단위당 얼마의 이익을 올리고 있는지를 파악하는 분석이다. 즉, 회사가 자금을 얼마나 효율적으로 운용하였는가와 이익창출능력은 어느 정도인지를 평가하는 것이 수익성 분석의 목표가 된다.

매출액이익률

매출액이익률은 이익을 매출액으로 나누어 산출하는데 매출액 단위당 얼마의 이익을 올리고 있는지를 파악하기 위한 비율이다. 이때에 분자의 이익을 총이익으로 해서 매출액이익률을 산출하면 매출액총이익률, 영업이익을 기준으로 매출액이익률을 산출하면 매출액영업이익률, 경상이익을 기준으로 산출하면 매출액경상이익률, 당기순이익을 기준으로 산출하면 매출액순이익률이 되는데 이 중 매출액순이익률이 가장 많이 이용된다.

$$\text{매출액순이익률}(\%) = \frac{\text{당기순이익}}{\text{매출액}} \times 100$$

$$= \frac{3,200}{201,000} \times 100 = 1.59\% \qquad (\text{산업평균} \ -0.35\%)$$

자본이익률

자본이익률은 이익을 자본으로 나누어 산출하는데 투자자금 단위당 얼마의 이익을 올리고 있는지를 파악하기 위한 비율이다. 이때에는 분모의 투입자본을 총자본으로 해서 자본이익률을 산출하면 총자본이익률, 자기자본으로 해서 산출하면 자기자본이익률이라고 한다.

① 총자본이익률

총자본이란 타인자본(부채)과 자기자본의 합계를 말하며 당기순이익을 총자본으로 나눈 값을 총자본이익률이라고 한다. 그런데 총자본은 자산총액과 일치하기 때문에 총자본이익률을 총자산이익률(return on asset : ROA) 또는 투자수익률(return on investment : ROI)이라고 부르기도 한다. 이 값은 회사에 투자된 총자본이 단위당 얼마의 순이익을 벌어들이는지를 파악하는 지표로서 다음 산식으로 산출된다.

$$\text{총자본이익률}(\%) = \frac{\text{당기순이익}}{\text{총자본}} \times 100$$

$$= \frac{3,200}{201,000} \times 100 = 1.52\% \qquad (\text{산업평균} \ -0.31\%)$$

그런데 이 비율의 변동요인을 좀더 구체적으로 분석하기 위해서 활동성 비율인 총자본회전율을 이용하면 위 식은 다음과 같이 바꿀 수 있다.

$$\frac{\text{당기순이익}}{\text{총자본}} = \frac{\text{당기순이익}}{\text{매출액}} \times \frac{\text{매출액}}{\text{총자본}}$$

$$= \text{매출액순이익률} \times \text{총자본회전율} = 1.59\% \times 0.96 = 1.52\%$$

위와 같은 관계에서 총자본이익률이 상승하는 원인은 매출액순이익률이 상승하는 경우, 총자본회전율이 상승하는 경우, 두 가지가 함께 상승하는 경우 등으로 생각할 수 있다. 업종별 특징을 보면 소매업과 같은 경우는 매출액순이익률이 낮고 총자본회전율이 높은 반면, 조선업이나 화학제품제조업의 경우는 총자본회전율이 낮고 매출액순이익률은 높은 편이다.

② 자기자본이익률

자기자본이익률(return on equity : ROE)이란 당기순이익을 자기자본으로 나누어 산출한 비율인데 이는 회사의 주인인 주주의 입장에서 투자자금 단위당 얼마의 이익을 벌어들였는지를 파악할 수 있는 지표가 된다.

$$\text{자기자본이익률}(\%) = \frac{\text{당기순이익}}{\text{자기자본}} \times 100$$

$$= \frac{3,200}{71,000} \times 100 = 4.51\% \qquad (\text{산업평균} \ -1.29\%)$$

수익성과 관련된 산업평균비율들을 보면 전체적으로 음(−)의 값을 갖고 있는 것을 볼 수 있다. 이는 시장이 전반적으로 불경기상황이라는 의미인데 이런 중에서도 가나주식회사의 수익성관련비율들은 높은 값은 아니지만 모두 양(+)의 값을 갖고 있으므로 우수한 기업임을 알 수 있다.

4. 주가관련비율

증권시장에서 형성되어 있는 주가자료를 이용해서 분석할 수 있는 비율 중에서 자주 이용되는 것으로 주가수익비율, 주가순자산비율 등이 있다.

주가수익비율

주가수익비율(price earnings ratio : PER)은 다음과 같이 분석대상기업의 현재주가를 그 기업의 1주당 순이익(EPS)으로 나누어 산출한다. 이는 주식가격이 1주당 순이익의 몇 배 수준으로 형성되어 있는가를 측정하는 값이다. 따라서 다른 조건은 동일한데 PER이 낮은 주식이 있다면 이것은 저평가되어 있다는 것이므로 주가상승 가능성이 높은 것으로 판단할 수 있다. 가나주식회사의 2004년말 1주당 가격이 80,000원이라면 이 회사의 PER은 다음과 같다.

$$PER = \frac{\text{현재 주가}}{\text{1주당 순이익}} = \frac{80,000}{2,850} = 28.1\text{배}$$

주가순자산비율

PER과 함께 자주 인용되는 분석지표로 주가순자산비율(price book-value ratio : PBR)이라는 지표가 있다. PER이 주가를 1주당 순이익으로 나눈 것인데 비해서 PBR은 주식가격을 1주당 순자산으로 나누어 계산한 값이다. 여기서 1주당 순자산은 대차대조표상의 자기자본총계를 발행주식수로 나누어 구하는데 기업이 청산할 때 1주당 돌아갈 재산가치를 의미하는 것이다. 가나주식회사의 1주당 순자산액이 63,234원이라고 하면 이 회사의 PBR은 다음과 같다.

$$PER = \frac{\text{현재 주가}}{\text{1주당 순자산}} = \frac{80,000}{63,234} = 1.27\text{배}$$

결국 PBR은 주식가격이 1주당 순자산의 몇 배 수준으로 형성되어 있는가를 측정하는 값이다. PER과 마찬가지로 PBR이 같은 업종의 다른 기업에 비해서 낮게 형성된 주식은 저평가되어 있다는 것이므로 주가상승 가능성이 높은 것으로 판단할 수 있다.

연습문제

2-1 다음 용어를 설명하라.
(1) 주당순이익(EPS)
(2) 유동비율
(3) 투자수익률(ROI)

2-2 ROA와 ROE를 비교해서 설명하고 이 두 가지 비율 사이의 관계식을 부채비율을 이용해서 나타내보자. 그리고 부채비율이 높은 경우 ROE가 ROA보다 더 크게 됨을 확인하라.

2-3 PER과 PBR을 비교해서 설명하라.

2-4 다음 재무자료들을 이용해서 재무상태표를 완성하고 매출액, 매출원가 및 부채비율을 산출하라.

안전성자료 : 당좌비율 70%
활동성자료 : 총자산회전율 2회전, 재고자산회전율 5회전, 고정자산회전율 8회전
수익성자료 : 매출액총이익률 20%

재무상태표

당좌자산	(①)	매입채무	(④)
재고자산	(②)	자 본 금	(⑤)
고정자산	(③)	잉 여 금	(100,000)
자산	1,000,000	부채와 자본	1,000,000

매출액 (⑥), 매출원가 (⑦), 부채비율 (⑧)

제 3 장 화폐의 시간적 가치

화폐의 시간적 가치는 재무관리 전반에 걸쳐서 적용되는 기초적 개념이다. 이 개념을 이용해서 산출된 값들은 여러 재무의사결정의 중요한 근거가 되기 때문이다. 그 중에서도 특히 현재가치에 대한 내용이 매우 중요하다. 재무관리에서는 각종 금융자산의 균형가격을 산출하는데 현재 가치개념을 이용하기 때문에 이는 실물투자나 증권투자에서 투자 여부를 판단하는 기준을 제공하는 것이다.

제 1 절 화폐의 시간적 가치

1. 화폐의 시간적 가치란?

"지금의 100만원이 좋은가, 내년의 100만원이 좋은가?" 라고 묻는다면 누구나 지금의 100만원이 좋다고 말할 것이다. 그 이유는 지금의 100만원이 내년에 들어 올 100만원보다 가치가 크다고 생각하기 때문이다. 이처럼 동일한 금액이라도 어느 시점에서 평가하느냐에 따라서 그 가치가 달라지게 되는데 이를 화폐의 시간적 가치(time value of money)라고 한다.

이러한 화폐의 시간적 가치에 대한 개념은 재무관리의 거의 모든 분야에서 경제적 의사결정을 수행할 때에 고려해야 하기 때문에 매우 중요한 개념이다.

2. 시간선호

이렇게 사람들은 동일한 금액이라면 현재의 현금흐름을 미래의 현금흐름보다 선호하는데 이러한 성향을 시간선호(time preference)라고 한다. 시간선호의 이유로는 대체로 다음과 같은 것들을 들 수 있다.

첫째, 미래의 재투자기회 때문이다. 즉, 현재의 100만원을 1년 동안 갖고 있다보면 좋은 투자기회가 나타나서 재산을 늘릴 수가 있다는 것이다. 그러나 내년의 100만원은 그런 기회가 없으니 현재의 100만원을 내년의 100만원보다 선호하는 것이다.

둘째, 물가상승에 따른 구매력 손실의 가능성 때문이다. 즉, 1년 동안에 물가가 크게 오르면 내년의 100만원으로 살 수 있는 물건은 올해의 100만원으로 살 수 있는 물건보다 훨씬 적게 되므로 현재의 100만원을 더 선호하는 것이다.

셋째, 미래현금흐름의 불확실성 때문이다. 즉, 내년에 받게 되는 100만원은 아직 실현된 것이 아니므로 그 사이에 전쟁이 날 수도 있고 또는 100만원을 주기로 약속한 경제주체가 파산할 수도 있으므로 현재 내 손에 쥐어진 100만원이 더 좋은 것이다.

3. 화폐의 시간적 가치계산의 중요성

"1,000원을 주면 1달러를 주겠다"는 제안을 받은 경우 이 제안에 응할지를 생각해 보자. 이 제안에 응할지 여부는 1달러가 원화로는 얼마의 가치가 있는가에 달려 있다. 예를 들어 1달러가 1,200원의 가치가 있다면 이 제안에 응하는 것이 좋다. 왜냐하면 1,000원을 주고 1,200원을 받는 결과이기 때문이다. 반대로 1달러가 900원의 가치가 있다면 이 제안에 응하지 않는 것이 좋을 것이다. 이렇게 동일한 가치를 가지지 않는 통화를 교환하는 경우에는 하나의 통화로 환산하여 판단하는 것이 필요하다.

이번에는 1,000만원을 투자하면 1년 후 1,200만원을 얻는 투자안을 생각해 보자. 이 투자안을 수행하는 것은 현재의 1,000만원과 1년 후의 1,200만원을 교환하는 것과 동일하다. 그런데 현재의 돈과 미래의 돈은 동일한 가치를 가지는 것이 아니므로 현재의 돈을 미래의 돈으로 환산하든지 반대로 미래의 돈을 현재의 돈으로 환산하는 과정이 필요하다. 만약 현재의 돈 1,000만원이 1년 후의 돈 1,100만원의 가치가 있다면 이 투자안에 투자를 하는 것이 유리하며 반대로 1,300만원의 가치가 있다면 이 투자안은 거부되어야 할 것이다.

이렇듯 기업의 자금과 관련된 의사결정은 대부분 현재의 돈과 미래의 돈을 교환하는 문제와 관련이 되어 있으므로 현재의 돈이 미래의 얼마에 해당되는지(이를 미래가치라 한다), 반대로 미래의 돈은 현재의 얼마에 해당되는지(이를 현재가치라 한다)를 판단해야만 올바른 의사결정을 할 수 있는 것이다.

제 2 절 미래가치

사람들은 현재의 100만원을 미래의 100만원보다 더 선호하기 때문에 현재의 100만원과 동일한 가치를 갖는 내년의 금액은 항상 100만원보다 크게 된다. 예를 들어서 현재 100만원을 예금한다면 1년 후에 은행은 100만원보다 더 많은 금액을 지급해야 할 것이고 남에게 현재 100만원을 빌려준다면 나중에는 100만원보다 더 많은 금액을 받으려고 한다. 만약 이때의 금액을 110만원이라고 하면 현재 100만원의 1년 후 미래가치(future value)는 110만원이라고 말한다. 그리고 흔히 여기서의 10만원을 이자라고 하며 이자율은 10%라고 한다. 특히 미래가치를 계산할 때에는 이자율을 수익률(rate of return)이라고도 한다.

구체적으로 미래가치를 계산하는 과정을 다음과 같이 체계적으로 살펴본다.

1. 일시불의 미래가치

일시불(one payment)이란 현재의 일정금액을 말한다. 따라서 일시불의 경우 미래가치란 현재의 일정금액을 미래의 특정한 시점에서 평가하여 산출한 가치를 말한다.

일반적인 공식을 도출하기에 앞서 먼저 현재의 P_0원이 1년 후에는 얼마의 가치가 있는지 생각해 보자. 이자율을 R이라 하면 P_0을 1년 저금하여 얻을 수 있는 금액 P_1은 다음과 같이 된다.

$$\begin{aligned} P_1 &= \text{원금} + \text{이자} \\ &= P_0 + P_0 \times R \\ &= P_0(1+R) \end{aligned}$$

따라서, 현재 P_0원의 1년 후 미래가치는 $P_0(1+R)$원이 된다. 예를 들어 100원을 1년간 10%의 이자율로 예금하였다면 110원(=100(1+0.1))이 될 것이므로 현재 100원의 1년 후 미래가치는 110원이 된다.

이번에는 P_0원의 2년 후 미래가치를 구하기 위해 P_0을 2년간 저금하는 경우를 생각해 보자. P_0원을 1년 간 저금하면 P_1원이 되므로 이를 다시 1년 더 저금한다고 생각하면 2년 후의 미래가치 P_2를 구할 수 있다.

$$\begin{aligned} P_2 &= \text{원금} + \text{이자} \\ &= P_1 + P_1 \times R \\ &= P_1(1+R) \\ &= P_0(1+R)^2 \end{aligned}$$

따라서, 현재 P_0원의 2년 후 미래가치는 $P_0(1+R)^2$원이 된다. 예를 들어 이자율이 10%인 경우 현재의 100원은 1년 저금하면 110원이 되고 이를 다시 1년간 저금하면 121원이 되므로 현재 100원의 2년 후 미래가치는 121원 $(=100(1+0.1)^2)$이라 할 수 있다.

이러한 논리는 임의의 n시점까지 계속 반복될 수 있다. 이자율이 일정하다고 가정하면 현재 P_0원의 n시점의 미래가치 P_n은 다음과 같이 계산된다.

$$P_n = P_0(1+R)^n \tag{3-1}$$

〈식 3-1〉은 만기가 될 때까지 중간에 이자를 찾지 않고 재투자한다는 전제로 계산하는 것이기 때문에 이러한 계산과정을 복리계산(compounding)이라고 하고 이렇게 산출된 값을 복리가치(compound value)라고 한다.

그런데 여기서 $(1+R)^n$은 현재 1원의 미래 n시점에서의 가치를 나타내는데 이를 복리계수(compound value interest factor : CVIF)라고 하며 계산의 편의를 위해 이자율(R)과 기간(n)별로 구분해서 미리 산출해 놓은 복리표를 이용한다. 이러한 복리표는 부록의 〈표 1〉에 제시되어 있다.

일시불의 미래가치개념이 적용되는 대표적인 예를 들면 현재시점에서 일정한 금액을 정기예금에 들고 만기에 가서 수령하게 되는 원리금을 계산하는 것을 들 수 있다.

예제 3-1

연 이자율이 15%라고 하고 현재 100만원을 예금한다고 가정하자.
(1) 1년 후에는 얼마를 찾게 되는가?
(2) 만약 3년 후에 예금을 찾는다면 얼마의 금액이 되는가?

(1) 1년 후에 찾게 되는 금액은 다음과 같이 계산된다.

$$P_1 = 100\text{만원} \times (1+0.15) = 115\text{만원}$$

(2) 그리고 3년 후에 찾게 되는 금액은 다음과 같다.

$$P_3 = 100\text{만원} \times (1+0.15)^3 = 152\text{만원}$$

이러한 내용을 그림으로 보이면 〈그림 3-1〉과 같이 나타낼 수 있다.

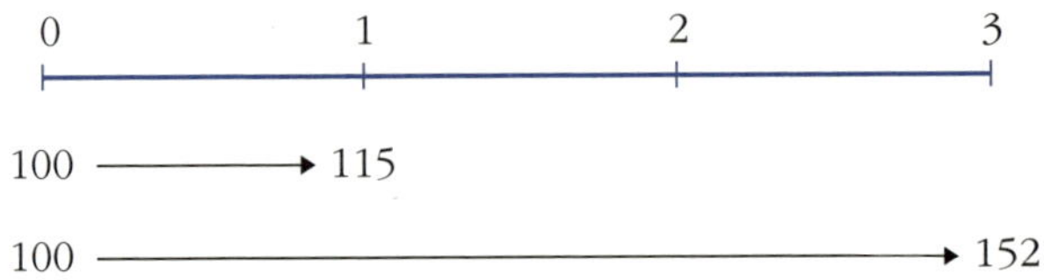

그림 3-1 일시불의 미래가치

2. 연금의 미래가치

연금(annuity)이란 일정기간 동안 매기간 말에 동일한 금액을 수령하는 것을 말한다. 그리고 연금의 최종수령시점에서 이러한 현금흐름의 총가치를 계산한 값을 연금의 미래가치라 한다. 연금의 미래가치를 구하기 위해 매년 C원씩 n년간 지급되는 연금을 생각해 보자. 이자율은 매년 R로 일정하다고 가정한다.

1년 후 받는 현금 C는 n시점까지 $(n-1)$년간 저금할 수 있으므로 이것의 n시점의 미래가치는 $C(1+R)^{n-1}$이 된다. 또한 2년 후에 받게 되는 현금 C는 n시점까지 $(n-2)$년간 저금할 수 있으므로 n시점의 미래가치는 $C(1+R)^{n-2}$가 되며 이후의 연금의 가치도 같은 방법으로 구할 수 있다.

그런데 연금의 n시점에서의 미래가치 S_n은 매년 받게 되는 연금들의 n시점에서의 가치를 모두 더한 값이 되므로 다음과 같이 나타낼 수 있다.

$$\begin{aligned} S_n &= C + C(1+R)^1 + C(1+R)^2 + \cdots + C(1+R)^{n-1} \\ &= C\left[\frac{(1+R)^n - 1}{R}\right] \end{aligned} \tag{3-2}$$

〈식 3-2〉에서 $\frac{(1+R)^n - 1}{R}$은 매기간 말에 1원씩 n년간 수령하는 연금의 n시점에서의 가치를 나타내는데 이를 연금의 복리계수(compound value interest factor for annuity : CVIFA)라고 한다. 이 계수도 역시 계산의 편의를 위해서 이자율과 기간별로 미리 산출해 놓은 연금복리표를 이용한다. 이러한 연금의 복리표는 부록의 〈표 2〉에 제시되어 있다.

연금의 현재가치개념이 적용되는 대표적인 예를 들면 정기적금에 있어 만기의 원리금을 계산하는 것을 들 수 있다.

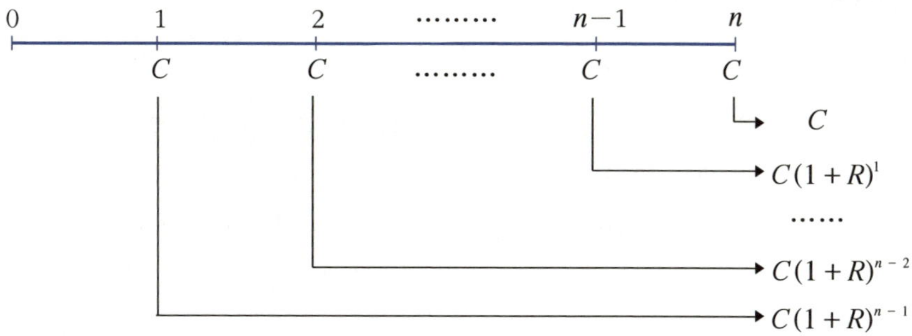

그림 3-2 **연금의 미래가치**

예제 3-2

현재의 이자율은 연 10%이다. 3년 동안 매년도 말에 100만원씩을 예금하면 3년 후 미래가치는 얼마가 되는가?

〈식 3-2〉를 이용해서 3년 후 미래가치를 계산하면 다음과 같다.

$$S_3 = 100\text{만원} \times \left[\frac{(1+0.1)^3 - 1}{0.1}\right] = 331\text{만원}$$

이 내용을 그림으로 나타내면 다음과 같다.

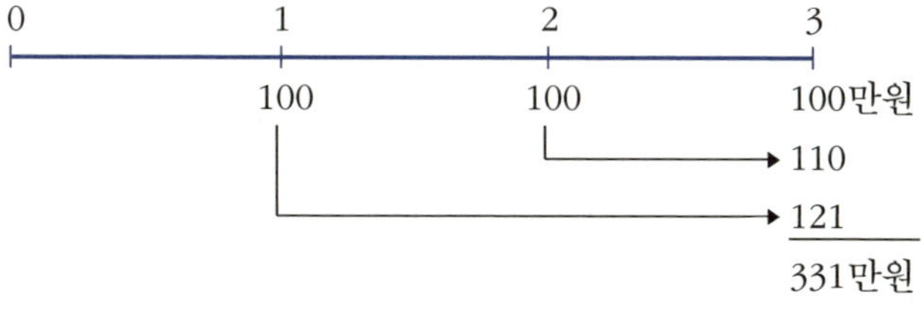

제 3 절 현재가치

현재가치(present value)란 미래에 발생할 현금흐름을 현재시점에서 평가한 값을 말한다. 앞으로 공부하면서 알게 되겠지만 현재가치에 관한 개념은 재무관리에서 특히 중요한 개념이다. 그 이유는 어떤 투자안의 수행여부를 판단하거나 어떤 자산의 균형가격을 산출할 때, 그리고 기업의 가치를 결정할 때에도 모두 현재가치의 개념이 이용되기 때문이다.

현재가치의 구체적인 값을 구하려면 미래가치를 계산할 때와 마찬가지로 이자율(R)을 알아야 한다. 미래가치를 계산할 때에는 이자율을 수익률이라고도 한다고 하였는데 현재가치를 계산할 때에는 이자율을 흔히 할인율(discount rate)이라고 부른다.

현재가치가 적용되는 구체적인 내용은 차차 공부하기로 하고 우선 현재가치를 계산하는 과정을 살펴보자.

1. 일시불의 현재가치

일시불의 현재가치란 미래 일정시점에서 발생할 현금흐름을 현재시점에서 평가한 값을 말하는데 현금흐름의 현재가치를 구하는 과정은 미래가치를 구하는 과정과 역관계에 있게 된다. 우선 1년 후 금액의 현재가치를 생각해 보자. 1년 후의 P_1은 현재가치(P_0)로 환산하면 다음과 같이 된다.[1)]

$$P_0 = \frac{P_1}{(1+R)}$$

이러한 이유는 $\frac{P_1}{(1+R)}$ 를 1년간 저금하면 다음과 같이 P_1이 되기 때문이다.

1) 미래가치를 나타내는 식에서 $P_1 = P_0(1+R)$이 되는데 양변을 $(1+R)$로 나누면 이 식이 도출된다. 이러한 이유에서 현재가치를 구하는 과정은 미래가치를 구하는 과정의 역과정이라 할 수 있는데 이러한 논의는 기간을 연장하는 경우에도 마찬가지로 성립한다.

$$\frac{P_1}{(1+R)} \times (1+R) = P_1$$

이번에는 2년 후 금액의 현재가치를 생각해 보자. 2년 후의 P_2는 현재가치(P_0)로 환산하면 다음과 같이 된다

$$P_0 = \frac{P_2}{(1+R)^2}$$

이러한 이유 역시 현재의 $\frac{P_2}{(1+R)^2}$를 2년간 저금하면 다음과 같이 P_2가 되기 때문이다.

$$\frac{P_2}{(1+R)^2} \times (1+R)^2 = P_2$$

이러한 논의를 일반화하여 생각하게 되면 임의의 n시점 후의 금액 P_n의 현재가치 P_0는 다음의 ⟨식 3-3⟩으로 계산된다.

$$P_0 = \frac{P_n}{(1+R)^n} \tag{3-3}$$

이처럼 미래의 현금흐름에 대해서 현재가치를 구하는 과정을 할인(discount)한다고 한다. 그리고 이때에 $\frac{1}{(1+R)^n}$은 n시점에서 발생할 1원의 현재가치를 나타내는데 이를 현가계수(present value interest factor : $PVIF$)라고 한다. 현가계수도 역시 이자율과 기간별로 미리 계산해 놓은 현가표를 이용하는데 부록의 ⟨표 3⟩에 제시되어 있다. 그런데 현가계수는 앞서 미래가치를 계산할 때 설명한 복리계수와 역관계에 있기 때문에 이들 간에는 다음 식이 성립된다.

$$PVIF = \frac{1}{CVIF}$$

일시불의 현재가치를 계산하는 예를 들면 만기가 도래하기 이전에 어음을 할인해서 현금으로 수령하는 것을 들 수 있다. 또한 만기에 원금만 상환해 주는 할인채권을 만기 이전에 매각할 경우 받게 되는 금액을 산출하는 것도 이에 해당한다.

예제 3-3

만기가 1년 후에 도래되는 액면금액이 50만원인 채권을 갖고 있다. 이 채권은 만기에 가서 원금만 지급하고 중도에 지급되는 이자는 없는 할인채권이다.

(1) 채권시장에서 연 10%로 할인한다면 현재 얼마의 현금을 받을 수 있는가?

(2) 만약 다른 조건은 똑같고 만기까지 남은 기간이 2년인 채권이 있다면 이를 할인할 경우에는 얼마의 현금을 받게 되는가?

(1) 1년 후 만기가 도래되는 할인채권의 경우는 다음과 같이 계산된다.

$$P_0 = \frac{50\text{만원}}{(1+0.1)} = 45.5\text{만원}$$

(2) 그리고 2년 후 만기가 도래되는 할인채권은 다음과 같이 계산된다.

$$P_0 = \frac{50\text{만원}}{(1+0.1)^2} = 41.3\text{만원}$$

이러한 내용을 그림으로 보이면 다음과 같이 나타낼 수 있다.

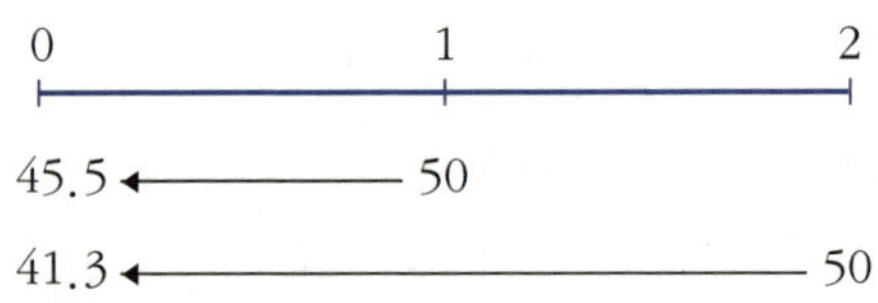

그림 3-3 일시불의 현재가치

2. 연금의 현재가치

연금의 현재가치는 매기간 말에 받게 되는 일정 금액들을 현재의 시점에서 평가한 가치로 매기 말 얻게 되는 금액을 현재가치로 환산하여 모두 더한 값이다. 매기간 말에 C원씩 n년간 지급받는 연금의 현재가치를 구해 보자.

1년 후 얻게 되는 C의 현재가치는 $\frac{C}{(1+R)}$가 되며, 2년 후 얻게 되는 C의 현재가치는 $\frac{C}{(1+R)^2}$가 된다. 이러한 논리를 반복하면 임의의 t년 후 받게 되는 C의 현재가치는 $\frac{C}{(1+R)^t}$가 되는데 연금의 현재가치 S_0는 이를 모두 합한 값이 되므로 다음과 같이 계산된다.

$$S_0 = \frac{C}{(1+R)^1} + \frac{C}{(1+R)^2} + \cdots\cdots + \frac{C}{(1+R)^n}$$

$$= C\left[\frac{(1+R)^n - 1}{R(1+R)^n}\right] \qquad (3\text{-}4)$$

이때에 $\frac{(1+R)^n - 1}{R(1+R)^n}$은 매기간 말에 1원씩 n년간 지급되는 연금의 현재가치를 나타내는데 이를 연금의 현가계수(present value interest factor for annuity : PVIFA)라고 하며 연금현가표를 이용하면 쉽게 구할 수 있다. 이 표는 부록의 〈표 4〉에 제시되어 있다.

연금의 현가계산 개념에 대한 예를 들면 원리금을 매기 일정한 금액으로 균등분할하여 상환하는 조건으로 조달하는 차입금이 이에 해당한다. 또한 일정한 기간 동안 매번 동일한 금액으로 받게 되는 연금을 현재시점에서 일시에 받을 수도 있다면 일시에 받게 되는 금액이 바로 그 기간 동안 받게 될 미래 연금의 현재가치에 해당하는 것이다.

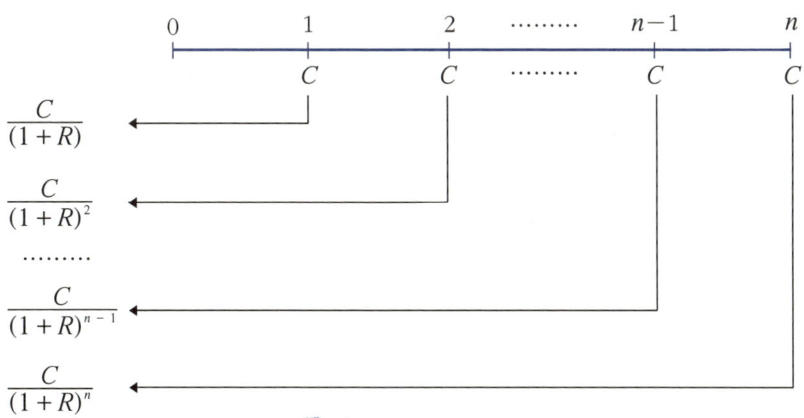

그림 3-4 연금의 현재가치

예제 3-4

앞으로 매년도 말에 100만원씩의 연금을 3년 동안 받게 되었다. 이를 현재시점에서 일시불로 받는다면 얼마를 받을 수 있는가? 단, 시장이자율은 연 10%이다.

〈식 3-4〉를 이용해서 연금의 현재가치를 계산하면 다음과 같다.

$$S_0 = 100\text{만원} \times \left[\frac{(1+0.1)^3 - 1}{0.1(1+0.1)^3} \right] = 248.6\text{만원}$$

이 내용을 그림으로 나타내면 다음과 같다.

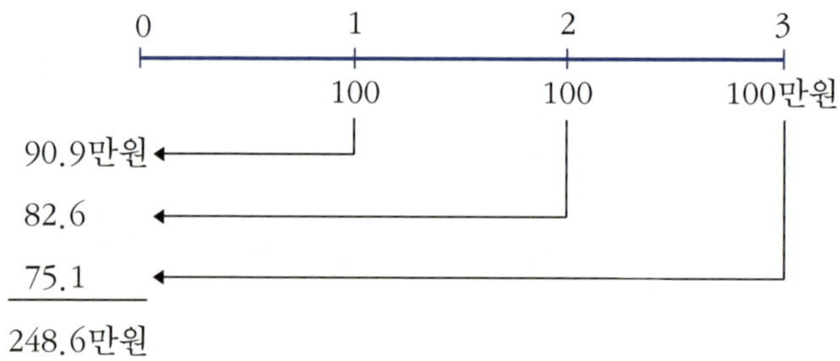

3. 영구연금의 현재가치

영구연금(perpetuity)이란 일정한 금액의 현금흐름이 영원히 계속되는 것을 말한다. 아직 우리나라에는 도입되지 않았지만 만기가 없고 무한히 이자만 수령하게 되는 영구채권(consol)의 경우가 이러한 현금흐름에 해당하는 예이다.

영구연금의 현재가치는 연금의 현재가치를 나타내는 〈식 3-4〉에서 n이 무한대인 경우로 생각하면 된다. 이 경우 영구연금의 현재가치 S_0는 무한등비급수의 합계로 나타낼 수 있는데 이 값은 다음과 같은 식으로 정리된다.

$$S_0 = \frac{C}{R} \tag{3-5}$$

예제 3-5

매년도 말에 10만원씩의 현금을 무한히 지급하는 영구연금이 있다. 시장이자율이 8%라고 하면 이 연금의 현재가치는 얼마인가?

〈식 3-5〉를 이용해서 현재가치를 계산하면 다음과 같다.

$$\frac{10\text{만원}}{0.08} = 125\text{만원}$$

이는 125만원을 예금하고 이 예금을 찾지 않는다면 매년 8%에 해당하는 이자 10만원을 영구히 받을 수 있다는 의미와 같은 것이다.

4. 불규칙한 현금흐름의 현재가치

시점별로 불규칙하게 발생하는 현금흐름의 현재가치를 구하려면 각 시점별 현금흐름을 개별적으로 할인하여 이들을 모두 합산하는 방법 밖에 없다. 다만 앞서 공부한 몇 가지 유형의 현재가치 산출식을 주어진 상황에 맞게 적절하게 사용하면 그 불편을 덜 수 있다. 또한 부록의 현가표나 재무용 계산기 등을 이용해도 도움이 될 수 있을 것이다.

예제 3-6

앞으로 현금유입이 1년 후에는 500만원, 2년 후에는 800만원, 3년 후에는 900만원이 예상되는 투자안이 있다. 할인율이 20%라고 할 때에 이 투자안의 현재가치는 얼마인가?

각 시점별로 유입되는 현금의 크기가 서로 다르므로 각 현금흐름을 개별적으로 현재가치로 계산하고 이들 값을 더해서 이 투자안의 현재가치를 구해야 한다. 이를 계산한 내역은 다음과 같다.

$$\frac{500}{(1+0.2)} + \frac{800}{(1+0.2)^2} + \frac{900}{(1+0.2)^3} = 1,493(\text{만원})$$

그리고 계산과정을 그림으로 보이면 다음과 같다.

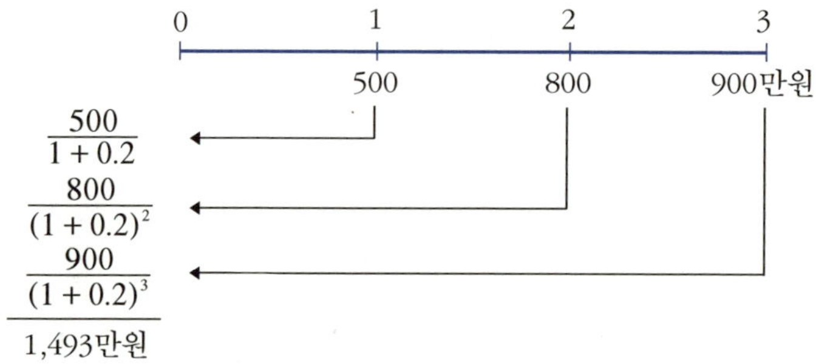

제 4 절 화폐의 시간적 가치가 갖는 의미

환율이 1달러에 1,000원인 경우 사람들은 1달러나 1,000원이 같은 가치가 있다고 생각한다. 그 이유는 1달러를 가진 사람은 필요하다면 언제든지 1,000원으로 교환할 수 있고 반대로 1,000원을 가진 사람은 1달러로 교환할 수 있기 때문이다.[2)]

동일한 논리로 이자율이 10%인 경우 현재의 100만원과 1년 후의 110만원은 동일한 가치를 갖는다. 현재의 100만원을 가진 사람은 저축에 의해 1년 후 110만원을 얻을 수 있으며, 1년 후에 110만원을 얻을 수 있는 사람은 현재 100만원을 차입하고 1년 후 110만원을 상환함으로써 현재의 100만원을 얻을 수 있다.

연금의 경우에도 동일하게 생각할 수 있다. 어떤 연금의 현재가치가 100만원이라면 현재의 100만원과 이 연금은 동일한 가치가 있다는 의미이며 따라서 100만원을 적당히 나누어 저금하면 이 연금을 만들어 낼 수 있다. 같은 논리로 이 연금의 2년 후 미래가치가 120만원이라면 2년 후 120만원과 이 연금은 같은 가치가 있으며, 2년 후 120만원을 이용하여 적당히 대출

---

2) 환전수수료는 없다고 가정한다. 우리는 이자율에 있어서도 차입이자율과 대출이자율은 동일하다고 가정한다.

받으면 이 연금을 만들어 낼 수 있게 된다.

예제 3-7

이자율이 10%인 경우 2년간 200만원씩 지급하는 연금의 현재가치와 미래가치는 각각 347.1만원과 420만원이다. 물음에 답하여라.

(1) 당신이 현재 347.1만원을 가지고 있다면 대출에 의해 이 연금을 만들어 낼 수 있음을 보이시오.

(2) 당신이 2년 후 420만원을 얻을 수 있다면 차입에 의해 이와 동일한 연금을 만들 수 있음을 보이시오.

(3) 당신은 300만원을 투자하면 2년간 매년 200만원의 현금흐름이 발생하는 투자안을 고려 중이다. 이 투자안에 투자를 해야 하는가?

(1) 현재의 347.1만원을 나누어 181.8만원은 1년 만기, 165.3만원은 2년 만기로 저금하면 1년 후 200만원, 2년 후 200만원을 받는 연금을 만들 수 있다.

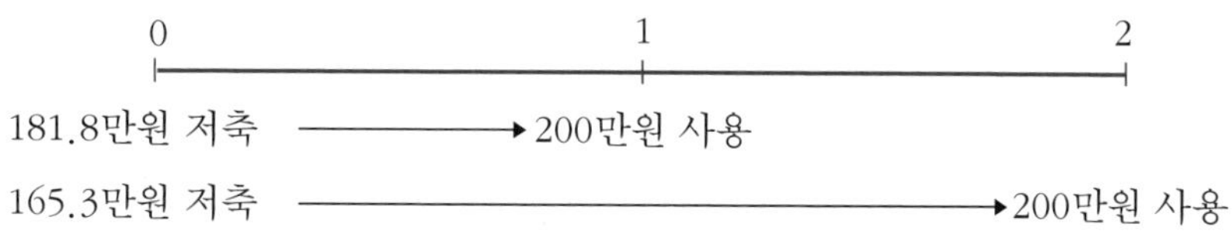

(2) 1년 후 200만원을 차입하여 사용한다. 그리고 2년 후 받게 되는 420만원 중 220만원을 차입금에 대한 원리금으로 상환하고 나머지 200만원을 사용하면 2년간 200만원씩 얻는 연금과 동일해 진다.

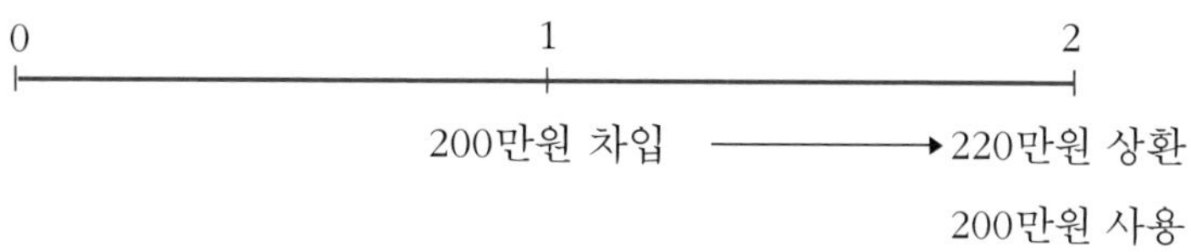

이러한 사실에서 우리는 이 연금과 현재의 347.1만원, 2년 후의 420

만원은 동일한 가치가 있음을 알 수 있다.[3)]

(3) 이 투자안의 현재가치는 347.1만원이다. 그러므로 현재의 300만원을 투자하고 2년간 200만원씩을 얻는 것은 현재의 300만원과 현재의 347.1만원을 교환하는 것과 동일하다. 따라서 이 투자안에 투자를 하면 현재기준으로 47.1만원의 이익을 얻을 수 있다. 그 과정을 설명하면 다음과 같다.

▶현 재 : 181.8만원은 1년 후 상환조건으로, 165.3만원은 2년 후 상환조건으로 총 347.1만원을 차입한 후 이중 300만원을 투자하면 47.1만원이 남는다.

▶1년 후 : 투자에서 발생한 현금흐름 200만원으로 1년 만기로 차입한 181.8만원의 원리금 200만원을 상환한다. 이렇게 하면 1년 후에는 아무런 채무나 채권이 없게 된다.

▶2년 후 : 투자에서 발생한 현금흐름 200만원으로 2년 만기로 차입한 165.3만원의 원리금 200만원을 상환한다. 이렇게 하면 2년 후에도 아무런 채무나 채권이 없게 된다.

이러한 예에서 우리는 투자안으로부터 발생하는 현금흐름의 현재가치가 투자비용보다 큰 경우 투자를 하면 이득이 됨을 알 수 있다.

제 5 절 화폐의 시간적 가치 개념의 이용

화폐의 시간적 가치 개념은 재무관리의 전 분야에 걸쳐서 적용된다. 구체적인 내용은 차차 공부하겠지만 전체적인 윤곽을 이해할 필요가 있기 때문에 중요한 세 가지 분야를 먼저 간단히 소개한다.

첫째, 실물자산에 대한 투자결정문제에서 화폐의 시간적 가치 개념이 이용된다. 특히 이 분야를 자본예산이라고 하는데 본서의 제3장에서 자세히 공부한다.

둘째, 증권에 대한 투자결정문제인데 이때에는 증권의 균형가격을 구하

3) 현재의 347.1만원의 2년 후 미래가치는 420만원(= $347.1(1+0.1)^2$)이 된다.

는 것이 중요한 문제가 된다. 이와 관련된 내용은 제5장, 제6장, 제7장, 제8장에 걸쳐서 다루게 되는데 이는 기업재무는 물론이고 투자론에서도 중요시하는 내용이다.

셋째, 기업의 자본구조를 분석할 때에도 화폐의 시간적 가치 개념이 이용된다. 즉, 자산가치, 부채가치, 그리고 자본가치를 구하면서 이러한 개념을 이용하게 되는데 자세한 내용은 제11장, 제12장에서 설명한다.

1. 실물투자의 결정

기계설비, 토지, 건물 등의 구입 여부를 판단하는 문제를 실물투자에 대한 의사결정문제라고 한다. 다음과 같은 예제를 통해서 화폐의 시간적 가치개념이 어떻게 이용되는지를 살펴보자.

예제 3-8

이진희씨는 건물을 지어서 분양하려고 한다. 이 건물을 짓는데 현재 7,000만원이 소요되지만 1년 후에 7,920만원의 현금을 받고 매각할 수 있다고 한다. 시장이자율이 연 10%라고 할 때 이 투자안의 현재가치를 구해 보라. 그리고 이진희씨는 이 투자안을 수행해야 하는가를 판단해 보라.

먼저 이 투자안의 현재가치는 1년 후의 7,920만원을 10%로 할인한 값이므로 다음과 같이 산출된다.

$$\frac{7,920}{(1+0.1)} = 7,200\,(\text{만원})$$

즉, 투자안의 가치는 7,200만원인데 이를 7,000만원에 수행할 수 있다는 것이다. 결국 건물을 짓는다는 것은 이진희씨 입장에서 볼 때 7,000만원을 주고 7,200만원을 받는 것과 같은 것이어서 200만원의 이득을 보게 된다. 이때의 200만원을 순현재가치(net present value : *NPV*)라고 한다.

순현재가치란 순현가라고도 하는데 특정한 투자안으로부터 유입되는 현금흐름의 현재가치에서 투자에 소요되는 투자비용을 차감해서 산출한 값을 말한다. 따라서 순현재가치란 어떤 투자안을 수행함으로써 얻게 되는 이득이라고 할 수 있다. 어떤 투자안의 순현재가치가 0보다 크면 그 투자안에서 들어오는 현금유입의 현재가치가 투자비용보다 크다는 의미이기 때문에 투자가치가 있다고 판단한다. 그러나 만약 투자안의 순현재가치가 0보다 작으면 투자를 하는 것이 오히려 손해이기 때문에 투자안을 기각해야 한다.

이렇게 실물투자와 관련된 의사결정문제를 다루는 기법을 자본예산(capital budgeting)이라고 하는데 이와 관련된 내용은 제4장에서 공부하게 된다.

2. 증권가격의 산출

주식가격

우리가 주식을 매입해서 이를 팔지 않고 계속 보유하게 되면 배당금을 받게 된다. 따라서 배당금의 현재가치를 구하면 이 값이 주식가격이 된다. 그런데 현실적으로 주식가격은 증권시장에서의 수요와 공급에 의해서 결정된다. 만약 시장이 균형상태라고 가정하면 이렇게 수요와 공급에 의해서 결정된 값과 미래 배당금의 현재가치는 동일하게 된다.

예제 3-9

삼성기업은 주주들에게 매년도 말에 7,000원씩의 배당금을 지급할 것이다. 이 현금흐름에 대한 할인율이 연 10%라고 할 때에 삼성기업의 주식가격은 얼마가 되는가?

삼성기업은 계속기업이므로 이 주식을 갖고 있는 주주는 영원히 7,000원씩의 현금흐름을 받게 될 것이므로 삼성기업의 주식가격은 다음과 같이 영구연금의 현재가치로 계산된다.

$$\frac{7,000\text{원}}{0.1} = 70,000\text{원}$$

채권가격

이제 채권을 보유할 경우 얻게 되는 현금흐름을 생각해 보자. 채권을 갖고 있게 되면 일정기간 동안 이자를 받다가 만기에 원금을 받게 되므로 이자와 원금의 현재가치를 구하여 합하면 이 값이 채권가격이 된다.

예제 3-10

이민아씨는 현대기업이 발행한 회사채를 갖고 있다. 이 채권의 액면금액은 100,000원이고 매년도 말에 5,000원의 이자를 지급하고 만기까지는 2년이 남아 있다. 급하게 돈이 필요해서 이 채권을 팔려고 하는데 얼마를 받을 수 있을까? 시장이자율은 연 10%라고 하자.

먼저 채권의 이자금액 5,000원의 현재가치를 구한다.

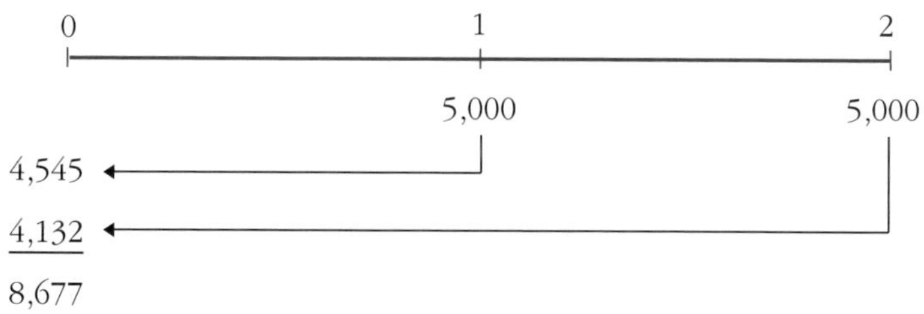

그리고 2년 후 만기에 받게 되는 원금 100,000원의 현재가치를 구한다.

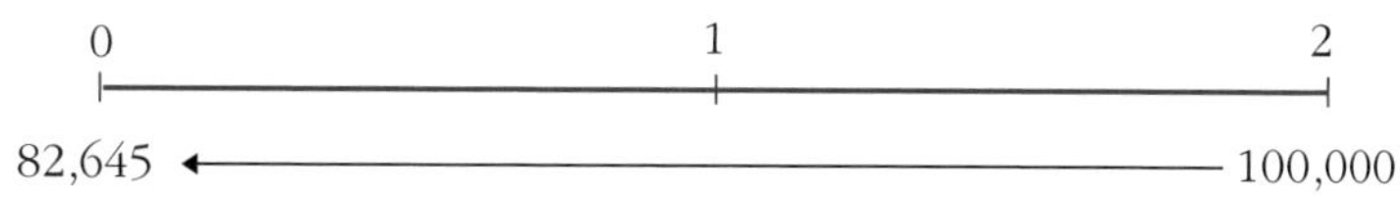

따라서 이 채권의 가격은 91,322원(= 8,677 + 82,645)이 된다. 즉, 이민아씨가 이 채권을 판다면 91,322원을 받을 수 있다.

이렇게 주식이든 채권이든 어떤 증권의 가격도 그 증권을 갖고 있을 때 미래에 얻게 되는 현금흐름을 현재가치로 산출한 값이 된다. 이러한 원리는 증권 이외에 모든 자산에도 그대로 적용되는 것이기 때문에 매우 중요한 개념이 된다. 자세한 내용은 제6장에서 설명할 것이다.

3. 기업가치의 평가

기업의 채권을 소유하고 있으면 매년 이자를 얻게 되며 기업의 주식을 소유하면 매년 이익을 배당받게 된다. 그리고 기업의 자산을 모두 소유하고 있으면 기업의 이자와 순이익을 모두 얻게 되는데 이자와 순이익의 합이 영업이익이 되므로 기업의 자산을 소유하면 기업의 영업이익을 얻게 된다. 따라서 현금흐름을 기준으로 보면 손익계산서상의 영업이익의 현재가치가 자산, 지급이자의 현재가치가 부채, 순이익의 현재가치가 자본이 된다.[4)]

일반적으로 기업은 특별한 사유가 없으면 계속적으로 존재할 것이므로 계속기업(going concern)으로 볼 수 있다. 따라서 영업이익의 현재가치를 계산하거나, 지급이자의 현재가치를 계산하거나, 또는 순이익의 현재가치를 구할 때에 모두 영구연금의 현재가치를 계산하는 방식을 이용해서 자산, 부채, 자본의 가치가 산출되는 것이다.

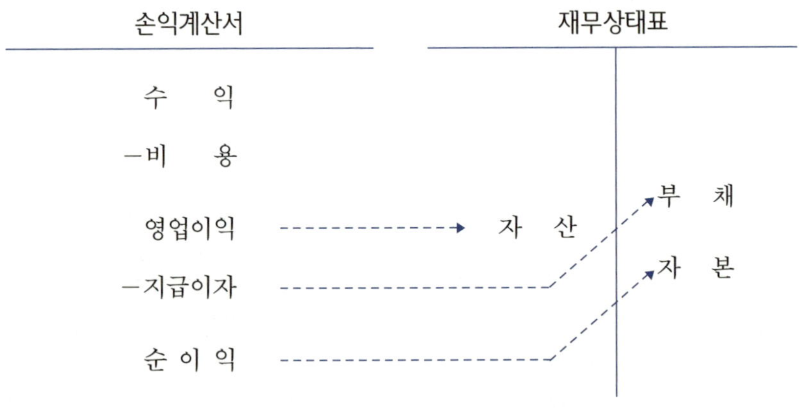

그림 3-5 화폐의 시간적 가치개념으로 보는 손익계산서와 재무상태표

4) 편의상 세금은 없고 순이익은 모두 배당한다고 가정한다. 자세한 내용은 제11장을 참조하라.

그런데 이때의 손익계산서는 기업회계기준을 적용해서 작성된 것이 아니고 현금흐름기준을 적용해서 작성된 것으로 이해해야 한다. 그리고 재무상태표 역시 기업회계기준을 적용해서 작성된 것이 아니고 시장가치기준을 적용해서 작성된 것이다. 실제로 재무상태표에서 자본의 가치를 측정할 때에는 증권시장의 자료를 이용해서 현재 1주당 가격에 발행주식수를 곱하여 산출한다.

예제 3-11

현대기업은 무한하게 존속하는 계속기업이다. 이 기업이 매년 벌어들이는 영업이익은 4억원이다. 부채에 대한 이자는 매년 1억원을 지급하며 나머지 3억원이 순이익이다. 지급이자에 대한 할인율은 10%, 순이익에 대한 할인율은 20%라고 하면 현대기업의 가치는 얼마가 되는가?

기업의 가치는 자산의 시장가치인데 이는 부채와 자기자본의 가치를 합한 값이므로 먼저 이들 값부터 구한다. 부채의 가치는 매년 지급되는 1억원의 영구적 현금흐름의 현재가치이므로 다음과 같이 10억원이 된다.

$$\frac{1}{0.1} = 10\,(\text{억원})$$

그리고, 자기자본의 가치는 매년 유입되는 순이익 3억원의 영구적 현금흐름의 현재가치이다.

$$\frac{3}{0.2} = 15\,(\text{억원})$$

따라서, 현대기업의 가치는 25억원(= 10 + 15)이 된다.

이렇게 부채와 자기자본의 가치, 그리고 기업가치를 현금흐름과 할인율과의 관계에서 파악하는 것도 화폐의 시간적 가치개념이 이용되는 것이다. 이러한 내용에 관한 이론을 자본구조이론이라고 하는데 제11장, 제12장에서 다루게 된다.

연습문제

3-1 어떤 나라의 대통령인 최무식씨는 다음과 같이 주장하고 있다.

"가난한 사람이 돈이 없어서 돈을 빌리는데 이자까지 물어야 한다면 돈이 있는 사람은 계속 돈을 벌고 가난한 사람은 더욱 가난해 지는 것이 아닌가? 따라서 이자를 받지 못하도록 하겠다."

(1) 이러한 생각이 공표되어 이자를 받지 못하게 한다면 자금의 이동이 가능할까?

(2) 한부자씨는 1억원의 돈을 가지고 있지만 전혀 투자할 곳이 없고, 이현명씨는 1억원을 투자하면 1년 후 2억원의 현금이 발생하는 투자안을 가지고 있지만 자금이 없다. 이자를 받을 수 없는 상황과 이자율이 20%인 상황에서 어떠한 일이 벌어질까를 생각해 보고 적절한 이자율의 필요성에 대해 논의해 보라.

3-2 박민주씨는 현재 가지고 있는 재산 100만원 중 얼마를 저금하여 내년에 소비하고, 얼마를 현재 소비할 것인가 고민하고 있는데 다음과 같은 몇 가지 대안을 생각하고 있다.

① 20만원 저축, 80만원 현재소비　　② 40만원 저축, 60만원 현재소비

③ 60만원 저축, 40만원 현재소비　　④ 80만원 저축, 20만원 현재소비

이자율이 10%인 경우 각 경우에 대해 현재 소비할 수 있는 액수와 미래 소비할 수 있는 금액을 구하고 이를 그래프(x축은 현재소비액, y축은 미래소비액)로 표시하라.

3-3 최수민씨는 현재 60만원의 현금을 가지고 있고 1년 후 44만원을 받기로 되어 있다. 10%의 이자율로 차입 및 대출이 가능하다고 가정하고 물음에 답하라.

(1) 최수민씨는 현재 100만원을 소비하고 싶다. 어떻게 가능한지 설명해 보라. 이를 통해 최수민씨의 현재 및 미래의 부를 현재금액으로 환산하면 100만원이 된다는 사실을 설명해 보라.

(2) 최수민씨는 현재 40만원, 미래 66만원을 소비하고 싶다. 어떻게 하면 이러한 소비가 가능한지 설명해 보라. 또한 현재소비 40만원, 미래소비 66만원의 현가가 현재소비 60만원, 미래소비 44만원의 현재가치와 동일함을 보여라.

(3) (1), (2)를 통해 현재가치가 동일한 경우 언제든지 현재소비를 늘이고, 미래소비를 줄일 수 있고 반대로 현재소비를 줄이고 미래소비를 늘릴 수 있음을 생각해 보라(이를 자본시장을 통한 부의 이전이라 한다).

3-4 홍문기씨는 집을 구하던 중 마음에 드는 집을 발견했다. 그런데 집주인이 다음과 같은 제안을 했다. 이자율이 10%라 가정하여 각 제안의 현재가치를 구해보고 홍문기씨가 어떠한 제안을 택하는 것이 가장 좋은지에 대해 생각해 보라. 이자율이 15%라면 어떤 제안이 바람직한가?

① 지금 1억원을 지불한다.

② 3년 후 1억 3,000만원을 지불한다.

③ 1년 후부터 5년 후까지 매년 2,500만원씩을 지불한다.

④ 1년 후부터 영원히 매년 1,100만원씩을 지불한다.

3-5 김철한씨는 100만원을 투자하면 1년 후부터 3년 후까지 매년 40만원을 얻게 되는 투자안을 발견하였다.

(1) 이자율이 8%인 경우 이 투자안의 현재가치를 구해 보고 이 투자안을 수행하는 것이 좋은지에 대해 판단해 보라.

(2) 이자율이 10%, 12%, 15%인 경우 이 투자안의 채택 여부는 어떻게 되는가? 이자율이 증가하는 경우 투자안의 가치가 어떻게 변하는지 생각해 보라.

3-6 김하늘양과 이선주양은 동일한 100만원을 가지고 다음과 같은 현금흐름을 만들려 하고 있다. 이자율은 10%이다.

① 김하늘양은 100만원을 저금하여 1년 후 받게 되는 110만원 중 이자 10만원만 찾아 쓰고 100만원은 저금한다. 따라서 2년 후에는 다시 원금과 이자로 110만원을 받게 되는데 이를 모두 찾아 소비한다.

② 이선주양은 100만원을 저금하여 1년 후 받게 되는 110만원 중 60만원을 소비하고, 나머지 50만원은 저금한다. 따라서 2년 후에는 55만원을 받게 되는데 이를 모두 소비한다.

(1) 김하늘양이 만들어낸 부의 현재가치는 얼마인가? 또한 이선주양이 만들어낸 부의 현재가치는 얼마인가?

(2) 이 결과를 이용하여 현재 100만원을 저금하여 만들어 낼 수 있는 모든 현금흐름의 현가는 100만원임을 설명하라.

3-7 박종성씨는 100만원을 1년간 예금하려고 하는데 다음과 같은 제안을 받았다.

① 1년 후 10%의 이자를 지급한다.

② 6개월마다 5%의 이자를 지급한다.

박종성씨가 ②번을 채택하는 경우에는 6개월 후에 받는 5만원의 이자는 다시 6개월간 저금한다고 가정한다.

(1) 박종성씨가 각 방법을 채택하는 경우 1년 후 받게 되는 금액은 얼마인가?

(2) 방법 ②의 실질이자율을 구하라.

3-8 정미숙씨는 100만원을 차입하려고 한다. 은행에서는 이자율이 10%인데 선이자를 요구하고 있다. 정미숙씨가 100만원을 대출신청하는 경우 실질적으로 받게 되는 돈은 얼마이며 1년후 상환해야 하는 돈은 얼마인가? 정미숙씨는 실제로 얼마의 이자율을 부담하고 있는가?

3-9 최규민씨는 200만원을 투자하면 1년 후부터 3년간 매년 100만원씩의 현금흐름이 발생하는 투자를 계획하고 있다. 이자율이 10%라 할 때 물음에 답하라.

(1) 이 투자안의 현재가치가 249만원임을 보여라.

(2) 은행으로부터 249만원을 차입하고 3년간 매년 100만원씩 상환하면 3년 후에는 모든 원리금을 갚을 수 있다. 이것이 어떻게 가능한지 설명하라.

(3) (1), (2)번을 통해 이 투자안을 하게 되면 최규민씨의 부가 49만원 만큼 증가됨을 보여라(이를 투자안의 순현가라 한다).

3-10 당신이 1년 후부터 3년 간 10만원씩 지급하는 연금을 받게 되었다고 하자. 이자율이 10%인 경우 물음에 답하라.

(1) 이 연금의 현재가치를 구하라.

(2) 당신이 현재 24만 9,000원을 가지고 있다면 이 연금과 동일한 현금흐름을 만들 수 있다. 그 과정을 설명하라.

(3) 이 연금의 3년 후 미래가치를 구하라.

(4) 당신은 3년 후 33만 1,000원을 받기로 되어 있다면 이 연금과 동일한 현금흐름을 만들 수 있다. 그 과정을 설명하라.

(5) 3년 후 33만 1,000원의 현재가치는 24만 9,000원임을 보이고 이 연금과 현재의 24만 9,000원, 3년 후의 33만 1,000원이 동일한 가치를 가짐을 설명하라.

3-11 1년 후부터 5년 간 5만원씩 지급하는 연금이 있다. 이자율이 10%인 경우 물음에 답하라.

(1) 이러한 연금의 현재시점에서의 가치(S_0)는 얼마인가?

(2) 당신은 이 연금을 받는 대신 1년 후에 일정액(S_1)을 받기로 하였다. 시장이자율을 감안한다면 얼마가 적당한가? 또한 2년 후에 일정액(S_2)을 받기로 했다면 얼마가 적당한가?

(3) 위에서 구한 S_0, S_1, S_2 의 관계를 구하라. 이를 통해 당신이 이러한 연금 대신 n년 후에 일정액(S_n)을 받기로 한 경우 얼마를 받는 것이 공정한지 계산해 보라.

3-12 손현미씨는 어떤 투자안의 가치를 분석 중인데 이 투자안의 현재가치를 구해 본 결과 100만원이라는 사실을 알았다. 이 투자안의 3년 후 가치는 얼마인가? 또한 5년 후 가치는 얼마인가? 단, 이자율은 연 10%이다.

3-13 정다홍씨는 100만원을 예금하였는데 다음과 같은 현금흐름을 받았다. 그가 받은 이자율은 각 경우 얼마에 해당하는가?

(1) 1년 후에 원리금으로 112만원을 받았다.

(2) 1년 후 10만원, 2년 후 110만원을 받았다.

3-14 김지수씨는 은행으로부터 다음과 같은 제안을 받았다.

"1년 후부터 1만원을 10년간 예금하면 11년 후부터는 매년 1만원씩 영원히 지급하겠다."

이자율이 얼마인 경우 이 제안이 공정해지겠는가?

제2부 가치와 투자결정

제 4 장 자본예산

> 자본예산이란 주로 기계설비 등 실물자산에 대한 투자와 관련된 의사결정문제를 다루는 것이다. 자본예산의 핵심적인 내용은 투자안에서 유입될 현금흐름을 측정하고 투자안의 경제성을 평가하는 것이다. 재무관리에서는 이 중에서도 투자안의 경제성 평가를 가장 중요시하는데 투자안의 경제성을 평가할 때에는 회수기간법, 평균이익률법, 순현재가치법, 내부수익률법 등 여러 가지 방법이 있지만, 그 중 가장 우수한 평가방법은 순현재가치법이다. 이러한 평가방법의 원리는 증권투자에서도 그대로 이용되는 것이므로 잘 이해할 필요가 있다.

제 1 절 자본예산의 기초개념

1. 자본예산의 의의

자본예산(capital budgeting)이란 투자의 효과가 1년 이상 장기간에 걸쳐서 나타나는 투자결정에 관련된 계획을 수립하는 것을 의미한다. 구체적으로 예를 들면 새로운 공장을 설립한다든가 공장내의 생산설비를 교체한다든가 또는 대규모 공사를 수주하는 것들에 대한 의사결정문제가 모두 자본예산에 해당하는 것이다.

자본예산이라는 용어는 1951년에 발간된 딘(J. Dean)의 저서명 '*Capital Budgeting*'에서 유래되었는데 이 책의 출간 이후 상당한 기간 동안 이 분야에 관한 연구가 활발하게 이루어졌었다. 지금도 재무적 의사결정 대부분을 자본예산의 개념에 의존하고 있기 때문에 매우 중요한 내용이라고 할 수 있다.

2. 자본예산의 중요성

이러한 자본예산은 다음과 같은 특징을 갖고 있기 때문에 신중하고도 체계적인 분석이 필요하다.

① 자본예산은 그 효과가 장기간에 걸쳐 기업활동에 영향을 미치므로 미래의 투자환경을 정확하게 예측하여 신중하게 이루어져야 한다.

② 자본예산에 소요되는 투자금액은 대규모라는 특징을 갖는다.

③ 현대 기업환경은 치열한 경쟁사회이므로 자본예산이 잘못 수립되면 기업의 생존까지 위협받을 수 있다.

④ 현대 사회에서는 기술진보가 빠르기 때문에 기업들은 자본예산과 관련된 의사결정을 과거보다 더 자주 하게 된다.

⑤ 증권투자이론에서도 최종적인 투자결정은 자본예산의 개념에 의존하게 된다.

3. 자본예산의 절차

자본예산을 실제로 수행하는 과정은 상황에 따라서 달라질 수 있겠으나 대체로 〈그림 4-1〉과 같은 그림으로 나타낼 수 있다.

〈그림 4-1〉에서 투자기회의 탐색과 선정, 현금흐름의 측정, 투자안의 선택 또는 기각, 통제 및 사후관리를 자본예산의 4단계라고 한다. 이 중 2단계와 3단계의 내용, 즉 투자안으로부터 기대되는 현금흐름을 측정하고 이를 평가해서 투자안의 채택 여부를 결정하는 과정이 특히 중요하기 때문에

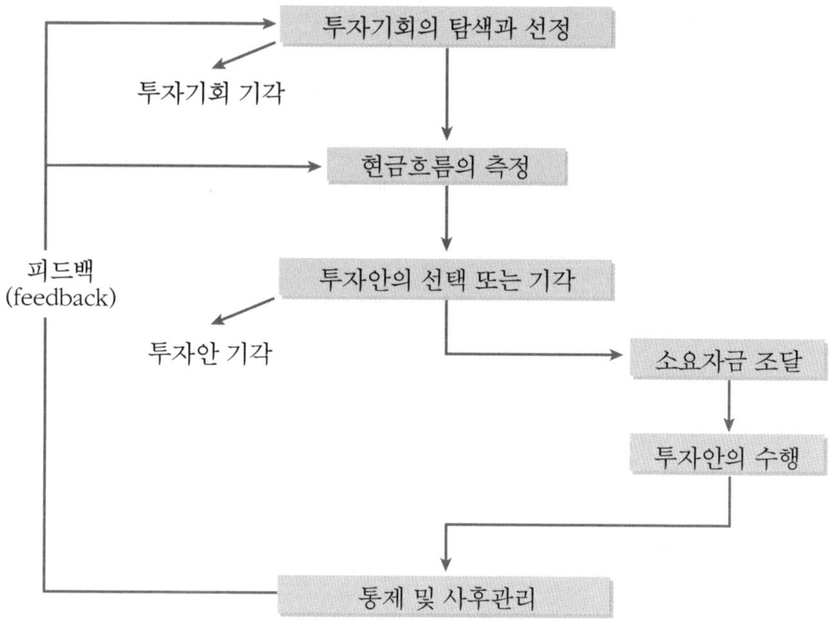

그림 4-1 자본예산의 절차

이를 협의의 자본예산이라고 한다. 이에 대한 자세한 설명은 잠시 뒤로 미루고 우선 4단계의 내용을 개략적으로 살펴본다.

투자기회의 탐색과 선정

첫째 단계인 투자기회의 탐색과 선정은 기업의 기술력이나 자금력, 장기적 경영전략 등을 포괄적으로 검토하여 기업이 수행할 수 있는 투자안을 탐색하는 과정이다. 이 과정은 매우 중요한 과정이기는 하지만 재무관리에서 독자적으로 할 수 있는 분야는 아니며 생산부서, 마케팅부서, 전략부서 등과 긴밀한 협의가 필요한 부분이다.

현금흐름의 측정

둘째 단계는 첫째 단계에서 기술력이나 자금력 등에 비추어 투자할 가치가 있다고 판단된 투자안에 대해서 현금흐름을 측정하는 것이다. 즉, 투자안을 수행할 경우 이로 인해 앞으로 예상되는 미래현금흐름에 대해서 현금흐름의 크기와 현금흐름의 발생시점, 현금흐름의 불확실성을 추정하는 것이다. 이때 현금흐름의 성격이 불확실하다면 그 불확실한 정도를 위험으로 측정해서 이를 고려한 자본예산기법을 이용하여야 할 것이다.[1] 그러나 여기에서는 현금흐름의 크기를 확실한 금액으로 미리 알 수 있는 확실성하의 투자결정을 분석대상으로 한다.

투자안의 선택 또는 기각(경제성 분석)

셋째 단계는 둘째 단계에서 추정된 현금흐름에 관한 자료를 토대로 이 투자안이 기업가치를 높이는 데 도움이 되는가를 평가해서 투자안의 채택 여부를 결정하는 것이다. 이 단계에서 현금흐름을 평가하는 방법으로 회수기간법, 평균이익률법, 순현가법 및 내부수익률법 등이 있는데 동일한 현금흐름에 대해서도 어떤 방법을 적용하느냐에 따라 채택 여부에 대해서 서로 다른 결과가 나올 수 있다.

이 단계를 투자안의 경제성 평가단계라고 하는데 자본예산에서 가장 중요하게 다루어지는 부분이다. 보다 자세한 내용은 제3절에서 살펴보겠다. 투자안의 경제성을 평가한 결과 경제성이 없다고 판단되면 기각할 것이고 경제성이 있다고 판단되면 소요자금을 조달해서 투자안을 수행한다.

투자안에 대한 통제 및 사후관리

마지막 단계는 수행 중인 투자안을 통제하고 사후관리하는 것이다. 즉, 투자안의 수행과정이 애초에 계획한 대로 이루어지고 있는지를 관찰하고 만약 투자환경이 변화되면 이를 반영하여 자본예산을 수정하는 등 피드백 기능을 수행하는 것이다.

1) 불확실한 현금흐름을 갖는 투자안에 대한 자본예산의 내용은 제9장에서 다룰 것이다.

제 2 절 현금흐름의 측정

1. 현금흐름과 손익계산서

흔히 어떤 기업의 성과를 측정할 때 성과지표로 손익계산서상의 이익을 떠올리는 경우가 많다. 그러나 손익계산서상의 이익은 기업을 둘러싼 여러 집단들의 이해관계에 의해 만들어진 회계원칙에 따라 산출한 성과지표일 뿐이다. 회계상 이익은 충분한데도 현금흐름이 부족해서 망하는 흑자도산이 있을 수 있고 실제로는 동일한 성과임에도 불구하고 적용하는 회계원칙에 따라서 서로 다른 이익이 나타날 수도 있다.

그러나 기업이 투자안을 수행하고 부채를 상환하거나 배당을 지급하는 등 각종 재무활동을 수행하는 데에 필요한 것은 현금이지 손익계산서상의 이익이 아니다. 따라서 재무관리에서는 어떤 투자안을 평가할 때 그 투자안을 수행함으로써 얻게 되는 현금흐름을 중요한 분석대상으로 삼는 것이다.

2. 현금흐름의 측정원칙

어떤 투자안에서 기대되는 현금흐름을 측정할 때에는 다음과 같이 몇 가지 주의할 사항이 있다.

첫째, 감가상각비는 현금유출이 아니라는 점이다. 감가상각비는 실제로 현금이 유출되는 것이 아니고 초기의 투자비용을 회계원칙에 따라서 투자수명기간 동안 비용으로 인식하는 것일 뿐이다. 따라서 현금흐름의 측면에서 보면 투자비용은 투자시점에서 전액 현금유출로 파악되며 감가상각비용은 현금유출이 아니다. 만약 투자비용을 투자시점에서 현금유출로 반영하고 또다시 매년의 감가상각비를 현금유출로 보면 이중계산이 된다.

둘째, 자본예산에서 측정대상이 되는 현금흐름은 주주에게 지급될 배당금(또는 순이익)과 채권자에게 지급될 이자의 합계이다. 왜냐하면 기업의 가치는 자기자본의 가치와 부채의 가치를 합한 것이기 때문이다. 즉, 재무

그림 4-2 기업의 현금흐름과 기업가치

관리에서는 기업가치극대화를 목표로 하고 있고 기업가치를 결정하는 현금흐름은 배당금과 이자의 합계가 된다. 따라서 투자비용의 일부를 부채로 조달해서 이에 대한 이자를 지급하더라도 이자를 현금유출로 보지 않는 것이다. 만약 주주부의 극대화를 목표로 한다면 이때는 이자비용을 현금유출로 간주해야 할 것이다.

셋째, 현금흐름은 납세 후 기준으로 측정해야 한다는 점이다. 즉, 세금까지 내고 난 후의 금액이 최종적으로 유입되는 현금이므로 세금을 반드시 고려해야 한다는 것이다. 그런데 이때의 법인세 산출액도 이자비용이 없는 상태에서 산출한 것이어야 한다. 이러한 측면은 자명한 것이지만 이로 인해 이자비용의 절세효과라는 문제점이 발생한다. 즉, 이자비용은 비용으로 처리되기 때문에 이에 대해서는 법인세를 납부하지 않게 된다. 따라서 동일한 곳에 투자하더라도 부채를 사용하면 부채를 사용하지 않는 경우에 비해서 법인세를 적게 내게 되어서 현금흐름이 더 많게 된다. 그러나 재무관리에서는 이러한 이자비용으로 인한 법인세의 절감효과에 대해서는 현금흐름에서 인정하지 않고 부채를 전혀 사용하지 않는 경우의 현금흐름을 투자안의 현금흐름으로 간주하는 것이다.[2)]

넷째, 증분기준으로 현금흐름을 측정해야 한다는 것이다. 증분기준으로 현금흐름을 측정한다는 것은 기업 전체적인 관점에서 이 투자안으로 인해

2) 부채를 사용하여 투자하는 기업은 이자에 대한 절세효과로 인해 투자안의 현금흐름이 증가하게 되는데 이 부분은 현금흐름에서 인정하지 않지만 나중에 부채의 이자율을 계산하는 과정에서 고려하게 된다. 이 부분에 대해서는 주석 5)와 제10장의 제2절을 참조하라.

기업의 현금흐름이 얼마나 증가했는가를 고려한다는 의미이다. 경제학적으로 증분기준에 의해 현금흐름을 측정한다는 것은 기회비용을 고려한다는 의미이다. 다음의 예를 살펴보자.

예제 4-1

까페 '너랑나랑'을 운영하고 있는 홍길동씨는 올해 말 현금흐름을 5,000만원으로 예상하고 있다. 그는 1억원을 투자하여 내부단장을 새로 하고 까페 이름도 '나랑너랑'으로 바꾸려 하고 있다. 이 경우 올해 말 현금흐름은 1억 5,000만원으로 예상한다. 편의상 까페는 1년 후 폐업한다고 가정하자. 홍길동씨는 이러한 투자안을 채택해야 하는가?

이 투자안은 1억원을 투자하면 1년 후 1억 5,000만원의 현금흐름이 발생하는 투자안으로 생각하기 쉽지만 그렇지 않다. 이 투자안은 현재 '1억원을 더 투자하면' 1년 후에 '1억원을 더 얻는' 투자안에 불과하다. 그 이유는 현재 아무런 투자도 하지 않아도 5,000만원의 현금흐름은 발생하기 때문이다. 이때 5,000만원을 기회비용이라 한다. 따라서 이 투자안은 거부되어야 한다.

3. 현금흐름의 측정식

현대기업과 삼성기업은 동일한 투자안에 투자하려 한다. 현대기업은 일부 자금을 부채로 조달할 것이고, 삼성기업은 전액 자기자본으로 투자한다. 이 투자안으로부터 기대되는 순이익은 〈표 4-1〉과 같은 손익계산서로 요약된다. 매출액은 전액 현금으로 들어왔으며 감가상각비를 제외한 나머지 항목은 전액 현금흐름으로 지출되었다고 가정하자. 이 손익계산서는 회계기준에 의해서 작성된 것으로서 흔히 보게 되는 것이다. 여기서 영업이익 250을 지급이자와 세금을 납부하기 전의 이익이기 때문에 EBIT(earnings before interest and tax)라고 표현하기도 한다.

〈표 4-1〉 손익계산서의 예

항 목	현대기업	삼성기업
매출액의 증가(ΔR)	900	900
영업비용의 증가(ΔC) *	560	560
감가상각비의 증가(ΔDep)	90	90
영업이익의 증가($\Delta EBIT$)	250	250
지급이자의 증가(ΔI)	50	0
법인세차감전 순이익의 증가	200	250
법인세(세율 = 0.4)	80	100
순이익의 증가	120	150

* 감가상각비는 제외된 항목임.

먼저 현대기업의 현금흐름을 살펴보자. 감가상각비와 이자비용은 현금유출이 아닌 것에 주의하면 현대기업의 현금흐름은 다음과 같이 260이 됨을 확인할 수 있다.[3)]

현대기업의 현금흐름 = 매출액 − 영업비용 − 법인세
= 900 − 560 − 80 = 260

같은 방법으로 삼성기업의 현금흐름을 살펴보면 삼성기업의 현금흐름은 다음과 같이 240이 됨을 알 수 있다.[4)]

삼성기업의 현금흐름 = 매출액 − 영업비용 − 법인세
= 900 − 560 − 100 = 240

이러한 사실에서 동일한 투자안에 투자를 하더라도 부채를 사용하는 기

3) 이것은 다음과 같이 구할 수도 있다.
순이익 + 회계상 비용이지만 현금유출이 아닌 부분 = 순이익 + 감가상각비 + 이자
= 120 + 50 + 90 = 260

4) 이것은 다음과 같이 구할 수도 있다.
순이익 + 회계상 비용이지만 현금유출이 아닌 부분 = 순이익 + 감가상각비
= 150 + 90 = 240

업과 부채를 사용하지 않는 기업간에는 현금흐름의 차이가 발생하며 부채를 사용하는 기업의 현금흐름이 더 크다는 사실을 알 수 있는데 그 이유는 위 식에서 보듯이 법인세의 차이 때문이다. 즉, 부채를 사용하여 이자를 지급하는 삼성기업은 이자에 대해서는 세금을 내지 않으므로 이자에 대해서 납부해야 할 세금 20만원(= 50만원×0.4)만큼 세금을 적게 내고 이에 따라 현금흐름이 20만원만큼 커지게 되는데 이를 이자비용의 절세효과라 한다.

동일한 투자안이라도 부채사용 여부에 따라 현금흐름이 달라진다는 것은 매우 불편한 일이다. 이에 따라 우리는 투자안의 현금흐름이라면 부채를 사용하지 않고 전액 자기자본으로 투자하는 경우의 현금흐름으로 정의한다. 위의 예에서는 삼성기업의 현금흐름 240이 이 투자안의 현금흐름이 되는 것이다.

그렇다면 독자들 중에는 현대기업이 투자하는 경우에는 현금흐름이 260이 되는데 왜 이 투자안의 현금흐름을 240이라 하는가에 의구심을 품는 사람도 있을 것이다. 현대기업처럼 부채를 사용하여 투자하는 경우 이 투자안의 현금흐름은 분명히 260이다. 그러나 이중 이자비용으로 인한 법인세 절감효과 20만큼은 현금흐름에서 고려하지 않고 나중에 할인율에서 고려할 것이다. 이렇게 할인율에서 고려하게 되면 현금흐름을 260으로 계산하는 경우와 동일하게 투자안의 가치가 계산이 되므로 아무런 문제가 발생하지 않는다. 독자들은 현금흐름 260을 모두 고려하되 240은 현금흐름에서, 법인세 절감효과인 20은 할인율에서 고려한다고 생각하면 된다.[5]

이제까지 설명한 내용에 따라서 자본예산의 현금흐름 ΔCF를 손익계산서 체계에서 정의하면 다음과 같다.

$$\begin{aligned}\Delta CF &= \text{현금유입} - \text{현금유출}\\ &= \text{법인세가 없는 기업의 현금흐름}\\ &= \text{법인세가 없는 기업의 순이익} + \text{감가상각비}\\ &= \text{영업이익} - \text{영업이익} \times \text{세율}^{6)} + \text{감가상각비}\end{aligned}$$

5) 제10장에서 다룰 내용이지만 우리는 이자율을 고려할 때 실제로 차입한 이자율을 이자율로 보지 않고 이자율×(1－세율)을 이자율로 간주하게 된다. 이렇게 이자율을 조정하게 되면 분모에서 고려하지 않았던 이자비용으로 인한 세금절감효과가 고려된다. 연습문제 10-11을 참조하라.

$$= \Delta EBIT - t \cdot \Delta EBIT + \Delta Dep$$
$$= \Delta EBIT(1-t) + \Delta Dep \quad (4\text{-}1)$$

〈식 4-1〉을 이용해서 투자안의 현금흐름을 측정하면 다음과 같이 240이 된다.[7)]

$$\Delta CF = 250(1-0.4) + 90 = 240$$

제 3 절 투자안의 경제성평가 (I)

1. 화폐의 시간적 가치를 고려하지 않는 방법

분석대상이 되는 투자안의 현금흐름을 측정하고 나면 측정된 현금흐름을 바탕으로 이 투자안을 채택할 것인가 또는 기각할 것인가를 결정해야 한다. 이러한 평가방법에는 여러 가지가 있기 때문에 동일한 투자안에 대해서도 평가방법에 따라서 다른 결과를 가져다 줄 수 있다.

---

6) 이자비용이 없는 경우에는 영업이익이 과세대상이익이 됨에 주의하라.

7) 그런데

$$\Delta EBIT = \Delta R - \Delta C - \Delta Dep$$

이므로 이를 〈식 4-1〉에 대입하면 다음 식이 성립한다.

$$\Delta CF = (\Delta R - \Delta C - \Delta Dep)(1-t) + \Delta Dep$$
$$= (\Delta R - \Delta C)(1-t) + t \cdot \Delta Dep$$

여기에서 $t \cdot \Delta Dep$는 감가상각비가 현금유출이 아니면서 손익을 산출할 때에 비용으로 인정되어 세금유출을 감소시키기 때문에 이를 감가상각비의 법인세 절감효과(tax shield effect)라고 한다.
이 식에 따라 〈표 4-1〉 손익계산서의 현금흐름을 측정해도 다음과 같이 240이 되며 감가상각비의 법인세 절감효과는 36(= 0.4×90)이 된다.

$$\Delta CF = (900 - 560) \times (1 - 0.4) + 0.4 \times 90 = 240$$

투자안의 경제성평가 방법에는 회수기간법, 평균이익률법, 순현가법, 내부수익률법 등 네 가지 방법이 있다. 이 중 회수기간법과 평균이익률법은 화폐의 시간적 가치를 고려하지 않는 방법으로서 전통적 분석기법이라고 하는데, 내용이 단순하여 이해하기가 쉽다는 특징이 있다. 먼저 이들 기법에 대해서 살펴보고 다음 절에서 순현가법과 내부수익률법을 설명하기로 한다.

2. 회수기간법

회수기간

회수기간(payback period)이란 투자안을 수행하기 위해서 지출된 투자비용을 회수하는 데 걸리는 기간을 말한다.

이러한 회수기간은 투자안의 위험에 대한 대략적인 지표가 된다. 왜냐하면 투자안의 회수기간이 짧다는 것은 현금이 빨리 회수된다는 것이기 때문에 회수기간이 긴 투자안에 비해서 기업의 유동성을 더 높여준다. 따라서 회수기간이 짧을수록 안전한 투자안이라고 판단하는 것이다.

예제 4-2

취득가액이 800만원인 설비를 구입하려고 하는데 이 설비를 구입하면 매년 순현금유입이 다음과 같이 예상된다. 이 투자안의 회수기간을 구하라.

t = 1	2	3	4	5 (년)
350	250	200	150	150(만원)

투자비용 800만원이 모두 회수되는 데에는 다음과 같이 3년이 소요되므로 회수기간은 3년이다.

$$800 = 350 + 250 + 200$$

투자결정기준

분석대상이 되는 투자안에서 산출된 회수기간이 기업 내부에서 미리 기준으로 정해놓은 회수기간보다 짧으면 투자가치가 있다고 판단한다. 반대로 기준이 되는 회수기간보다 길면 투자가치가 없는 것이다.

그런데, 만약 여러 투자안을 놓고 한정된 투자자금으로 제한된 갯수의 투자안을 선택해야 한다면 회수기간이 가장 짧은 투자안부터 선택하면 될 것이다.

특징

회수기간법은 다음과 같은 장점을 갖는다.

첫째, 내용이 단순하여 이해가 쉽다는 것이다.

둘째, 회수기간이 짧은 투자안은 앞서 설명한 대로 기업의 유동성을 높여주기 때문에 위험이 적다.

그러나, 회수기간법은 다음과 같은 점에서 중요한 결점을 갖는다.

첫째, 기업 내부에서 기준으로 정한 회수기간이란 임의적인 것이지 어떤 경제적인 정당성이 없다는 것이다.

둘째, 회수기간 이후의 현금흐름양상을 반영하지 못하는 문제점이 있다.

셋째, 화폐의 시간적 가치를 고려하지 못한다는 것이다.

이러한 문제점을 갖고 있음에도 불구하고 회수기간법은 실무에서 많이 이용되고 있는데 이러한 현상을 최근에는 대리이론(agency theory)으로 설명한다.[8)] 즉, 대리인인 경영자는 위임자인 주주보다 투자안에 대해 더 많은 정보를 갖고 있지만 자신의 행동이 위임자에 의해 관찰되지 않기 때문에 경제성이 높은 투자안보다는 자신이 재임하는 동안에 투자성과가 빨리 나타날 수 있는, 즉 회수기간이 짧은 투자안을 선호하는 것이다. 그래야 자신의 명성을 높이고 더 나은 조건으로 연임할 수 있기 때문이다.

---

8) 대리이론에 대해서는 제13장을 참조할 것.

예제 4-3

취득가액이 똑같이 800만원인 설비 X, Y를 놓고 어느 것을 구입할 것인가 고민하고 있다. 각 설비를 구입하면 매년 순현금유입이 다음과 같이 예상된다. 각 설비의 회수기간을 구해서 구입기종을 결정하고 이러한 결정에서 발생되는 문제점을 생각해 보자.

	$t=1$	2	3	4	5 (년)
설비 X	550	150	100	450	150 (만원)
설비 Y	100	700	200	50	10

설비 X의 경우에는 회수기간이 3년이고 설비 Y는 회수기간이 2년이다. 따라서 회수기간법에 따르면 회수기간이 더 짧은 설비 Y를 구입해야 할 것이다.

그러나, 회수기간 이후의 현금흐름을 보면 설비 Y의 경우에는 거의 현금유입이 없지만 설비 X의 경우는 상당한 크기로 계속 이루어지고 있다. 따라서 실제로 기업가치를 더 크게 하는 투자안은 설비 X가 될 수 있다.

또한, 설비 X가 회수기간이 더 길지만 첫 해에 큰 현금유입이 있고 설비Y는 회수기간이 짧지만 둘째 해에 큰 현금유입이 있기 때문에 화폐의 시간적 가치를 고려하면 설비 X가 더 좋은 투자안이 될 수 있다.

3. 평균이익률법

평균이익률

평균이익률(average rate of return : ARR)이란 다음과 같이 연평균순이익을 연평균투자액으로 나누어서 산출된 값이다.

$$\text{평균이익률} = \frac{\text{연평균순이익}}{\text{연평균투자액}} \tag{4-2}$$

위 식에서 분자에 해당하는 연평균순이익은 투자안의 내용년수 동안의 순이익을 평균한 값이다. 이렇게 평균이익률을 회계자료를 이용하여 산출하기 때문에 평균이익률을 회계적 이익률(accounting rate of return : ARR)이라고도 하며 이 방법을 회계적 이익률법이라고도 한다.

그리고, 분모에 해당하는 연평균투자액은 내용년수가 끝난 후 잔존가치가 없다고 가정하면 초기투자비용, 즉 설비취득원가의 1/2이 된다. 이 내용을 간단한 예로 설명하면 다음과 같다.

내용년수가 3년인 기계를 3,000만원에 구입하였고 정액법에 따른 감가상각을 하며 잔존가치는 없다고 하자. 그러면 매년 감가상각비는 1,000만원이므로 1년 후에는 장부상 투자액은 2,000만원이 되고 1차년도의 평균투자액은 2,500만원이 된다.[9] 같은 방법으로 2년 후의 장부상 투자액은 1,000만원이므로 2차년도 평균투자액은 1,500만원, 3차년도 평균투자액은 500만원이 된다. 따라서 3년간의 연평균투자액은 다음과 같이 총투자액 3,000만원의 1/2인 1,500만원이 된다.

$$\frac{2,500 + 1,500 + 500}{3} = 1,500\,(\text{만원})$$

예제 4-4

취득가액이 1,200만원인 설비를 구입하려고 한다. 이 설비를 구입하고 난 후 5년 동안의 순이익은 다음과 같이 예상된다. 설비의 내용년수는 5년, 잔존가치는 없다고 할 때 이 투자안의 평균이익률을 구하라.

$t = 1$	2	3	4	5 (년)
90	120	100	80	60 (만원)

연평균순이익은 다음과 같다.

---

9) 1차년도의 평균투자액 $= \dfrac{\text{연초투자액} + \text{연말투자액}}{2}$

$= \dfrac{3,000 + 2,000}{2}$

$= 2,500\,(\text{만원})$

$$\frac{90+120+100+80+60}{5} = 90\,(\text{만원})$$

그리고, 내용년수가 끝난 후 잔존가치가 없으므로 연평균투자액은 600만원(= 1,200/2)이 되고 평균이익률은 다음과 같이 15%가 된다.

$$\frac{90}{600} = 0.15$$

투자결정기준

평균이익률법을 이용해서 투자결정을 할 때에는 분석대상인 투자안의 평균이익률이 기업에서 미리 정해 놓은 기준이익률보다 높으면 투자가치가 있다고 본다. 반대로 기준이익률보다 낮으면 투자가치가 없는 것이다. 만약 한정된 자금으로 제한된 갯수의 투자안을 선택해야 한다면 평균이익률이 가장 높은 투자안부터 선택하면 될 것이다.

특징

평균이익률법은 그 내용이 단순하여 이해하기가 쉽다. 뿐만 아니라 회계상의 자료를 그대로 이용할 수도 있기 때문에 자료수집절차가 간편하다는 장점이 있다. 그러나 평균이익률법도 화폐의 시간적 가치를 반영하지 못하기 때문에 투자안의 수익성을 개략적으로 파악하는 데 이용될 뿐, 최종적인 판단기법이 되지는 못한다.

제 4 절 투자안의 경제성평가 (II)

1. 화폐의 시간적 가치를 고려하는 방법

앞서 설명한 회수기간법과 평균이익률법은 내용이 쉽다는 장점이 있지만 가장 큰 문제점은 화폐의 시간적 가치를 고려하고 있지 않다는 것이다. 화폐의 시간적 가치를 고려해야만 경제적으로 의미가 있는 정확한 평가결과를 얻을 수 있는데, 이에 해당하는 평가방법으로서 순현가법과 내부수익률법 등을 살펴본다.

회수기간법과 평균이익률법을 전통적 분석기법이라고 하는데 비해서 순현가법과 내부수익률법은 현금흐름할인법(discounted cash flow method : DCF법)이라고 한다.

2. 순현가법

순현재가치

순현재가치(net present value : *NPV*)란 투자안으로부터 예상되는 미래 현금흐름을 그 현금흐름에 알맞는 할인율로 할인해서 산출한 현재가치로부터 투자비용을 차감한 값을 말한다. 이를 간단히 줄여서 순현가라고도 하는데 다음과 같은 식으로 산출된다.

$$NPV = \frac{C_1}{(1+R)} + \frac{C_2}{(1+R)^2} + \cdots + \frac{C_n}{(1+R)_n} - C_0 \qquad (4\text{-}3)$$

$$= \sum_{t=1}^{n} \frac{C_t}{(1+R)^t} - C_0$$

단, C_t : t시점 현금흐름
C_0 : 투자비용
R : 할인율

그리고, 〈식 4-3〉에서 $\sum_{t=1}^{n} \frac{C_t}{(1+R)^t}$에 해당하는 부분은 투자안에서 유입될 것으로 예상되는 미래현금흐름의 현재가치가 되는데 이를 투자안의 현재가치라고 한다.

예제 4-5

취득가액이 450만원인 설비를 구입하려고 한다. 이 설비를 구입하면 앞으로 3년 동안 매년 200만원씩의 순현금유입이 예상된다. 이러한 현금흐름의 현재가치를 산출하는 데 적용할 할인율은 연 10%라고 하자.

(1) 이 투자안의 현재가치를 산출하라.

(2) 이 투자안의 순현가를 산출하라.

(1) 이 투자안에 대한 현금흐름을 다음과 같이 시간선 상에 나타내보자.

0	1	2	3
−450	200	200	200만원

이 투자안의 현재가치는 앞으로 3년 동안 유입될 현금흐름의 현재가치이므로 다음과 같이 산출할 수 있다.

$$\frac{200}{(1+0.1)} + \frac{200}{(1+0.1)^2} + \frac{200}{(1+0.1)^3} = 497.4\,(\text{만원})$$

(2) 그런데, 이러한 현금흐름을 가지려면 450만원을 주고 설비를 구입해야 하므로 투자안의 순현재가치는 다음과 같다

$$NPV = 497.4 - 450 = 47.4\,(\text{만원})$$

투자결정기준

순현가법에 따르면 투자안의 *NPV*가 0보다 크면 투자안의 경제성이 있다고 본다. 그러면 여기서 투자안의 *NPV*가 0보다 크다는 것이 무슨 의미인가를 살펴보자.

투자안의 *NPV*가 0보다 크다는 것은 투자안의 현재가치가 투자비용보다 크다는 뜻이다. 그런데 투자안의 현재가치란 투자안을 수행함으로써 얻는 현금흐름의 가치이므로 순현가가 0보다 크다는 의미는 투자하는 비용보다 투자로부터 얻게 되는 수익이 더 크다는 것을 의미한다. 예를 들어서 투자안의 현재가치가 500만원이고 투자비용이 450만원이라면 투자안의 *NPV*는 50만원이 되는데 이것은 500만원의 가치를 갖는 물건을 450만원에 싸게 사서 그 결과 50만원의 이익을 본다는 의미이다.

순현가법을 따라서 투자안의 채택 여부를 결정할 때에는 *NPV*가 0보다 큰 투자안을 선택해야 한다. 그리고 *NPV*가 0보다 큰 투자안이 여러 개 있을 때에는 *NPV*값이 가장 큰 것부터 선택하면 될 것이다.

할인율과 순현가의 관계

이제 투자안의 *NPV*를 산출하는 과정을 이용해서 동일한 투자안의 현금흐름에 대해서 각각 다른 수준의 할인율을 적용하면서 *NPV*값이 어떻게 변화하는지를 살펴보자. 〈식 4-3〉을 보면 할인율이 분모에 있음을 알 수 있다. 따라서 할인율이 커지면 투자안의 현재가치는 작아지고 할인율이 작아지면 투자안의 현재가치는 커지게 된다. 즉, 할인율과 투자안의 현재가치는 역관계에 있는데 이에 따라 할인율과 투자안의 *NPV*도 역관계에 있게 된다.

예제 4-6

현재시점에서 450만원의 투자비용이 소요되는 투자안이 앞으로 3년 동안 매년 200만원씩의 현금유입을 가져다 준다고 한다. 이때에 현재가치를 산출하면서 적용할 할인율을 0%, 5%, 10%, 15%, 20%, 25%로 하여 각각의 *NPV*를 산출해 보라.

① 할인율이 0%일 때의 *NPV*

$$\frac{200}{(1+0)}+\frac{200}{(1+0)^2}+\frac{200}{(1+0)^3}-450=150\,(\text{만원})$$

② 할인율이 5%일 때의 *NPV*

$$\frac{200}{(1+0.05)}+\frac{200}{(1+0.05)^2}+\frac{200}{(1+0.05)^3}-450=95\,(\text{만원})$$

위와 같은 방법으로 각 할인율 수준에서 이 투자안의 현재가치를 구한 후 투자비용을 차감해서 *NPV*를 구하면 다음의 〈표 4-2〉와 같이 정리된다.

〈표 4-2〉 할인율과 *NPV*

할인율	*NPV*
0%	150
5	95
10	47
15	7
20	−29
25	−60

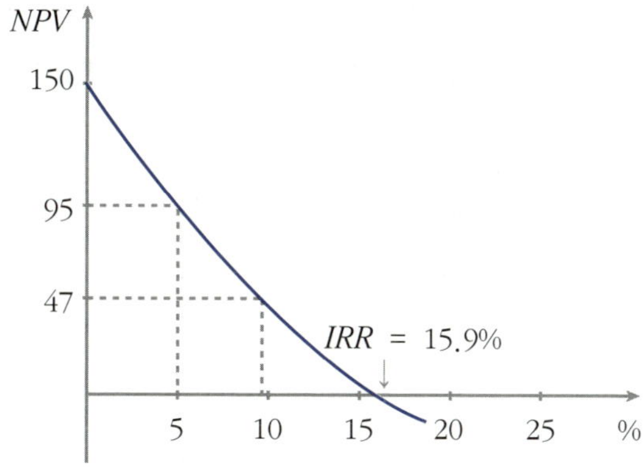

그림 4-3 순현가곡선

순현가곡선

〈표 4-2〉를 할인율과 *NPV*의 평면에 나타내면 〈그림 4-3〉와 같이 그릴 수 있는데 이를 순현가곡선 또는 순현가프로필(*NPV* profile)이라고 한다. 이 그림을 통해서 투자안에 관련된 다음과 같은 정보를 파악할 수 있다.

첫째, 이미 설명한 바와 같이 할인율이 커질수록 투자안의 *NPV*는 작아지고 할인율이 작아질수록 투자안의 *NPV*는 커진다. 즉, 할인율과 투자안의 *NPV*는 역관계에 있다.

둘째, 할인율의 각 수준에 해당하는 *NPV*값을 알 수 있다.

셋째, 투자안의 *NPV*가 0이 되는 할인율 수준을 확인할 수 있는데 이는 곧 설명하게 될 내부수익률을 의미하는 것이다.

넷째, 또 다른 중요한 정보는 이 그림을 통해서 투자안의 *NPV*값이 할인율의 변화에 대해 갖는 민감도를 알 수 있다. 즉, 이 곡선의 기울기가 가파를수록 할인율의 변화에 대해서 투자안 *NPV*가 더욱 크게 변화함을 의미하는 것이다.

3. 내부수익률법

내부수익률

내부수익률(internal rate of return : *IRR*)이란 투자안을 수행한 결과로

나타나는 미래 현금흐름의 현재가치, 즉 투자안의 현재가치가 투자비용과 같게 되는 할인율이다. 결과적으로 투자안의 *NPV*가 0이 되는 할인율이 바로 내부수익률이 된다.

$$\frac{C_1}{(1+IRR)^1}+\frac{C_2}{(1+IRR)^2}+\cdots\cdots+\frac{C_n}{(1+IRR)^n}-C_0=0$$

$$\text{즉,}\quad \frac{C_1}{(1+IRR)^1}+\frac{C_2}{(1+IRR)^2}+\cdots\cdots+\frac{C_n}{(1+IRR)^n}=C_0 \qquad (4\text{-}4)$$

이때에 할인율로 사용한 *IRR*은 어떤 투자안을 수행하기 위해서 지출한 투자비용과 앞으로 벌어들이는 현금흐름과의 관계에서 구한 평균이익률로 투자수익률의 확장된 개념이다.[10]

따라서, 투자안마다 각각 다른 값을 갖게 되며 그 투자안에서만 적용되는 이익률이기 때문에 내부수익률이라고 하는 것이다.

예제 4-7

현대건설은 올해 5,000만원을 투자해서 건물을 짓고 2년 후에 이를 7,200만원에 팔 수 있다고 한다. 이 투자안의 내부수익률은 얼마인가?

〈식 4-4〉는 현재가치개념을 이용해서 내부수익률을 구하는 것인데 이에 따르면 *IRR*은 다음과 같이 산출된다.

$$\frac{7,200}{(1+IRR)^2}-5,000=0, \qquad \therefore\ IRR=20\%$$

그런데, 이를 미래가치개념으로 보면 5,000만원을 투자해서 2년 후 미래가치가 7,200만원이 되는 것이므로 다음과 같이 내부수익률을 구할 수도 있는데 이 역시 동일한 결과를 가져온다.

---

10) 예를 들어 100원을 투자하면 1년 후 120원을 얻는 투자안의 내부수익률은 다음과 같이 20%가 되는데 이는 우리가 보통 사용하는 수익률과 동일한 값이라는 것을 알 수 있다.

$$\frac{120}{(1+IRR)}=100 \Rightarrow IRR=0.2$$

$$5,000 \times (1 + IRR)^2 = 7,200 \qquad \therefore\ IRR = 20\%$$

투자수명이 긴 투자안의 경우에는 *IRR*을 구하는 것이 쉽지 않다. 이러한 경우 *IRR*을 구하는 것은 곧 고차방정식을 푸는 것이 되는데 그 해를 구하는 과정이 복잡하다. 물론 컴퓨터나 재무관리용 계산기를 이용하면 번거로움을 덜 수 있지만 그렇지 못한 경우에는 *NPV*값의 부호가 양(+)에서 음(−)으로 바뀌는 할인율의 구간에서 반복적으로 비슷한 값의 할인율을 적용해 보면서 *NPV*가 0이 되는 할인율을 찾아야 할 것이다. 이러한 방법을 시행착오법(trial and error method)이라고 한다.

투자결정기준

내부수익률법을 이용한 투자의사결정은 내부수익률과 할인율(이자율)과의 비교를 통해서 이루어진다. 이때 내부수익률이 이자율보다 크다면 투자해야 하며, 반대로 내부수익률이 이자율보다 작다면 투자하지 말아야 한다. 예를 들어 어떤 투자안의 내부수익률은 10%인데 이자율이 15%라면 이 투자안에 투자를 하기 보다는 예금하는 것이 유리할 것이다.[11] 따라서 어떤 투자안에 투자하기 위해서는 내부수익률이 이자율보다 커야 할 것이다. 또한 여러 개의 투자안이 있는 경우 내부수익률이 큰 순서대로 투자하면 될 것이다.

예제 4-8

취득가액이 450만원인 설비를 구입하려고 한다. 이 설비를 구입하면 앞으로 3년 동안 매년 200만원씩의 순현금유입이 예상된다고 하자.

(1) 이 투자안의 내부수익률을 산출하라.

(2) 투자자금 450만원을 이자율 14%로 차입해야 하는 경우 이 투자안을 채택할 것인가?

(1) 이 투자안의 경우 내부수익률을 산출하려면 〈식 4-4〉를 이용해서 다

11) 만약 은행으로부터 차입하여 투자한다면 15%에 차입하여 10%의 수익률을 얻게 되므로 이 투자안에 투자하는 것은 손해가 된다.

음과 같이 *NPV*가 0이 되는 식을 세울 수 있다.

$$\frac{200}{(1+IRR)}+\frac{200}{(1+IRR)^2}+\frac{200}{(1+IRR)^3}=450$$

이 식에서 우리는 *IRR* = 15.9%를 구할 수 있다(〈그림 4-3〉의 순현가곡선을 참조하라).

(2) 부담하게 되는 이자율은 14%이지만 이 투자안에서 얻게 되는 수익률은 이보다 더 높은 15.9%이므로 투자안을 채택한다.

실제로 이자율 14%를 할인율로 해서 순현가를 구하면 0보다 큰 것을 확인할 수 있을 것이다.

제 5 절 순현가법과 내부수익률법의 비교

순현가법(*NPV*법)과 내부수익률법(*IRR*법)은 화폐의 시간적 가치를 고려하는 평가방법으로서 회수기간법과 평균이익률법에 비해서 우수한 평가방법이다. 따라서 두 방법이 언제나 동일한 결과를 가져온다면 우리는 이 중 하나의 방법을 채택하여 투자안의 경제성을 분석하면 될 것이다. 그러나 불행하게도 두 방법은 서로 상반되는 결과를 가져오는 경우가 있다. 이 경우 우리는 어느 방법을 따라야 하는가? 즉, 순현가법과 내부수익률법 중 어느 방법이 더 우수한 방법인가 하는 문제가 남게 된다. 이제부터 설명하겠지만 결론부터 말하면 순현가법이 내부수익률법보다 더 우수한 평가방법이다. 왜냐하면 내부수익률법에 의한 평가결과는 재무관리의 목표인 기업가치 극대화를 달성하지 못하는 경우도 있기 때문이다. 이에 대한 자세한 내용을 살펴보자.

1. 두 방법이 동일한 결과를 가져오는 경우

독립적인 투자안 혹은 단일 투자안을 평가하는 경우에는 *NPV*법과 *IRR*법, 두 가지 방법의 평가결과는 동일하다.[12] 〈그림 4-4〉에 나타난 단일투자

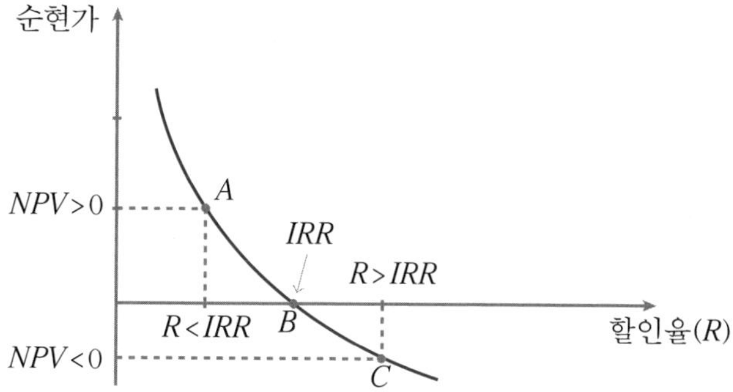

그림 4-4 단일투자안의 순현가곡선

안의 순현가곡선을 살펴보면 다음을 확인할 수 있다.

A점에서 보면, $R > IRR$이면서 $NPV < 0$
B점에서 보면, $R = IRR$이면서 $NPV = 0$
C점에서 보면, $R < IRR$이면서 $NPV > 0$

따라서 A점에서와 같이 IRR법에서 경제성이 있다고 판단된 투자안은 NPV법에서도 경제성이 있는 것으로 평가되고 C점에서와 같이 IRR법에서 경제성이 없다고 판단된 투자안은 NPV법에서도 경제성이 없는 것으로 평가된다. 따라서 하나의 투자안을 놓고 경제성을 평가할 때에는 IRR법이나 NPV법, 어느 평가방법을 적용해도 그 결과는 동일함을 알 수 있다.

2. 두 방법이 상반된 결과를 가져오는 경우

투자안의 경제성을 평가할 때에는 둘 이상의 독립적 투자안의 우선순위를 결정하거나 상호배타적인 투자안을 평가해야 할 경우가 있다.[13] 이때에

12) 두 투자안이 독립적이라는 의미는 투자안들 간에 어떠한 연계성도 없어 어느 하나만 수행할 수도 있고 모두 수행할 수도 있다는 의미이다. 따라서 독립적 투자안들을 평가하는 것은 단일투자안을 여러 번 평가하는 것과 동일하게 된다.

13) 두 투자안이 상호배타적이라는 의미는 두 개의 투자안 중 하나만을 선택해야 한다는 의미로 이 경우에는 두 투자안이 모두 경제성이 있더라도 보다 우선순위를 갖는 투자안을 선택해야 한다.

비교 대상이 되는 투자안들의 성격이 다음과 같이 차이를 보이는 경우에는 *NPV*법과 *IRR*법에 의한 평가결과가 서로 다르게 나타날 수 있기 때문에 주의할 필요가 있다.

투자규모

두 투자안을 *A*, *B*라고 할 때 투자안 *A*의 투자비용과 미래의 현금흐름이 투자안 *B*에 비해서 현저하게 큰 경우에는 *NPV*법과 *IRR*법에 의한 평가결과가 서로 다르게 나타날 수 있다.

투자수명

투자안 *A*는 현금흐름이 장기간에 걸쳐서 이루어지고 투자안 *B*는 이에 비해서 현저하게 짧은 기간 동안 이루어지는 경우에는 *NPV*법과 *IRR*법에 의한 평가결과가 서로 다르게 나타날 수 있다.

현금흐름의 양상

투자안 *A*는 현금흐름이 후기에 많이 유입되고 투자안 *B*의 현금흐름은 초기에 많이 유입되는 경우에는 *NPV*법과 *IRR*법에 의한 평가결과가 서로 다르게 나타날 수 있다.

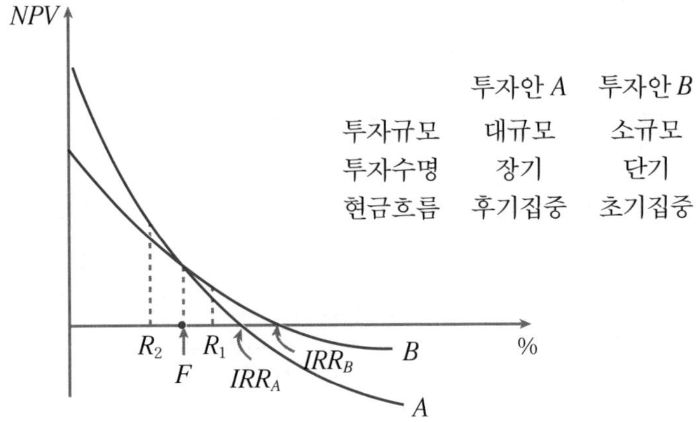

그림 4-5 투자안 A, B의 순현가곡선

이와 같이 서로 다른 특징을 갖는 투자안을 순현가곡선으로 나타내면 〈그림 4-5〉와 같다. *NPV*를 산출하는 식을 자세히 살펴보면 현금규모가 크거나 투자수명의 후기에 현금흐름이 많을수록 할인율이 조금만 커져도 *NPV*값이 급격히 작아지게 된다는 것을 알 수 있다. 즉, 투자규모가 큰 투자안, 투자수명이 긴 투자안 그리고 현금흐름이 후기에 집중되는 투자안의 경우(〈그림 4-5〉의 A) 할인율이 커지면 순현가가 급격히 감소하므로 순현가곡선이 가파르게 나타난다.

이 경우 〈그림 4-5〉에서 할인율이 *F*점보다 큰 구간(예를 들어 할인율이 R_1일 때)을 살펴보자.[14] 이때에는 두 투자안의 우선 순위를 판단함에 있어서 *NPV*법과 *IRR*법에 의한 평가결과가 동일하기 때문에 문제될 것이 없다.

그러나 할인율이 *F*점보다 작은 구간에서는(예를 들어 할인율이 R_2일 때) 평가결과가 상반되게 나타나는 것을 확인할 수 있다. 즉, 두 투자안의 특성이 다르며 할인율이 피셔의 수익률보다 작은 경우 *NPV*법과 *IRR*법은 상반되는 결론을 내리게 된다.

예제 4-9

투자안 *A*와 투자안 *B*로부터 예상되는 현금흐름이 다음과 같이 측정되었다. 다음 각 물음에 답하라.

	$t=0$	1	2	3
투자안 *A*	−10,000	0	1,900	15,000
투자안 *B*	−10,000	7,000	7,000	0

(1) 투자안의 우선순위를 *NPV*법과 *IRR*법에 따라 각각 평가하라. 단, 할인율은 10%이다.

(2) 위 평가결과가 서로 다르게 나타나는 할인율의 범위를 밝혀라.

(1) 투자안 *A*는 투자수명이 길고 현금흐름이 후기에 집중되는 특성이 있다. 이에 비해서 투자안 *B*는 투자안 *A*에 비해서 투자수명이 짧고 현금흐름

14) 이때의 *F*점은 두 투자안의 순현재가치가 동일하게 되는 할인율인데 이를 피셔(Fisher)의 수익률이라고 한다.

도 초기에 집중되고 있다. 이들에 대해서 *NPV*법, *IRR*법에 의해서 두 투자안의 우선순위를 평가해 보자.

① *NPV*법에 의한 평가

$$NPV_A = -10,000 + \frac{1,900}{(1+0.1)^2} + \frac{15,000}{(1+0.1)^3} = 2,840$$

$$NPV_B = -10,000 + \frac{7,000}{(1+0.1)} + \frac{7,000}{(1+0.1)^2} = 2,148$$

투자안 *A*의 순현가가 더 크므로 *NPV*법에 따르면 투자안 *A*를 선택해야 한다.

② *IRR*법에 의한 평가

$$0 = -10,000 + \frac{1,900}{(1+R_A)^2} + \frac{15,000}{(1+R_A)^3} \qquad \therefore\ IRR_A = 20\%$$

$$0 = -10,000 + \frac{7,000}{(1+R_B)} + \frac{7,000}{(1+R_B)^2} \qquad \therefore\ IRR_B = 25.7\%$$

투자안 *B*의 내부수익률이 투자안 *A*보다 크므로 *IRR*법에 따르면 투자안 *B*를 선택해야 한다.

(2) 두 투자안의 순현가가 같아지는 할인율은 다음과 같이 구한다.

$$-10,000 + \frac{7,000}{(1+F)} + \frac{7,000}{(1+F)^2} = -10,000 + \frac{1,900}{(1+F)^2} + \frac{15,000}{(1+F)^3}$$

위의 식이 성립하는 *F*, 즉 피셔의 수익률은 14.4%이다. 그리고 이때 두 투자안의 *NPV*를 구하면 모두 1,470임을 알 수 있다.

다음 그림에서 보듯이 할인율이 14.4%보다 작을 때에 (1)의 투자안 평가 결과가 상반되게 나타나는 것을 확인할 수 있다.

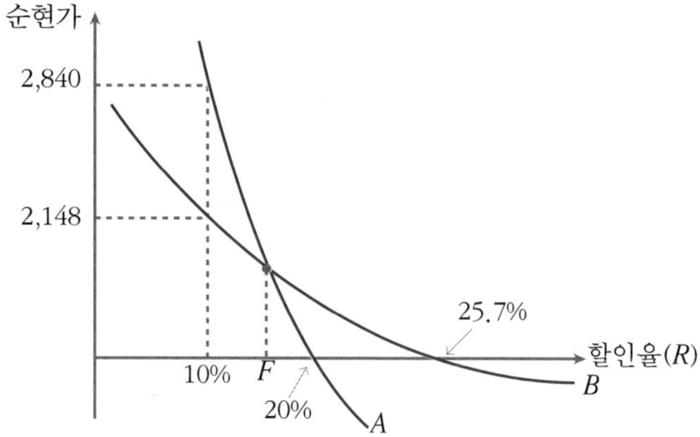

3. 순현가법의 우위

앞서 설명한 바와 같이 투자안의 경제성을 평가하는 방법으로는 회수기간법이나 평균이익률법과 같은 전통적 분석기법보다 화폐의 시간적 가치를 반영하는 *NPV*법이나 *IRR*법이 더 우수한 방법이다. 그리고 그 중에서도 *NPV*법이 가장 우수한 방법이다. 그러면 똑같이 화폐의 시간적 가치를 반영하고 있는데 왜 *NPV*법이 *IRR*법보다 더 우수한 방법이라고 하는지 구체적인 근거를 살펴보자.

재투자수익률에 대한 가정이 합리적이다.

*NPV*법과 *IRR*법의 가장 큰 차이점은 재투자수익률에 대해서 어떻게 가정하고 있느냐가 서로 다르다는 것이다. *NPV*법은 도중에 투자안으로부터 유입되는 자금을 투자수명이 끝나는 시점까지 시장이자율과 동일한 수익률로 재투자할 수 있다고 가정하는 방법이다. 이에 반해 *IRR*법은 내부수익률로 재투자할 수 있다고 가정한다.[15)]

15) 10%의 수익률로 투자할 수 있는 사람은 현재의 100만원의 1년 후 가치를 100(1+0.1)로 생각할 것이다. 마찬가지로 1년 후 110만원의 현재가치는 $\frac{110}{1+0.1}$만원으로 평가하게 된다. 여기에서 우리는 할인율이 바로 수익률의 의미를 가짐을 알 수 있다. *NPV*법에서는 할인율로 시장이자율을 사용하고 있으며 *IRR*법에서는 할인율로 내부수익률을 사용하고 있는데 이러한 사실에서 *NPV*법은 재투자수익률로 시장이자율을, *IRR*법은 내부수익률을 가정하고 있음을 알 수 있다.

그런데, 투자안을 수행하는 시점에서 산출된 내부수익률은 경쟁기업의 출현 등과 같은 환경변화로 그 수준은 시간이 갈수록 낮아질 것이므로 투자시점에서 산출된 수준이 향후 계속 유지된다고 볼 수 없다. 특히 자본예산의 경우에는 장기간에 걸쳐서 현금흐름이 이루어지는 투자안에 대한 결정문제이기 때문에 *IRR*법의 가정은 지나치게 낙관적이고 비현실적이라고 할 수 있다. 이에 비해서 *NPV*법에서 재투자수익률로 가정하는 시장이자율은 내부수익률보다 낮은 수준이기 때문에 좀더 현실적이라고 할 수 있다. 따라서 *NPV*법이 *IRR*법보다 합리적이라고 볼 수 있는 것이다.

가치의 가산원리가 성립한다.

*NPV*법에서는 투자조합을 형성하여 여러 투자안에 함께 투자하는 경우 각 투자안의 *NPV*를 구하여 합하면 투자조합의 *NPV*를 바로 구할 수 있다.

즉, 다음 식이 성립하는데 이를 가치의 가산원리(value additivity principle : *VAP*)라고 한다.

$$NPV(A+B) = NPV(A) + NPV(B)$$

그러나 *IRR*법에서는 각 투자안의 *IRR*과 투자조합의 *IRR*간에는 아무런 관계가 없기 때문에 투자조합의 *IRR*은 조합을 구성할 때마다 매번 다시 구해야 하는 번거로움이 따른다.

***IRR*은 복수로 존재하거나 존재하지 않는 경우가 있다.**

투자안으로부터 예상되는 현금흐름의 양상에 따라서 어떤 때에는 *IRR*이 존재하지 않을 수도 있고 어떤 때에는 내부수익률이 여러 개 존재하기도 한다. 즉, 투자안에서 비롯되는 현금흐름의 방향이 한번만 바뀔 때에는 *IRR*이 한 개 존재하지만 여러 번 바뀔 때에는 *IRR*이 복수로 존재하거나 존재하지 않는 경우가 있는데 이는 경제적 의미가 없는 것이다.

위와 같이 몇 가지 근거로 *IRR*법보다 *NPV*법이 더 우수한 평가방법으로 받아들여지는데 그 중 가장 중요한 것은 재투자수익률에 대한 가정이다. 따라서, 만약 두 가지 방법에 의한 평가결과가 서로 다르게 나타난다면

*NPV*법의 결과를 따르는 것이 합리적이다.

예제 4-10

투자안 *A*와 투자안 *B*로부터 예상되는 현금흐름이 다음과 같다. 다음 각 물음에 답하라.

	$t=0$	1	2
투자안 *A*	−10,000	0	55,000
투자안 *B*	−10,000	45,000	0

(1) 각 투자안의 *NPV*를 구하고 두 투자안을 함께 수행할 경우의 *NPV*를 구하여 그 결과를 비교해 보라. 단, 할인율은 10%이다.

(2) 각 투자안의 *IRR*을 구하고 두 투자안을 함께 수행할 경우의 *IRR*을 구하여 그 결과를 비교해 보라.

(1) 투자안 *A*와 투자안 *B*의 *NPV*는 다음과 같이 산출된다.

$$NPV_A = -10,000 + \frac{55,000}{(1+0.1)^2} = 35,454$$

$$NPV_B = -10,000 + \frac{45,000}{(1+0.1)} = 30,909$$

그런데, 두 투자안을 함께 수행한다면 이 투자조합의 현금흐름은 다음과 같다.

	$t=0$	1	2
투자조합(*A*+*B*)	−20,000	45,000	55,000

이의 *NPV*를 구하면 다음과 같이 66,363이 되는데 이는 투자안 *A*의 *NPV*인 35,454와 투자안 *B*의 *NPV*인 30,909를 단순히 합한 값과 같은 것을 확인할 수 있다.

$$NVP_{(A+B)} = -20,000 + \frac{45,000}{1+0.1} + \frac{55,000}{(1+0.1)^2} = 66,363$$

(2) 이제 각 투자안의 *IRR*을 구해 보자.

$$0 = -10,000 + \frac{55,000}{(1+R_A)^2} \qquad \therefore\ IRR_A = 134.5\%$$

$$0 = -10,000 + \frac{45,000}{(1+R_B)} \qquad \therefore\ IRR_B = 350.0\%$$

그리고, 두 투자안을 함께 수행할 경우의 현금흐름에서 투자조합의 *IRR*을 구하면 다음과 같다.

$$0 = -20,000 + \frac{45,000}{(1+R)} + \frac{55,000}{(1+R)^2} \qquad \therefore\ IRR_{(A+B)} = 212.8\%$$

이렇게 산출된 투자조합의 *IRR*은 개별투자안의 *IRR*들 사이에는 아무런 관계식이 성립하지 않는다. 즉, *NPV*법은 개별투자안의 *NPV*를 구하여 가능한 투자조합을 구성할 때마다 이에 속하는 개별투자안의 *NPV*를 단순히 합하면 투자조합의 *NPV*가 산출되지만 *IRR*법에서는 가능한 투자조합마다 매번 새로 *IRR*을 산출해야 하는 어려움이 따른다.

연습문제

4-1 자본예산의 수행과정에 대해 설명하라.

4-2 삼성기업은 카지노업에 투자를 하고자 한다. 투자비용은 1억원인데 영구히 매년 1,500만원의 현금흐름이 기대된다. 그러나 삼성기업이 카지노업에 투자를 하면 기업의 이미지가 낮아져 삼성기업의 현금흐름이 매년 1억원에서 9,000만원으로 줄어든다고 하자. 카지노업에 투자할 경우의 증분의 현금흐름을 구하고 투자할 가치가 있는지에 대해 생각해 보라.

4-3 현승민씨는 카페를 운영 중이다. 현재 상태로 카페를 운영하면 앞으로 5년 동안 매년 1,000만원의 현금흐름이 발생할 것으로 예측된다. 그런데 현재의 카페가 젊은 학생의 취향에 맞지 않는다고 판단한 현승민씨는 5,000만원을 투자해 내부수리를 준비중이다. 내부수리를 하면 앞으로 5년 간 매년 2,000만원씩의 현금흐름이 발생할 것으로 추정된다. 현승민씨는 이러한 투자를 실시해야 하는가?

4-4 현대기업은 타이어 제조업에 투자하려 한다. 투자시 추정손익계산서(증분기준)은 다음과 같다. 이 투자안의 현금흐름은 얼마인가?

매출액 증가분	1,000
영업비용 증가분	700
감가상각비 증가분	100
영업이익 증가분	200
이자비용 증가분	50
법인세 차감전 순이익 증가분	150
법인세 증가분(세율 = 0.2)	30
순이익	120

4-5 삼일기업은 가구제조업에 투자할 예정이다. 가구제조업을 하기 위해서는 신규로 기계를 구입하여야 하는데 기계의 구입비용은 1억원이고 기계의 수명은 5년이며 잔존가치는 0이라 가정하자. 감가상각방법은 정액법을 이용하며 필요한 자금은 전액 자기자본으로 조달한다. 가구제조업에 투자하는 경우 매년 7,000만원의 매출액이 예상되며 영업비용은 3,000만원으로 예상된다. 법인세율은 20%라 할 때 물음에 답하라.

(1) 향후 5년간의 손익계산서를 구하라.

(2) 향후 5년간의 현금흐름을 구하라.

(3) 이자율이 10%인 경우 이 투자안을 수행할 것인지를 순현가법으로 판단하라.

4-6 어떤 투자안의 현금흐름이 다음과 같이 추정되었다. 이 투자안의 회수기간과 순현가, 내부수익률을 구하고 투자의 수행 여부를 결정하라. 단, 시장이자율은 10%이다.

연 도	0	1	2	3
현금흐름	−1,000	300	700	200

4-7 투자안 A, B의 현금흐름이 다음과 같이 추정되었다. 두 투자안의 순현가선을 그래프로 나타내고, 두 투자안의 순현가가 같아지는 이자율(피셔의 할인율)을 구하라.

연 도	0	1	2
투자안 A의 현금흐름	1,000	1,200	0
투자안 B의 현금흐름	1,000	0	1,500

4-8 김현식씨는 100만원을 가지고 투자를 하려고 한다. 투자안 1은 10만원을 투자하면 1년 후 15만원의 현금흐름이 발생하는 투자안이며 투자안 2는 100만원을 투자하면 1년후 120만원의 현금흐름이 발생하는 투자안이다. 이자율이 10%인 경우 물음에 답하라.

(1) 김현식씨가 투자안 1에 투자하고 남은 자금도 투자안 1과 동일한 수익률을 갖는 곳에 투자할 수 있다면 어느 투자안에 투자하는 것이 좋은가?

(2) 김현식씨가 투자안 1에 투자하고 남은 자금은 다른 투자방법이 없어 은행에 10%의 이자율로 예금해야 한다면 어느 투자안에 투자하는 것이 좋은가?

(3) 위의 결과와 순현가법 및 내부수익률법에 의한 의사결정결과를 비교해 보고 각 방법이 암묵적으로 가정하고 있는 사항이 무엇인지 생각해 보라.

4-9 김현식씨는 100만원을 가지고 투자를 하려고 하고 있다. 투자안 1은 1년 후 120만원의 현금흐름을 제공하며 투자안 2는 1년도에는 현금흐름이 없고 2년도에 140만원의 현금흐름만을 제공한다. 이자율이 10%라 가정하고 물음에 답하라.

(1) 당신이 투자안 1을 수행하는 경우 1년 후에 이를 다시 동일한 수익률을 갖는 투자안에 투자할 수 있다면 2년도의 현금흐름은 얼마인가?

(2) 당신이 투자안 1을 수행하는 경우 1년 후에는 다른 투자방법이 없어 이를 은행에 예금한다면 2년도의 현금흐름은 얼마인가?

(3) 위의 결과와 순현가법 및 내부수익률법에 의한 의사결정결과를 비교해 보고 각 방법이 암묵적으로 가정하고 있는 사항이 무엇인지 생각해 보라.

4-10 투자안 A와 투자안 B의 현금흐름은 다음과 같다.

	$t=0$	1	2
투자안 A	−1,600	10,000	−10,000
투자안 B	1,000	−2,000	1,500

(1) 할인율이 0%, 25%, 100%, 200%, 300%, 400%인 경우 투자안 A의 순현가를 구하라. 이를 통해 투자안 A의 내부수익률은 2개임을 밝혀라.

(2) 할인율이 0%, 25%, 50%, 75%, 100%인 경우 투자안 B의 순현가를 구하라. 이를 통해 투자안 B의 내부수익률이 존재하지 않음을 밝혀라.

4-11 투자안 1, 2, 3의 현금흐름은 다음과 같다.

	t = 0	1	2
투자안 1	−100	0	550
투자안 2	−100	225	0
투자안 3	−100	450	0

(1) 투자안 1의 내부수익률은 134.5%, 투자안 2의 내부수익률은 125%, 투자안 3의 내부수익률은 350%임을 보여라.

(2) 김성환씨는 200만원의 투자자금이 있는데 투자안 1과 3을 할지, 투자안 2와 3을 할지 생각 중이다. 각 조합의 내부수익률을 구하고 어떤 방법이 좋을지 생각해

보라. 이 결과를 통해 내부수익률법이 가치의 가산원칙이 성립하지 않음을 생각해 보라.

4-12 이상의씨는 100만원을 가지고 주식에 투자하였는데 3년 후 매각대금으로 50만원을 받았다. 이상의씨의 연간 수익률은 얼마인가?

4-13 은행에 시장이자율로 저금하는 경우 순현가는 얼마인가? 또한 내부수익률은 얼마인가?

4-14 윤민식씨는 친구들과 계를 하기로 했다. 계의 규칙은 다음과 같다.

① 1번은 1월에 계를 타며, 2번은 2월에 계를 타는 식으로 운영된다. 계원은 12명이다.

② 자신이 계를 타는 달에는 자신은 아무런 돈도 내지 않고 나머지 11명이 낸 돈을 받는다.

③ 계를 타기 전에는 10만원씩 불입하며 계를 탄 다음 달부터는 11만원씩 불입하여야 한다.

(1) 각 번호별로 현금흐름을 구하라.

(2) 엑셀 등의 스프레드 쉬트를 이용하여 각 번호별 내부수익률을 구하라.

(힌트 : 엑셀을 이용하여 내부수익률을 구하는 방법은 다음과 같다. 현금흐름을 각 셀에 기입한다. 예를 들어 현금흐름을 A1셀부터 A10셀까지 기입했다면 커서를 A11셀에 위치시키고 다음과 같이 기입하고 엔터를 누른다. '= IRR(A1:A10)')

제 5 장
증권시장의 이해

재무관리에서 다루는 중요한 내용 중의 하나가 증권투자와 관련된 의사결정문제이다. 이와 관련된 본격적인 내용은 투자론에서 다루기로 하고 여기서는 증권투자와 관련된 기초적 수준의 개념만 살펴보기로 하자. 먼저 증권의 특성을 이해하고 증권시장의 구조, 증권시장을 구성하는 관련기관들에 대해서 알아본다. 그리고 증권투자에서 이용되는 증권시장정보와 증권투자에 관련된 두 가지 의사결정문제를 간략하게 살펴본다.

제 1 절 증권투자의 기초개념

1. 증권이란?

투자대상으로 본 증권

증권이란 어떤 재산적 권리를 나타내는 증서를 뜻하는데 재무관리에서 증권이라고 하면 주로 주식과 채권을 말한다. 주식은 기업에 일정한 금액을 출자하였음을 표시하는 증권이고 채권은 일정한 금액을 빌려주었음을 나타내는 차용증서이다.

주식을 투자대상으로 보고 이를 취득하면 보유기간 동안 배당수익을 받다가 처분시점에서는 처분가격에 해당하는 금액을 회수하게 된다. 반면 채권을 취득하면 만기까지의 기간 동안 이자수익을 받다가 만기시점에 액면금액을 상환받게 된다.

자금조달수단으로 본 증권

투자자의 입장에서는 증권을 하나의 투자대상이지만 기업의 입장에서 볼 때 증권은 중요한 자금조달수단이 된다. 기업이 자금을 조달하는 방법은 〈그림 5-1〉에서 보는 것과 같이 크게 두 가지로 구분할 수 있다.

첫째 방법은 이익의 일부를 배당하지 않고 사내에 유보시켰다가 이를 사용하는 내부조달방법이며 또 다른 방법은 금융기관으로부터의 차입금이나 증권시장에서의 주식 및 사채발행을 통한 외부조달방법이다. 일반적으로 기업규모가 커지면 필요자금을 내부조달만으로 충당할 수 없기 때문에 외부조달에 의존하지 않을 수 없게 된다.

기업이 필요자금을 외부에서 조달하는 방식 중에서도 증권시장에서 주식이나 채권을 발행하여 일반 투자자로부터 자금을 조달하는 방식을 직접금융이라고 하고 은행이나 제2금융권 등 금융기관으로부터 차입금을 조달하는 방식을 간접금융이라고 한다.

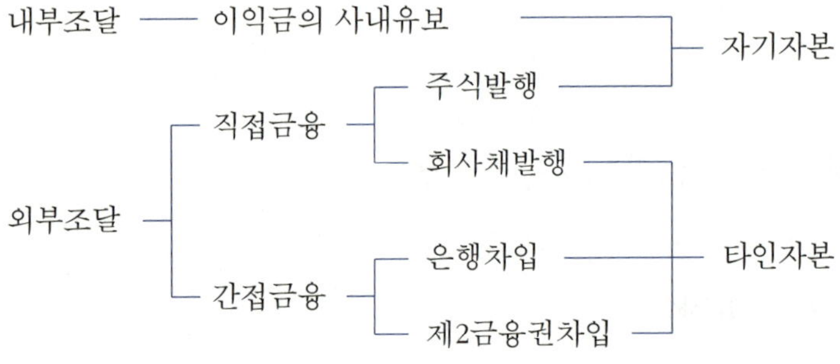

그림 5-1 기업의 자금조달

2. 증권시장의 구조

발행시장과 유통시장

증권시장은 거래대상의 종류에 따라서 주식시장과 채권시장으로 구분되며 기능적 측면에서 보면 발행시장과 유통시장으로 구분된다.

발행시장이란 증권이 처음으로 발행되어 최초의 투자자에게 매각되는 시장을 말한다. 이러한 의미에서 이를 1차적 시장이라고도 하는데 발행시장은 매매시설을 갖춘 구체적 시장이 아니고 증권이 발행되면서 최초의 투자자 손에 들어갈 때까지의 과정을 지칭하는 추상적 시장이다.

한편, 유통시장이란 이미 발행된 증권이 투자자들 사이에서 매매되는 시장을 말한다. 즉, 유통시장이란 투자자가 소유하고 있는 증권을 매각하여 투자자금을 회수하거나 이미 발행된 증권을 취득함으로써 금융자산을 운용하는 시장이다. 이처럼 유통시장은 이미 발행된 증권을 전제로 형성되기 때문에 2차적 시장이라고 하며 일정한 장소에 시설을 갖추고 있는 구체적 시장이다.

증권거래소와 코스닥

유통시장은 크게 증권거래소와 장외시장으로 구분된다. 증권거래소에서는 일정한 장소에서 시설을 갖추고 계속적이고 조직적인 거래가 이루어지는 곳이다. 이곳에서는 일정한 요건을 갖추고 상장(list)된 증권만이 거래된다.[1] 또한 증권거래소에서는 회원인 증권회사만 거래할 수 있기 때문에 일반투자자는 직접 거래할 수 없고 증권회사에 매매를 위탁해야 한다. 증권거래소는 일정한 원칙에 따라서 회원들간의 매매체결을 중개하고 급격한 주가변동에 따른 투자손실을 막기 위해서 가격제한폭을 설정해서 운영하고 있다.

이에 비해서 장외시장은 증권거래소 이외의 장소에서 증권거래가 이루어지는 시장을 총칭해서 말하는 것인데 주로 비상장증권이 거래된다. 장외

1) 상장요건은 다양한 사항이 포함되어 있지만 크게 나누어 기업의 규모, 재무내용, 유통성, 건전성 및 공익성과 투자자 보호에 관한 요건을 충족할 것을 요구하고 있다. 세부사항은 증권거래소의 유가증권상장규정을 참조하기 바란다.

시장은 자연발생적인 시장이기 때문에 일정한 조직을 갖추지 못하였으나 최근 들어 선진국에서는 이를 증권거래소와 유사한 조직적 시장으로 발전시켰다. 대표적인 예로는 미국의 나스닥(NASDAQ)이나 일본의 주식점두시장을 들 수 있다.

우리나라에서도 중소기업과 벤처기업의 육성을 위해서 1996년부터 코스닥(Korea Securities Dealers Automated Quotations : KOSDAQ)이라는 제도화된 장외시장을 운영하고 있다. 이외에도 프리보드(Free board)라는 장외중개시장을 개설하여 증권업협회가 지정하는 종목을 매매당사자끼리 사고 팔 수 있게 되었다.

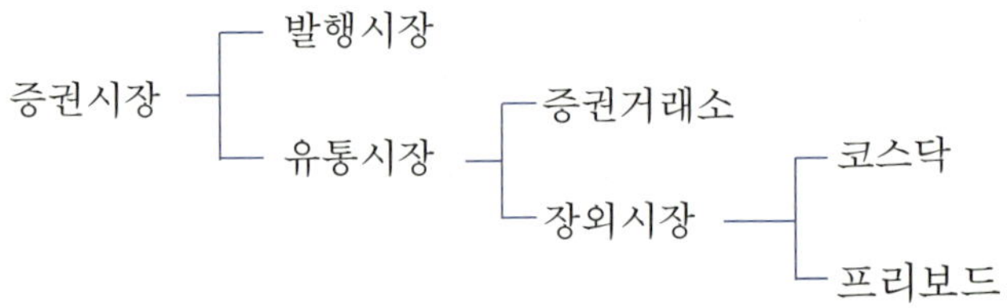

그림 5-2 증권시장의 구조

제 2 절 증권관련기관

1. 증권회사

증권회사는 증권시장을 구성하는 매우 중요한 기관이다. 주로 주식매매를 수행하지만 그 외에도 다양한 업무와 수많은 금융상품을 다루기 때문에 투자백화점이라고 할 수 있다. 증권회사가 수행하는 기본적 업무를 살펴보면 크게 위탁매매업무, 자기매매업무, 인수주선업무 등으로 나눌 수 있다.

위탁매매업무

증권거래소에서는 회원으로 등록된 증권회사만이 거래를 할 수 있기 때문에 일반투자자는 증권회사를 통해서만 증권을 사고 팔 수 있다. 증권회사가 고객의 주문을 받아서 주문내용에 따라서 매매를 체결해 주는 업무를 위탁매매업무, 또는 브로커업무라고 한다. 증권회사는 이러한 업무를 수행하는 대가로 위탁수수료를 받는다.

자기매매업무

자기매매업무란 증권회사가 자기자금으로 직접 증권을 사고 파는 행위를 말하는데 이를 딜러업무라고도 한다. 위탁매매의 경우에는 매매차익이 고객의 것이 되지만 자기매매의 경우에는 매매차익이 모두 증권회사의 것이 된다. 증권회사를 기관투자가라고 하는 것은 바로 증권회사의 자기매매업무를 염두에 두고 하는 말이다.

인수주선업무

위탁매매와 자기매매는 모두 유통시장과 관련된 업무이지만 인수주선업무는 발생시장과 관련된 업무이다. 인수업무는 기업이 증권을 발행할 때에 투자자에게 다시 팔 목적으로 발행증권을 사들이는 것이고 주선업무는 이미 발행된 증권을 매출하거나 새로 발행되는 증권에 대한 투자자를 모집하는 것을 말한다.

2. 투자신탁회사

투자신탁이란?

투자신탁이란 자신이 직접 증권에 투자할 전문지식과 시간적 여유가 없거나 자금규모가 영세해서 원하는 형태의 투자활동을 할 수 없는 일반투자자들로부터 자금을 모아서 투자업무를 대신해 주는 것을 말한다. 즉, 전문적인 투자대행기관이 일반 투자자로부터 모집한 자금을 여러 증권에 분산투자하고 여기에서 발생한 수익을 투자자들에게 분배해 주는 제도를 투자

2) 이러한 투자방식을 간접투자라고 한다.

신탁이라 한다.[2] 그리고 이러한 기능을 수행하는 회사를 투자신탁회사라고 하는데 우리나라에서는 자산운용회사들이 이러한 업무를 담당하고 있다.

계약형 투자신탁

투자신탁은 이해당사자들간의 법률관계에 따라서 계약형 투자신탁과 회사형 투자신탁으로 구분된다.

계약형 투자신탁은 영국에서 발전되어 주로 우리나라와 일본에서 채택되고 있는 형태인데 위탁자, 수탁자, 수익자 등 세 당사자간의 신탁계약으로 이루어진다. 여기서 투자신탁회사가 위탁자가 되고 고객은 수익자의 위치에 있게 된다. 투자신탁회사는 고객의 영세자금을 모아서 펀드를 구성하고 이에 대한 권리로서 수익증권을 고객에게 지급한다. 그리고 높은 수익성을 목표로 이 펀드를 운용하게 되는데 운용에 관한 의사결정을 수행하고 그 내용을 수탁자에게 지시하게 된다. 수탁자는 주로 은행이 맡게 되는데 투자신탁회사의 지시에 따라 증권매매에 따른 결제업무를 대행하고 이에 대한 수수료를 받는다.

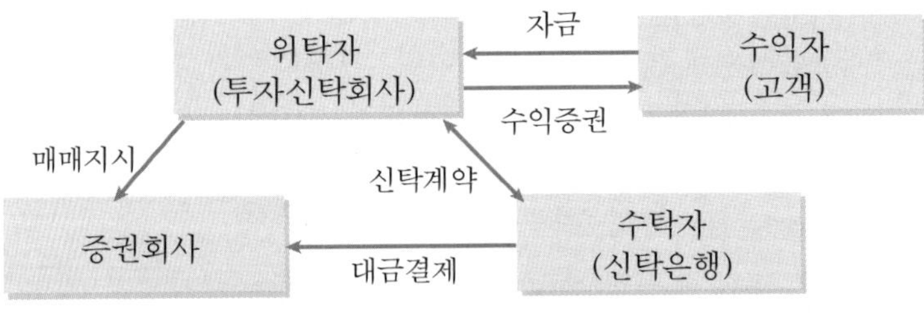

그림 5-3 계약형 투자신탁

회사형 투자신탁

회사형 투자신탁은 주로 미국에서 발전된 형태의 투자신탁이다. 최근에 우리나라에 도입되어 많은 인기를 얻고 있는 뮤추얼펀드(mutual fund)가 이에 해당한다. 이것은 증권투자를 목적으로 회사를 설립하고 이 회사를 통해서 투자업무를 수행하는 형태의 투자신탁을 말한다. 따라서 일반투자자들은 투자회사의 주식을 취득하고 이 회사의 주주가 되는 것이며 투자수익도 배당형태로 받게 된다.

회사형 투자신탁은 투자자가 어떤 방법으로 투자원금을 회수하느냐에 따라서 개방형과 폐쇄형으로 구분되는데 개방형 투자신탁은 투자자가 직접 회사에 주식을 매각하여 투자원금을 회수할 수 있는 형태이다. 그리고 폐쇄형은 투자신탁회사의 주식이 증권시장에 상장되어 있기 때문에 투자자가 개별적으로 증권시장에 보유주식을 매각하여 투자원금을 회수하는 형태이다.

3. 투자자문회사

투자자문업

투자자문업이란 주식, 채권 등의 유가증권의 투자에 필요한 정보를 고객에게 제공하는 것을 말한다. 따라서 투자자문회사는 이러한 업무를 수행하고 보수를 받는 회사로서 간단히 말하면 자산운용의 조언자라고 할 수 있다. 금융선진국이라고 할 수 있는 영국, 미국 등에서는 오래 전에 자리잡은 업종이고 이웃 일본에서도 1970년대부터 도입되었다. 우리나라에서도 국민소득의 증대와 함께 여러 형태의 금융자산이 등장하면서 유가증권에 대한 수요가 확대되어 정부는 1988년에 투자자문제도를 도입하였다. 초기에는 투자자문회사들이 주로 증권회사, 은행 등 금융기관의 자회사 형태로 시작되었지만 최근에는 별도의 주식회사로 독립하여 운영되는 추세가 늘고 있다.

투자자문업의 내용

투자자문회사가 수행하는 업무는 크게 다음과 같이 세 가지로 나눌 수 있다.

첫째, 투자정보를 간행물로 발간해서 회원들에게 제공하는 것이다. 회원들은 일정한 수수료를 내고 그 간행물에 제시된 자료를 토대로 투자결정을 하는 것으로서 초보적인 자문형태이다.

둘째, 고객에 대해서 유가증권상담은 물론이고, 포트폴리오 구성 및 운용

---

3) 포트폴리오란 여러 종목의 주식으로 구성된 집합체를 말한다.

에 대해서 조언하는 것이다.[3] 그러나 여기서도 최종투자결정은 고객의 자기판단과 책임하에서 이루어진다. 투자자문회사는 그 대가로 자문수수료를 받는데 수수료는 투자자산의 종류, 즉 주식형, 채권형에 따라서 차이가 있다.

셋째, 고객으로부터 자산운용에 관한 모든 결정을 위임받아서 투자자문회사가 자신의 판단에 따라 투자하는 것이다. 그러나 이 경우에도 투자자문회사는 정기적으로 고객에게 투자운용에 대한 결과를 보고해야 한다. 이를 투자일임업무라고 부르는데 가장 진보적인 형태의 투자서비스라고 할 수 있다.

제 3 절 증권시장정보

1. 주식시세표를 보는 방법

주식시세표란?

주식시세표란 매일 매일 주식가격의 변동을 알려 주는 표이다. 주식시세표는 각 신문에 따라서 그 형태가 약간씩 차이가 있다. 대개 일간신문에서는 한두 페이지에 주식시세표를 게재하고 있지만 경제신문에서는 여러 페이지에 걸쳐서 게재하고 있기 때문에 경제신문이 보다 깊이 있고 자세한 정보를 제공하고 있다. 그러나 주식시세표의 기본적인 골격은 동일하다. 주식시세표에서 얻을 수 있는 정보에는 어떤 것들이 있는지 살펴보자.

종합주가지수, KOSPI 200

주식시세표를 보면 시세표의 위 또는 중앙에 위치한 종합주가지수가 제일 먼저 눈에 띈다. 종합주가지수는 증권시장의 전체적인 흐름을 나타내는 지표로서 현재 상장된 주식 전체의 가격을 평균한 것이다. 우리나라 종합주가지수는 1980년 1월 4일의 가격수준을 100으로 놓고 산출된 것이기 때문에 오늘의 종합주가지수가 900이라면 오늘의 주가는 평균적으로 1980년

1월 4일 주가의 9배 수준이라는 뜻이다.

종합주가지수 하단에는 KOSPI 200지수가 주어져 있는데 이는 주식시장의 주요 종목 200개의 가격변동을 반영하는 것이다. KOSPI 200지수는 선물거래와 옵션거래의 가격결정지표로 이용되는 것으로서 1990년 1월 3일의 주가수준을 100으로 놓고 산출된 것이다. 따라서 오늘 KOSPI 200지수가 110이라고 하면 주요 200개 종목의 오늘 가격이 1990년 1월 4일 주가보다 10%정도 오른 수준이라는 뜻이다.

그러나, 종합주가지수와 KOSPI 200지수는 기준시점의 가격수준과 현재시점의 가격수준을 비교하는 것보다는 매일 매일의 시장변동을 파악하는데 유용한 지수이기 때문에 전일대비 등락을 더 의미있게 살펴야 할 것이다.

시가, 고가, 저가, 종가

주식시세표를 보면 개별종목마다 시가, 고가, 저가, 종가가 주어져 있다. 여기서 시가란 거래시작가격을 말하는데 이는 동시호가에 의해서 결정된다. 동시호가란 모든 주문이 같은 시간에 이루어졌다고 가정해서 결정된 가격을 말한다. 그리고 그 이후부터는 경쟁매매로 가격이 형성되는데 하루 중 최고수준으로 거래가 형성된 가격을 고가(최고가), 최저수준으로 거래가 형성된 가격을 저가(최저가)라고 한다. 경쟁매매는 폐장 10분전까지 이루어지며 마지막 10분 동안은 다시 동시호가에 의한 가격체결이 이루어지는데 이때의 체결가격을 마지막 거래의 가격이라고 해서 종가라고 한다.

전일대비 등락

종가는 주식가격의 등락폭과 상 · 하한가를 결정하는 기준가격이 되는 것으로서 주식시세표에 주어진 오늘의 가격등락은 전일종가를 기준으로 산출된 것이다. 이때 전일종가에 비해서 오늘종가가 상승한 경우에는 상승금액과 흑색삼각형(▲)으로 표시하며 하락한 경우에는 하락금액과 백색의 역삼각형(▽)으로 나타낸다.

그런데, 가격이 일일가격제한폭까지 상승한 경우에는 상한가라고 하여 상승금액 옆에 흑색의 상향화살표(🠅)를 표시하고 일일가격제한폭까지 하

4) 가격제한폭제도란 주가의 급격한 변동으로 일반투자자들이 큰 손실을 보는 폐단을 막기 위해서 하루 중 주가가 변동할 수 있는 범위를 최고가와 최저가로 정해서 운용하는 것이다. 2004년 현재 우리나라의 가격제한폭은 전일 종가 대비 15%이다.

락한 경우에는 하한가라고 하여 하락금액 옆에 백색의 하향화살표(⇩)를 표시한다.[4)]

거래량

개별종목마다 시가, 고가, 저가, 종가 및 가격등락이 제시된 다음에는 거래량이 주어져 있는데 이는 당일 거래가 체결된 주식수량을 나타낸 것이다. 거래량은 미래주가변화를 예측하는 데 중요한 정보가 될 수 있기 때문에 유의해서 살펴 볼 필요가 있다.

기세, 감리

기세란 폐장할 때까지 주식을 사거나 팔기 위해서 제시한 주문가격으로 거래가 체결되지 않은 경우를 말한다. 매도주문의 경우에는 가장 낮은 호가를, 매수주문의 경우에는 가장 높은 호가를 기세가격으로 한다. 즉, 거래체결없이 매수 또는 매도가격만 있는 경우를 말하는 것이다.

감리란 특정 주식의 가격이 일정한 기간내에서 급변하여 투자자의 주의를 환기시킬 필요가 있다고 판단될 때에 증권거래소가 그 종목을 감리종목으로 지정한 것이다.

권리락, 배당락

기업이 증자를 하는 경우에는 새로 발행될 주식을 인수할 권리, 즉 신주인수권을 부여하기 위해서 기준일을 정한다. 따라서 그 기준일 현재 주식소유자가 그 권리를 갖게 되고 기준일이 지난 후의 주식에는 신주인수권이 없어지는데, 이를 권리락이라고 한다. 주식이 권리락되면 신주인수권이 없어지므로 주가가 낮아지는데 이를 권리락가격이라고 한다.

배당락이란 권리락과 같은 원리로 배당기준일이 경과하여 배당금을 받을 권리가 없어지는 것을 말하며, 주식이 배당락되면 권리락의 경우와 마찬가지로 주가가 낮아지는데, 이렇게 형성된 가격을 배당락가격이라고 한다.

주식 시세 2004년 6월 22일 수요일

종합주가지수

746.48

[6월 22일 종가]

-2.82P

-0.38%

거 래 량(천 주)	327,223
거래대금(천만원)	151,003
KOSPI200	96.48(-0.32)
배당지수(KODI)	1450.95(-2.82)

거	
상 승	2
상 한 가	
하 락	4
하 한 가	

▲상승 ⬆상한 ◆감리상승⊙권리락
▽하락 ⇩하한 ◇감리하락★배당락 ▶액면분할(원) A:100 B:200 C:500 D:1000 E:2500 (단위=원, 10주)

종목	종가	전일비	거래량
어업·광업			
동 원	7930	▽ 250	3106
동원산업	8000	▲ 310	4292
동원수산	5040	⬆ 655	57023
사조산업	3940	▲ 450	25414
C신라교역	2280	▲ 275	234073
오양수산	4785	⬆ 620	100709
음식료품업			
C J	57200	-	4902
1 우	25200	▽ 600	216
2 우B	40850	-	46
3 우B	39450	▲ 250	6
C K F	3000	▽ 30	7372
KT&G	27000	▽ 400	29312
고려산업	2125	▽ 55	51441
C기 린	745	-	466507
남양유업	298000	▽ 8000	19
1 우	82200	-	-
농 심	238000	▲ 7500	1503
대림수산	13300	거 래	정 지
1 우	19000	거 래	정 지
D대 상	2290	▲ 15	14661
D1 우	1440	-	38
D2 우B	1935	▲ 5	1
C대상사료	630	▽ 10	1885
C1 우B	630	▽ 5	-
대한제당	8720	-	543
1 우	6320	-	-
대한제분	42900	▲ 600	474
동원F&B	37300	▲ 300	338
두 산	8100	▽ 280	8974
1 우	2700	▽ 165	3143
2 우B	4280	▲ 40	508
롯데삼강	78500	▽ 800	1089
롯데제과	532000	-	139
롯데칠성	661000	▲ 8000	192
1 우	280500	-	-
마 니 커	6830	▲ 270	9253
무학주정	8840	▽ 180	407
보해양조	3940	▲ 15	218
1 우	94400	-	-
빙 그 레	20700	▽ 150	3621
삼립식품	2875	▽ 90	1936
삼 양 사	18050	▽ 150	851
1 우	14400	▲ 400	1
삼양제넥	25500	-	401
1 우	17450	-	-
D샘표식품	6090	▲ 60	159
서울식품	19300	⬆ 2500	158149
1 우	23800	⬆ 3100	595
선 진	17300	▽ 600	6533
C신촌사료	1425	⬆ 185	53124
오 뚜 기	23800	▽ 100	75
오 리 온	73900	▲ 3200	2127
C우성넥스	1245	▽ 70	8019
우성사료	7960	▽ 20	-

종목	종가	전일비	거래량
E세원화성	4390	▲ 30	140
C송원산업	2000	-	2002
신호유화	2200	▽ 5	2098
1 우	89200	▽ 1400	1
애경유화	12100	▲ 100	230
이수화학	5940	▽ 40	533
이화산업	2720	▽ 140	724
일진다이	9510	▽ 240	5386
제일모직	12250	▽ 450	46868
C조광페인	1060	▽ 15	1943
조 비	1960	▽ 140	2412
C카 프 로	1480	▽ 130	160536
코스모화	3000	▽ 100	6360
코 오 롱	5700	▲ 170	12506
1 우	3135	▽ 65	67
2 우B	5570	▲ 30	1
D코오롱유	5170	▽ 10	1864
C태경산업	1820	▲ 5	4588
C태경화학	1445	▽ 55	1691
태광산업	165000	▲ 14000	48
태 평 양	204000	▽ 500	1575
1 우	62500	▲ 400	11
포 리 올	34150	▽ 650	298
C한국콜마	1535	▽ 35	8321
한국폴리	4900	▲ 45	312
한국화인	11600	▽ 200	912
C한국화장	845	▽ 45	9315
한농화성	6480	▽ 200	105
한솔케미	3190	▲ 135	13691
한 화	7520	▲ 20	91569
1 우	4060	▽ 190	4
한화석화	5630	▽ 130	110317
1 우	3010	▽ 25	120
현대페인	3900	▲ 210	206
호남석유	31500	▽ 700	38147
효 성	8930	▲ 230	10621
D휴 켐 스	3595	▲ 90	2209
의약업			
LG 생명	25150	▽ 500	8211
1 우	18100	▽ 100	142
D광동제약	1165	▲ 5	43155
국제약품	4740	▽ 45	26
근화제약	7800	▲ 100	1568
녹십자상	28000	▽ 2700	633
E대웅제약	18250	▽ 300	768
D대원제약	5180	▲ 30	691
동성제약	4095	-	495
동신제약	7690	▲ 40	2207
1 우	4385	▽ 5	1
동아제약	14100	▽ 100	2661
동화약품	6590	▽ 160	148
보령제약	8250	▽ 60	326
C부광약품	7360	▽ 120	6940
삼성제약	3145	▽ 30	4402
삼일제약	30200	▽ 50	77
삼진제약	20300	▽ 900	248
수도약품	6020	▽ 500	6319

종목	종가	전일비	거래량
세아제강	9150	▲ 10	1812
신화실업	4990	▽ 10	312
영 풍	38600	▽ 5800	20
유니온스	45100	▽ 2800	767
이구산업	7880	▽ 60	9
조일알미	3920	▽ 30	-
포항강판	15500	▲ 50	272
풍 산	10150	▽ 150	15048
하이스코	4195	▲ 15	17338
하이스틸	8010	▽ 140	293
한국금속	8860	⬆ 1150	81594
C한국주철	1700	▲ 5	296
한국철강	14500	▲ 50	167
한국특수	12100	-	1051
한일철강	9900	▽ 100	75
휴 스 틸	4400	▽ 25	2049
조립금속			
CMK버팔로	1815	▲ 105	898137
D대림통상	4690	⬆ 610	2823
삼화왕관	8080	▽ 150	64
C세 신	360	▽ 20	148822
C아이브릿	270	▲ 5	165722
C유성금속	335	▽ 5	11477
조선선재	15900	▽ 350	4
C케이아이	2840	▽ 260	958
C현대금속	435	▽ 15	69794
C1 우	9650	▲ 500	2
C2 우B	325	▽ 20	13338
기타기계장비			
CSIMPAC	460	⬆ 60	450213
SNG21	4490	▽ 10	85
ESTX엔진	3100	▽ 65	27477
경동보일	12250	▽ 50	244
C계양전기	1035	▽ 20	14851
C1 우	1025	▲ 5	253
C남선흠웨	470	▲ 25	365550
대경기계	3745	▲ 35	879
C대 동	970	▲ 5	229884
대동공업	4000	▽ 20	1109
대우종합	7180	▲ 170	127803
동양물산	3085	▲ 5	50673
두산중공	6060	▲ 40	12623
봉 신	5890	▽ 50	19
삼양중기	6270	▽ 230	34
C삼 영	9790	▽ 110	749
D삼익LMS	5960	▽ 40	535
C세원E&T	690	▽ 15	7745
수산중공	14700	-	1487
1 우	780000	-	-
C스타코넷	510	▽ 10	38201
C신성이엔	3370	▽ 70	101601
C신 한 TS	950	⇩ 165	103896
C우신시스	1730	▲ 10	1045
C웅진코웨	3950	▽ 45	22317
C퍼 스 텍	770	▽ 25	65949

종목	종가	전일비	거래량
삼성중공	5320	▲ 20	24658
1 우	12350	▽ 550	6
세원정공	7400	-	20
C세종공업	2585	▽ 15	28
쌍 용 차	7200	▲ 190	7155
C영화금속	245	▽ 5	4947
유성기업	13950	▲ 350	8
C인지컨트	2650	▽ 30	1
C지 코	360	-	1041
C체 시 스	565	▲ 65	9226
태양금속	2800	▽ 50	17
1 우	1600	▲ 70	1
C통일중공	575	▽ 5	14475
C평화산업	2720	▽ 35	482
한국프랜	11600	▲ 100	21
C한일이화	1050	▽ 10	184
한진중공	4645	▽ 55	2225
현대미포	16250	▽ 150	1146
현대중공	28200	▽ 50	1863
현 대 차	41000	▲ 100	10963
1 우	20900	▲ 50	76
2 우B	22900	-	681
3 우B	17700	-	15
C화 신	910	▽ 65	458
C효성기계	395	-	25197
정밀·가구·기타제조·전기			
C경남에너	1280	▽ 5	157
경동도시	14500	-	19
극동도시	13400	-	127
대구가스	22900	▽ 600	5
대한가스	13800	▽ 50	25
C디 아 이	1530	▽ 30	2204
A미래산업	705	▽ 10	43873
보루네오	2030	▲ 35	139
부산가스	12500	-	92
C비티아이	265	▽ 5	6461
삼성테크	8230	▽ 160	6595
D삼양옵틱	11500	⬆ 1500	1610
C삼익악기	460	-	1228
삼 천 리	52500	▽ 800	1981
서울도시	17350	-	-
에 넥 스	7060	▲ 160	381
영창악기	1140	▲ 75	11287
C오리엔트	915	▽ 10	111453
C케이씨텍	2750	▽ 55	1166
D퍼 시 스	8600	▲ 100	1411
한국가스	34000	▽ 800	1033
한국전력	18450	▽ 350	14637
건설업			
LG 건설	17500	-	13314
경남기업	3940	▲ 40	76
1 우B	5770	-	-
계룡건설	10300	▽ 200	15981
고려개발	8400	▽ 30	221
금호산업	6520	▲ 200	91865

그림 5-4 주식시세표

2. 주가지수

증권시장지표

증권시장지표란 증권시장의 전체적인 움직임을 나타내는 지표를 말한다. 일반적으로 증권투자의 성과는 증권시장의 전반적인 동향, 즉 증권시장이 호황이냐 불황이냐에 의해서 많은 영향을 받기 때문에 증권시장지표는 일반투자자에게 매우 중요한 관심사항이 된다. 뿐만 아니라 증권시장지표는 현재의 경기상황을 나타내면서 미래경기에 대한 예측정보도 반영되어 있는 것이기 때문에 일반투자자 뿐만 아니라 경제정책을 수립하는 데에도 중요한 지표가 되는 것이다.

증권시장의 움직임을 나타내는 지표로는 주가지수, 거래금액 및 거래량, 주가상승 및 하락종목수, 고객예탁금, 주가수익비율 등이 있지만 이 중 주식의 가격변동을 지수로 나타내는 주가지수가 가장 대표적인 증권시장지표라고 할 수 있다.

주가지수의 산출

① 주가지수의 산출식

주가지수(stock price index)란 어떤 시점을 기준시점으로 하여 그 기준시점의 주식시장 전체의 가격수준을 100으로 하고 비교시점의 가격수준을 이에 대한 상대치로 환산하여 산출한 것을 말한다. 구체적으로 주가지수는 다음과 같이 산출된다.

$$\text{주가지수} = \frac{\text{비교시점의 주가수준}}{\text{기준시점의 주가수준}} \times 100 \qquad (5\text{-}1)$$

② 표본선택

주가지수는 주식시장에 상장되어 있는 모든 주식을 대상으로 산출할 수도 있고 또는 상장주식들 중에서 몇 개의 주식을 표본으로 선택해서 산출할 수도 있다.

상장주식 전체를 대상으로 산출되는 주가지수가 이론적으로는 대표성이 높다고 볼 수 있기 때문에 학문적인 연구에는 이를 많이 이용하는 편이다. 우리나라의 한국종합주가지수(Korea Composite Stock Price Index), 미국의 뉴욕증권시장지수(New York Stock Exchange Composite) 등이 상장주식 전체를 대상으로 산출되는 주가지수이다.

그러나, 실무에서는 계산의 간편성을 고려해서 표본을 골라서 이로부터 주가지수를 산출하여 이용하는 경우가 많다. 표본을 선택할 때에는 안정적인 주식들 중에서도 증권시장을 대표할 수 있는 종목들을 골라야 할 것이다. 우리나라의 경우 선물거래와 옵션거래에서 이용되는 주가지수 KOSPI 200은 상장주식 중 대표성이 있다고 판단되는 200개 종목을 대상으로 산출된 것이고 세계적으로 가장 많이 이용되는 다우존스산업평균(Dow Jones Industrial Average : DJIA)은 뉴욕증권거래소에서 대표성이 있다고 판단되는 30개 종목을 대상으로 산출된 주가지수이다.

③ 산출방법

주가지수를 산출할 때에 특정시점의 주가수준은 표본종목의 주식가격의 평균값을 의미한다. 여기서 평균값을 구하는 방법으로 크게 단순평균방식과 가중평균방식, 두 가지 방법을 들 수 있다.

단순평균방식은 개별종목의 주가를 단순히 합하여 이를 종목수로 나누어 구하는 방법이다. 다우존스산업평균(DJIA)이 이러한 방법으로 산출되기 때문에 이 방법을 흔히 다우식이라고도 한다. 다우식 방법은 높은 가격을 갖는 주식의 가격변동이 지수변동에 크게 영향을 미치는 단점이 있다.

이에 비해서 가중평균방식은 개별종목의 시가총액을 가중치로 해서 평균값을 구하는 방법이다. 이때에 시가총액이란 1주당 가격에 발행주식수를 곱하여 산출한 것인데 이러한 이유로 이 방법을 흔히 시가총액식이라고 하는 것이다.

예제 5-1

증권시장에 세 개의 주식만이 존재한다고 가정하자. 그리고 이들의 주가수준과 발행주식수가 기준시점과 현재시점에서 다음과 같이 파악되었다고 하자.

종목	기준시점		현재시점	
	주가	발행주식수	주가	발행주식수
A주식	10,000	1,000,000	15,000	1,000,000
B주식	5,000	4,000,000	2,000	4,000,000
C주식	5,000	2,000,000	5,000	2,000,000

(1) 다우식에 의해서 현재의 주가지수를 산출하라.

(2) 시가총액식에 의해서 현재의 주가지수를 산출하라.

(3) 두 방법의 특징을 비교해 보라.

(1) 다우식 주가지수의 산출

먼저 기준시점의 이들 주가의 평균값을 다음과 같이 산출한다.

$$\frac{10,000 + 5,000 + 5,000}{3} = 6,667\,(\text{원})$$

그리고 현재시점에서 이들 주가의 평균값은 다음과 같다.

$$\frac{15,000 + 2,000 + 5,000}{3} = 7,333\,(\text{원})$$

따라서, 현재의 주가지수는 다음과 같이 110이 된다.

$$\frac{7,333}{6,667} \times 100 = 110$$

(2) 시가총액식 주가지수의 산출

이번에는 시가총액식에 따라서 지수를 산출해 보자. 먼저 기준시점의 이들 주식들의 시가총액을 다음과 같이 구한다.

$$10,000 \times 100\text{만주} + 5,000 \times 400\text{만주} + 5,000 \times 200\text{만주} = 400(\text{억원})$$

그러면, 기준시점의 평균주가는 총발행주식수가 700만주이므로 다음과 같이 산출된다.

$$\frac{400\text{억원}}{700\text{만주}} = 5,714.3(\text{원})$$

이제 같은 방법으로 현재의 시가총액을 구해 보자.

$$15,000 \times 100\text{만주} + 2,000 \times 400\text{만주} + 5,000 \times 200\text{만주} = 330(\text{억원})$$

이를 이용하면 비교시점의 평균주가는 다음과 같이 구할 수 있다.

$$\frac{330\text{억원}}{700\text{만주}} = 4,714.3(\text{원})$$

따라서, 현재의 주가지수는 다음과 같이 82.5가 된다.

$$\frac{4,714.3}{5,714.3} \times 100 = 82.5$$

(3) 두 방법의 특징 비교

위와 같이 산출된 지수들을 관찰해 보면 다우식 주가지수는 기준시점에 비해서 상승하였는데 비해서 시가총액식 주가지수는 하락했음을 알 수 있다. 그 이유는 다우식 주가지수는 고가주의 가격변동이 크게 영향을 미치고 있으며 시가총액식 주가지수는 시장규모가 큰 주가의 변동이 크게 영향을 미치고 있기 때문이다. 우리나라의 경우 하락종목수가 상승종목수에 비해 훨씬 많은데도 대형주의 가격이 상승하면 종합주가지수가 상승하는 경우가 가끔 있는데 이는 우리나라의 종합주가지수가 시가총액식 방법을 채택하기 때문이다.

제 4 절 증권투자기법

1. 증권투자와 관련된 두 가지 의사결정

증권투자를 할 때에 투자자들이 결정해야 하는 문제는 다음과 같이 두 가지로 요약된다.

첫째는 어떤 종류의 증권을 선택해야 할 것인가 하는 문제이다. 즉, 채권을 살 것인가 주식을 살 것인가를 결정해야 하며 구입할 증권의 종류를 정한 후에는 구체적으로 어떤 종목을 살 것인가를 결정해야 한다.

둘째는 어느 시점에서 매매를 해야 하는가 하는 문제이다. 즉, 좋은 종목을 골랐다고 하더라도 투자이익을 높이기 위해서는 낮은 가격에서 매입하고 높은 가격에서 매도해야 하는데 그 시점을 언제로 보아야 하는가 하는 것이다.

결론적으로 투자종목의 선택문제와 매매타이밍의 결정문제가 증권투자에서 가장 중요한 두 가지 의사결정문제인 것이다. 이때 투자종목을 선택하는 분석방법을 기본적 분석(fundamental analysis)이라고 하며 매매타이밍을 결정하는 분석방법을 기술적 분석(technical analysis)이라고 한다.

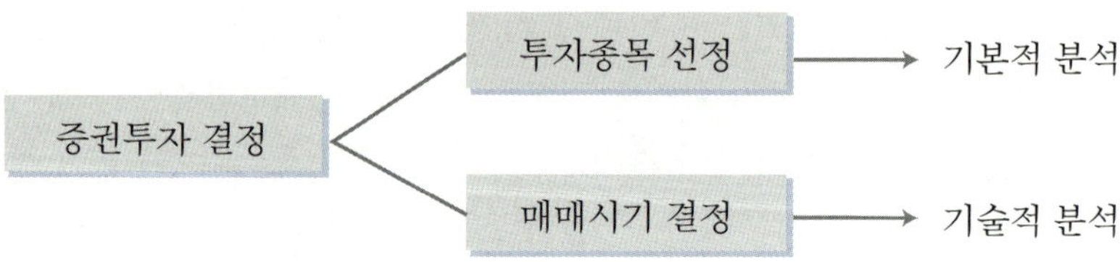

그림 5-5 증권투자결정과 분석기법

2. 기본적 분석

주가에 영향을 주는 요인들

투자결정의 첫번째 문제, 즉 어떤 종목의 주식을 매입 또는 매도할 것인가를 결정하려면 먼저 주식가격에 영향을 주는 요인들을 생각해 보아야 한다. 주식가격에 영향을 줄 수 있는 요인들은 매우 다양하지만 이들 요인은 다음과 같이 세 가지로 분류할 수 있다.

첫째, 전반적인 경제동향을 나타내는 경제요인이다. 여기에는 세계경제의 환경변화에서부터 국내경제의 여건과 정책변화 등이 포함된다.

둘째, 특정 산업의 강세를 나타내는 산업요인이다. 즉, 경제흐름의 변화에 따라서 어떤 산업은 더욱 발전하고 어떤 산업은 반대로 쇠퇴하게 되는데 이러한 요인도 주가에 영향을 주게 된다.

셋째, 개별기업의 특성을 나타내는 기업요인이다. 같은 산업내에 있는 기업들이라고 해도 서로 다른 특성을 갖기 때문에 주가는 다르게 형성되는 것이다.

기본적 분석의 절차

기본적 분석이란 주가에 영향을 주는 요인들을 고려해서 투자종목을 선택하는 분석방법을 말한다. 그러므로 분석의 순서도 분석대상이 되는 요인에 따라서 경제분석, 산업분석, 기업분석의 세 단계 과정을 밟게 된다.

① 경제분석

경제분석에서 다루는 내용은 매우 광범위하다. 구체적으로 경제분석단계에서는 주가에 영향을 줄 수 있는 거시적 경제변수에 대해서 분석하게 된다. 주가에 영향을 줄 수 있는 경제변수로는 경기변동, 통화량, 물가, 금리, 환율 등을 들 수 있는데 이들 변수의 변화가 주가에 미치는 효과를 분석하는 것이 경제분석의 주된 내용이 된다. 예를 들어서 금리가 상승하면 주가가 하락한다든가 엔화가치가 높아지면 수출관련 주식의 주가가 상승한다든가 하는 분석내용이 이에 해당하는 것이다.

② 산업분석

산업분석은 산업의 구조적 특성을 분석하는 것을 말한다. 산업분석에서는 1차적으로 경제발전과정에서 산업의 경쟁력, 제품의 수명주기, 산업의 수요와 공급분석 등을 통해서 앞으로 어떤 산업이 유망한 산업인지를 분석하게 된다. 그리고 산업들간의 연관성을 파악하고 특정 산업내에서의 기업들간 역학관계를 살피고 어떤 기업이 해당 산업을 주도하고 있는지를 파악하는 것도 산업분석의 주된 내용이 된다.

③ 기업분석

경제분석과 산업분석의 과정을 거쳐서 유망업종을 선택하였으면 마지막 단계로 그 업종내에서 투자대상이 되는 기업을 선택해야 하는데 이렇게 특정 기업을 선택하는 과정을 기업분석이라고 한다. 구체적으로 기업분석은 양적분석과 질적분석으로 구분되는데 양적분석은 주로 회사의 재무제표를 통한 계량적 분석을 말하고 질적분석은 회사의 사업내용과 경영진에 대한 평가와 같은 분석을 말한다. 이러한 분석을 통해서 기업의 내재가치를 파악하는 것이 기본적 분석과정의 최종목표이다.

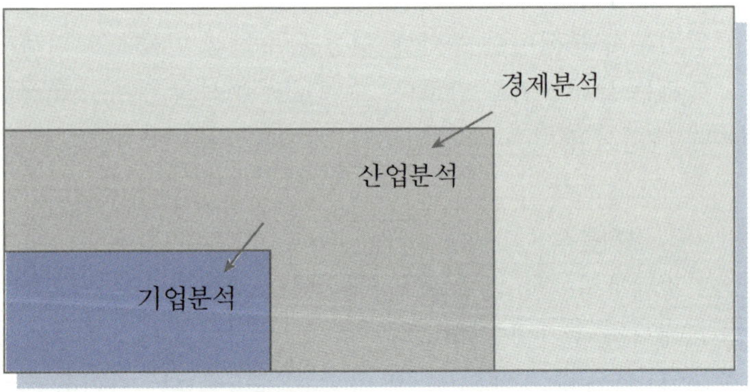

그림 5-6 기본적 분석의 절차

3. 기술적 분석

기본적 분석의 한계

앞서 살펴보았듯이 기본적 분석방법은 경제분석, 산업분석, 그리고 기업분석의 과정을 거쳐서 특정 주식의 내재가치를 판단하고 투자종목을 선택하는 것이다. 그런데 이렇게 해서 투자가치가 있다고 판단해서 선택한 주식도 증권시장의 여건이 변화하면서 계속적으로 가격이 변동하기 때문에 투자시점을 잘못 선택하면 손실을 입게 될 수도 있다. 투자수익을 높이려면 낮은 가격에서 매입하고 높은 가격으로 팔아야 하기 때문에 주가변동의 움직임을 파악해야만 효율적인 매입시점과 매도시점을 결정할 수가 있는 것이다.

기술적 분석이란?

기술적 분석이란 시장전체 또는 개별종목의 가격변동을 분석하고 예측함으로써 투자수익을 극대화하기 위해서 어느 시점에서 매입해야 하고 어느 시점에서 매도해야 하는지를 다루는 분석기법이다.

기술적 분석에서는 매우 많은 기법들이 소개되어 이용되고 있지만 공통적으로 가장 중요한 분석대상이 되는 것은 주가와 거래량, 두 가지 변수이며 구체적인 분석방법은 도표(차트)를 작성하고 이를 해석하는 것이다.

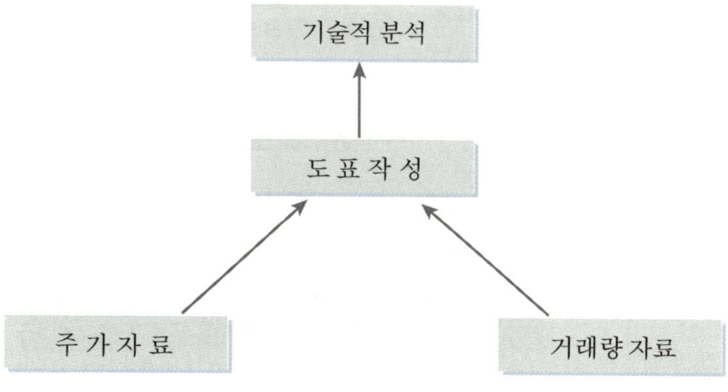

그림 5-7 기술적 분석의 개요

기술적 분석의 전제조건

기술적 분석방법은 주로 과거 주가정보나 거래량 등의 추이를 분석하여 투자결정에 이용하는데 여기에는 몇 가지 가정을 전제로 한다.

첫째, 주가는 그 주식에 대한 수요와 공급에 의해서만 결정된다는 것이다. 이때의 수요와 공급은 경제적 · 심리적 요인들을 모두 반영하고 있기 때문에 이러한 가정은 매우 현실적이라고 할 수 있다.

둘째, 시장변동에서 미세하게 나타나는 부분은 일시적인 성격을 갖는 것이고 이를 무시하면 주가변동은 상당히 장기간에 걸쳐서 추세를 형성하고 있다는 것이다.

셋째, 주가변동의 추세는 반복되어 나타나는 경향이 있다는 것이다.

기술적 분석도표의 예

기술적 분석방법에 속하는 대부분의 기법들은 도표(차트)를 그려서 분석하

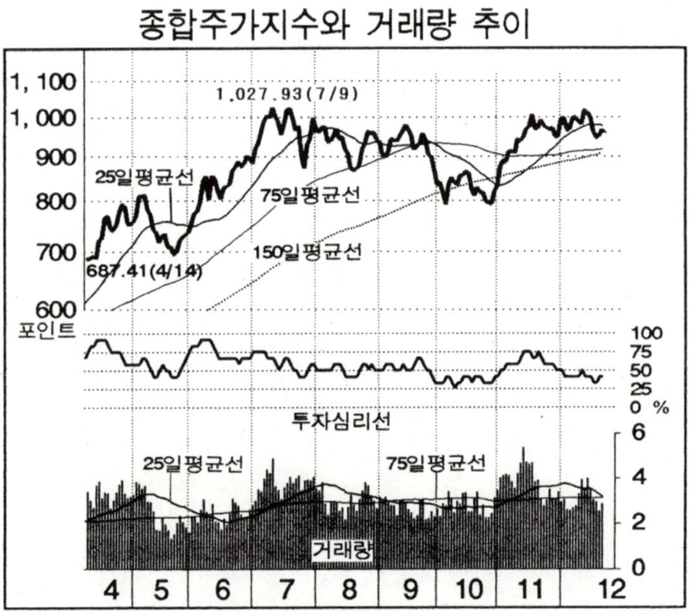

그림 5-8 기술적 분석도표

기 때문에 기술적 분석방법을 도표분석방법이라고도 한다. 그리고 기술적 분석방법으로 주가분석을 하는 사람을 차티스트(chartist)라고 부른다.

기술적 분석방법은 이론적 논리를 갖고 유도된 것이라기보다는 오랜 동안의 실무경험으로부터 도출된 것이 대부분이다. 따라서 기술적 분석은 그 방법이 매우 다양하며 동일한 방법에 따르더라도 그 결과에 대한 해석이 분석자에 따라서 다를 수 있다.

자세한 분석방법은 투자론에서 공부하게 되겠지만 우리가 신문에서 자주 접하게 되는 기술적 분석도표를 예로 들어서 소개하면 〈그림 5-8〉과 같다.

연습문제

5-1 이익을 사내에 유보하여 자금을 조달하는 방법과 외부에서 조달하는 방법의 장점과 단점에 대해 생각해 보라.

5-2 직접금융과 간접금융의 장점과 단점에 대해 생각해 보라.

5-3 증권회사의 주된 업무를 설명하라.

5-4 신동방의 주가는 다음과 같다. 이를 토대로 어떠한 상황이 벌어지고 있는지 추측해 보라.

시가	고가	저가	종가	전일비	거래량
11,500	11,500	11,500	11,500	▲1,500	0

5-5 우리나라의 거래체결의 원칙은 다음과 같다.

가격우선의 원칙 : 다른 조건이 동일하다면 팔자주문에서는 매도호가가 낮게 제시된 주문을, 사자주문에서는 매수호가가 높게 제시된 주문을 우선적으로 체결시킨다.

시간우선의 원칙 : 가격이 동일하다면 먼저 접수된 주문을 먼저 체결시킨다.

수량우선의 원칙 : 가격과 수량이 동일하다면 수량이 많은 주문을 먼저 체결시킨다.

이러한 상황에서 시장에는 삼미전기의 주식을 다음과 같이 팔자는 주문이 대기하

주문시간	매도호가	매수호가	주문량
10 : 10	10,000		500주
10 : 15	11,000		1,000주
10 : 30	10,500		500주

고 있다.

(1) 10시 40분에 김철웅씨는 11,000원에 500주를 사자는 주문을 내었다. 김철웅씨는 얼마의 가격에 주식을 사게 되었을까?

(2) (1)의 상황하에서 10시 40분에 최철희씨는 10,500원에 500주를 사자는 주문을 내었다. 김철웅씨와 최철희씨는 각각 얼마의 가격에 주식을 사게 되었을까?

5-6 시장에는 다음과 같은 4개의 주식이 거래되고 있다. 각 종목의 기준시점의 주가와 발행주식수는 다음과 같다.

	기준시점		현재시점	
종 목	주 가	발행주식수	주 가	발행주식수
A	10,000	1,000	15,000	1,000
B	5,000	500	4,000	500
C	6,000	200	5,000	200
D	3,000	100	3,000	100

(1) 기준시점에서의 단순평균주가와 현재시점에서의 단순평균주가를 구하라. 다우식 주가지수는 얼마가 되어야 하는가?

(2) 기준시점에서의 가중평균주가와 현재시점에서의 가중평균주가를 구하라. 시가가중식 주가지수는 얼마가 되어야 하는가?

5-7 1999년 우리나라의 종합주가지수는 50포인트 가까이 상승하였다. 그런데 실제로 상승한 종목수보다 하락한 종목수가 많은 경우를 목격할 수 있다. 이러한 이유는 무엇인가?

5-8 기본적 분석의 절차를 설명하고 기본적 분석의 한계점에 대해 생각해 보라.

5-9 다음과 같은 그래프를 보고 물음에 답하라.

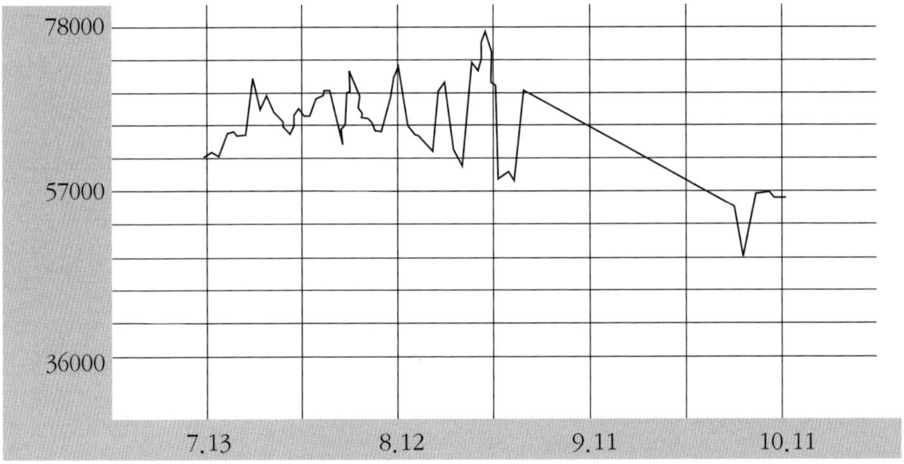

(1) 당신이 8월 30일 경에 위의 그래프를 보고 주가를 분석한다고 하자. 당신은 이 주식의 향후 주가를 어떻게 판단하겠는가?

(2) 실제로 당신이 8월 30일 경 이 주식을 샀다면 어떠한 결과가 나타나겠는가? 이를 통해 추세를 이용한 기술적 분석의 장점과 단점을 생각해 보라.

제 6 장 증권가격의 결정

> 우리가 주식시세표에서 보는 주가는 증권시장에서 형성된 시장가격이다. 그러나 시장가격이 항상 그 증권의 진정한 가치를 나타내는 것이라고 보기는 어렵다. 그러면 증권의 진정한 가치는 어떻게 구하는가? 이 물음은 오랫동안 재무관리의 중요한 과제였고 많은 이론들이 다양한 가격결정모형을 제시하였는데 그 기본적 원리는 그 증권을 통해 얻을 수 있는 미래현금흐름을 현재가치로 환산하는 것이다. 이렇게 이론적 모형에서 산출된 값을 우리는 내재가치라고 하는데 본장에서는 주식과 채권의 내재가치를 구하는 과정을 살펴본다.

제 1 절 두 가지 개념의 증권가격

1. 내재가치

우리는 증권회사의 광고문구 중에서 '내재가치를 보고 투자한다' 는 말을 자주 접하게 된다. 이때에 내재가치란 무엇인가? 그 내용을 살펴보자.

앞서 자주 언급한 대로 재무이론에서는 모든 자산의 가격을 그 자산을 보유함으로써 앞으로 얻게 될 미래현금흐름을 적절한 할인율로 할인하여 산출한 현재가치로 본다. 그러므로 증권의 가격도 해당 증권을 갖고 있을 때 앞으로 얻게 되는 현금흐름을 알면 이를 현재가치로 계산해서 산출할 수 있는 것이다.

그러면, 주식을 보유하면 어떤 현금흐름을 얻게 되는가? 그것은 앞으로 지급될 배당금이다. 따라서 배당금을 현재가치로 할인하면 주식가격이 되는 것이다. 또 채권의 경우는 어떠한가? 채권을 보유하면 앞으로 만기까지 일정한 시점마다 이자를 받고 만기시점에서는 원금을 수령하게 된다. 따라서 채권의 가격은 이자와 원금을 할인한 현재가치가 될 것이다. 재무이론에서는 이렇게 산출한 현재가치를 그 증권의 내재가치(intrinsic value) 또는 균형가격(equilibrium price)이라고 하는 것이다.

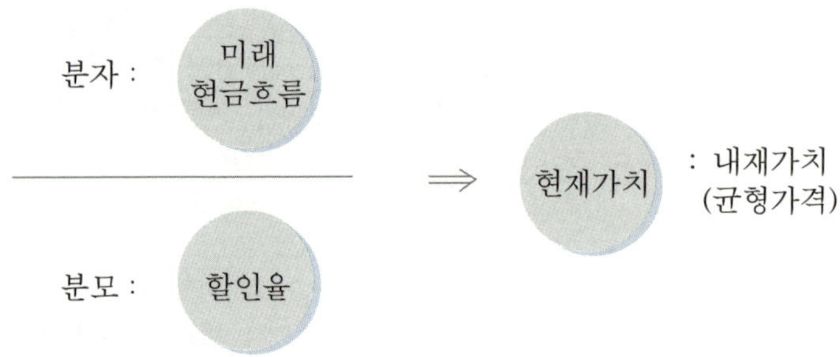

그림 6-1 내재가치－미래현금흐름의 현재가치

2. 시장가격

그런데, 현실적으로 증권시장에서는 해당 주식에 대한 투자자들의 수요와 공급에 의해서 증권가격이 결정된다. 즉, 수요측면에서 어떤 주식에 대한 수요가 늘어나면 그 주가가 상승하고 수요가 줄어들면 주가가 하락한다. 공급측면에서는 공급이 늘어나면 주가가 하락하고 공급이 줄어들면 주가가 상승하게 된다. 경제학에서는 이렇게 수요와 공급이 일치하는 수준에서 가격이 결정된다고 본다. 이때 시장의 수요와 공급의 관계에서 결정된 가격을 시장가격(market price)이라고 한다.

우리가 신문에서 보는 주식시세표에 나타난 주가는 이렇게 증권에 대한 수요와 공급의 관계 속에서 결정된 시장가격을 보여주는 것이라고 이해하면 된다.

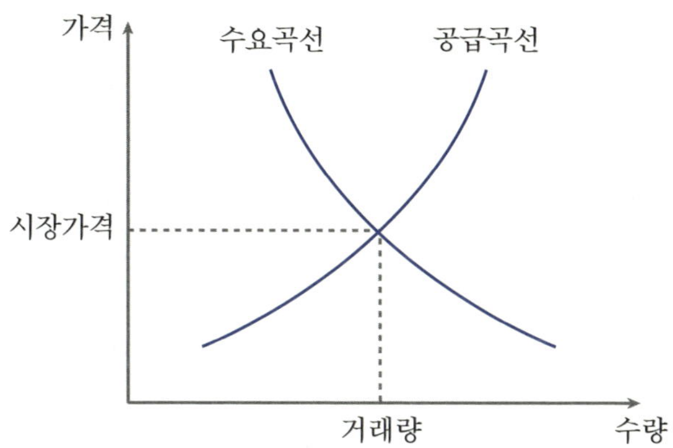

그림 6-2 시장가격—수요와 공급의 일치

3. 시장의 균형

균형상태

증권의 시장가격은 증권시장에서 그 주식에 대한 수요와 공급이 일치된 수준에서 형성된 거래가격이라고 하였다. 그리고 증권의 내재가치란 해당 주식의 미래현금흐름을 현재가치로 계산한 이론적 가치라고 하였다. 증권시장에서 이 두 가지 개념의 시장가격과 내재가치가 똑같으면 시장이 균형상태에 있다고 한다. 많은 재무이론이 균형시장을 가정하는 경우가 많은데 이때에는 시장가격이 내재가치와 같다고 가정하는 것으로 보면 될 것이다.

불균형상태

앞서 설명한 균형상태의 내용을 이해하면 불균형상태는 쉽게 추론할 수 있다. 즉, 불균형상태란 시장에서 형성된 시장가격과 이론적으로 산출된 내재가치가 서로 다른 상태를 말한다. 그러면 이러한 상태에서 증권가격은 어떻게 변화할 것인가? 재무이론에서는 증권가격이 일시적으로는 내재가치에서 이탈하기도 하지만 결국 내재가치수준으로 이동하게 된다고 본다. 즉, 불균형시장은 일시적으로 존재하는 것이지 지속적일 수는 없다는 것이다.

제 2 절 주식가격의 결정

이제 주식과 채권의 균형가격, 즉 내재가치를 구하는 과정을 살펴보자. 사실 주식과 채권의 경우 각각의 할인율은 위험의 정도에 따라서 다르기 때문에 할인율을 구하는 과정을 공부해야 한다. 그러나 이와 관련된 내용은 뒤에서 다루기로 하고 여기서는 할인율이 일단 주어져 있다고 가정하고 설명하도록 한다. 먼저 주식의 내재가치를 산출하는 과정을 살펴보고 채권의 내재가치를 산출과정은 다음 절에서 다루기로 한다.

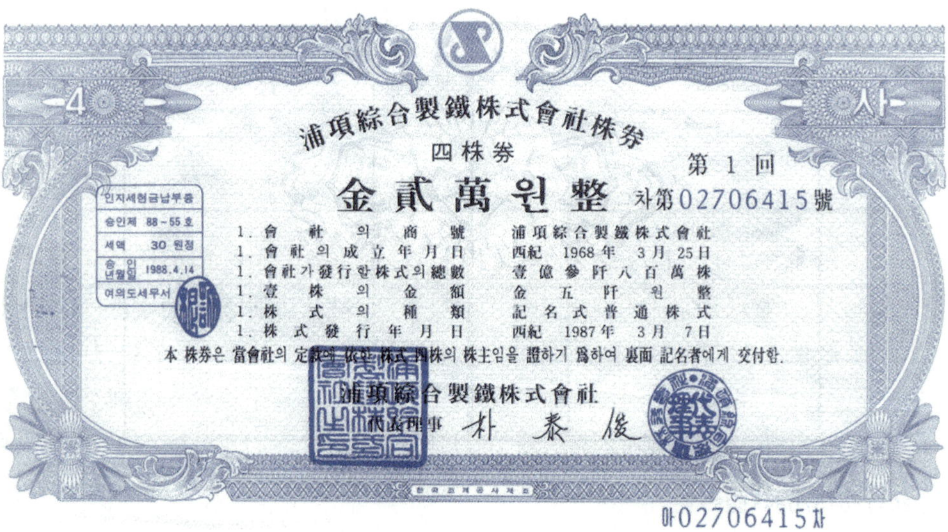

그림 6-3 주식 견본

1. 배당평가모형

주식의 내재가치는 주식을 보유함으로써 기대되는 미래의 현금흐름을 적절한 할인율로 할인하여 산출한 현재가치이다. 그런데 주식을 보유할 때의 현금흐름이란, 곧 배당금을 말하므로 결국 주식가격은 미래의 배당금을 적절한 할인율로 할인하여 산출한 현재가치이다. 이렇게 미래 얻게 되는 배당으로 주식가격을 산출하는 모형을 배당평가모형이라고 한다.

그런데, 대부분의 경우 주식을 매입하면 무한히 보유하는 경우보다 일시적으로 보유하다가 적당한 가격에 매각하는 경우가 일반적이다. 그렇다면 이때에 예상되는 현금흐름은 보유기간 동안에 수령하게 되는 배당금과 주식처분시점에서 얻게 되는 처분가격이 될 것이다.

예를 들어 주식의 미래 현금흐름에 대해 적용할 할인율을 R이라고 하고 지금부터 주식을 보유하다가 $t = 2$ 시점에서 P_2 가격에 처분한다고 할 때 현재 주가 P_0 를 구해 보자. 먼저 이때의 미래현금흐름을 시간선상에 나타내면 다음과 같다.

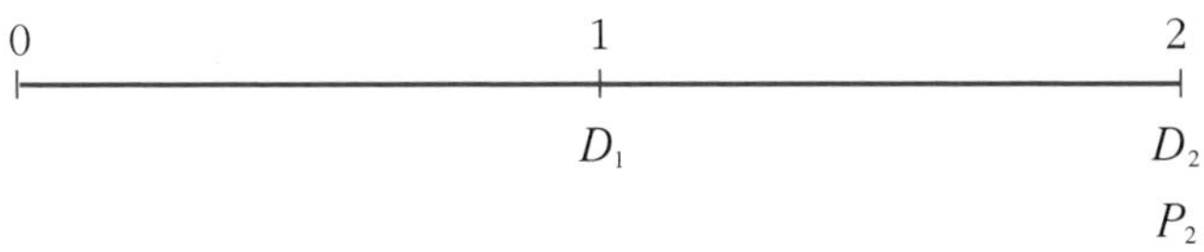

이러한 현금흐름의 현재가치가 곧 현재주가 P_0가 되는데, 이는 다음과 같은 식으로 표현된다.

$$P_0 = \frac{D_1}{(1+R)^1} + \frac{D_2}{(1+R)^2} + \frac{P_2}{(1+R)^2} \quad \text{(6-1}$$

단, $D_t = t$기에 수령하는 1주당 배당금

그렇다면 P_2는 어떻게 산출될까? P_2는 $t = 2$ 시점에서의 주가로서 이는 2시점 이후에 계속되는 배당을 $t = 2$ 시점을 기준으로 산출한 현재가치임을 알 수 있다. 따라서, P_2는 다음과 같이 나타낼 수 있다.

$$P_2 = \frac{D_3}{(1+R)} + \frac{D_4}{(1+R)^2} + \cdots + \frac{D_\infty}{(1+R)_\infty}$$

따라서, 이를 〈식 6-1〉에 대입하면 다음과 같이 정리된다.

$$P_0 = \frac{D_1}{(1+R)} + \frac{D_2}{(1+R)^2} + \cdots + \frac{D_\infty}{(1+R)_\infty} = \sum_{t=1}^{\infty} \frac{D_t}{(1+R)^t} \qquad (6\text{-}2)$$

〈식 6-2〉를 보면 결국 현재의 주식가격을 결정하는 현금흐름은 주식을 어느 시점에서 처분하게 될 것인가와는 상관없이 그 주식을 보유함으로써 기대되는 미래의 배당금임을 알 수 있다. 그래서 이러한 주가결정모형을 배당평가모형이라고 하는 것이다.

예제 6-1

현대기업은 올해 말 1주당 2,000원, 내년 말에는 3,000원의 배당금을 지급할 것이다. 그리고 내년 말에 이 주식을 처분하면 21,000원을 받게 될 것으로 추정된다. 이 기업의 주식가격을 구하라. 단, 할인율은 12% 이다.

이 주식의 균형가격, 즉 내재가치는 다음과 같이 미래의 현금흐름(배당금과 처분가치)을 12%의 할인율로 할인하여 산출한 현재가치이다.

$$\frac{2,000}{(1+0.12)} + \frac{3,000}{(1+0.12)^2} + \frac{21,000}{(1+0.12)^2} = 20,918\,(\text{원})$$

2. 배당금이 일정한 경우

주식가격은 주식을 보유함으로써 받게 되는 배당금을 할인하여 산출한 현재가치라고 하였다. 그런데 기업은 특별한 사유가 발생하지 않는 한 무한하게 존재하는 계속기업(going concern)으로 가정하기 때문에 배당금도 영원히 지급된다고 볼 수 있다. 따라서 주식의 가격을 산출하기 위해서는 무한한 배당을 예측해야 하는데 이는 불가능한 일이다. 따라서 미래의 배당에 대해 일정한 가정을 하게 되는데 먼저 가장 단순한 경우부터 생각해 보자.

특수한 경우지만 기업이 성장을 하지 않아 매년 동일한 금액만큼 이익을 벌어들이는 기업이 이 이익을 모두 배당금으로 지급한다고 생각해 보자. 이 기업이 매년 D만큼씩의 배당금을 지급한다면 미래의 현금흐름은 다음과 같이 무한하게 된다.

그러면, 이 기업의 1주당 가격은 제2장 화폐의 시간적 가치에서 공부한 영구연금의 현재가치와 동일하기 때문에 다음과 같이 1주당 배당금을 현재가치로 계산하여 구할 수 있다.

$$P_0 = \frac{D}{(1+R)} + \frac{D}{(1+R)^2} + \cdots + \frac{D}{(1+R)^\infty} = \frac{D}{R} = \frac{EPS}{R} \qquad (6\text{-}3)$$

특히 여기서 1주당 수령하게 되는 배당금 D를 주당배당금(dividend per share : *DPS*)이라고 하는데 이익을 모두 배당한다고 했으므로 이는 순이익을 발행주식수로 나눈 값, 즉 주당순이익(earnings per share : *EPS*)과 동일한 값이 된다.

이렇게 매년 배당금이 일정하여 증가하지 않는 경우에 적용되는 주식가격 평가모형을 성장이 없는 모형(zero-growth model 또는 non-growth model)이라고 한다.

예제 6-2

삼성기업은 앞으로 계속해서 매년 1주당 6,000원의 순이익을 벌어들여서 이를 모두 배당금으로 지급할 것으로 예상된다. 이 배당금에 대한 적정한 할인율은 연 12%라고 할 때 삼성기업의 1주당 가격은 얼마인가?

이 주식의 가격은 다음과 같이 미래의 영구적인 배당금 6,000원을 12%의 할인율로 할인하여 산출한 현재가치이다.

$$\frac{6,000}{0.12} = 50,000(\text{원})$$

3. 배당금이 일정하게 증가하는 경우

이번에는 기업이 계속적으로 성장해서 배당금이 매년 일정한 비율로 증가하는 경우를 가정해서 주식의 가격을 구해 보자.[1] 먼저 올해 말의 배당금을 D_1이라고 하고 배당금의 증가율을 g라고 하면 내년 말 배당금 D_2, 후년 말 배당금 D_3은 다음과 같이 산출된다.

$$\begin{aligned} D_1 &= D_1 \\ D_2 &= D_1(1+g) \\ D_3 &= D_2(1+g) = D_1(1+g)^2 \end{aligned}$$

따라서, 이러한 현금흐름의 현재가치는 다음과 같은 식으로 표현할 수 있다.[2]

$$P_0 = \frac{D_1}{(1+R)} + \frac{D_1(1+g)}{(1+R)^2} + \cdots + \frac{D_1(1+g)^\infty}{(1+R)^\infty} = \frac{D_1}{R-g} \qquad (6\text{-}4)$$

---

1) 물론 기업의 성장률이 매년 똑같지는 않을 것이다. 여기서의 성장률은 평균성장률이라고 생각하면 될 것이다.

2) 이것은 초항이 $\frac{D_1}{(1+R)}$이고 공비가 $\frac{(1+g)}{(1+R)}$인 무한등비급수이다.

이렇게 배당금액이 일정한 비율로 계속적인 증가를 하는 경우의 주식평가모형을 항상성장모형(constant growth model)이라고 한다.

그런데, 〈식 6-4〉를 보면 할인율(R)은 작을수록, 성장률(g)은 클수록 분모의 값이 작아지기 때문에 주가가 높게 형성된다는 것을 알 수 있다.[3)] 따라서 어떤 두 기업의 올해 말 배당이 같다고 하더라도 주가까지 같다고 할 수 없는 것이다. 실례로 최근 주식시장에서 인기를 얻고 있는 인터넷관련주들은 높은 성장률이 예상되기 때문에 배당이 적음에도 불구하고 높은 가격에 거래되는 것이다.

예제 6-3

삼성기업의 올해 말 1주당 배당금은 6,000원으로 예상된다. 그런데 앞으로 이익이 증가할 것이기 때문에 매년 배당금을 전년대비 4%씩 증가시켜서 배당할 것이다. 이 회사의 배당금에 대한 적정한 할인율은 연 12%라고 할 때 삼성기업의 1주당 가격은 얼마인가? 만약에 배당금의 증가율을 6%라고 한다면 주가는 얼마가 되는가?

이 주식의 가격을 〈식 6-4〉를 이용해서 구해 보면 다음과 같다.

$$\frac{6,000}{0.12-0.04} = 75,000(\text{원})$$

만약 배당금의 증가율, 즉 성장률을 6%라고 하면 주식가격은 다음과 같다.

$$\frac{6,000}{0.12-0.06} = 100,000(\text{원})$$

위의 결과에서 알 수 있듯이 성장률이 크면 클수록 분모의 값이 작아져서 주가는 높아지게 된다.

3) 그렇지만 성장률이 할인율보다는 작아야 한다는 전제조건이 필요하다. 왜냐하면 만약 성장률이 할인율보다 클 경우에는 그 현금흐름의 현재가치, 즉 주식가격이 무한대가 되어 특정한 값으로 산출할 수 없기 때문이다.

제 3 절 채권가격의 결정

1. 채권의 기초개념

채권이란?

채권이란 정부, 지방자치단체, 공공기관 및 일반기업체 등이 투자가들로부터 자금을 조달하기 위해서 발행하는 차용증서를 말한다. 채권에서는 원금과 이자를 지급하는 시기가 미리 정해져 있기 때문에 비교적 안전하고 수익성도 높은 편이다.

그림 6-4 채권 견본

채권관련용어

① 액면금액

채권 1장마다 권면에 표시되어 있는 1만원, 10만원, 100만원 등의 금액을 채권액면이라고 한다. 채권을 보유하고 있는 투자자는 만기에 이 액면금액을 수령하게 된다.

② 표면금리

채권보유자에게 지급할 이자금액을 결정하는 금리로서 액면이자율, 약정이자율 또는 쿠폰이자율(coupon rate)이라고도 하는데 액면에 대한 1년 단위의 이자율로 표현된다. 액면금액이 100만원이고 표면금리가 10%라면 매년 10만원씩의 이자를 만기까지 지불받게 된다.

③ 만기

채권이 발행되고 난 후 원금이 상환되는 시점을 만기라고 한다. 이때의 원금이 곧 액면금액이 된다.

④ 잔존기간

이미 발행된 채권을 만기 이전에 중도매매할 때에 매매일로부터 만기까지 남은 기간을 잔존기간이라고 한다.

예제 6-4

만기는 5년, 액면금액은 100만원이고 표면금리는 8%인 채권을 발행 후 2년이 경과된 시점에서 취득하였다. 이자는 매년도 말에 지급되는 조건이라고 할 때에 이 채권을 취득한 이후의 현금흐름을 나타내라.

만기는 5년으로 발행되었지만 2년이 경과된 후 취득하였으므로 잔존기간은 3년이 된다. 먼저 매년도 말에 지급되는 이자금액은 다음과 같이 구할 수 있다.

$$
\begin{aligned}
\text{이자수령액} &= \text{액면금액} \times \text{표면금리} \\
&= 100\text{만원} \times 0.08 = 8\text{만원}
\end{aligned}
$$

그리고, 만기시점인 3년 후에 액면금액에 해당하는 원금을 받게 되므로 이 채권의 보유에 따른 현금흐름은 다음 그림과 같이 나타난다.

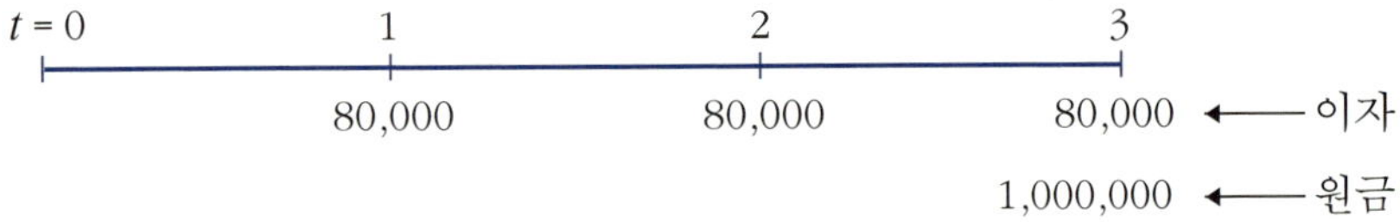

2. 채권평가모형

이자부 채권

이자부 채권(coupon bond)이란 가장 일반적인 형태의 채권으로서 일정 기간동안 이자를 지급하다가 만기에 원금을 상환하는 채권을 말한다. 이것은 채권의 권면에 이자지급 교부표가 붙어 있어서 이자지급일에 이것과 교환하여 이자를 지급받기 때문에 이표채라고 부르기도 한다.

이러한 채권을 보유함으로써 얻게 되는 미래의 현금흐름은 이자와 원금, 두 가지이다. 따라서 채권의 가격은 이자와 원금의 현금흐름을 적정한 할인율로 할인한 현재가치이며 다음과 같이 수식화된다.

$$B_0 = \frac{C}{(1+R)} + \frac{C}{(1+R)^2} + \cdots + \frac{C}{(1+R)^n} + \frac{F}{(1+R)^n} \qquad (6\text{-}5)$$

단, C : 이자
F : 액면금액
n : 잔존기간

이때 할인율 R은 채권시장에서 형성된 시장이자율로서 채권수익률이라고 하는데 이에 대한 자세한 내용은 뒤에서 설명하기로 한다.

할인채

한편 이자부 채권과는 달리 특수한 형태의 현금흐름을 갖는 채권도 존재한다. 첫번째는 할인채권(discount bond)으로서 이 채권은 만기까지 아무런 이자도 지급하지 않다가 만기에 가서 액면금액만 상환하는 형태의 채권이다. 우리나라에서는 재정증권, 통화안정증권, 산업금융채권 등이 이러한 형태를 취하는 경우가 많다.

할인채는 무이자부 채권이므로 현금흐름은 만기에 단 1회 이루어지게 된다. 따라서 할인채권의 가격은 다음과 같이 나타낼 수 있다.

$$B_0 = \frac{F}{(1+R)^n} \tag{6-6}$$

이는 〈식 6-5〉에서 이자부분이 없는 것이며 또한 제2장 화폐의 시간적 가치에서 공부한 일시불 현금흐름의 현재가치를 계산하는 식과 같다.

영구채

두번째 형태의 특수한 채권은 만기가 없는 것이다. 따라서 이 채권은 원금상환은 없고 무한하게 이자만 지급하게 된다. 이러한 채권은 영구채권(perpetuity bond 또는 consol)이라고 하는데 아직 우리나라에는 도입되지 않은 형태의 채권이다. 이의 가격은 다음과 같이 나타낼 수 있다.

$$B_0 = \frac{C}{(1+R)} + \frac{C}{(1+R)^2} + \cdots + \frac{C}{(1+R)^\infty} = \frac{C}{R} \tag{6-7}$$

이는 〈식 6-5〉에서 원금부분이 없는 대신 만기가 무한대인 것인데 제2장 화폐의 시간적 가치에서 공부한 영구연금의 현재가치를 계산하는 식과 동일함을 알 수 있다.

예제 6-5

시장이자율이 10%라고 가정하고 다음과 같은 형태의 채권들의 가격을 각각 산출하라. 단, 이자는 연 1회 지급한다고 가정한다.

(1) 만기까지 3년 남았고 액면금액은 100만원이며 표면금리는 8%인 채권의 가격은 얼마인가?

(2) 만기까지 3년 남은 액면금액 100만원인 할인채의 가격은 얼마인가?

(3) 액면금액이 100만원이고 표면금리는 8%인 영구채권의 가격은 얼마인가?

(1) 이자부 채권으로서 그 가격은 다음과 같이 산출된다.

$$B_0 = \frac{80,000}{(1+0.1)} + \frac{80,000}{(1+0.1)^2} + \frac{80,000}{(1+0.1)^3} + \frac{1,000,000}{(1+0.1)^3} = 950,263(\text{원})$$

(2) 현금흐름은 3년 후 만기시점에서 원금상환 뿐이므로 그 가격은 다음과 같이 산출된다.

$$B_0 = \frac{1,000,000}{(1+0.1)^3} = 751,315(\text{원})$$

(3) 영구채는 현금흐름이 영구연금과 같은 것이므로 그 가격은 다음과 같이 산출된다.

$$B_0 = \frac{80,000}{0.1} = 800,000(\text{원})$$

3. 시장이자율 및 만기와 채권가격

시장이자율과 채권가격

채권가격의 결정식 〈식 6-5〉에서 보면 채권가격은 시장이자율과 역의 관계에 있음을 알 수 있다. 즉, 시장이자율이 높으면 채권가격은 낮아지고 시장이자율이 낮으면 채권가격은 높아진다. 이러한 시장이자율과 채권가격사이의 관계를 그림으로 나타내면 〈그림 6-5〉가 된다.

만약, 이때 채권가격이 액면금액보다 높게 형성되면 할증(premium)거래된다고 하고 액면금액보다 낮게 형성되면 할인(discount)거래된다고 하는데, 이는 액면이자율과 시장이자율의 크기에 따라 결정된다. 즉, 시장이자율이 액면이자율보다 크면 할인거래되고 액면이자율보다 작으면 할증거래되는 것이다.

① 시장이자율 < 액면이자율 ⇒ 채권가격 > 액면금액 : 할증거래
② 시장이자율 = 액면이자율 ⇒ 채권가격 = 액면금액 : 액면거래
③ 시장이자율 > 액면이자율 ⇒ 채권가격 < 액면금액 : 할인거래

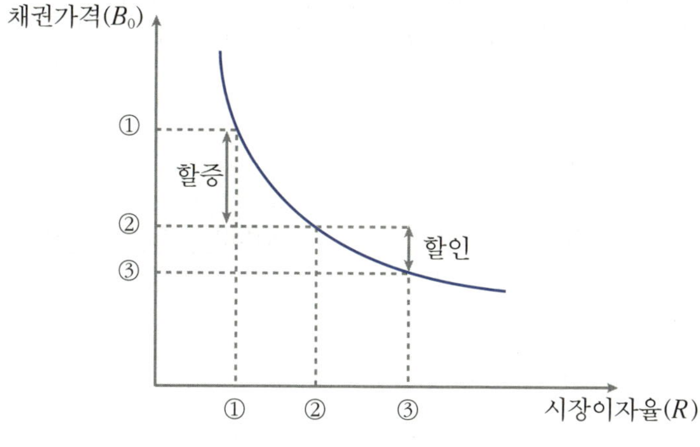

그림 6-5 **채권가격과 시장이자율의 관계**

예제 6-6

(1) 삼성기업은 만기가 3년이고 표면금리는 8%로 액면금액 100만원의 회사채를 발행할 계획이다. 시장이자율이 6%라고 가정할 때 얼마의 가격으로 채권을 발행할 수 있는가?

(2) 만약 시장이자율이 8%라면 얼마의 가격으로 채권을 발행하게 되는가?

(3) 만약 시장이자율이 10%라면 얼마의 가격으로 채권을 발행하게 되는가?

(1) 시장이자율이 6%라고 하면 이 채권은 액면금액보다 높은 1,053,460원으로 할증발행된다.

$$B_0 = \frac{80,000}{(1+0.06)} + \frac{80,000}{(1+0.06)^2} + \frac{80,000}{(1+0.06)^3} + \frac{1,000,000}{(1+0.06)^3} = 1,053,460\,(\text{원})$$

(2) 시장이자율이 8%라고 하면 이 채권은 액면금액과 같은 1,000,000원의 가격으로 액면발행된다.

$$B_0 = \frac{80,000}{(1+0.08)} + \frac{80,000}{(1+0.08)^2} + \frac{80,000}{(1+0.08)^3} + \frac{1,000,000}{(1+0.08)^3} = 1,000,000(\text{원})$$

(3) 시장이자율이 10%라고 하면 이 채권은 액면금액보다 낮은 950,263원으로 할인발행된다.

$$B_0 = \frac{80,000}{(1+0.1)} + \frac{80,000}{(1+0.1)^2} + \frac{80,000}{(1+0.1)^3} + \frac{1,000,000}{(1+0.1)^2} = 950,263(\text{원})$$

만기와 채권가격

채권가격은 시장이자율에 의해 영향을 받는다. 그러나 모든 채권이 이자율의 상승이나 하락에 똑같이 영향을 받는 것은 아니다. 채권가격의 결정식의 구조를 살펴보면 시장이자율이 동일한 크기로 변동할 때에 만기가 긴 채권의 가격은 만기가 짧은 채권의 가격보다 더 민감하게 변동하게 됨을 알 수 있다.

만기가 1년, 액면금액 100만원인 할인채권 A와 만기 5년, 액면금액 150만원인 할인채권 B의 가격을 서로 다른 시장이자율수준에서 구해 보자. 이 결과를 정리하면 〈표 6-1〉로 요약된다.

〈표 6-1〉 채권가격과 만기의 관계

시장이자율	할인채권 A	할인채권 B
	만기 = 1년 액면가격 = 100만원	만기 = 5년 액면가격 = 150만원
5%	95.24	117.53
10%	90.91	93.15
15%	86.96	74.58
20%	83.33	60.28
25%	80.00	49.15

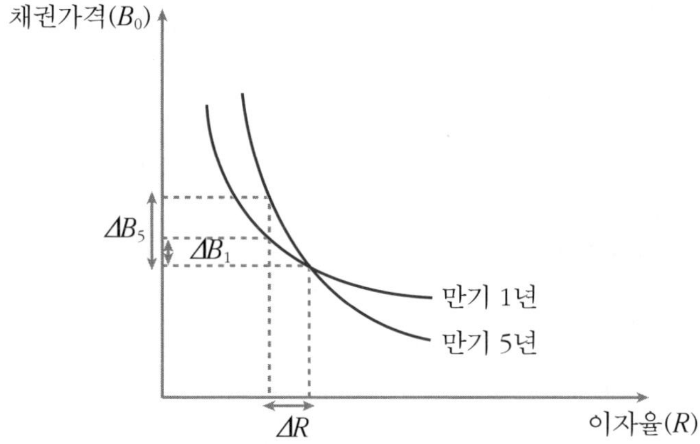

ΔR : 이자율의 변동분
ΔB_1 : 만기가 1년인 채권의 가격변동분
ΔB_5 : 만기가 5년인 채권의 가격변동분

그림 6-6 채권가격과 만기의 관계

그리고 이러한 시장이자율과 각 채권의 가격의 관계를 그림으로 나타내면 〈그림 6-6〉이 된다.[4] 〈그림 6-6〉에서 보듯이 만기가 긴 채권일수록 이자율 변동에 의해 그 가격이 크게 변동하게 되어 위험이 더 크다고 할 수 있다. 따라서 다른 조건이 똑같을 때에는 만기가 길수록 위험에 대한 보상으로 더 높은 이자율이 요구되는 것이 일반적이다.

4) 이러한 논리는 만기가 긴 투자안의 순현가곡선이 만기가 짧은 경우보다 더 급격히 하락하는 것과 동일한 논리이다.

제 4 절 채권수익률

1. 채권수익률이란?

채권의 가격을 산출할 때에 시장이자율을 이용하였는데 이 시장이자율을 채권시장에서는 특히 채권수익률이라고 부른다. 왜냐하면 여기서 시장이자율이란 채권을 구입해서 만기까지 보유할 경우에 얻게 되는 수익률을 의미하는 것이기 때문이다. 이러한 의미에서 채권수익률을 만기수익률(yield to maturity : YTM)이라고도 한다.

한편, 이러한 채권수익률을 알게 되면 특정한 채권에 대해서 미래에 들어오게 될 이자와 원금을 할인해서 그 채권의 현재가치를 알 수 있기 때문에 채권수익률을 할인율이라고 할 수 있다.

채권의 가격을 산출하는 〈식 6-5〉를 다시 한번 살펴보자.

$$B_0 = \frac{C}{(1+R)} + \frac{C}{(1+R)^2} + \cdots + \frac{C}{(1+R)^n} + \frac{F}{(1+R)^n} \qquad (6\text{-}5)$$

단, C : 이자
F : 액면금액
n : 잔존기간

액면이자(C)와 만기에 상환되는 원금(F) 및 만기(n)는 채권을 발행할 때 계약에 의해 확정되는 요인들이다. 여기서는 시장이자율, 즉 할인율(R)이 불확실한 요인이기 때문에 시장이자율이 변화하면 이에 따라 채권가격(B_0)도 변하게 되는 것이다.

본절에서는 시장이자율, 즉 채권수익률을 어떻게 산출하는가 하는 것과 채권수익률을 결정하는 요인들은 어떤 것들이 있는가를 살펴보기로 하자.

2. 채권수익률의 추산

채권가격을 산출하는 데 적용되는 할인율은 현재 채권시장에서 형성되어 있는 시장이자율이다. 채권시장에서 형성된 시장이자율을 채권수익률이라고 한다고 하였는데 이 채권수익률을 알고 있으면 이를 할인율로 이용해서 채권가격을 산출할 수 있다. 이는 곧 채권의 현재 거래가격을 알고 있으면 역으로 채권수익률, 즉 할인율을 구할 수 있다는 의미와 같은 것이다.

따라서, 채권수익률을 산출할 때에도 채권평가식 〈식 6-5〉가 그대로 이용된다. 다만, 채권가격을 결정할 때에는 할인율인 시장이자율이 주어진 값이지만 채권수익률을 산출할 때에는 채권가격이 주어진 값이 된다. 이 경우 채권가격(B_0)이 주어진 상황에서 〈식 6-5〉로부터 미지수인 R을 구하면 이 값이 채권수익률이 되는 것이다. 이러한 채권수익률을 구하는 과정은 자본예산에서 공부한 내부수익률(*IRR*)을 구하는 과정과 동일하다.

예제 6-7

액면금액이 10,000원이고 표면금리가 연 10%, 이자는 연 1회 지급하고 만기가 3년 남은 채권이 있다. 현재 채권시장에서 이 채권의 가격이 8,858원에 거래되고 있다고 하면 채권수익률은 얼마인가?

엑셀 등의 스프레드 쉬트를 이용하거나 재무용 계산기를 이용해서 *IRR*을 구하면 이 값이 곧 채권수익률이 된다. 그렇지 못한 경우에는 시행착오법으로 다음 식을 만족시키는 할인율을 구하면 채권수익률이 15%임을 알 수 있다.

$$\frac{1,000}{(1+R)} + \frac{1,000}{(1+R)^2} + \frac{11,000}{(1+R)^3} = 8,858(\text{원}) \qquad \therefore R = 15\%$$

3. 채권수익률의 결정요인

채권수익률, 즉 채권시장에서 형성된 시장이자율은 채권가격이 주어지면 앞에서 배운 방법대로 추산할 수 있다. 그러나 논리적인 순서는 시장이자율이 먼저 결정되고 이에 따라 채권의 현금흐름을 할인하여 채권가격이 결정되는 것이다. 따라서 채권수익률을 결정하는 요인들에는 어떤 것이 있는지 살펴볼 필요가 있다.

대체로 채권수익률을 결정하는 요인으로서 다음과 같이 네 가지 요인을 들 수 있다. 이들 네 가지 요인을 차례대로 살펴보면서 채권수익률이 결정되어 가는 과정을 보자.

$$\text{채권수익률} = f(\text{MPC, inflation, maturity, default risk})$$

자본의 한계생산성

채권수익률을 결정하는 첫번째 요인은 자본의 한계생산성(marginal productivity of capital : MPC)이다. 자본의 한계생산성이란 추가로 1단위 자본을 실물자산에 투자할 경우 얻게 되는 수익률을 의미하는데 균형상태에서 이는 실질이자율(r)과 동일한 것이다. 따라서 경기가 호황일 때에는 자본의 생산성이 높고 이에 따라서 실질이자율도 높게 형성된다. 왜냐 하면 실물투자수익률이 높다면 투자자들은 높은 이자율을 부담하더라도 자금을 쓸 것이기 때문이다.

물가상승률

채권수익률을 결정하는 두번째 요인은 물가상승률(inflation)이다. 그런데 물가상승률(inf)과 실질이자율(r) 및 명목이자율(R) 사이에는 다음과 같은 관계식이 성립한다.

$$1 + R = (1 + r)(1 + inf) \tag{6-8}$$

〈식 6-8〉을 피셔의 공식(fisher' s formula)이라고 하는데 이를 이용하면

실질이자율과 물가상승률을 통해서 다음과 같이 명목이자율을 구할 수 있다.[5)]

$$R = (1+r)(1+inf) - 1$$

만기까지의 잔존기간

지금까지 살펴본 두 가지 요인, 즉 자본의 한계생산성과 물가상승률은 경제 전반적 요인으로서 기업외적인 요인이지만 이제부터 살펴볼 나머지 두 가지 요인들은 기업내적인 요인들에 해당된다.

채권수익률을 결정하는 세번째 요인은 만기까지 남은 기간(maturity 또는 term)이다. 앞서 채권가격과 만기와의 관계에서 살펴보았듯이 만기가 긴 채권은 만기가 짧은 채권보다 시장이자율의 변화에 대해서 더 큰 폭으로 채권가격이 변동하게 된다. 따라서 다른 조건이 동일하다면 만기가 긴 채권의 가격변동위험이 더 크므로 이러한 위험에 대한 보상으로 더 높은 수익률을 요구하게 된다.

특히 만기와 채권수익률의 관계를 이자율의 기간구조(term structure)라고 하는데 투자론에서는 중요한 분석대상이 된다.

채무불이행위험

채권수익률을 결정하는 마지막 요인은 채무불이행위험(default risk)이다. 채무불이행위험이란 채권의 발행 주체가 원리금을 제때에 상환하지 못할 가능성을 의미한다. 구체적인 예를 들면, 기업이 발행하는 회사채의 경우에는 국가가 발행하는 국채의 경우보다 더 낮은 가격으로 거래된다. 채권가격과 채권수익률은 역관계에 있으므로 이것은 회사채의 채권수익률이 국채의 채권수익률보다 더 높다는 의미이다. 이러한 현상이 나타나는 것은 기업이 국가에 비해서 파산으로 채무를 상환하지 못할 가능성이 더 높아서 이에 대한 보상이 반영되었기 때문이다. 특히 파산가능성이 높은 채권의 경우에는 아주 낮은 가격으로 구입할 수 있는데 이러한 채권을 흔히 정크본드(junk bond)라고 부른다.

---

5) 이에 대한 도출은 연습문제 6-9를 참조하라.

채권발행주체의 신용도를 고려해서 채권의 등급을 평가하는 작업을 채권평정(bond rating)이라고 하는데 이러한 작업을 수행하는 평가기관들로 미국의 무디스, 스탠다드푸어스, 영국의 피치스, 우리나라의 한국신용평가, 한국신용정보, 한국기업평가 등의 회사가 있다.

예제 6-8

액면금액이 10,000원이고 액면이자율이 연 12%, 만기가 3년인 채권이 시장에서 9,400원에 거래되고 있다. 단, 이자는 연 1회 지급된다.

(1) 이 채권의 만기수익률을 산출하라.

(2) 위에서 산출한 채권수익률에는 자본한계생산성 7%와 이 채권의 만기 및 채무불이행위험에 대한 프리미엄이 각각 2%씩 포함되어 있다. 물가상승률은 얼마로 예상되는가?

(1) 다음 식을 만족시키는 할인율을 구하면 만기수익률이 14.6% 정도된다.

$$\frac{1,200}{(1+R)} + \frac{1,200}{(1+R)^2} + \frac{11,200}{(1+R)^3} = 9,400(\text{원}) \qquad \therefore R = 14.6\%$$

(2) 채권수익률 14.6%에서 만기 및 채무불이행위험의 프리미엄, 총 4%를 차감하면 무위험이자율(명목이자율)은 10.6%가 된다. 따라서 피셔의 공식을 이용하면 다음 식이 성립한다.

$$(1+0.106) = (1+0.07) \times (1+inf) \qquad \therefore inf = 3.36\%$$

4. 채권수익률의 예

채권가격의 전체적 동향을 나타낼 수 있도록 만든 대표수익률이라는 것이 있다. 이는 채권시장에서 거래가 많이 되는 채권을 종류별로 표준물을 선정하여 채권수익률을 산출한 것이다. 흔히 신문에서 시장금리라고 제시되는 금리들이 이러한 것들인데 대체로 〈표 6-2〉와 같은 것들이다.

〈표 6-2〉 채권수익률의 예(국내금리지표) (단위 : %)

종 류	시 세	전일비
콜(비은행간)	4.70	0.01
CD(91일)	7.00	－
산금채(1년)	8.12	0.06
회사채(3년)	9.09	0.07
국민주택 1종	9.67	0.20

제 5 절 증권투자와 자본예산

1. 불균형시장에서의 투자전략

증권의 내재가치가 시장가격과 일치하면 균형상태라고 한다. 그러나 증권의 내재가치와 시장가격이 서로 다르게 되면 불균형상태라고 한다. 그런데 불균형상태는 일시적인 것이지 지속적으로 유지되는 것은 아니고 결국에는 시장가격이 내재가치와 같게 되면서 균형상태가 달성된다.

이러한 메카니즘을 알고 나면 불균형상태에서 증권투자전략은 간단하다. 즉, 증권의 시장가격이 내재가치보다 높게 형성되어 있으면 곧 가격이 떨어질 것이므로 증권을 매도해야 할 것이고 반대로 시장가격이 내재가치보다 낮게 형성되어 있으면 곧 가격이 오를 것이므로 증권을 구입해야 할 것이다. 이러한 투자전략으로 시장가격과 내재가치와의 차이만큼 투자이익을 올릴 수 있는 것이다.

2. 증권투자와 자본예산

증권투자와 순현가법

자본예산의 개념은 실물투자에만 적용되는 것이 아니다. 증권투자에서 자본예산의 개념이 어떻게 적용되는가 구체적으로 살펴보자.

자본예산에서 투자안의 경제성을 평가하는 데 가장 좋은 방법은 순현가법이라고 하였다. 투자안의 순현가를 산출하는 식은 다음과 같다.

$$NPV = \frac{C_1}{(1+R)} + \frac{C_2}{(1+R)^2} + \cdots + \frac{C_n}{(1+R)^n} - C_0 \qquad (6\text{-}9)$$

$$= \sum_{t=1}^{n} \frac{C_t}{(1+R)^t} - C_0$$

단, C_t = t시점 현금흐름
C_0 = 투자비용
R = 할인율

그리고, 위 〈식 6-9〉에서 $\sum_{t=1}^{n} \frac{C_t}{(1+R)^t}$에 해당하는 부분은 투자안에서 유입될 것으로 예상되는 미래현금흐름의 현재가치가 되는데 이를 투자안의 현재가치라고 하였다. 이 값이 증권투자에서는 증권의 내재가치에 해당하는 것이다. 그리고 투자비용은 증권의 시장가격에 해당한다. 따라서 증권투자에서 순현가는 곧 시장의 불균형상태에서 얻게 되는 투자이익과 같은 것이다.

증권투자와 내부수익률법

투자안의 경제성을 평가할 때에 화폐의 시간적 가치를 고려하는 방법으로 순현가법 이외에 내부수익률법도 공부하였다. 이번에는 증권투자에서 내부수익률법은 어떻게 적용되는가를 살펴보자.

내부수익률법에 따르면 특정한 투자안에서 얻게 되는 수익률이 투자자금을 조달하는데 부담하는 이자율보다 클 때에 투자안을 수행하게 된다. 그리고 이때의 이자율은 곧 할인율과 같은 것이다.

증권투자에서는 증권을 시장가격으로 구입한다. 이 시장가격은 투자비용에 해당하는 것이고 이러한 투자비용이 앞으로 가져다주는 현금흐름과의 관계에서 어느 정도의 수익률을 올리는 것인가 하는 투자수익률이 내부수익률에 해당하는 것이다. 따라서 투자수익률이 이자율, 즉 할인율보다 클 것으로 판단되면 그 증권을 매입하는 것이다.

예제 6-9

증권시장에서 현대기업의 현재 주가는 20,000원이다. 올해 말 현대기업의 1주당 배당금은 2,000원, 1주당 주가는 26,000원으로 예측된다. 현대기업의 주식에서 기대되는 현금흐름의 현재가치를 산출할 때 적용할 할인율은 25%라고 가정하자.

(1) 현대기업 주식의 균형가격, 즉 내재가치는 얼마인가?

(2) 현대기업의 주식 구입에 따른 순현가를 산출하고 경제성을 평가하라.

(3) 현대기업의 주식 구입에 대한 내부수익률을 산출하고 경제성을 평가하라.

(1) 현대기업을 1년 후 처분한다고 가정할 때 현금흐름은 배당금 2,000원과 올해 말 주가 26,000의 합계인 28,000원이다. 따라서 현대기업 주식의 내재가치는 다음과 같이 산출된다.

$$\frac{2,000 + 26,000}{1 + 0.25} = 22,400(\text{원})$$

(2) 현대기업 주식의 내재가치는 22,400원인데 시장가격이 20,000원이므로 과소평가되어 있다. 따라서 20,000원에 주식을 구입하면 시장이 균형상태로 가면서 22,400원이 될 것이므로 2,400원만큼의 투자이익을 얻게 된다. 이 값이 곧 이 주식을 구입하는데 따른 순현가이다. 이러한 내용을 다음과 같은 수식으로 보일 수도 있다.

$$NPV = \frac{2,000 + 26,000}{1 + 0.25} - 20,000 = 2,400(\text{원})$$

(3) 현대기업 주식을 현재시점에서 20,000원을 주고 사서 내년에 처분하면 28,000원의 투자수익을 회수할 수 있다. 따라서 이 경우의 내부수익률은 다음과 같은 투자수익률로 산출한다.

$$20,000 \times (1 + IRR) = 28,000 \qquad \therefore \ IRR = 40\%$$

그런데, 20,000원의 자금을 사용하는데 부담하는 할인율은 25%로서 투자수익률이 이보다 더 높은 수준이므로 현대기업 주식을 매입한다.

연습문제

6-1 저평가된 주식이란 내재가치보다 현재 주가가 낮게 형성되어 있는 주식을 말한다. 이러한 주식을 구입하게 되면 이득이라고 하는데 어떠한 과정을 거쳐 이득이 실현되는지 설명해 보라.

6-2 효문전자의 배당은 이번 기에만 2,000원이고 그 이후에는 영원히 1,000원씩 지급될 것으로 예측된다. 시장이자율이 10%인 경우 물음에 답하라.

(1) 김성한씨는 이번 기에 배당을 받고 주식을 팔 예정이다. 이 경우 얼마의 가격을 받을 수 있겠는가? 김성한씨가 판단하는 주식의 가치는 얼마인가?

(2) 이정란씨는 이번 기와 다음 기에만 배당을 받고 주식을 매각할 예정이다. 이 경우 얼마의 가격을 받을 수 있겠는가? 이정란씨가 판단하는 주식의 가치는 얼마인가?

(3) 위의 결과를 통해 어느 기까지 이 주식을 보유하는 것과 관계없이 이 주식의 가격은 일정하게 나타남을 생각해 보라.

6-3 영하산업과 고도산업은 이번 기의 배당이 1,000원으로 동일하다. 영하산업은 앞으로 기업이 성장하지 않을 것이므로 배당도 일정할 것이나 고도산업은 성장률이 8%로 추정되며 이에 따라 배당도 매년 8%씩 증가할 것을 예측된다.

(1) 두 기업의 주가는 어떻게 형성되겠는가? 배당이 동일하면 주가도 동일한가?

(2) 위의 결과를 통해 인터넷 사업 등의 주가가 순이익이나 배당이 적음에도 불구하고 높게 유지되는 이유를 설명해 보라.

6-4 삼화기업이 발행한 채권은 액면가격이 100만원이며 만기가 3년이다. 시장이자율은 10%라 할 때 물음에 답하라.

(1) 액면이자율이 5%인 경우 이 채권의 가격은 얼마인가? 또한 이 채권을 가지고 있는 경우 얻을 수 있는 수익률은 얼마인가?

(2) 액면이자율이 15%인 경우 이 채권의 가격은 얼마인가? 또한 이 채권을 가지고 있는 경우 얻을 수 있는 수익률은 얼마인가?

(3) 위의 결과를 통해 액면이자율과 관계없이 이 채권을 가지고 있는 경우 얻을 수 있는 이자율은 시장이자율이 됨을 보이고 그 이유를 생각해 보라.

6-5 신신기업이 발행한 채권은 액면가격이 100만원이며 표시이자율은 10%이다. 시장이자율이 10%인 경우 물음에 답하라.

(1) 만기가 2년인 경우 이 채권의 가격은 얼마인가? 시장이자율이 5%로 하락하거나 15%로 상승하는 경우 이 채권의 가격은 얼마로 변하는가?

(2) 만기가 10년인 경우 이 채권의 가격은 얼마인가? 시장이자율이 5%로 하락하거나 15%로 상승하는 경우 이 채권의 가격은 얼마로 변하는가?

(3) 위의 결과를 통해 만기가 길수록 동일한 이자율의 변화에 대해 채권의 가격변화가 증가함을 보이고 그 이유를 생각해 보라.

6-6 삼미산업이 발행한 채권은 액면가격이 100만원이며 만기는 5년이다. 시장이자율이 10%인 경우 물음에 답하라.

(1) 액면이자율이 5%인 경우 이 채권의 가격은 얼마인가? 또한 시장이자율이 15%로 증가하는 경우 이 채권의 가격은 몇 % 하락하는가?

(2) 액면이자율이 15%인 경우 이 채권의 가격은 얼마인가? 또한 시장이자율이 15%로 증가하는 경우 이 채권의 가격은 몇 % 하락하는가?

(3) 위의 결과를 통해 액면이자율이 높을수록 이자율의 변화에 대해 채권의 가격변화가 작음을 보이고 그 이유를 생각해 보라.

6-7 "시장이자율이 동일하게 유지된다면 채권의 가격은 시간이 지나도 바뀌지 않는다." 이 말은 맞는 말인가? 이 말이 성립하기 위한 조건은 무엇인가?

6-8 한국의 기업들이 가지고 있는 투자안과 미국의 기업들이 가지고 있는 투자안은 다음과 같다. 한국과 미국 모두 대출가능한 금액이 3억원이라면 어느 나라의 이자율이 높게 형성이 되겠는가? 이 예를 통해 한계생산성과 이자율의 관계를 생각해 보라.

한국		미국	
투자안의 수익률	투자비율	투자안의 수익률	투자비용
50%	1억원	20%	1억원
30%	1억원	15%	1억원
15%	1억원	5%	1억원
50%	1억원	3%	1억원

6-9 이 세상에는 사과만 존재한다고 가정하자. 현재 사과 1개의 가격은 100원이라 가정하고 물음에 답하여라.

(1) 인플레이션이 없어서 내년에도 사과 1개의 가격이 100원이 되는 경우 현재 100원을 빌려주면 내년에 얼마를 받아야 실질이자율이 10%가 되는가? 즉, 얼마를 받아야 내년에 사과 1.1개를 살 수 있는가?

(2) 인플레이션율이 5%가 되어 내년의 사과 1개의 가격이 105원이 되는 경우 현재 100원을 빌려주면 내년에 얼마를 받아야 실질이자율이 10%가 되는가?

(3) 위의 결과를 토대로 다음의 식을 유도하고 이 식의 의미를 해석하라.

$$1 + R = (1 + r)(1 + inf) = 1 + r + inf + r \cdot inf$$
$$\therefore\ R \fallingdotseq r + inf$$

6-10 다음의 자료를 토대로 물음에 답하라. 단, 1년 만기 채권에는 유동성프리미엄이 없다고 가정한다.

① 이 사회의 실질이자율은 5%으로 매년 일정하며 인플레이션율도 일정하다.

② 액면가격이 100만원이고 만기가 1년인 국채(할인채)의 가격은 90만9,000원이다.

③ 액면가격이 100만원이고 만기가 1년인 삼호전기의 회사채(할인채)의 가격은 90만1,000원이다.

(1) 이 사회의 인플레이션율은 얼마인가?

(2) 삼호전기의 채무불이행위험에 대한 프리미엄은 얼마인가?

제 3 부

위험과 수익률

제 7 장 위험과 효용

확실성이란 미래에 발생할 상황을 현재 확실히 알고 있는 경우를 말하며 위험 또는 불확실성이란 미래에 발생할 상황을 미리 알 수 없는 경우를 말한다. 본장에서는 이러한 위험의 개념을 정의하고 위험을 계량화하는 방법을 설명한다. 아울러 투자자의 한계효용이 체감하게 되면 위험을 회피하게 되며 이에 따라 위험한 투자안에 대해서는 더 높은 보상을 요구한다는 사실을 설명한다.

제 1 절 위험에 대한 기초개념

우리는 지금까지는 모든 일이 예상했던 대로 반드시 실현된다는 것을 암묵적으로 가정해 왔다. 예를 들어 현재 1억원을 투자하면 1, 2, 3 년 후에 5,000만원씩의 현금흐름이 발생하는 투자안이 있다면 이 투자안은 어떠한 일이 있어도 3년간에 걸쳐 매년 5,000만원씩의 현금흐름을 제공해 준다고 가정하였다. 이렇게 미래의 발생상황을 현재시점에서 확실하게 알 수 있는 경우를 우리는 확실성(certainty)이라고 말한다.

그러나 현실적으로 보아 이러한 가정은 받아들이기 어려운 경우가 많다. 물론 정기예금에 투자하는 경우처럼 어떠한 일이 있어도 약속된 이자와 원금을 지급받는 경우도 있지만 대부분의 경우 자신의 투자결과가 확실한 금액으로 보장되지 않기 때문이다. 이렇듯 미래에 발생할 상황을 현재 시점에서 확실히 알 수 없는 경우를 우리는 불확실성(uncertainty) 또는 위험(risk)이라 말한다. 이러한 위험의 개념이 적용되는 대표적인 예가 바로 주식투자이다. 예를 들어 삼성전자주식에 100만원을 투자하고 1년 후 이 주식을 팔 예정이라면, 1년 후 얻을 수 있는 수익은 얼마나 될 것인가? 아마도 신이 아닌 이상 아무도 현재시점에서 이를 정확히 알 수는 없을 것이다. 따라서 주식투자에는 위험이 내포되어 있다고 할 수 있다.

1. 위험프리미엄

만약 위험이 존재하는 불확실한 상황이라면 사람들은 어떻게 행동할 것인가? 본격적으로 위험을 공부하기 전에 다음과 같은 단순한 상황을 생각해 보자.

예제 7-1

김성실군과 이효자군은 방학을 맞아 학비도 벌고 사회경험도 쌓기 위해 아파트 신축공사장에서 벽돌을 나르는 아르바이트를 하기로 했다. 이들이 해야 하는 일은 하루에 벽돌 1,000장을 나르는 것이다. 그런데 공사장 감독관이 다음과 같은 제안을 했다.

"1층에서 일하면 일당이 50,000원이고, 동일한 일을 2층에서 하는 경우 떨어져서 다치면 전치 1개월의 부상을 당할 위험이 있으니 60,000원의 일당을 주겠다."

김성실군은 생각 끝에 돈도 중요하지만 잘못해서 떨어져 다치면 큰 일이므로 1층에서 일하기로 한 반면, 이효자군은 이왕 돈을 벌기로 한 일이니까 조금 위험하더라도 더 큰 돈을 얻을 수 있는 2층에서 일하기로 했다.

〈예제 7-1〉은 재무관리를 공부하지 않은 사람도 쉽게 이해할 수 있는 문제일 것이다. 그런데 이 예제에는 위험과 관련된 다음과 같은 몇 가지 중요한 사항이 담겨져 있다.

위험회피성향

첫째, 사람들은 위험을 싫어한다는 것이다. 즉, 일반적인 사람들은 위험한 것보다는 안전한 것을 선호하는 경향이 있다. 물론 경우에 따라 사람들은 모험을 즐기는 경우도 있기는 하다. 놀이 동산에서 바이킹을 탄다든지 수십미터의 높이에서 번지점프를 하는 경우가 그 예이다. 그러나 이 경우에도 이들은 최대한의 안전장치를 갖춘다. 바이킹 놀이시설은 엄격한 안전점검이 필수이며, 번지점프의 경우에도 자신의 몸무게의 수십 배를 지탱할 수 있는 줄에 매달릴 뿐이다. 보기에만 위험할 뿐이지 실제로 큰 위험은 없는 것이다. 짜릿한 스릴을 즐기려 목숨을 내던지는 사람은 정상적인 사람이 아니다. 모두 안전이 보장된 경우에만 이러한 놀이를 하는 것이다.

위험에 대한 보상

둘째, 사람들은 위험을 싫어하기 때문에 어쩔 수 없이 위험한 일을 하게 되면 이에 대한 보상을 해 주어야 한다는 사실이다. 아파트를 짓기 위해서는 누군가는 고층에 올라가 일을 해야 하며, 이 경우 고층에서 일하는 사람은 위험을 떠맡게 된다. 〈예제 7-1〉에서 만약 2층에서 일하는 경우에도 1층에서 일하는 것과 동일하게 일당이 50,000원이라면 누가 2층에서 일을 하겠다고 하겠는가? 따라서 사람들에게 2층에서 일하도록 하기 위해서는 추가적인 보상을 해 주어야 한다. 〈예제 7-1〉에서는 2층에서 일하는 사람에게 10,000원을 더 지급하는데 이는 바로 위험에 대한 보상인 것이다. 재무관리에서는 이것을 위험프리미엄(risk premium)이라 한다. 사람들은 위험이 클수록 더 위험을 회피하려는 경향을 갖게 되며, 이에 따라 위험프리미엄도 더 커진다. 예를 들어 3층에서 일하는 경우에는 2층에서 일하는 경우보다 더 위험하므로(예를 들어 3층에서 떨어지면 전치 2개월의 부상을 입는다) 이에 따라 위험프리미엄도 커져서 일당을 70,000원씩 지급해야 할 것이다(이 경우 위험프리미엄은 20,000원이 된다).

위험회피성향의 차이

셋째, 사람들이 위험을 싫어하기는 하지만 모두가 동일한 정도로 위험을 회피하지는 않는다는 것이다. 어떤 사람은 다른 사람에 비해 더 위험을 싫어할 수도 있고, 반대로 덜 싫어할 수도 있다. 〈예제 7-1〉에서는 누가 더 위험을 회피하는 사람일까? 당연히 김성실군이다. 그 이유는 동일한 위험에 대해 김성실군은 더 위험을 회피하기 때문에 10,000원을 추가적으로 더 준다고 하더라도 이를 거절했지만 이효자군은 위험을 상대적으로 덜 회피하기 때문에 10,000원이면 충분한 보상이 된다고 생각하고 2층에서 일하는 것을 수락한 것을 보면 쉽게 알 수 있다. 그러나 이 경우에도 충분한 보상이 주어지면 김성실군도 2층에서 일할 수도 있을 것이다. 예를 들어 2층에서 일하는데 일당을 100,000만원을 준다면(즉 위험프리미엄을 50,000원을 준다면), 김성실군도 이 정도면 위험에 대한 충분한 보상이 된다고 생각하고 2층에서 일하는 것을 수락할 수 있을 것이다. 이러한 사실에서 위험을 회피하는 정도가 강한 사람은 보다 높은 보상을 해 주어야만 위험을 감수할 용의가 있음을 알 수 있다.

2. 위험의 시장가격

균형상황에서는 위험을 덜 회피하는 사람은 위험하더라도 보상이 큰 투자안을 선택하고, 반대로 위험을 크게 회피하는 사람은 보상이 다소 작더라도 위험이 작은 투자안을 선택하는 경향을 보이게 된다. 여기에서 말하는 균형은 수요와 공급이 일치해야 한다는 것을 의미한다. 이러한 사항을 이해하기 위해 다음과 같은 예제를 살펴보자.

예제 7-2

아파트를 짓기 위해서는 10명의 인력이 필요한데 1층에서 5명, 2층에서 5명이 일을 해야 한다. 1층에서 일하는 일당은 50,000원인데 얼마의 일당을 주면 2층에서 일하겠는지를 관리소장인 박감독씨가 조사해 보았다. 조사 결과는 다음과 같다.

인부	1	2	3	4	5	6	7	8	9	10
요구액	52,000	54,000	56,000	58,000	60,000	62,000	64,000	66,000	68,000	70,000

이 경우 2층에서 5명의 인력이 일하기 위해서는 얼마의 일당을 제시해야 하겠는가?

1층에서 5명, 2층에서 5명이 일을 하게 하기 위해서는 2층에서 일하는 인부에게 60,000원을 제공해야 한다. 60,000원의 일당을 제시하면 인부 1,2,3,4,5는 2층에서 일하려 할 것이고 인부 6,7,8,9,10은 1층에서 일하려 할 것이다(누가 위험을 가장 회피하는 사람인가?). 만약 60,000원보다 낮은 일당, 예를 들어 58,000원을 제시했다면 2층에서 일하겠다는 인부는 4명밖에 안 되어 초과 공급이 발생하며(즉, 일자리의 공급량은 5인데 일하겠다는 수요는 4이다), 반대로 일당을 66,000원으로 제시하면 8명이 2층에서 일하겠다고 할 것이므로 초과 수요가 발생할 것이다. 따라서 수요와 공급을 고려한 적당한 일당은 60,000원이 되며, 이에 따라 위험에 대한 프리미엄은 10,000원이 될 것이다. 그런데 이 예제에서 보듯이 위험프리미엄은 사회적 수요와 공급을 반영한 균형가격이므로 이를 위험의 시장가격이라고도 말한다.[1]

3. 위험과 관련된 재무관리의 과제

〈예제 7-1〉과 같은 직관적인 예는 우리가 위험에 대해 공부해야 하는 모티베이션을 제공해 주기는 하지만 본격적으로 위험을 다루기 위해서는 이러한 개념들을 보다 정교하게 정의하고 논리화시켜야 한다. 예를 들어 〈예제 7-1〉에서는 위험을 사고가 나서 다칠 가능성으로 간주하고 있지만 주식투자가 은행에 저금하는 것보다 위험하다고 하더라도 여기서 위험은 팔이 부러지고 머리가 깨지는 것을 의미하는 것은 아니다. 즉, 상식적인 의미의

1) 이 예에서는 일당을 61,000원으로 제시해도 균형을 이루게 된다. 그러나 관리소장의 입장에서는 60,000원만 제시해도 5명의 지원자가 나타나기 때문에 굳이 60,000원 이상의 일당을 제시하지는 않을 것이다. 따라서 균형상태에서 위험프리미엄이란 사람들이 위험을 감수하기 위해 제공해 주어야 하는 최소한의 대가라고 말할 수 있다.

위험이라는 표현과 재무관리의 위험이라는 표현은 조금 다르기 때문에 이러한 점들을 다시 정의할 필요가 있다. 구체적으로 우리가 다루어야 할 내용은 무엇인가를 정리해 보자.

위험의 정의와 측정

첫째, 위험을 정의하고 이것을 측정하는 것이다. 앞서 말한 바와 같이 재무관리에서의 위험은 신체적으로 다칠 가능성을 의미하지는 않는다. 그렇다면 과연 재무관리에서는 어떠한 상황을 위험이라 하는가? 또한 각 주식이나 채권마다 위험의 크기는 동일하지 않을 것이다. 이 경우 예를 들어 이 세상에 10개의 주식이 있는데 주식 1은 가장 위험이 적고, 주식 2는 다음으로 위험이 적고, 주식 10은 가장 위험이 크다면 주식의 위험을 일일이 어느 주식은 다른 주식보다 위험하다는 식으로 나열하는 것보다는 위험의 크기를 숫자로 표시하는 것이 여러모로 편리할 것이다. 따라서 재무관리에서는 위험의 크기를 구체적인 숫자로 나타내는데 이를 위험을 측정한다고 말한다.

위험회피에 대한 근거제시

둘째, 사람들이 위험을 싫어한다는 것의 논리적 근거를 제시하는 일이다. 물론 직관적으로 생각하면 위험을 싫어한다는 사실은 당연한 것처럼 보이지만 보다 엄밀한 학문적 체계를 갖추기 위해서는 이에 대한 논리적인 근거를 제시할 수 있어야 할 것이다.

위험에 대한 프리미엄

셋째, 균형상태에서 위험에 대한 프리미엄을 도출하는 일이다. 투자자들은 위험을 싫어하기 때문에 위험한 투자안에 대해서는 위험프리미엄을 요구할 것이다. 예를 들어 위험이 없는 정기예금의 수익률이 10%인 경우 위험한 삼성전자주식의 수익률도 10%라면 아무도 삼성전자주식을 사려고 하지 않을 것이다. 따라서 이 경우에 삼성전자주식이 사람들에게 팔리려면 정기예금보다 높은 보상, 즉 더 높은 수익률이 제공되어야 한다. 이때 과연 얼마의 위험프리미엄이 제공되어야 수요와 공급이 일치할 것인가? 즉, 균형상태에서의 위험프리미엄은 얼마가 적절한 것인가에 대한 해답을 제시해야 한다.

위험을 고려한 투자분석

넷째, 이상에서 도출된 위험프리미엄을 바탕으로 위험을 고려하지 않은 확실성하에서의 투자이론을 수정하는 것이다. 제3장에서 말한 바와 같이 어떤 자산의 가치란 그것을 가지고 있을 때 얻을 수 있는 현금흐름을 '적절한 할인율(이자율)'로 할인한 것이다. 그런데 확실성하에서는 모든 자산이 위험이 없으므로 적절한 할인율은 시장이자율로 모두 동일하다.[2)] 하지만 위험이 존재하는 상황에서는 위험프리미엄을 포함한 수익률이 적절한 할인율의 역할을 하게 되어 각각의 자산마다 적절한 할인율이 달라지게 된다.

제 2 절 위험의 정의와 측정

1. 재무관리에서 위험의 정의

통계적 의미의 위험

일반적으로 위험이라 함은 예상치 못한 일이 발생하여 재산상 · 신체상의 손실을 입을 가능성을 말한다. 방안에 가만히 앉아 있으면 별달리 손실을 입을 가능성이 없으므로 안전하다고 하고, 태풍이 부는데 배를 타게 되면 재산상이나 신체상 손실이 발생할 가능성이 크므로 매우 위험하다고 한다. 이에 비해 통계학에서는 위험(또는 불확실성)을 미래에 발생할 상황을 현재시점에서 미리 알 수 없는 경우라고 정의한다.

통계학에서 대표적으로 들고 있는 불확실성의 예가 바로 동전던지기이다. 동전을 던지면 앞면 또는 뒷면이 나올 것이고(즉, 미래에 발생 가능한 상황은 앞면 또는 뒷면이며), 그 확률은 각각 0.5이다(즉, 각 상황이 발생할 확률은 각각 0.5이다). 이렇게 우리는 어떠한 상황이 발생가능하고 그 상황이 발

---

2) 이것은 앞에서의 아파트공사 문제를 생각해 보면 자명하다. 모든 작업이 1층에서만 이루어져 위험이 없다면 모든 인부에게 지급되는 일당은 같아야 할 것이다. 마찬가지로 모든 자산이 위험이 없다면 주식이든 채권이든 수익률이 같아야 한다. 모든 것이 확실한 상황에서 채권의 수익률은 10%인데 주식의 수익률이 12%라면 누가 주식에 투자를 하지 채권에 투자를 하겠는가?

생할 확률도 알고 있지만 정확히 어떠한 경우가 실현될지 현재의 상태에서 미리 알 수 없는 상황을 위험(risk)이라고 한다.[3)]

재무관리적 의미의 위험

그렇다면 투자를 하는 경우에 위험하다고 하는 것은 무엇을 말하는가? 바로 기대했던 것보다 수익이 적게 발생할 가능성을 위험이라고 한다. 1년 만기 정기예금의 이자율이 10%라면 만기에 어떠한 일이 벌어지더라도 기대했던 10%의 수익률을 제공한다. 따라서 정기예금은 위험하지 않다. 하지만 1년간 주식에 투자를 한 경우를 생각해 보자. 이 경우 15%의 수익률을 기대하더라도 반드시 15%의 수익이 보장되지는 않는다. 1년 후의 상황에 따라 경기가 좋으면 30% 이상의 수익을 얻을 수도 있지만 반대로 경기가 나쁘면 5%에도 미달하는 수익률을 얻을 수도 있을 것이다.

이렇듯 자칫하면 자신이 기대했던 수익률을 제공받지 못하고 "차라리 예금을 할 것을…" 하고 후회할 가능성이 있는데 이러한 가능성을 위험이라 한다. 따라서 특별한 경우가 아닌 한 모든 주식은 위험하다고 말할 수 있다. 그러나 모든 주식이 위험하다고 해서 위험의 정도가 동일한 것은 아니다. 다음과 같은 상황을 생각해 보자.

예제 7-3

유정선씨는 1년간 주식투자를 하기 위해 정보를 분석중이다. 분석결과 현대기업의 주식은 1년 후 경기가 호황이면 주가가 12,000원, 경기가 보통이면 주가가 11,500원, 경기가 불황이면 주가가 11,000원이 될 것으로 예측되며 삼성기업의 주식은 경기가 호황이면 주가가 12,500원, 경기가 보통이면 주가가 11,500원, 경기가 불황이면 주가가 10,500원이 될 것으로 예측되었다. 경기가 호황, 보통, 불황일 확률은 각각

3) 우리는 앞으로 투자에 있어서도 투자시점에서 미래에 얼마의 수익률을 올릴 수 있는지, 그리고 그러한 가능성은 어느 정도인지에 대해서 미리 알고 있다고 가정한다. 아무리 미래가 불확실하여 예측하기 어렵다고 하더라도 투자자는 어느 정도까지는 미래에 어떠한 상황이 발생할지, 그리고 그 확률은 어느 정도인지(비록 주관적일지라도) 예측하고 있는 것이 현실이다. 따라서 이러한 가정은 전혀 무리한 것은 아닐 것이다. 미래에 어떠한 일이 일어날지 전혀 예측도 할 수 없는 상황이라면 더 이상 무슨 논리의 전개가 가능하겠는가?

1/3로 예상된다.
(1) 주식수익률의 확률분포를 작성하라.
(2) 각 주식의 기대수익률을 구하고 어느 주식이 더 위험한지를 생각해 보라. 단, 두 주식의 현재가격은 모두 10,000원으로 동일하다.

(1) 먼저 개별주식의 현재가격과 미래 예상가격으로부터 수익률을 구한다.[4] 그리고 이 결과와 발생가능한 상황 및 발생확률을 대응시켜서 수익률의 확률분포를 작성하면 〈표 7-1〉과 같다.

〈표 7-1〉 수익률의 확률분포

상황	확률	현대기업의 수익률	삼성기업의 수익률
호황	1/3	0.20	0.25
보통	1/3	0.15	0.15
불황	1/3	0.10	0.05

(2) 이제 어느 주식이 더 위험한 주식인가를 생각하기 위해서 두 주식의 기대수익률을 먼저 구해 보자. 현대기업 주식의 기대수익률은 다음과 같이 계산된다.[5]

$$E(R_h) = 0.2 \times \frac{1}{3} + 0.15 \times \frac{1}{3} + 0.1 \times \frac{1}{3} = 0.15$$

4) 예를 들어 호황시의 현대기업의 수익률은 다음과 같이 0.2(20%)가 된다.

$$\frac{12,000 - 10,000}{10,000} = 0.2$$

5) 어떤 주식의 수익률(R)에 대한 확률분포가 다음과 같다고 하자.

상황	확률	수익률
1	P_1	R_1
2	P_2	R_2
⋮	⋮	⋮
n	P_n	R_n

이때 이 주식의 기대수익률 $E(R)$은 다음과 같이 계산되는데 이는 평균값과 같은 개념이다.

$$E(R) = R_1 \times P_1 + R_2 \times P_2 + \cdots + R_n \times P_n$$

마찬가지로 삼성기업 주식의 기대수익률은 다음과 같이 계산된다.

$$E(R_s) = 0.25 \times \frac{1}{3} + 0.15 \times \frac{1}{3} + 0.05 \times \frac{1}{3} = 0.15$$

이렇게 산출된 기대수익률은 각 주식을 구입할 경우 예상되는 평균수익률을 의미한다. 이 결과를 보면 현대기업에 투자를 하나 삼성기업에 투자를 하나 기대되는 수익률은 모두 15%로 동일하다. 그러나 두 주식이 모두 언제나 15%의 수익률을 제공해 주는 것은 아니며 그것에 미달할 가능성도 존재한다. 만약 불황이 되면 현대기업은 10%, 삼성기업은 5%이므로 기대수익률 15%에 훨씬 미달하기 때문이다. 그렇다면 과연 어느 주식이 더 위험한 것인가?

상식을 가진 독자라면 삼성기업이 더 위험하다는 것을 금방 알 수 있을 것이다. 현대기업나 삼성기업 모두 불황이 되면 기대 이하로 수익률이 감소하기는 하지만 삼성기업의 수익률이 기대수익률에 더 크게 미달하기 때문에 삼성기업이 더 위험하다고 말할 수 있다(이는 2층에서 떨어지면 전치 1개월, 3층에서 떨어지면 전치 2개월의 부상을 입는 경우 3층이 위험하다고 말하는 것과 동일한 논리이다). 즉, 삼성기업의 수익률편차가 현대기업보다 더 크고 이에 따라 삼성기업을 소유하고 있을 때 현대기업의 주식을 보유한 경우 보다 더 큰 손실을 입을 가능성이 커지는 것이다.[6]

이렇게 재무관리에서 위험이란 현금흐름이나 수익률이 기대값을 벗어나서 예상치 못한 손실을 입을 경우를 말하는데 현금흐름이나 수익률이 넓게 흩어져 있을수록 더 큰 손실을 입을 수 있으므로 더욱 위험하다고 말할 수 있다. 현대기업과 삼성기업의 예를 그림으로 표현해 보면 더욱 쉽게 이해를 할 수 있을 것이다.

〈그림 7-1〉에서 보듯이 현대기업의 주식의 수익률은 기대값인 15%를 중심으로 집중되어 있으나 삼성기업의 주식의 수익률은 보다 넓게 퍼져 있음을 알 수 있다. 이러한 사실은 삼성기업의 주식을 가지고 있을 때 현대기업의 주식보다 수익률이 더 낮게 되어 예상치 못한 손실을 볼 가능성이 크다는 뜻이며, 이는 다른 의미로 해석하면 미래 수익률을 예측하기가 상대적으

6) 편차란 각 수익률이 기대값(평균값)으로부터 떨어진 정도를 말한다.

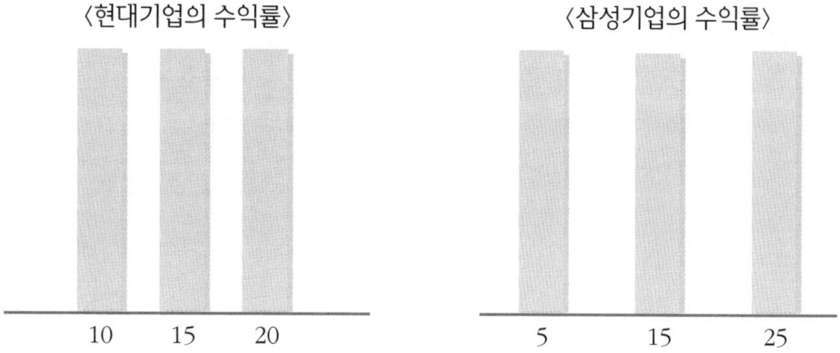

그림 7-1 현대기업과 삼성기업 수익률의 확률분포

로 어렵다는 사실을 의미한다.

이렇듯 재무관리에서의 위험이란 수익률 또는 현금흐름이 기대값 이하로 나타나는 것을 말하며, 기대값 이하로 멀리 떨어져 있을수록 위험이 크다고 말한다. 그런데 재무관리에서는 대부분의 경우에 있어 수익률의 분포가 평균을 중심으로 대칭적이라고 가정하기 때문에 수익률이나 현금흐름이 기대값 이하로 멀리 떨어져 있다는 것은 수익률의 분포가 기대값을 중심으로 멀리 떨어져 있다는 것을 의미하게 된다.

2. 위험의 측정

분산과 위험

그러면 이러한 위험, 즉 기대값을 중심으로 흩어져 있는 정도를 어떻게 측정할 수 있을 것인가? 재무관리에서는 위험을 수익률의 분산(variance) 또는 표준편차(standard deviation)를 이용해서 측정한다. 다음의 예제를 통해 수익률의 분산 또는 표준편차의 개념을 알아보자.

예제 7-4

주식 X는 불황이 되면 수익률이 0.1이며 호황이 되면 수익률이 0.3이 된다. 또한 주식 Y는 호황이 되면 수익률이 0.15가 되며 불황이 되면 수익률이 0.25가 된다. 불황이 될 확률과 호황이 될 확률은 모두 0.5로 동일하다고 가정하자. 이 경우 어떤 주식이 더 위험한가?

두 주식의 기대수익률은 다음과 같이 모두 0.2로 동일하다.

$$E(R_X) = 0.1 \times 0.5 + 0.3 \times 0.5 = 0.2$$
$$E(R_Y) = 0.15 \times 0.5 + 0.25 \times 0.5 = 0.2$$

이때 주식 X의 분산 σ_X^2은 다음과 같이 계산된다.[7)]

$$\begin{aligned}\sigma_X^2 &= E[X - E(X)]^2 = (X_1 - E(X))^2 \times P_1 + (X_2 - E(X))^2 \times P_2 \\ &= (0.1 - 0.2)^2 \times 0.5 + (0.3 - 0.2)^2 \times 0.5 \\ &= 0.01\end{aligned}$$

위의 식에서 알 수 있지만 주식 X의 수익률의 분산이란 주식 X의 수익률의 편차(이때 편차란 각 실현된 값에서 기대값을 뺀 값으로 기호로는 $X - E(X)$를 말한다)를 제곱한 값의 평균값으로 간단히 말하면 "편차제곱의 평균"이라 말할 수 있다. 주식 X의 경우 불황이 되면 수익률이 0.1로 실현되어 편차는 $-0.1 (= 0.1 - 0.2)$이 되며 편차의 제곱은 0.01이 된다. 또한 호황이 되면 수익률이 0.3이 되어 편차는 $0.1 (= 0.3 - 0.2)$이 되어 편차의 제곱은 0.01이 된다. 그런데 불황이 될 확률은 0.5이고 호황이 될 확률도 0.5이므로 분

---

7) 어떤 주식의 수익률(R)이 다음과 같다고 하자.

상황	확률	수익률
1	P_1	R_1
2	P_2	R_2
⋮	⋮	⋮
n	P_n	R_n

이 주식의 분산 σ^2은 다음과 같이 계산된다.

$$\sigma^2 = (R_1 - E(R))^2 \times P_1 + (R_2 - E(R))^2 \times P_2 + \cdots + (R_n - E(R))^2 \times P_n$$

산, 즉 편차제곱의 평균은 0.01 (= 0.01 × 0.5 + 0.01 × 0.5)이 된다.

즉, 분산은 실현된 값들이 기대값을 중심으로 어느 정도나 떨어져 있는가를 나타내는 수치로 기대값을 중심으로 널리 퍼져 있는 경우에는 편차가 크므로 분산이 커지게 되고 반대로 기대값을 중심으로 별로 흩어져 있지 않은 경우에는 편차가 작으므로 분산이 작게 된다. 이렇듯 분산은 기대값을 중심으로 흩어져 있는 정도를 나타내는 값이므로 우리가 말한 위험의 개념과 일치하게 된다. 우리는 앞에서 기대했던 값에서 널리 퍼져 있을수록 위험하다고 정의했는데 이러한 널리 퍼져 있는 정도를 분산으로 측정할 수 있는 것이다. 따라서 재무관리에서는 어떤 자산의 수익률의 분산을 이용해서 그 자산의 위험을 측정하게 된다.

표준편차와 위험

그러나 분산은 편차의 평균이 아니라 편차제곱의 평균이므로 우리가 상식적으로 알 수 있는 값과는 다른 결과를 가져오게 된다. 〈예제 7-4〉에서 주식 X는 불황이 되면 수익률이 0.1이 되어 기대값과의 차이가 0.1이며 호황이 되어도 기대값과의 차이가 0.1이 된다. 이 경우 주식 X는 평균적으로 기대값에서 0.1정도씩 떨어져 있다고 할 수 있는데 실제 분산은 0.1이 아닌 0.01로 계산되었다. 그 이유는 무엇일까? 그 이유는 분산은 편차의 평균이 아니라 편차제곱의 평균이기 때문이다.

편차란 평균에서 떨어진 거리를 의미하므로 양(+)의 값이 될 수도 있고 음(−)의 값이 될 수도 있는데 이들의 평균값은 언제나 0이 될 수밖에 없다 (우리에게 중요한 것은 기대값에서 떨어진 정도, 즉 편차의 절대값이지 이것이 양이냐 음이냐는 중요하지 않다). 따라서 분산에서는 이러한 값을 절대값의 의미로 환산하기 위해 제곱을 한 것인데 이러한 이유로 분산은 우리가 상식적으로 계산한 값의 제곱이 되어 나타나는 것이다. 이러한 개념상의 괴리를 해결하기 위해서 나타난 개념이 표준편차이다. 표준편차란 분산의 제곱근으로 정의된다.

$$\sigma_X = \sqrt{\sigma_X^2} = 0.1$$

따라서 표준편차는 우리가 알고 있는 단위로 환산되기 때문에 분산보다 이해하기가 쉽다. 표준편차가 0.1이라는 것은 주식 X의 수익률이 기대값을 중심으로 평균적으로 0.1씩 흩어져 있다는 의미로 해석할 수 있는 것이다.

이번에는 주식 Y의 수익률의 분산 및 표준편차를 생각해 보자. 주식 Y의 수익률의 분산 및 표준편차는 다음과 같이 계산된다.

$$\begin{aligned}\sigma_Y^2 &= E[Y-E(Y)]^2 = (Y_1-E(Y))^2 \times P_1 + (Y_2-E(Y))^2 \times P_2 \\ &= (0.15-0.2)^2 \times 0.5 + (0.25-0.2)^2 \times 0.5 \\ &= 0.0025\end{aligned}$$

$$\sigma_Y = \sqrt{\sigma_Y^2} = 0.05$$

주식 Y는 불황이 되면 0.15로 기대값인 0.2에서 0.05만큼 떨어져 있고 호황이 되면 0.25가 되어 마찬가지로 기대값에서 0.05만큼 떨어져 있으므로 평균적으로 기대값에서 0.05(= 0.05 × 0.5 + 0.05 × 0.5)만큼 떨어져 있음을 알 수 있다. 따라서 표준편차는 0.05이며 분산은 이의 제곱인 0.0025가 된다.

이상의 결과를 종합해 보면 주식 X의 수익률의 분산이나 표준편차가 주식 Y의 수익률의 분산이나 표준편차보다 크므로 주식 X가 더 위험하다고 말할 수 있다. 이렇게 분산이나 표준편차를 통해 우리는 그 주식의 수익률이 얼마나 흩어져 있는가, 즉 위험한가를 계량화할 수 있게 된다.

3. 위험을 고려한 자산의 선택

위험자산과 무위험자산

대개 주식의 경우에는 미래에 얻게 되는 수익이 불확실하기 때문에 위험자산(risky asset)이라고 한다. 그러나 미래에 얻게 되는 수익을 확실한 금액으로 알 수 있는 자산도 있는데 이는 무위험자산(risk free asset)이라고 한다. 다음의 예제를 통해서 이들의 특징을 보고 이들간의 선택문제를 생각해 보자.

예제 7-5

정기예금에 들 경우와 주식 M에 투자할 경우를 비교하려고 한다. 정기예금의 금리는 연 10%이고 주식 M의 수익률은 다음과 같이 예측된다. 각 경우의 수익률의 기대값과 위험을 구하고 어떤 투자안을 선택할 것인가에 대해 생각해 보시오.

상황	확률	정기예금의 수익률	주식 M의 수익률
불황	0.5	0.10	0.05
호황	0.5	0.10	0.15

정기예금의 기대수익률과 위험은 다음과 같다.

$$E(R) = 0.1 \times 0.5 + 0.1 \times 0.5 = 0.1$$
$$\sigma^2 = (0.1 - 0.1)^2 \times 0.5 + (0.1 - 0.1)^2 \times 0.5 = 0$$
$$\sigma = \sqrt{0} = 0$$

정기예금의 기대수익률은 10%이며 위험은 0이다. 이렇게 위험이 0인 투자안, 즉 어떤 상황이 발생해도 동일한 수익률을 제공해 주는 자산이 무위험자산이다. 이렇게 부르는 이유는 현재의 시점에서 1년 후 10%의 수익률을 얻게 된다는 것을 확실하게 알 수 있기 때문이다.

결론적으로 무위험자산이란 미래에 확정소득을 가져다주는 자산이라고 정의할 수 있는데 여기서 예로 든 정기예금 이외에도 국가나 지방자치단체가 발행한 국공채도 무위험자산에 해당하는 것들이다.

이번에는 주식 M의 기대값과 위험을 구해 보자.

$$E(R_M) = 0.05 \times 0.5 + 0.15 \times 0.5 = 0.1$$
$$\sigma_M^2 = (0.05 - 0.1)^2 \times 0.5 + (0.15 - 0.1)^2 \times 0.5 = 0.0025$$
$$\sigma_M = \sqrt{0.0025} = 0.05$$

이제 정기예금과 주식 M의 기대수익률과 분산을 표로 나타내면 다음과 같다.

〈표 7-2〉 정기예금과 주식의 기대수익률과 분산

	기대수익률	분산
정기예금	0.1	0
주식 M	0.1	0.0025

주식 M은 기대수익률이 정기예금의 이자율과 동일한 0.1이지만 현재시점에서 확실한 수익률을 예측할 수 없는 위험한 증권으로 분산(위험)은 0.0025이다. 따라서 합리적인 투자자라면 기대값이 동일한 상황에서는 위험이 없는 정기예금을 선호할 것이므로 주식 M은 시장에 존재할 수 없다. 따라서 주식 M이 시장에서 거래되려면 기대수익률이 정기예금의 이자율보다 높아야 한다.

만약 주식 M의 기대수익률이 정기예금의 이자율보다 높다면 일률적으로 어느 것이 선택된다고 단정할 수 없게 된다. 왜냐하면 위험을 비교적 덜 회피하는 투자자들은 주식 M을 선택할 것이지만 위험을 크게 회피하는 투자자들은 여전히 정기예금을 선택할 것이기 때문이다.

위험자산간의 선택

이번에는 투자대상이 모두 주식이라고 하자. 이들은 모두 미래수익이 불확실한 성격을 갖는 위험자산이다. 이러한 경우에는 어떤 주식을 선택하게 되는지를 살펴보자.

예제 7-6

A기업 주식의 수익률과 B기업 주식의 수익률은 다음과 같다. 각 기업의 주식의 수익률의 기대값과 위험을 구하고, 어느 기업의 주식을 선택할 지에 대해 생각해 보시오.

상황	확률	주식 A의 수익률	주식 B의 수익률
불황	0.25	0.05	0.00
보통	0.50	0.10	0.20
호황	0.25	0.15	0.40

주식 A의 수익률의 기대값과 위험은 다음과 같이 계산된다.

$$E(R_A) = 0.05 \times 0.25 + 0.1 \times 0.5 + 0.15 \times 0.25 = 0.1$$
$$\sigma_A^2 = (0.05 - 0.1)^2 \times 0.25 + (0.1 - 0.1)^2 \times 0.5 + (0.15 - 0.1)^2 \times 0.25$$
$$= 0.00125$$
$$\sigma_A = \sqrt{0.00125} = 0.035$$

마찬가지로 주식 B의 수익률의 기대값과 위험은 다음과 같이 계산된다.

$$E(R_B) = 0.00 \times 0.25 + 0.2 \times 0.5 + 0.4 \times 0.25 = 0.2$$
$$\sigma_B^2 = (0.0 - 0.2)^2 \times 0.25 + (0.2 - 0.2)^2 \times 0.5 + (0.4 - 0.2)^2 \times 0.25$$
$$= 0.02$$
$$\sigma_B = \sqrt{0.02} = 0.14$$

이들 주식의 기대수익률과 분산을 표로 요약하면 다음과 같다.

〈표 7-3〉 주식 A과 주식 B의 기대수익률과 분산

	기대수익률	분 산
주식 A	0.1	0.00125
주식 B	0.2	0.02

따라서 주식 A는 주식 B에 비해 위험은 작은 반면 기대수익률도 작다. 그러므로 투자자들은 주식 A를 선호할 수도 있고 주식 B를 선호할 수도 있다. 위험을 비교적 덜 회피하는 투자자들은 위험하지만 더 높은 수익률을 기대할 수 있는 주식 B를 선호할 것이고 위험을 크게 회피하는 투자자들은 수익률이 낮더라도 안전한 주식 A를 선호할 것이다.

제 3 절 한계효용과 위험에 대한 태도

1. 기대수익과 기대효용

우리는 앞에서 투자자들은 수익률의 분산이 큰 경우, 즉 수익률의 분포가 널리 흩어져 있는 경우 이를 회피할 것이라고 말했다. 왜 투자자들은 이러한 경향을 보이는 것일까? 독자들 중에서는 수익률의 분산이 크다는 것은 경우에 따라서는 낮은 수익률을 올릴 수도 있지만 상황이 좋아지면 보다 높은 수익률을 올릴 수도 있는데 왜 이러한 주식을 회피하는지에 대해 의구심을 품는 사람들도 있을 것이다. 여기에서는 한계효용이론을 토대로 투자자들이 위험을 회피하는 경향을 갖는다는 사실을 이해해 보기로 한다.

불확실성과 기대수익극대화

과거 효용이론이 발달하지 못한 상황에서는 사람들은 많이 주는 것을 선호한다고 가정했다. 예를 들어 1,000원을 내고 내기에 참가하면 2,000원을 확실히 얻을 수 있는 게임이 있다면 누구나 이 게임에 참여하고자 한다는 것이다. 이러한 논리는 굳이 효용이론을 말하지 않아도 당연하게 생각할 수 있는 결과이다.

그러나 이러한 게임에 불확실성이 있는 경우에는 어떻게 될까? 예를 들어 1,000원을 내고 내기에 참가하면 동전을 던져 앞면이 나오면 0원을 받고 뒷면이 나오면 2,200원을 받는 게임이 있다고 하자. 과연 사람들은 이 게임에 참가할 것인가?

과거에는 이러한 불확실성이 있는 경우에는 기대값에 따라 행동을 한다고 믿었다. 즉, 기대값이 크다는 것은 확실한 것은 아니지만 평균적으로 많은 금액을 준다는 의미이므로 사람들은 기대값이 크면 클수록 선호할 것이라는 가정이다. 이러한 가정에 따르면 사람들은 이러한 게임에 참여해야 한다. 왜냐하면 게임을 위해 포기해야 하는 금액은 1,000원인데 게임을 통해 얻을 수 있는 기대금액은 1,100원으로 포기해야 하는 금액보다 크기 때문이다.[8)]

기대수익극대화의 문제점

불확실성하에서 기대수익이 큰 쪽으로 투자자들이 움직인다는 논리는 일견 당연해 보일 수도 있겠으나 현실에서는 이러한 논리가 성립하지 않는

8) 이때의 기대값은 동전의 앞면과 뒷면이 나올 확률이 모두 0.5이므로 다음과 같이 산출된다.

$$0 \times 0.5 + 2,200 \times 0.5 = 1,100\,(\text{원})$$

경우가 많다. 즉, 기대값이 크다고 사람들이 무조건 선호하는 것은 아니라는 것이다. 다음과 같은 경우를 살펴보자.

예제 7-7

김홍도씨는 갖은 고생 끝에 결혼한지 10년 만에 드디어 30평짜리 아파트를 장만하였다. 아파트에 입주한 그는 이웃사람들을 모아 놓고 집들이를 하고 있었다. 분위기가 무르익을 무렵 옆집에 사는 신윤복씨가 다음과 같은 제안을 했다.

"내가 사는 집도 이 집과 시세가 동일하니 동전던지기를 하여 앞면이 나오면 내 집을 당신에게 주고, 뒷면이 나오면 당신 집을 나에게 달라"

이 게임에 응하는 경우를 생각해 보자. 이 게임에 참여하려면 아파트 1채가 필요한데 게임을 통해 얻을 수 있는 기대값 역시 아파트 1채가 된다. 따라서 기대값만 가지고 생각한다면 이 게임에 참여하는 것은 아무런 이득도 손해도 없게 된다. 즉, 참여해도 그만이고 참여하지 않아도 그만인 것이다. 과연 당신이 김홍도씨 입장이라면 이러한 경우에 게임에 참여하겠는가? 그 이유는 무엇인가?

효용과 기대효용

김홍도씨의 예를 살펴보기 전에 인간의 선택행위가 어떠한 기준에 의해 이루어지는지 생각해 보자. 과거에는 사람들이 기대값에 의해서 행동하므로 기대값이 큰 것을 선택한다고 가정했으나 경제이론이 발전하면서 인간의 선택행위는 효용에 의해 이루어진다고 가정한다. 독자들의 대부분은 효용함수에 대해 익숙하겠지만 그렇지 못한 독자를 위해 효용함수에 대해 간단히 언급하기로 한다.

효용(utility)이란 인간의 만족도를 숫자로 나타낸 것이고 이러한 효용의 구체적인 값을 측정하는 함수를 효용함수라 한다. 예를 들어 현재 상태에서 사과 1개를 먹었을 때의 만족도(효용)를 10이라 하고 배 1개를 먹었을 때의 만족도를 14라 하자. 효용함수를 $U(\cdot)$로 나타내면 이는 다음과 같이 표시할 수 있다.

$$U(\text{사과 } 1) = 10$$
$$U(\text{ 배 } 1) = 14$$

이러한 상황에서 당신에게 사과 1개와 배 1개를 가질 수 있는 기회가 있다면 당신은 어떠한 것을 선택할 것인가? 당연히 만족도가 더 큰 배를 선택할 것이다. 즉, 사람들은 주관적인 만족도를 나타내는 효용이 큰 것을 선택한다는 것이 효용이론이다.

그런데 만약 당신에게 동전을 던져서 앞면이 나오면 사과 1개를 주고 뒷면이 나오면 배 1개를 주는 복권이 있다고 하자. 당신이 이 복권을 받았다면 당신의 만족도는 어느 정도가 될 것인가?

〈표 7-4〉 기대효용의 계산

결과	확률	효용	기대효용
사과	0.5	10	12
배	0.5	14	

이러한 불확실성하에서는 만족도는 사전적으로는 미리 알 수가 없다. 앞면이 나와 사과를 얻는 경우에는 10만큼 즐거울 것이며, 반대로 뒷면이 나오는 경우에는 14만큼 즐거울 것이다. 따라서 현대 경제이론에서는 이 복권에 대한 만족도를 사후적인 만족도(효용)의 평균으로 간주한다. 즉, 0.5의 확률로 10만큼 만족하고, 0.5의 확률로 14만큼 만족하기 때문에 평균하여 12만큼 만족할 것이라고 보는 것이다. 이러한 평균값을 기대효용이라고 한다. 현대 경제이론에서는 불확실성하에서 투자자들은 기대효용이 큰 것을 선호한다고 가정한다.

2. 한계효용과 위험회피

한계효용

투자자들은 적은 것보다는 많은 것을 더 선호할 것이다. 이를 경제학에서는 불포화성의 가정이라고 한다. 그런데 부가 많아질 때 투자자들의 효용은 어떤 형태로 증가할까?

예를 들어 재산이 0원인 사람의 효용은 0이라 하자. 이때 이 사람이 100원을 얻게 되면 이 사람은 만족도가 증가할 것이므로 효용은 0보다 클 것이다. 100원을 가졌을 때의 효용을 10이라 하자. 이 경우 이 사람은 100원을 추가적으로 얻음으로 해서 효용이 10만큼 증가하게 되었는데 이러한 효용의 증가분을 한계효용이라 한다. 즉, 최초 100원의 한계효용은 10이 된다. 이 사람이 100원을 가진 상황에서 추가적으로 100원을 더 얻는다면 이 사람의 효용은 더 증가하게 될 것이다. 그러나 이때 증가하는 효용은 최초의 100원이 주는 효용보다는 작을 것이다. 금액적으로는 똑같은 100원이지만 부가 증가하면서 동일한 100원에 대한 한계효용은 점점 작아지는 경향을 보이는데 경제학에서는 이를 한계효용체감의 법칙이라 한다.

이러한 상황에서 200원을 가졌을 때의 효용은 16이 된다고 하자. 이 경우에는 추가적인 100원에 대한 한계효용은 6으로 최초의 100원에 대한 한계효용 10보다 작아졌다.

무위험자산과 위험자산

투자자들은 기대효용이 큰 것을 선호하며 한계효용이 체감한다는 논리를 토대로 무위험자산과 위험자산간의 선택문제를 살펴본다. 이를 위해서 다음과 같은 예제를 생각해 보자.

예제 7-8

홍유식씨는 한계효용이 체감하는 사람으로 효용함수는 〈그림 7-2〉와 같다.

U(0원) = 0 U(100원) = 20 U(200원) = 30

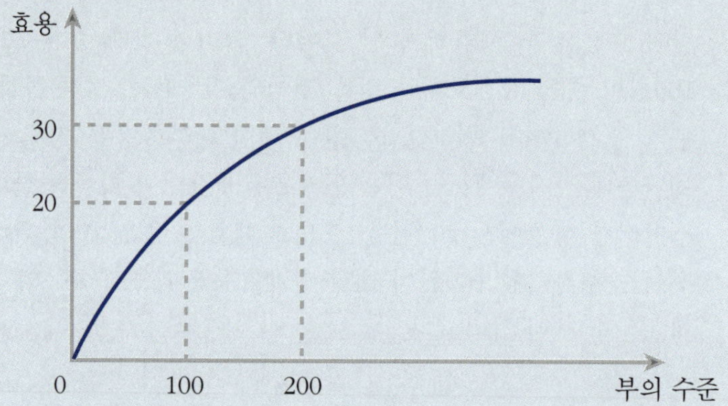

그림 7-2 **한계효용이 체감하는 투자자의 효용함수**

현재 홍유식씨의 부는 100원인데 강무식씨가 다음과 같은 게임을 제안했다.

"동전을 던져 앞면이 나오면 100원을 내가 당신에게 주고, 뒷면이 나오면 당신이 나에게 100원을 달라."

홍유식씨는 이 제안을 받아들이겠는가?

홍유식씨가 이 제안을 받아들인다면 홍유식씨의 부는 0.5의 확률로 0원이 되든지 0.5이 확률로 200원이 되므로 홍유식씨의 기대효용은 다음과 같이 15가 된다.

$$\begin{aligned} \text{기대효용} &= E[U(W)] = U(0) \times 0.5 + U(200) \times 0.5 \\ &= 0 \times 0.5 + 30 \times 0.5 = 15 \end{aligned}$$

그런데 홍유식씨가 이 제안을 받아들이지 않고 현재의 부를 그대로 유지한다면 홍유식씨의 효용은 20이 된다. 따라서 홍유식씨는 이 제안을 거부하게 된다.

이러한 문제를 앞서 살펴본 기대값의 관점에서 생각해 보자. 기대값의 입장에서 보면 이 제안을 거부할 이유는 없다. 왜냐하면 이 제안을 받아들이더라도 100원을 잃거나 100원을 벌게 될 것이므로 홍유식씨의 기대부는 100원으로 동일하게 유지가 되기 때문이다.[9)]

그러나 효용의 측면에서는 이러한 논리가 유지되지 못한다. 이 제안을 받아들인다는 것은 현재의 상황에서 100원을 벌거나 잃는 것인데 100원을 잃을 때 감소하는 효용은 20인데 비해 100원을 벌 때 증가하는 효용은 10이므로 효용의 측면에서는 이 게임에 참가하게 되면 기대효용이 감소하게 된다. 즉, 기대수익의 관점에서는 동일한 게임이라고 할 수 있지만 효용의 관점에서 보면 홍유식씨가 손해보는 게임인 것이다.

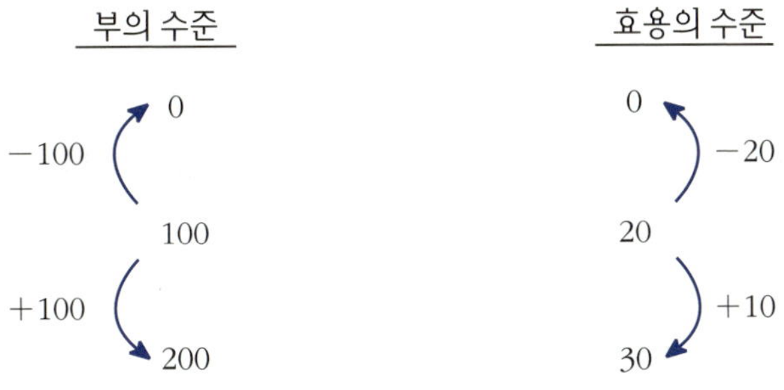

그림 7-3 부의 증감과 효용의 증감

이러한 예는 모든 경우로 일반화할 수 있다. 한계효용이 체감하는 투자자는 동일한 금액을 벌거나 잃는 경우, 항상 잃을 때의 효용의 감소분이 벌 때의 효용의 증가분보다 더 크기 때문에 동일한 금액을 벌거나 잃게 되는

9) 이렇게 참여하거나 참여하지 않거나 부의 변화가 없는 게임을 공정게임(fair game)이라 한다.

공정게임을 거부하게 된다. 따라서 한계효용이 체감하는 투자자는 기대값이 동일한 경우 확실한 것을 선호하며 위험을 회피하게 되는 것이다.

이러한 논리를 이해하였다면 〈예제 7-7〉에서 김홍도씨의 행동을 예측할 수 있을 것이다. 김홍도씨가 한계효용이 체감하는 일반적인 사람이라면 김홍도씨는 신윤복씨의 제안을 거절했을 것이다. 기대수익의 측면에서는 제안을 수락하거나 수락하지 않거나 동일하지만(이 역시 공정게임이다) 효용의 측면에서는 게임에 졌을 때 잃게 되는 효용이 게임에 이겼을 때 얻게 되는 효용보다 훨씬 클 것이므로 이 제안을 거부하는 것이다.

위험자산간의 선택

앞서 김홍도씨의 사례와 홍유식씨의 사례는 모두 한계효용이 체감하는 투자자는 기대값이 동일한 상황에서 위험이 없는 투자안을 위험이 있는 투자안보다 선호한다는 예이다. 그렇다면 위험이 존재하는 투자안들 중에서는 어떤 투자안을 선호할 것인가? 다음과 같은 간단한 예를 살펴보자.

예제 7-9

김민주씨는 주식 1과 주식 2 중 하나의 주식을 선택하기로 했다. 주식 1은 호황이 되면 150원의 수익을 얻고 불황이 되면 50원의 수익을 얻는다. 주식 2의 경우에는 호황이 되면 200원의 수익을 얻고 불황이 되면 0원의 수익을 얻는다. 호황이 될 확률과 불황이 될 확률은 각각 0.5로 동일하다. 현재 김민주씨의 부는 0이며 김민주씨의 효용함수는 다음과 같다.

부의 수준	0	50	100	150	200
효용수준	0	20	30	36	40

김민주씨는 어떤 주식을 선택할 것인가?

김민주씨가 주식 1을 선택하거나 주식 2를 선택하거나 기대값은 모두 100원으로 동일하다. 그러나 위험(표준편차)은 주식 2가 더 크다.

$$\text{주식 1의 수익의 표준편차} = \sqrt{(50-100)^2 \times 0.5 + (150-100)^2 \times 0.5} = 50$$
$$\text{주식 2의 수익의 표준편차} = \sqrt{(0-100)^2 \times 0.5 + (200-100)^2 \times 0.5} = 100$$

이러한 상황에서 김민주씨의 기대효용을 계산해 보자.

$$\text{주식 1을 선택한 경우의 기대효용} = U(50) \times 0.5 + U(150) \times 0.5 = 28$$
$$\text{주식 2를 선택한 경우의 기대효용} = U(0) \times 0.5 + U(200) \times 0.5 = 20$$

따라서 김민주씨는 기대효용이 큰 주식 1을 선호하게 된다.

이 예는 기대수익률이 동일하더라도 위험이 작을수록 투자자가 선호한다는 의미로 해석할 수 있는데 그 이유도 앞서와 동일한 방법으로 설명할 수 있다. 주식 2를 선택하면 주식 1을 선택하는 경우보다 불황이 되면 50원을 덜 받게 되고, 호황이 되면 50원을 더 받게 되므로 기대값의 의미에서는 동일한 주식이다. 그러나 효용의 측면에서는 불황이 되면 50원을 덜 받게 되므로 효용이 20만큼 감소하나 호황이 되어 50만큼 더 받게 되면 효용이 4밖에 증가하지 않는다. 따라서 금액적으로는 동일한 50원을 얻거나 잃는 것이지만 효용의 측면에서는 20을 잃거나 4를 얻는 게임이 되므로 한계효용이 체감하는 투자자는 위험이 큰 투자안을 회피할 것이다.

이러한 예도 앞서와 같이 일반화할 수 있다. 기대값이 같은 경우 분산이 큰 주식은 분산이 작은 주식에 비해 더 많은 수익을 올릴 수도 있지만 반대로 더 낮은 수익을 올릴 수도 있다. 이 경우 한계효용이 체감하는 투자자는 더 많은 수익을 얻을 때 증가하는 한계효용이 더 낮은 수익을 올릴 때 감소

그림 7-4 부의 증감과 효용의 증감

하는 한계효용보다 작으므로 분산이 큰 주식을 회피하는 것이다.

제 4 절 평균-분산원칙

1. 평균 - 분산원칙

우리는 앞에서 한계효용이 체감하는 투자자는 위험이 동일하다면 기대수익률이 높은 투자안을 선호하고 기대수익률이 동일하다면 위험이 작은 투자안을 선호한다는 사실을 알았다. 따라서 투자자들은 투자안을 평가할 때 이 두 가지 요소, 즉 기대수익률과 위험만을 고려한다고 할 수 있다.[10)] 그런데 통계적으로 기대수익률은 평균값으로 산출되고 위험은 분산으로 측정되기 때문에 이렇게 기대수익률과 위험의 두 가지 요소로 투자안을 평가하는 것을 평균-분산원칙이라고 한다.

앞으로는 특별한 언급이 없는 한 평균-분산원칙이 성립한다고 가정하도록 하겠다. 따라서 자산의 평균과 분산만 알면 투자자들이 의사결정을 할 수 있으므로 앞으로는 그 자산의 수익률의 분포를 나타내는 대신 그 자산의 기대수익률과 분산만을 표시하기로 한다. 독자들은 평균-분산 원칙이 성립하는 경우에는 그렇지 않은 경우에 비해 훨씬 적은 정보만으로도 의사결정을 할 수 있다는 사실에 유의하기 바란다.[11)]

10) 엄밀하게 말하면 ① 투자자의 효용함수가 2차 함수 형태이거나 ② 자산의 수익률분포가 정규분포를 따라야 이러한 원칙이 성립하는 것이다.

11) 수익률의 분포를 알면 기대수익률과 분산을 구할 수 있지만 반대의 경우는 성립하지 않는다는 점에서 수익률의 분포가 기대수익률과 분산보다는 훨씬 많은 정보를 가지고 있다고 말할 수 있다. 일반적으로 가정이 많아지면 훨씬 적은 정보로도 결론을 쉽게 도출할 수 있다는 장점이 있지만 그러한 가정이 현실에 얼마나 부합되는가라는 문제가 발생한다.

2. 지배원리와 위험자산의 선택

이제 평균-분산원칙을 이용해서 여러 주식들 중에서 어떤 주식을 선택하는 것이 바람직한 결정인가를 살펴보겠다. 다음과 같은 예제를 생각해 보자.

예제 7-10

최성실양은 주식 1, 주식 2, 주식 3 중 한 주식에 투자하려고 마음먹고 있다. 분석결과 각 주식의 기대수익률과 분산은 다음과 같이 추정되었다.

	주식 1	주식 2	주식 3
기대수익률	0.1	0.2	0.3
분산	0.15	0.1	0.3

최성실양은 어느 주식에 투자를 하는 것이 가장 바람직한가?

최성실양이 어떠한 주식을 선택할 것인가를 분석하기 위해 먼저 주식 1과 주식 2를 비교해 보자. 최성실양은 주식 1은 절대 선택하지 않을 것이다. 왜냐하면 주식 2는 주식 1에 비해 기대수익률은 높은 반면 위험은 더 낮기 때문이다. 즉, 주식 2는 두 가지 평가요소(기대수익률과 위험)에서 모두 주식 1보다 우위에 있는데 이러한 경우 주식 2가 주식 1을 지배한다고 말한다. 이러한 상황에서는 주식 1은 선택대안에서 제외되며 주식 2와 주식 3만이 고려대상이 된다.

주식 3은 기대수익률의 측면에서는 주식 2보다 우월하지만 위험이란 측면에서는 주식 2가 더 우월하므로 어느 주식이 다른 주식을 지배하는 관계가 아니다. 따라서 최성실양이 어느 주식을 선택할 것인가는 최성실양의 위험에 대한 태도에 달려 있다. 최성실양이 위험에 대해 많이 회피한다면 기대수익률이 낮더라도 안전한 주식 2를 선택할 것이고 반대로 위험에 대

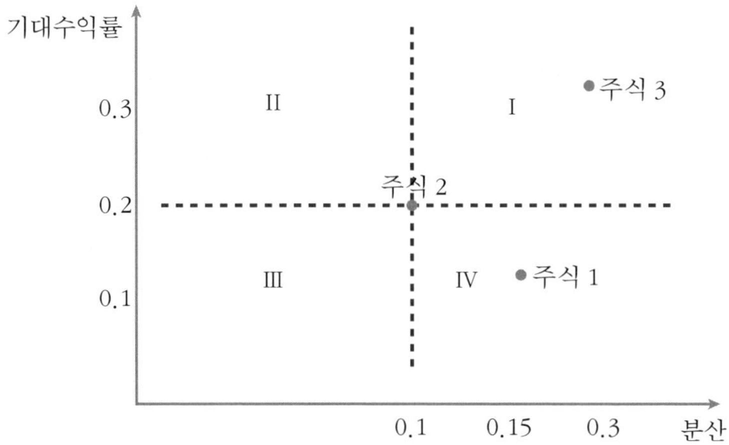

그림 7-5 지배원리

해 덜 회피한다면 조금 더 위험하더라도 기대수익률이 높은 주식 3을 선택할 것이다.

이렇듯 여러 주식 중 하나를 선택하는 경우에는 각 주식의 기대수익률과 분산을 구해 지배당하는 주식을 제외한 상태에서 자신의 위험에 대한 태도를 고려하여 최적의 주식을 선택하면 되는데 이를 지배원리(dominance principle)라 한다.

이러한 상황을 그래프로 설명하면 〈그림 7-5〉와 같다.

주식 2를 중심으로 십자선을 그어 4개의 영역으로 분할해 보자. 이 경우 IV영역은 주식 2보다 오른쪽(위험이 큰 쪽), 그리고 아래쪽(기대수익률이 작은 쪽)에 위치해 있으므로 주식 2에 의해 지배되는 영역이다. 따라서 IV영역에 있는 주식 1은 주식 2에 의해 지배당하게 된다. 반대로 II 영역은 주식 2보다 왼쪽(위험이 작은 쪽), 그리고 위쪽(기대수익률이 큰 쪽)이므로 II 영역에 있는 주식은 주식 2를 지배하게 된다.

이번에는 I 영역과 III영역을 고려해 보자. I 영역에 있는 주식은 주식 2보다 오른쪽, 위쪽에 있으므로 기대수익률도 크고 위험도 크다. 따라서 어느 한 주식이 다른 주식을 지배하는 관계가 아니다. 마찬가지로 III영역은 주식 2보다 왼쪽, 아래쪽에 있으므로 기대수익률도 작고 위험도 작다. 따라서 이 역시 어느 한 주식이 다른 주식을 지배하는 관계가 성립하지 않게 된다.

연습문제

7-1 다음 용어를 간략하게 설명하라.

(1) 위험프리미엄

(2) 한계효용

(3) 지배원리

7-2 재무관리에서 위험이란 무엇을 의미하는지와 어떤 방법으로 위험의 크기를 측정하는지에 대해서 설명하라.

7-3 삼성전자의 현재 주가는 100,000원이다. 내년 경기의 상황에 따라서 삼성전자의 주가가 다음과 같은 확률분포를 보일 것으로 조사되었다.

상황	발생확률	내년의 주가
호황	0.2	120,000
보통	0.5	115,000
불황	0.3	95,000

(1) 배당은 없다고 가정하고 삼성전자의 주식수익률에 대한 확률분포를 작성하라.

(2) (1)에서 작성된 확률분포에서 삼성전자주식의 기대수익률을 구하라.

(3) (1)에서 작성된 확률분포에서 주식수익률의 분산을 구하라.

7-4 효용과 관련된 다음 각 물음에 답하라.

(1) 한계효용, 총효용, 평균효용의 개념을 비교해서 설명해 보라.

(2) 의사결정과 관련된 효용은 어떤 개념의 효용인가? 그 이유를 설명해 보라.

7-5 홍길동군의 효용함수는 $U(W) = \sqrt{W}$로 표시된다. 물음에 답하여라.

(1) 홍길동군의 부가 0원, 100원, 200원인 경우 효용을 구하여라. 홍길동군은 한계효용이 체감하는 투자자인가?

(2) 홍길동군에게 다음과 같은 주식이 주어져 있다. 정기예금과 주식의 기대값과 기대효용을 구하고 홍길동군이 어떤 주식을 선택할 것인가에 대해 생각해 보라. 단, 홍길동군의 현재의 부는 0원이다.

상태	확률	정기예금	주식
호황	0.5	10,000	12,000
불황	0.5	10,000	8,100

(3) (2)에서 홍길동군의 부가 100,000원이라면 홍길동군의 선택은 어떻게 되겠는가? 이렇게 부의 크기에 따라 선택행위가 달라지는 이유는 무엇인가? 이를 통해 부가 증가하면 주식투자를 많이 하는 이유에 대해 설명해 보라.

7-6 최기호씨의 효용함수는 $U(W) = \frac{1}{2}W$로 표시된다. 물음에 답하여라.

(1) 부가 0원, 100원, 200원인 경우 최기호씨의 효용을 구하여라. 이를 통해 최기호씨의 한계효용은 일정함을 보여라.

(2) 최기호씨에게 다음과 같은 주식이 주어져 있다고 하자. 최기호씨는 어떤 주식을 선택할 것인가? 단, 최기호씨의 현재의 부는 0원이다.

상태	확률	주식 1	주식 2	주식 3
호황	0.5	10,000	15,000	20,000
불황	0.5	10,000	5,000	10

(3) 위험이 크던 작던 관계없이 기대값만 보고 의사결정을 하는 투자자를 위험중립적 투자자라 한다. 한계효용이 일정한 투자자는 위험중립적 투자자가 됨을 생각해 보라. 그리고 이를 통해 과거에 기대값이 크면 선호한다라는 가정은 투자자의 한계효용이 일정함을 암묵적으로 가정하고 있었음을 생각해 보라.

7-7 박종성씨의 효용함수는 $U(W) = W^2$으로 표시된다. 물음에 답하여라.

(1) 부가 0원, 100원, 200원인 경우 박종성씨의 효용을 구하여라. 이를 통해 박종성씨의 한계효용은 체증함을 보여라.

(2) 박종성씨에게 다음과 같은 주식이 주어져 있다고 하자. 박종성씨는 어떤 주식을 선택할 것인가? 단, 박종성씨의 현재의 부는 0원이다.

상태	확률	주식 1	주식 2	주식 3
호황	0.5	10,000	15,000	19,000
불황	0.5	10,000	5,000	0

(3) 기대값이 동일한 경우 위험이 큰 것을 선호하며, 위험이 동일한 경우에는 기대값이 큰 것을 선호하는 투자자를 위험선호형 투자자라 한다. 한계효용이 체증하는 투자자는 위험선호형 투자자가 됨을 생각해 보라.

7-8 투자자 1, 투자자 2, 투자자 3의 효용함수는 다음과 같다. 물음에 답하여라.

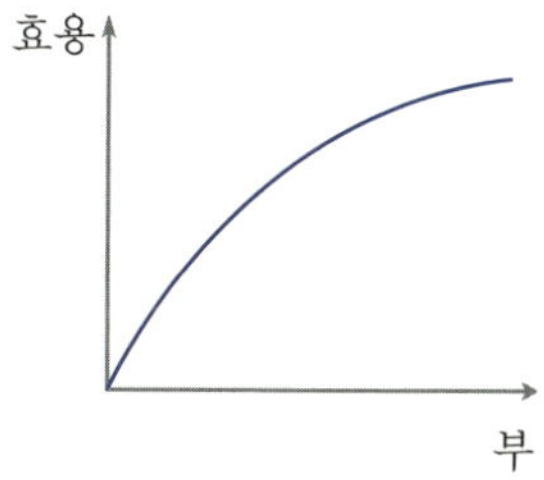

투자자 1의 효용함수

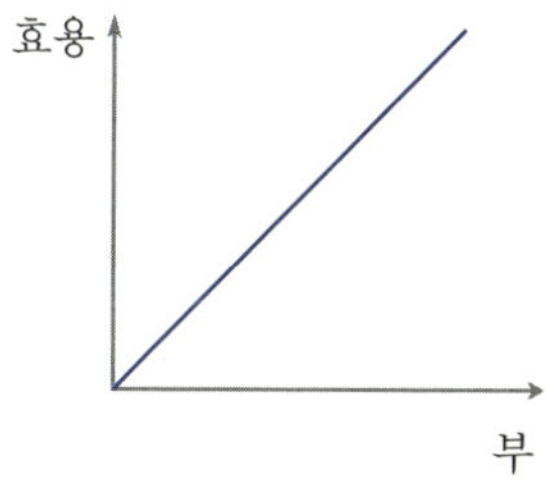

투자자 2의 효용함수

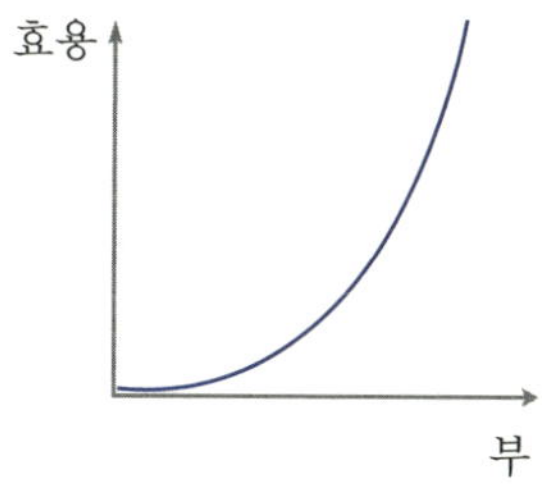

투자자 3의 효용함수

(1) 한계효용이 체감하는 투자자와 한계효용이 일정한 투자자, 한계효용이 체증하는 투자자를 밝혀라.

(2) 위험을 회피하는 투자자, 위험을 선호하는 투자자, 위험에 대해 중립적인 투자자를 밝혀라.

7-9 한소영씨의 효용은 다음과 같다.

$U(0) = 0,\ U(50) = 10,\ U(100) = 18,\ U(135) = 23,\ U(150) = 24,\ U(200) = 28$

한소영씨의 재산은 사고가 나면 100이고 사고가 나지 않으면 200이 된다. 물음에 답하여라. 단, 사고가 일어날 확률은 0.5이다.

(1) 한소영씨의 기대효용은 얼마인가?

(2) 보험회사에서 한소영씨에게 사고가 나면 100원을 보상해 주는 보험을 들도록 했다. 보험료가 20인 경우 보험에 들 경우의 한소영씨의 재산을 구하고 기대효용을 구하여라. 한소영씨는 보험에 드는 것이 유리한가?

(3) (2)에서 한소영씨는 보험료로 최대 얼마를 지불할 용의가 있는가?

7-10 효용함수가 $U(W) = -W^2 + 200W$와 같은 2차 함수로 주어져 있다고 가정하고 다음 각 물음에 답하라.

(1) 이 효용함수가 위험회피적인 투자자의 효용함수로 이용될 수 있는 부의 범위를 구하라.

(2) 10만원의 이익이 생길 확률이 0.6이고 10만원의 손실이 생길 확률이 0.4인 투자안이 있다고 하자. 이진희군은 현재 90만원을 갖고 있고 이민아양은 10만원을 갖고 있다. 누가 이 투자안에 투자할 것인가를 판단하라.

7-11 평균—분산원칙과 지배원리의 관계를 설명해 보라.

제 8 장 체계적 위험 : 베타

투자자들은 위험을 회피하므로 자신의 부를 안정시켜 줄 수 있는 투자안을 선호한다. 이때 자신의 부를 안정시켜 줄 수 있는 투자안이란 투자안의 현금흐름이 자신의 부와 반대방향으로 움직이는 것을 말한다. 그리고 투자자들의 부와 투자안의 현금흐름이 움직이는 방향은 투자안과 시장포트폴리오의 공분산 혹은 베타로 측정할 수 있다.

베타가 큰 주식은 투자자의 부와 같은 방향으로 움직이므로 투자자들이 선호하지 않고 이에 따라 기대수익률이 높아야 하며 베타가 작은 주식은 투자자들이 선호하므로 기대수익률이 낮다. 즉, 개별 주식의 기대수익률은 그 주식의 베타와 비례관계에 있게 된다.

제 1 절 투자자의 부와 주식가격

1. 투자자의 부를 고려한 주식선택

제7장에서 우리는 위험에 대한 기본적인 내용을 살펴보았다. 투자자들은 한계효용이 체감하기 때문에 수익률이 널리 흩어져 있는 자산, 즉 분산이

큰 자산을 싫어하므로 분산이 큰 자산은 수익률이 높아야 한다는 사실을 알았다.

그런데 이러한 사실들은 투자자들의 부가 주식의 투자성과와 관계없이 일정하다는 가정을 전제로 한 것을 독자들은 유의해야 한다. 즉, 호황이 되거나 불황이 되거나 투자자의 부는 일정하고 주식으로부터 얻게 되는 수익만 변화한다는 것을 가정하고 있는 것이다.

그러나 미래상황과 관계없이 투자자의 부가 일정할 수 있을까? 일반적으로는 그렇지 않을 것이다. 즉, 투자자의 부가 주가와 같은 방향으로 변화할 수도 있고 주가와 반대방향으로 변화할 수도 있으며 주가방향과는 무관하게 일정할 수도 있을 것이다. 이렇게 투자자의 부가 미래 상황에 따라서 달라질 수 있다는 사실을 고려할 경우에도 투자자들은 항상 분산이 작은 주식을 선택할까? 투자자의 부의 변화에 따라 투자자가 어떤 주식을 선택하게 되는가를 살펴보자.

투자자의 부가 주가와 같은 방향으로 움직이는 경우

대개의 경우 미래의 경기가 호황이면 투자자의 부도 증가하고 주가도 상승하게 된다. 그리고 불황이면 투자자의 부도 감소하고 주가도 하락하게 된다. 이렇게 투자자의 부가 주가와 같은 방향으로 움직이는 경우에 투자자의 부를 고려하면서 어떤 주식이 선택되는가를 본다. 다음의 예를 살펴보자.

예제 8-1

이민아양의 부는 불황이 되면 100원이고 보통이면 200원, 호황이 되면 300원이 된다. 이민아양은 다음과 같은 주식 중 하나를 선택하려고 하고 있다. 이민아양의 효용함수는 $U = \sqrt{W}$로 표시될 수 있다. 이민아양은 어떤 주식을 선택하는 것이 좋은가?

상황	확률	주식 1의 수익	주식 2의 수익	주식 3의 수익
불황	1/3	20	30	40
보통	1/3	30	30	30
호황	1/3	40	30	20

먼저 이민아양의 효용함수를 보면 무리함수의 형태를 갖기 때문에 한계효용이 체감하므로 이민아양은 위험을 회피하는 투자자임을 알 수 있다.[1)]

이제 각 주식의 기대수익과 분산을 구해 보자. 각 주식의 기대수익을 다음과 같이 구해 보면 모두 30으로 동일함을 알 수 있다.

$$E(R_1) = 20 \times \frac{1}{3} + 30 \times \frac{1}{3} + 40 \times \frac{1}{3} = 30$$
$$E(R_2) = 30 \times \frac{1}{3} + 30 \times \frac{1}{3} + 30 \times \frac{1}{3} = 30$$
$$E(R_3) = 40 \times \frac{1}{3} + 30 \times \frac{1}{3} + 20 \times \frac{1}{3} = 30$$

이번에는 각 주식의 분산을 구해 보자.

$$\sigma_1^2 = (20-30)^2 \times \frac{1}{3} + (30-30)^2 \times \frac{1}{3} + (40-30)^2 \times \frac{1}{3} = 67$$
$$\sigma_2^2 = (30-30)^2 \times \frac{1}{3} + (30-30)^2 \times \frac{1}{3} + (30-30)^2 \times \frac{1}{3} = 0$$
$$\sigma_3^2 = (40-30)^2 \times \frac{1}{3} + (30-30)^2 \times \frac{1}{3} + (20-30)^2 \times \frac{1}{3} = 67$$

위의 결과를 보면 기대수익(률)은 모든 주식이 동일하지만 위험은 주식 2가 가장 작음을 알 수 있다. 따라서 독자들은 이민아양은 당연히 동일한 기대수익(률)하에서 가장 위험이 작은 주식 2를 선택해야 한다고 생각할 것이다. 과연 그럴까? 이를 확인하기 위해서 각 주식을 선택한 경우 이민아양의 기대효용을 계산해 보자.

주식 1을 선택한 경우 ▶

$$\begin{aligned} E[U(W)] &= U(120) \times \frac{1}{3} + U(230) \times \frac{1}{3} + U(340) \times \frac{1}{3} \\ &= \sqrt{120} \times \frac{1}{3} + \sqrt{230} \times \frac{1}{3} + \sqrt{340} \times \frac{1}{3} \\ &= 14.85 \end{aligned}$$

---

1) 예를 들어 부가 0, 100, 200, 300으로 100원씩 증가하는 경우 효용은 0, 10, 14, 17로 증가하게 되는데 이는 동일한 100원의 부가 증가함에 따라 한계효용이 체감함을 의미한다.

주식 2를 선택한 경우 ▶

$$\begin{aligned} E[U(W)] &= U(130)\times\frac{1}{3}+U(230)\times\frac{1}{3}+U(330)\times\frac{1}{3} \\ &= \sqrt{130}\times\frac{1}{3}+\sqrt{230}\times\frac{1}{3}+\sqrt{330}\times\frac{1}{3} \\ &= 14.91 \end{aligned}$$

주식 3을 선택한 경우 ▶

$$\begin{aligned} E[U(W)] &= U(140)\times\frac{1}{3}+U(230)\times\frac{1}{3}+U(320)\times\frac{1}{3} \\ &= \sqrt{140}\times\frac{1}{3}+\sqrt{230}\times\frac{1}{3}+\sqrt{320}\times\frac{1}{3} \\ &= 14.96 \end{aligned}$$

위의 결과를 보면 주식 3을 선택할 때의 기대효용이 가장 크므로 이민아양은 주식 3을 선택하게 된다. 이러한 결과에 대해서 독자들은 의문을 가질 수 있을 것이다. 한계효용이 체감하는 투자자인데도 불구하고 위험이 큰 투자안을 선택한 것을 어떻게 해석할 수 있을까? 답은 간단하다. 한계효용이 체감하여 위험을 회피하는 투자자는 전체 부의 변화가 가장 적은 투자안을 선호하기 때문에 이러한 결과가 나오는 것이다.

각 투자안에서 얻을 수 있는 수익은 주식 2가 가장 안정적이다. 그러나 전체 부를 모두 고려했을 경우에도 주식 2가 가장 최선의 선택일까? 그렇지 않다. 주식 3이 오히려 이민아양의 부를 가장 안정시켜 준다.

〈표 8-1〉을 보면 주식 1을 선택한 경우의 부의 분산은 8067이며, 주식 2를 선택한 경우 부의 분산은 6667, 주식 3을 선택한 경우의 분산은 5400으로 주식 3을 선택한 경우의 부의 분산이 가장 적다는 사실을 알 수 있다.

〈표 8-1〉 주식의 선택과 부의 변화

상황	확률	주식 1을 선택한 경우의 전체 부	주식 2를 선택한 경우의 전체 부	주식 3을 선택한 경우의 전체 부
호황	1/3	120	130	140
보통	1/3	230	230	230
불황	1/3	340	330	320

이민아양이 주식을 선택하는 기준은 주식에서 나오는 수익의 분산이 아니라 그 주식에서 나오는 수익을 포함한 전체 부의 분산이다. 따라서 우리는 투자자들의 부의 변화에 따라 동일한 주식의 가치도 변화할 수 있다는 것을 알 수 있다.

투자자의 부가 주가의 방향과는 무관한 경우

이번에는 투자자의 부가 주가의 방향과는 상관없이 일정한 경우를 생각해 보자. 이러한 경우에 해당하는 사례로는 투자자의 재산이 주로 정기예금, 국공채와 같은 무위험자산으로 구성된 경우를 들 수 있겠다. 이 경우의 주식선택의 문제를 다루기 위해서 다음의 예를 살펴보자.

예제 8-2

이지후양의 부는 미래의 상황과 관계없이 200원이다. 〈예제 8-1〉과 동일한 상황에서 이지후양은 어떤 주식을 선택하는 것이 기대효용을 극대화할 수 있는가? 효용함수는 이민아양의 효용함수와 동일하게 $U=\sqrt{W}$로 표시된다.

이지후양이 각 주식을 선택했을 경우의 기대효용은 다음과 같이 계산된다.

주식 1을 선택한 경우 ▶

$$
\begin{aligned}
E[U(W)] &= U(220)\times\frac{1}{3}+U(230)\times\frac{1}{3}+U(240)\times\frac{1}{3} \\
&= \sqrt{220}\times\frac{1}{3}+\sqrt{230}\times\frac{1}{3}+\sqrt{240}\times\frac{1}{3} \\
&= 15.16
\end{aligned}
$$

주식 2를 선택한 경우 ▶

$$
\begin{aligned}
E[U(W)] &= U(230)\times\frac{1}{3}+U(230)\times\frac{1}{3}+U(230)\times\frac{1}{3} \\
&= \sqrt{230}\times\frac{1}{3}+\sqrt{230}\times\frac{1}{3}+\sqrt{230}\times\frac{1}{3} \\
&= 15.17
\end{aligned}
$$

주식 3을 선택한 경우 ▶

$$
\begin{aligned}
E[U(W)] &= U(240)\times\frac{1}{3}+U(230)\times\frac{1}{3}+U(220)\times\frac{1}{3}\\
&= \sqrt{240}\times\frac{1}{3}+\sqrt{230}\times\frac{1}{3}+\sqrt{220}\times\frac{1}{3}\\
&= 15.16
\end{aligned}
$$

따라서 이지후양은 가장 큰 기대효용을 제공해 주는 주식 2를 선택해야 한다. 이러한 결과는 제6장에서 공부한 내용을 보면 쉽게 이해할 수 있다. 이지후양은 상황의 변화와는 관계없이 부가 일정하므로 가장 안정적인 주식을 선택하는 것이 전체 부를 가장 안정화시키는 것이 된다. 따라서 이지후양의 경우에는 자신의 부는 고려하지 않고 위험이 가장 작은 주식을 선택하는 것이 기대효용을 가장 극대화시키는 방법이다.

투자자의 부가 주가와 반대방향으로 움직이는 경우

흔치 않은 경우이지만 투자자의 부가 주가의 방향과 반대로 움직이는 경우를 살펴보자. 이러한 경우에 해당하는 사례로는 투자자의 재산이 주로 청량음료 업종의 주식으로 구성되어 있는 상황에서 모피 및 난방기구 업종의 주식을 분석하는 경우를 들 수 있다. 다음의 예로 좀 더 자세한 내용을 살펴보자.

예제 8-3

이진희군의 부는 불황이 되면 300원, 보통이 되면 200원, 호황이 되면 100원이다. 〈예제 8-1〉과 동일한 상황에서 이진희군은 어떤 주식을 선택하는 것이 기대효용을 극대화할 수 있는가? 효용함수는 앞서의 경우와 동일하게 $U=\sqrt{W}$로 표시된다.

이진희군이 각 주식을 선택하는 경우의 기대효용은 다음과 같다.

주식 1을 선택한 경우 ▶

$$\begin{aligned} E[U(W)] &= U(320)\times\frac{1}{3}+U(230)\times\frac{1}{3}+U(140)\times\frac{1}{3} \\ &= \sqrt{320}\times\frac{1}{3}+\sqrt{230}\times\frac{1}{3}+\sqrt{140}\times\frac{1}{3} \\ &= 14.96 \end{aligned}$$

주식 2를 선택한 경우 ▶

$$\begin{aligned} E[U(W)] &= U(330)\times\frac{1}{3}+U(230)\times\frac{1}{3}+U(130)\times\frac{1}{3} \\ &= \sqrt{330}\times\frac{1}{3}+\sqrt{230}\times\frac{1}{3}+\sqrt{130}\times\frac{1}{3} \\ &= 14.91 \end{aligned}$$

주식 3을 선택한 경우 ▶

$$\begin{aligned} E[U(W)] &= U(340)\times\frac{1}{3}+U(230)\times\frac{1}{3}+U(120)\times\frac{1}{3} \\ &= \sqrt{340}\times\frac{1}{3}+\sqrt{230}\times\frac{1}{3}+\sqrt{120}\times\frac{1}{3} \\ &= 14.85 \end{aligned}$$

따라서 이진희군은 가장 큰 기대효용을 제공해 주는 주식 1을 선택해야 한다. 이진희군의 부는 불황이 되면 증가하고 호황이 되면 감소하므로 전체 부를 안정화시키기 위해서는 불황이 되면 수익을 적게 주지만 호황이 되면 수익을 많이 주는 주식 1을 선택해야 한다.

여기서 이진희군의 재산은 주로 청량음료 업종의 주식으로 구성된 상태이고 주식 1은 모피 및 난방기구 업종의 주식이다. 그리고 주식 2는 채권이고 주식 3은 빙과류 업종의 주식이라고 보면 이해가 쉬울 것이다.

2. 균형상태에서의 주식가격

〈예제 8-1〉, 〈예제 8-2〉, 〈예제 8-3〉을 통해 우리는 투자자마다 자신의 효용을 극대화하는 주식은 다를 수 있다는 사실을 알았다. 그렇다면 균형상황에서는 어떠한 주식이 선호될 것인가? 다음의 예를 살펴보자.

예제 8-4

세상에는 사과와 배, 귤의 3가지 과일만 존재한다고 하자. 이 세상에는 사과를 좋아하는 사람이 1,000명으로 가장 많고 배를 좋아하는 사람은 300명, 귤을 좋아하는 사람은 200명 이라 하자. 3가지 과일의 공급량은 동일하다고 할 때 어떤 과일의 가격이 가장 높겠는가?

당연히 사과의 가격이 가장 높아야 한다. 가격은 수요와 공급에 의해 결정되는데 사과를 좋아하는 사람이 가장 많으므로 사과에 대한 수요량이 가장 크고 이에 따라서 사과의 가격이 가장 높게 형성이 될 것이다.

그렇다면 〈예제 8-1〉에서 주식 1과 주식 2, 주식 3 중에서 어떠한 주식의 가격이 가장 높겠는가? 결론부터 말하자면 주식 3이다. 그 이유는 투자자들은 평균적으로 볼 때 호황에는 부가 증가하고 불황이면 부가 감소하는 경향이 있기 때문이다. 물론 예외적으로 일부의 투자자는 이지후양이나 이진희군과 같이 상황과는 무관하거나 상황과 반대로 부가 변하는 경우도 있을 수 있지만 이러한 투자자의 수는 그리 많지 않을 것이고 대부분의 투자자는 이민아양과 같이 부가 미래상황과 연동되어서 움직일 것이다. 따라서 이러한 투자자들은 자신의 부를 안정시키기 위해서 주식 3을 선호할 것이고 이에 따라 주식 3의 가격이 가장 높게 형성이 될 것이다.

제 2 절 시장포트폴리오와 주식수익률

1. 시장포트폴리오

앞에서 우리는 대다수 사람들이 자신의 부를 안정화시켜 줄 수 있는 주식을 선호할 것이라는 사실을 알았다. 이러한 상황에서 대다수의 사람들이 부를 나타내는 지표가 있다면 편리할 것이다. 재무관리에서는 이러한 시장

전체의 부를 나타내는 개념으로 시장포트폴리오를 이용한다.[2)]

시장포트폴리오(market portfolio)란 시장에서 거래되는 모든 증권의 모임을 말한다. 예를 들어 이 세상에 100개의 주식이 거래된다면 이 100개의 주식이 골고루 포함된 포트폴리오를 시장포트폴리오라고 하는 것이다. 그런데 엄밀한 의미에서의 시장포트폴리오란 상장된 주식만이 아니고 비상장된 주식까지 포함해야 하는데 비상장된 주식의 경우 거래가 잘 이루어지지 않기 때문에 이러한 주식의 움직임을 파악하기는 어렵다. 따라서 현실적으로는 시장포트폴리오를 상장된 주식의 모임으로 한정하는 것이 일반적이다. 시장포트폴리오라는 개념이 선뜻 들어오지 않는 독자는 종합주가지수를 생각하면 무리가 없을 것이다.

종합주가지수가 올라간다는 것은 상장되어 있는 주식들의 가격이 평균적으로 올라간다는 의미이고 반대로 종합주가지수가 내려간다는 것은 상장되어 있는 주식들의 가격이 내려간다는 의미이므로 종합주가지수는 상장되어 있는 전체 주식들의 움직임을 대표하는 지표이다. 앞서 밝혔듯이 시장포트폴리오는 비상장된 주식의 움직임까지 포함하는 지표로 엄밀한 의미에서 양자는 차이가 있는 개념이기는 하지만 비상장주식의 움직임도 상장주식들의 움직임과 유사할 것이므로 종합주가지수를 시장포트폴리오의 대용치로 보는 것이다.

시장포트폴리오는 시장전체 주식의 움직임을 대표하므로 시장포트폴리오의 수익률이 높다는 것(즉, 종합주가지수의 수익률이 높다는 것)은 시장에 거래되는 증권의 가격이 높아진다는 것을 의미하고 이는 대부분의 사람들의 부가 증가한다는 것을 의미한다. 반대로 시장포트폴리오의 수익률이 낮다는 것은 대부분의 사람들의 부가 감소한다는 것을 의미한다.

이렇게 대다수의 사람들이 부의 움직임을 시장포트폴리오의 움직임으로 파악할 수 있다면 어떤 주식이 선호될까?

2) 포트폴리오란 여러 가지 재산의 모임을 말한다. 예를 들어 어떤 사람이 삼성전자주식과 현대건설주식을 소유하고 있다면 그는 삼성전자주식과 현대건설주식으로 구성된 포트폴리오를 갖고 있다고 말한다.

예제 8-5

투자전문가 이은정씨는 1년 후의 상황을 예측한 결과 다음과 같은 결론을 얻었다.

상황	확률	시장포트폴리오의 수익률	주식 1의 수익률	주식 2의 수익률	주식 3의 수익률
불황	1/3	25%	20%	30%	40%
보통	1/3	35%	30%	30%	30%
호황	1/3	45%	40%	30%	20%

세 주식 모두 현재 주가가 10,000원이라면 이은정씨는 어떠한 주식을 구입해야 하는가? 그 이유는 무엇인가?

시장포트폴리오의 수익률을 보면 알 수 있지만 대부분의 투자자들은 불황이면 부가 감소하고 호황이면 부가 증가한다. 따라서 이들은 자신의 부를 안정화시키기 위해서 호황인 상황에서는 다소 적은 수익을 제공하더라도 불황에서 많은 수익을 제공해 주는 주식을 선호할 것이다. 따라서 주식 3이 가장 선호될 것임을 알 수 있다. 따라서 주식 3의 가격이 가장 높게 올라갈 것이므로 주식 3을 선택하는 것이 좋다.[3)]

예제 8-6

사과의 가격은 200원, 배는 150원, 귤은 100원으로 시장가격이 형성되었다고 하자. 유정선씨는 매우 귤을 좋아하는 사람이다. 그에게 누군가가 3개의 과일 중 하나를 주겠다고 했다. 유정선씨는 어떤 것을 선택해야 하는가? 단, 과일은 언제든지 다시 시장가격으로 팔 수 있다고 가정한다.

유정선씨는 당연히 사과를 선택해야 한다. 그 이유는 사과를 선택하여

3) 어떤 주식의 가격이 올라간다는 것은 그 주식의 수익률이 낮아짐을 의미한다. 가격과 수익률은 반대관계에 있음에 유의하라.

이를 시장에 팔면 200원을 받을 수 있으며 이 돈으로 귤을 2개 살 수 있기 때문이다. 비록 유정선씨가 귤을 좋아하지만 선택은 그의 효용이 아닌 시장가격에 따라 선택해야 하는 것이다. 시장가치가 최대화된 후, 즉 자신의 부가 극대화된 상태에서 적당한 교환을 통해 자신의 효용을 극대화해야지 처음부터 시장가치를 무시한 상태에서 자신의 효용을 극대화하는 것은 잘못된 의사결정을 내릴 수 있다.[4]

예제 8-7

이진희군은 1년 후의 주가를 분석한 결과 〈예제 8-5〉의 이은정씨와 동일한 결과를 얻었다.[5] 그런데 그의 부는 시장포트폴리오의 움직임과는 반대로 호황이 되면 100, 보통이 되면 200, 불황이 되면 300이 된다. 만약 주식 1, 주식 2, 주식 3 중에서 하나를 선택할 수 있다면 그는 어떤 주식을 선택할 것인가?

이진희군은 당연히 주식 3을 선택해야 한다. 주식 3을 선택하면 곧 주가가 상승할 것이므로 높은 가격에 이를 팔고 주식 1을 구입하게 되면 처음부터 주식 1을 선택하는 것보다 더 많은 부를 가질 수 있기 때문이다.

2. 균형상태의 주식수익률

이제 〈예제 8-5〉를 통해서 균형이라는 개념을 생각해 보자. 〈예제 8-5〉를 보면 주식 1, 주식 2, 주식 3은 모두 기대수익률이 30%로서 동일한 값을 갖고 있다. 이러한 상황은 균형상황일까? 아니다. 사람들은 동일한 기대수익률을 제공하더라도 자신의 부를 보다 안정화시킬 수 있는 주식 3을 선호하고 주식 1은 싫어할 것이다. 따라서 주식 3에 대한 수요가 증가하고 가격은 상승한다. 가격과 수익률은 역관계에 있기 때문에 주식 3의 기대수익률은 하락하게 되어 이러한 상태가 지속될 수 없는 것이다. 따라서 이러한 상

4) 재무관리의 목표가 기업가치의 극대화임을 상기하라.

5) 이렇게 모든 투자자가 미래상황에 대해서 동일하게 예측하는 것을 동질적 예측(homogeneous expectation)이라고 한다.

태는 균형상태가 아니다.

동일한 논리로 주식 1에 대한 수요는 감소하여 주가는 하락하고 이에 따라서 기대수익률은 높아지므로 주식 1의 기대수익률은 현재 수준을 유지할 수 없다. 역시 균형상태가 아님을 알 수 있다.

이제는 다음과 같은 예제를 통해서 균형이라는 개념을 다시 한번 확인해 보자.

예제 8-8

주식시장의 상황을 분석한 결과 다음과 같은 결과를 얻었다. 이 상황은 균형상황이 될 수 있는지에 대해 생각해 보라.

상황	확률	시장포트폴리오의 수익률	주식 1의 수익률	주식 2의 수익률	주식 3의 수익률
불황	1/3	25%	26%	25%	27%
보통	1/3	35%	38%	25%	22%
호황	1/3	45%	50%	25%	17%

시장포트폴리오의 수익률을 보면 대부분의 투자자들은 불황이 되면 부가 감소하고, 호황이 되면 부가 증가한다. 따라서 불황일 때 수익을 많이 주는 주식 3을 가장 선호할 것이고, 이에 따라 주식 3의 가격이 가장 높을 것이며 기대수익률은 가장 낮아야 한다.

그런데 실제로 각 주식의 기대수익률을 구해보면 주식 1의 기대수익률은 38%, 주식 2의 기대수익률은 25%, 주식 3의 기대수익률은 22%이므로 이러한 상황은 균형이 될 수 있다.

제 3 절 새로운 위험의 척도 : 공분산과 베타

1. 공분산의 의미

앞에서 우리는 투자자들은 자신의 부를 안정화시킬 수 있는 자산을 선호함을 알았다. 그런데 일반적으로 투자자들의 부를 안정화시킬 수 있는 자산이란 시장포트폴리오의 수익률과 반대로 움직이는 자산을 말한다. 즉, 시장포트폴리오의 수익률이 높을 때(대부분의 사람들의 부가 증가할 때)에는 낮은 수익률을 제공하지만 시장포트폴리오의 수익률이 낮을 때(대부분의 사람들의 부가 감소할 때)에는 높은 수익률을 제공하는 자산이 투자자의 부를 안정화시킬 수 있게 된다.

그러므로 시장포트폴리오와 같은 방향으로 움직이는 주식보다는 시장포트폴리오와 반대방향으로 움직이는 주식이 선호된다고 할 수 있는데 특정주식이 시장포트폴리오와 같은 방향으로 움직이는가, 혹은 반대 방향으로 움직이는가를 측정할 수 있는 지표가 있으면 편리할 것이다.

두 주식간의 공분산

임의의 두 자산의 수익률이 어느 정도 같은 방향으로 움직이는가 아니면 반대방향으로 움직이는가를 측정할 수 있는 지표로 공분산(covariance)이라는 개념이 있다. 다음과 같은 예를 통해서 두 주식간의 공분산을 측정하고 그 의미를 살펴보자.

예제 8-9

박호인씨는 빙과업체인 현대기업과 히터제조업체인 삼성기업에 1,000만원을 투자하는 것을 고려중이다. 그런데 현대기업은 기온이 높으면 수익률이 높지만 기온이 낮으면 수익률이 낮을 것으로 예측되며 삼성기업은 반대로 기온이 높으면 수익률이 낮지만 기온이 낮으면 수익률이 높을 것으로 예측된다. 구체적으로 두 기업 주식의 수익률은 다음과 같을 것으로 예측된다.

상황	확률	현대기업수익률(R_1)	삼성기업의 수익률(R_2)
기온이 낮음	0.5	0.0	0.6
기온이 높음	0.5	0.6	0.0

두 기업 주식의 공분산을 구하고 이의 의미를 설명하라.

현대기업과 삼성기업의 공분산 $Cov(R_1, R_2)$는 다음과 같이 계산된다.[6)]

$$Cov(R_1, R_2) = (0.0-0.3)(0.6-0.3)\times 0.5 + (0.6-0.3)(0.0-0.3)\times 0.5$$
$$= -0.09$$

이러한 공분산의 의미를 이해하기 위해서 두 주식의 공분산을 다음과 같이 나타내 보자.

(기온이 낮은 경우 현대기업의 수익률－현대기업의 기대수익률) … (1)
×(기온이 낮은 경우 삼성기업의 수익률－삼성기업의 기대수익률) … (1)′
×기온이 낮을 확률
+(기온이 높은 경우 현대기업의 수익률－현대기업의 기대수익률) … (2)
×(기온이 높은 경우 삼성기업의 수익률－삼성기업의 기대수익률) … (2)′
×기온이 높을 확률

6) 주식 1의 수익률(R_1)과 주식 2의 수익률(R_2)이 다음과 같다고 하자.

상황	확률	주식 1의 수익률	주식 2의 수익률
1	P_1	R_{11}	R_{21}
2	P_2	R_{12}	R_{22}
⋮	⋮	⋮	⋮
n	P_n	R_{1n}	R_{2n}

이때의 두 주식의 공분산 $Cov(R_1, R_2)$는 다음과 같이 정의된다.

$$Cov(R_1, R_2) = (R_{11}-E(R_1))(R_{21}-E(R_2))\times P_1 + (R_{12}-E(R_1))(R_{22}-E(R_2))\times P_2$$
$$+ \cdots\cdots + (R_{1n}-E(R_1))(R_{2n}-E(R_2))\times P_n$$

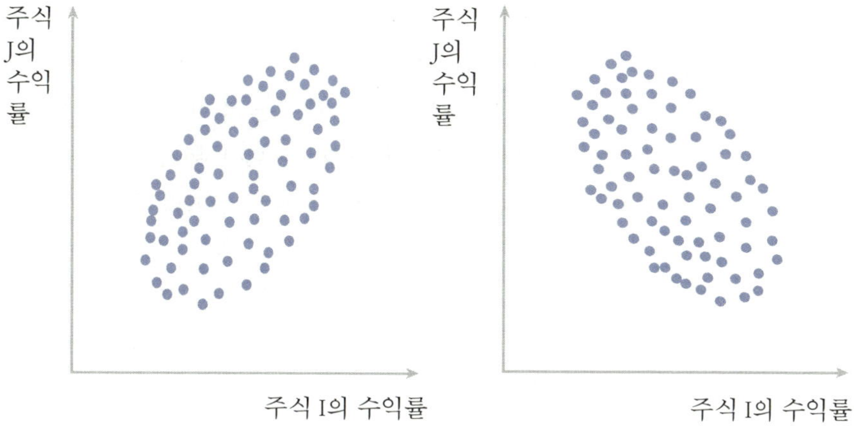

그림 8-1 공분산과 주식의 수익률

기온이 낮은 경우 현대기업의 수익률은 평균보다 낮기 때문에 (1)은 음이 되지만 반대로 삼성기업의 수익률은 평균보다 높기 때문에 (1)′은 양이 된다. 따라서 (1)×(1)′은 음이 된다. 반대로 기온이 높은 경우 현대기업의 수익률은 평균보다 높기 때문에 (2)는 양이 되지만 삼성기업의 수익률은 평균보다 낮기 때문에 (2)′은 음이 된다. 따라서 (2)×(2)′은 음이 되며 두 주식의 수익률간의 공분산 즉 [(1)×(1)′×확률 + (2)×(2)′×확률]도 음이 된다.

이러한 이유에서 두 개의 주식이 반대로 움직이는 경우 두 주식의 수익률의 공분산은 음이 되며 반대로 두 주식의 수익률의 공분산이 음이 된다는 것은 두 주식의 수익률이 반대방향으로 움직인다는 것을 의미한다.

이번에는 두 개의 주식이 같은 방향으로 움직이는 경우를 생각해 보자. 이 경우 한쪽 주식의 수익률이 높으면 다른 수익률도 높고 반대로 한쪽 수익률이 낮으면 다른 수익률도 낮기 때문에 (1)×(1)′과 (2)×(2)′은 모두 양이 되어 공분산은 양이 될 것이다. 즉, 두 주식의 수익률의 공분산이 양이라는 의미는 두 주식이 같은 방향으로 움직인다는 것을 의미한다.

이러한 관계를 그래프로 예시하면 〈그림 8-1〉과 같다.

시장포트폴리오와의 공분산과 베타

어떤 주식의 수익률과 시장포트폴리오의 수익률과의 공분산이 음이 되면 그 주식은 시장포트폴리오와 반대방향으로 움직이므로 이 주식은 대부분의 투자자들의 부를 안정화시켜 주게 된다. 따라서 그 주식은 투자자들이 선호하게 되어 가격이 높고 이에 따라 균형상태에서 이 주식의 기대수익률은 낮게 형성될 것이다. 반대로 시장포트폴리오와의 공분산이 양인 주식은 투자자의 부를 안정화시켜 주지 못하므로 균형상태에서 이 주식의 기대수익률은 높게 형성되어야 한다.

이러한 점을 고려해 볼 때 균형상태에서 개별자산의 기대수익률($E(R_i)$)과 시장포트폴리오와의 공분산 ($Cov(R_i, R_m)$)은 비례관계에 있게 된다.

$$Cov(R_i, R_m) \sim E(R_i)$$

이러한 관계는 한계효용의 측면에서 직관적으로 해석할 수 있다. 한계효용이 체감하는 투자자는 동일한 수익을 얻더라도 부가 적을 때 얻는 것을 부가 많을 때 얻는 것보다 선호할 것이다. 따라서 경기가 좋을 때 많은 수익을 주는 주식보다는 경기가 나쁠 때 많은 수익을 주는 주식을 선호하게 된다. 그러므로 시장상황과 반대방향으로 수익을 제공해 주는 자산을 선호하게 되는 것이다.

그런데 시장포트폴리오의 분산 σ_m^2은 상수이므로 다음의 식도 성립한다.

$$\frac{Cov(R_i, R_m)}{\sigma_m^2} \sim E(R_i)$$

위의 식에서 $\frac{Cov(R_i, R_m)}{\sigma_m^2}$을 주식 i의 베타(β_i)라 하는데 베타산출식의 구조를 보면 알 수 있겠지만 근본적으로 베타는 공분산과 비례하는 값이다. 따라서 독자들은 어떤 주식의 베타가 작다는 것은 그 주식과 시장포트폴리오간의 공분산이 작다는 의미로 해석하고, 베타가 크다는 것은 공분산이 크다는 의미로 해석하면 될 것이다.

2. 베타와 체계적 위험

우리는 앞에서 베타는 공분산의 의미를 지닌다는 사실을 알았다. 따라서 베타가 양(+)의 값을 갖는 주식은 시장포트폴리오와 같은 방향으로 움직이며 베타가 음(−)의 값을 갖는 주식은 시장포트폴리오와 반대방향으로 움직이게 될 것이라는 사실을 알 수 있다.

그런데 베타의 값은 다음과 같이 시장포트폴리오의 움직임에 대한 민감도로 해석되기도 한다. 다음의 예제를 통해서 구체적으로 베타의 의미를 살펴보자.

예제 8-10

시장포트폴리오와 주식 1, 주식 2, 주식 3의 수익률은 다음과 같이 추정되었다. 각 주식의 베타를 구하고 이의 의미를 해석하라.

상황	확률	시장포트폴리오	주식 1	주식 2	주식 3
불황	0.25	0.4	0.3	0.2	0.6
보통	0.50	0.5	0.5	0.5	0.5
호황	0.25	0.6	0.7	0.8	0.4

시장포트폴리오와 각 주식의 기대수익률을 구해보면 다음과 같이 모두 0.5가 된다.

$$E(R_m) = 0.4 \times 0.25 + 0.5 \times 0.5 + 0.6 \times 0.25 = 0.5$$
$$E(R_1) = 0.3 \times 0.25 + 0.5 \times 0.5 + 0.7 \times 0.25 = 0.5$$
$$E(R_2) = 0.2 \times 0.25 + 0.5 \times 0.5 + 0.8 \times 0.25 = 0.5$$
$$E(R_3) = 0.6 \times 0.25 + 0.5 \times 0.5 + 0.4 \times 0.25 = 0.5$$

각 주식의 베타를 구하기 위해 먼저 시장포트폴리오의 분산을 구한다.

$$\sigma_m^2 = (0.4-0.5)^2 \times 0.25 + (0.5-0.5)^2 \times 0.5 + (0.6-0.5)^2 \times 0.25 = 0.005$$

이제 각 주식과 시장포트폴리오와의 공분산을 구하면 다음과 같다.

$$\begin{aligned} Cov(R_1, R_m) &= (0.3-0.5)(0.4-0.5) \times 0.25 + (0.5-0.5)(0.5-0.5) \times 0.5 \\ &\quad + (0.7-0.5)(0.6-0.5) \times 0.25 = 0.01 \end{aligned}$$

$$\begin{aligned} Cov(R_2, R_m) &= (0.2-0.5)(0.4-0.5) \times 0.25 + (0.5-0.5)(0.5-0.5) \times 0.5 \\ &\quad + (0.8-0.5)(0.6-0.5) \times 0.25 = 0.015 \end{aligned}$$

$$\begin{aligned} Cov(R_3, R_m) &= (0.6-0.5)(0.4-0.5) \times 0.25 + (0.5-0.5)(0.5-0.5) \times 0.5 \\ &\quad + (0.4-0.5)(0.6-0.5) \times 0.25 = -0.005 \end{aligned}$$

따라서 각 주식의 베타는 다음과 같이 계산된다.

$$\beta_1 = \frac{0.01}{0.005} = 2$$
$$\beta_2 = \frac{0.015}{0.005} = 3$$
$$\beta_3 = \frac{-0.005}{0.005} = -1$$

이제 베타의 의미를 해석해 보자. 시장포트폴리오는 평균수익률이 0.5인데 호황이 되면 수익률이 0.1만큼 증가하고 반대로 불황이 되면 수익률이 0.1만큼 감소한다. 이때 주식 1은 호황이 되면 수익률이 0.2만큼 증가하고 반대로 불황이 되면 수익률이 0.2만큼 감소하여 시장포트폴리오의 수익률의 움직임의 2배만큼 변화함을 알 수 있는데 주식 1의 베타가 바로 이러한 민감도를 나타내게 된다. 즉, 주식 1의 베타가 2라는 의미는 시장포트폴리오의 수익률의 변화에 2배만큼 변화한다는 의미로 시장포트폴리오의 수익률이 1% 증가하면 주식 1의 수익률은 2배인 2% 증가하고 반대로 시장포트폴리오의 수익률이 1% 감소하면 주식 1의 수익률은 2% 감소한다는 의미로 해석할 수 있다.

동일한 논리로 생각해 보면 주식 2는 베타가 3이므로 시장포트폴리오의 수익률의 변화에 대해 3배만큼 증가 혹은 감소하며 주식 3은 베타가 −1이므로 시장포트폴리오의 수익률이 1% 증가하면 주식 3의 수익률은 1% 감소하고 반대로 시장포트폴리오의 수익률이 1% 감소하면 주식 3의 수익률은 1% 증가함을 확인할 수 있을 것이다.

이렇듯 베타란 그 주식이 시장의 상황, 즉 시장포트폴리오의 움직임에 얼마나 민감하게 반응하는가 하는 민감도를 의미하게 된다. 그런데 민감도가 큰 주식을 소유하게 되면 시장의 상황이 조금만 변해도 주식의 수익률이 크게 변하므로 투자자의 부가 불안정해지게 될 것이다. 따라서 이러한 민감도를 진정한 의미의 위험, 즉 투자자의 전체 부를 고려했을 경우의 위험이라 할 수 있는데 이러한 의미에서 베타를 체계적 위험(systematic risk)이라 한다. 따라서 투자자들은 베타가 큰 주식을 위험하다고 판단하여 더 높은 수익률을 요구하게 되며 반대로 베타가 작은 주식에 대해서는 낮은 수익률만을 요구하게 된다.

3. 체계적 위험의 계산과 이용

주식의 체계적 위험을 나타내는 지표인 베타는 현대 재무이론에서 주식가격을 결정하는데 가장 중요한 개념이다. 앞서 베타를 산출하는 방법과 그 의미를 간단하게 살펴보았지만 여기서는 좀더 구체적인 사례를 다루어 보겠다. 다음의 예제를 살펴보자.

예제 8-11

시장포트폴리오와 삼한건설 주식의 수익률은 다음과 같이 예측이 된다.

상황	확률	시장포트폴리오의 수익률	삼한건설 주식의 수익률
불황	0.5	15%	10%
호황	0.5	25%	40%

삼한건설 주식의 베타는 얼마인가? 시장포트폴리오의 주식의 수익률이 높아지거나 낮아질 경우 삼한건설 주식의 수익률은 얼마나 변하는가?

삼한건설 주식의 베타를 구하기 위해 먼저 삼한건설 주식수익률(R_s)의 시장포트폴리오와의 공분산을 구한다.

$$Cov(R_s, R_m) = (0.15 - 0.2)(0.1 - 0.25) \times 0.5 + (0.25 - 0.2)(0.4 - 0.15) \times 0.5$$
$$= 0.0075$$

이번에는 시장포트폴리오의 분산을 구한다.

$$\sigma_m^2 = (0.15 - 0.2)^2 \times 0.5 + (0.25 - 0.2)^2 \times 0.5 = 0.0025$$

따라서 삼한건설 주식의 베타는 다음과 같이 계산된다.

$$\beta_s = \frac{Cov(R_s, R_m)}{\sigma_m^2} = \frac{0.0075}{0.0025} = 3$$

이제 삼한건설 주식의 베타가 3이라는 의미를 해석해 보자. 시장포트폴리오의 기대수익률은 20%이므로 투자자들은 시장포트폴리오의 수익률을 20%로 기대하고 있을 것이다. 그런데 호황이 되면 시장포트폴리오의 수익률이 25%가 되어 예상보다 5% 상승하게 된다. 이 경우 삼한건설의 주식은 15% 상승하게 되는데 이것은 삼한건설의 베타가 3이므로 시장포트폴리오의 수익률의 3배만큼 수익률이 상승함을 의미한다. 반대로 불황이 되면 시장포트폴리오의 수익률은 15%가 되어 예상보다 5% 하락하게 되는데 이 경우 삼한건설의 주식은 15%만큼(즉, 시장포트폴리오 수익률 하락의 3배만큼) 하락하게 된다.

이러한 예에서 우리는 어떠한 주식의 수익률은 시장포트폴리오의 수익률의 변화에 베타를 곱한 만큼 수익률이 변한다는 사실을 확인할 수 있다. 따라서 베타가 크면 클수록 불안정한 주식, 즉 위험한 주식이라 할 수 있는 것이다.

예제 8-12

각 주식의 베타를 분석한 결과가 다음과 같이 추정되었다.

주식	주식 A	주식 B	주식 C
베타	5	1	−0.5

위 주식 중 경기에 가장 민감한 주식은 무엇인가? 또한 경기가 나쁠 때 오히려 높은 수익을 제공하는 주식은 어느 주식인가? 그리고 경기상황과 동일하게 움직이는 주식은 어느 주식인가?

경기의 상황에 가장 민감하게 반응하는 주식은 베타가 가장 큰 주식 A이다. 주식 A는 베타가 5이므로 시장포트폴리오의 수익률이 1% 증가하게 되면 수익률이 5% 증가하지만 반대로 시장포트폴리오의 수익률이 1% 감소하게 되면 수익률이 5% 감소하게 되어 가장 경기에 민감하게 반응하게 된다.

한편 경기상황과 반대로 움직이는 주식은 베타가 음(−)의 값을 갖는 주식 C이다. 주식 C의 경우 시장포트폴리오의 수익률이 1% 증가하면 수익률이 0.5% 만큼 감소하지만 시장포트폴리오의 수익률이 1% 감소하게 되면 수익률이 0.5% 증가하게 되어 경기와 반대로 움직이게 된다.

마지막으로 시장의 상황과 동일하게 움직이는 주식은 주식 B가 된다. 주식 B는 베타가 1이므로 시장포트폴리오의 수익률이 1% 증감하면 동일하게 1% 만큼 수익률이 증감하게 된다. 이러한 논리로 생각해 보면 시장포트폴리오의 베타는 항상 1임을 알 수 있다.

연습문제

8-1 다음 용어를 간략하게 설명하라.

(1) 시장포트폴리오

(2) 공분산

(3) 베타

8-2 다음의 변수들간에 공분산의 부호가 양(+), 음(-)인지를 판단해 보라.

(1) 경제성장률과 주가상승률

(2) 위험과 수익률

(3) 경제성장률과 실업률

(4) 통화량증가율과 주가상승률

8-3 생활필수품을 주로 판매하는 할인점의 경우에는 경기가 호황이거나 불황이거나 매출액이 크게 변동하지 않는다. 그러나 고급사치품을 판매하는 백화점의 경우에는 불황에서는 매출액이 크게 떨어지지만 일단 호황국면에 접어들면 매출액이 급격하게 늘어난다. 이러한 현상을 놓고 할인점과 백화점의 베타를 비교해 보라.

8-4 김수현씨는 거산기업의 주식을 구입하려 한다. 거산기업의 주식을 구입하면 1년 후 12,000원에 매각할 수 있을 것으로 기대된다.

(1) 김수현씨가 거산기업의 주식을 10,000원에 구입한다면 수익률은 얼마인가? 또한, 거산기업의 주식을 8,000원에 구입한다면 수익률은 얼마인가?

(2) (1)의 예를 통해 주가와 수익률은 반대방향으로 움직임을 생각해 보라.

8-5 '**파이낸스' 라는 이름의 유사금융회사에서 월 20% 이자를 준다고 해서 아들의 대학등록금을 맡긴 김순녀씨는 파이낸스회사의 사장이 잠적해서 돈을 떼이게 되었다. 그래서 같은 처지에 있는 사람들과 함께 이마에 흰 띠를 두르고 파이낸스회사에 몰려가서 농성을 하고 있다. 김순녀씨의 행동을 위험과 수익률의 관계에서 비판해 보라.

8-6 현대건설과 종합주가지수의 수익률에 대한 확률분포를 예측하여 다음과 같은 결과를 얻게 되었다. 이 자료를 이용해서 다음 각 물음에 답하라.

상황	발생확률	현대건설	종합주가지수
불황	1/3	−10%	−6%
보통	1/3	20	14
호황	1/3	41	28

(1) 현대건설과 종합주가지수의 수익률 사이의 공분산을 구하라.

(2) 현대건설 주식의 베타를 구하라.

(3) (2)의 결과를 이용해서 이 주식수익률의 변동에 대한 특성을 설명하라.

8-7 시장포트폴리오와 비선기업의 수익률간의 관계는 다음과 같다. 물음에 답하여라.

상황	확률	시장포트폴리오	비선기업
불황	1/3	0.1	0.0
보통	1/3	0.2	0.3
호황	1/3	0.3	0.6

(1) X축을 시장포트폴리오의 수익률, Y축을 비선기업의 수익률로 놓고 이들의 수익률의 관계를 그래프로 표시하여 보라,

(2) X(시장포트폴리오의 수익률)와 Y(비선기업의 수익률)간의 관계를 $Y=\alpha+\beta X$의 직선으로 표시할 때 β를 구하여라.

(3) 비선기업의 베타를 구하고 이 것이 (2)에서 구한 β값과 동일함을 보여라.

(4) 직선식에서 기울기인 β가 크면 X의 변화에 따라 Y값의 변화가 심하다는 것을 의미한다. (3)의 결과를 토대로 베타가 큰 주식의 경우 시장포트폴리오의 수익률의 변화에 대해 주식의 수익률의 변화가 크다는 사실을 설명해 보라.

8-8 시장포트폴리오는 호황과 불황으로 수익률이 구분되어 호황이면 수익률이 0.4이고 불황이면 수익률이 0.2가 된다. 호황이나 불황이 될 확률은 각기 0.5이다. 한편 주식 1의 경우 시장상황 이외에도 기업의 우연한 성공과 실패에 따라 수익률이 0.1씩 증가하거나 감소하며 주식 2의 경우에는 기업의 우연한 성공과 실패에 따라 수익률이 0.2씩 증가하거나 감소한다. 우연히 성공하거나 실패할 확률은 각기 0.5이다. 이러

한 상황을 표로 요약하면 다음과 같다.

상황	확률	시장포트폴리오	주식 1	주식 2
상황 1	0.25	0.2	0.1	0.0
상황 2	0.25	0.2	0.3	0.4
상황 3	0.25	0.4	0.3	0.2
상황 4	0.25	0.4	0.5	0.6

단, 상황 1은 불황이며 기업들이 우연히 실패한 상황, 상황 2는 불황이며 기업들이 우연히 성공한 상황, 상황 3은 호황이며 기업들이 우연히 실패한 상황, 상황 4는 호황이며 기업들이 우연히 성공한 상황을 나타낸다. 물음에 답하여라.

(1) 각 주식의 분산, 공분산 및 베타를 구하여라.

(2) 각 주식의 우연한 사정에 의한 수익률의 변동부분은 공분산이나 베타에 영향을 주는가? 이를 통해 공분산이나 베타를 계산하는데 기업의 개별 사정에 의한 부분은 영향을 미치지 않음을 생각해 보라.

8-9 8-8번 문제와 관련하여 다음 주식 중 어떤 주식의 베타가 클지 생각해 보라. 이를 통해 왜 베타를 시장전체 체계(system)와 관련한 위험(systematic risk)이라 하는지 생각해 보라.

① 시장의 상황에 따라서는 수익률이 크게 변동하지 않지만 개별주식의 상황에 따라 수익률이 크게 좌우되는 주식

② 시장의 상황에 따라서는 수익률이 크게 변동하지만 개별주식의 상황에 따라서는 수익률이 크게 변동하지 않는 주식

8-10 황현정씨의 효용함수는 $U(W) = W^2$으로 표현된다. 각 주식의 수익이 다음과 같을 때 물음에 답하여라.

상황	확률	시장포트폴리오	주식 2의 수익	주식 3의 수익
불황	1/3	20	30	40
보통	1/3	30	30	30
호황	1/3	40	30	20

(1) 황현정씨는 어떤 주식을 선택할 것인가? 단, 황현정씨의 부는 불황이면 100, 보통이면 200, 호황이면 300이다.

(2) 위의 결과를 토대로 위험선호형 투자자의 경우 베타에 대해 어떤 태도를 취할 것인가를 생각해 보라.

8-11 서해기업은 현재 100억원의 현금을 가지고 있으며 다음과 같은 3가지 기업의 운영 방안을 고려 중이다. 이 기업에 맞는 할인율은 10%이며 이 기업은 1년 후에는 자동 해산한다.

방법 1: 100억원의 자금을 모두 배당하고 지금 당장 기업을 해산한다.

방법 2: 50억원은 현재 배당하고 50억원을 투자한다. 이 경우 1년 후 60.5억원을 배당할 수 있다.

방법 3: 100억원을 모두 투자한다. 이 경우 1년 후 110억원을 배당할 수 있다.

이때 지분의 50%를 보유한 대주주 김현재씨는 다음과 같이 주장한다.

"나는 현재소비가 중요하므로 방법 1에 따라 지금 당장 배당해 달라."

지분을 50% 보유한 또 다른 대주주인 이미래씨는 다음과 같이 주장한다.

"나는 미래소비가 중요하므로 방법 2에 따라 1년 후 배당해 달라."

이때 경영자인 박현명씨는 다음과 같이 말했다.

"방법 2를 채택하겠습니다. 이 경우 기업가치가 극대화되므로 김현재씨는 주식을 팔아 현재소비하면 되고, 이미래씨는 배당을 저금하면 다른 방법보다 훨씬 유리합니다."

물음에 답하여라.

(1) 각 방법별 기업가치를 구하여라.

(2) 기업가치가 극대화되면 현재소비를 중시하는 주주나 미래소비를 중시하는 주주나 모두 행복해질 수 있는가? 이를 통해 기업의 목표가 기업의 시장가치의 극대화임을 확인하여 보라.

제 9 장
자본자산가격결정모형

개별 주식의 위험은 베타로 측정할 수 있으며 베타와 개별 주식의 기대수익률은 직선의 관계에 있게 되는데 이러한 이론을 자본자산가격결정모형(CAPM)이라고 한다. CAPM을 이용하면 주식 및 투자안의 가치평가나 투자분석을 쉽게 할 수 있다. CAPM을 통해 구한 기대수익률이 순현가법으로 투자분석을 할 때에는 할인율로 사용되며, 내부수익률로 투자분석을 할 때에는 기준 수익률의 역할을 하기 때문이다. 즉, 위험하에서의 투자의 사결정에서는 CAPM을 통해 구한 기대수익률이 확실성하에서의 시장이자율의 역할을 대신하게 되는 것이다.

제 1 절 베타와 기대수익률

1. 포트폴리오의 베타

우리는 제8장에서 개별주식의 베타를 구하는 방법에 대해 알아보았다. 그런데 투자자들은 하나의 주식만을 선택하지 않고 몇 개의 주식을 동시에 선택하여 포트폴리오를 구성하는 경우도 있을 것이다. 이 경우 투자자는 자신이 가지고 있는 포트폴리오의 베타, 즉 체계적 위험을 구해야 한다. 포트폴리오의 베타는 어떻게 구할 수 있는지 알아보자.

예제 9-1

송정희양은 자신의 자산을 현대기업과 삼성기업에 1,000만원씩을 투자하였다. 현대기업과 삼성기업의 베타는 각각 1과 3이다. 송정희양이 구성한 포트폴리오의 베타는 얼마가 될까?

현대기업의 주식에 1,000만원을 투자한 경우 시장포트폴리오의 수익률이 1% 증가하면 현대기업 주식도 1% 수익률이 증가하므로 10만원의 수익을 올리게 된다. 또한 삼성기업의 주식에 1,000만원을 투자한 경우에는 시장포트폴리오의 수익률이 1% 증가하면 삼성기업의 주식은 3% 증가하므로 30만원의 수익을 올리게 된다. 따라서 송정희양이 구성한 포트폴리오는 시장포트폴리오의 수익률이 1% 증가하면 총 40만원의 수익을 얻어 2%의 수익률을 올리게 된다. 반대로 시장포트폴리오의 수익률이 1% 감소하게 되면 현대기업의 수익률은 1%, 삼성기업의 수익률은 3% 하락하여 총 40만원만큼의 손실을 보게 된다. 따라서 시장포트폴리오의 수익률이 1% 하락하면 송정희양이 구성한 포트폴리오의 수익률은 2% 하락하게 된다.

시장포트폴리오가 1% 증가 또는 감소함에 따라 송정희양이 구성한 포트폴리오의 수익률이 2% 증가 또는 감소한다는 것은 무엇을 의미하는가? 이것은 송정희양이 구성한 포트폴리오의 베타가 2가 된다는 의미이다. 즉, 포트폴리오의 베타는 그것을 구성하는 주식들의 베타를 평균한 값이 되는 것이다.

예제 9-2

〈예제 9-1〉에서 송정희양이 1,500만원은 현대기업에 투자하고 나머지 500만원을 삼성기업에 투자한 경우 송정희양이 구성한 포트폴리오의 베타는 얼마인가?

시장포트폴리오의 수익률이 1% 증가하는 경우 송정희양은 현대기업에서 15만원의 수익을 올리고, 삼성기업에서 15만원의 수익을 올릴 수 있으므로 포트폴리오의 수익률은 1.5% 증가하게 된다. 마찬가지 논리로 시장포트폴리오의 수익률이 1% 감소하는 경우 포트폴리오의 수익률은 1.5% 감소하게 되어 송정희양이 구성한 포트폴리오의 베타는 1.5가 된다.

그런데 우리는 포트폴리오의 베타를 각 주식의 베타의 평균임을 이용해서 이를 다음과 같이 직접 구할 수도 있다.

$$
\begin{aligned}
\text{포트폴리오의 베타} &= \frac{\text{현대기업에의 투자액}}{\text{전체투자액}} \times \text{현대기업의 베타} \\
&+ \frac{\text{삼성기업에의 투자액}}{\text{전체투자액}} \times \text{삼성기업의 베타} \\
&= \frac{1,500}{2,000} \times 1 + \frac{500}{2,000} \times 3 = 1.5
\end{aligned}
$$

2. 베타와 위험프리미엄

위험프리미엄

무위험자산이란 위험이 전혀 없는 자산, 즉 미래에 어떠한 경우가 발생하더라도 약속된 수익을 제공해 주는 자산을 말한다. 정기예금에 투자한 경우 경기가 호황이 되든 불황이 되든 상관없이 일정한 이자를 지급하므로 이는 무위험자산이라 할 수 있다.

예제 9-3

백제전자의 주식의 베타는 1이고 기대수익률은 12%이다. 정기예금의 이자율(무위험자산의 수익률)이 10%인 경우 백제전자는 무위험자산에 비해 2%의 수익률을 더 제공한다. 이것을 어떻게 해석할 수 있는가?

백제전자의 주식은 위험한 자산이므로 무위험자산에 비해 수익률을 더 지급해야 한다. 〈예제 9-3〉에서 백제전자는 무위험자산에 비해 2%의 수익률을 더 제공하는데 이를 위험프리미엄이라 한다. 주식이 위험하면 위험할수록 투자자들이 싫어할 것이므로 가격이 낮아야 하고 이에 따라서 더 높은 수익률이 제공되어야 한다. 따라서 위험이 증가하면 위험프리미엄도 점점 더 커질 것이다.

베타와 위험프리미엄의 관계

우리는 베타가 큰 주식은 경기에 민감하게 변동하므로 위험한 주식이라는 사실을 알았다. 따라서 베타가 큰 주식은 위험프리미엄도 커야 할 것이다. 균형상태에서는 베타와 위험프리미엄은 어떠한 관계에 있어야 할까?

예제 9-4

무위험자산의 수익률은 10%이고 시장포트폴리오의 수익률은 12%이다. 베타가 2인 주식의 수익률은 13%이고 베타가 3인 주식의 수익률은 16%이다. 이러한 상황은 균형상태라고 할 수 있는가?

시장포트폴리오는 베타가 1인 자산이므로 이러한 상황에서 베타와 위험프리미엄의 관계를 표로 요약하면 다음과 같다.

〈표 9-1〉 베타와 위험프리미엄

베타	1	2	3
위험프리미엄	2%	3%	6%

〈표 9-1〉을 보면 베타가 커지면서 위험프리미엄이 증가하므로 균형상황이 될 수 있는 것처럼 보이지만 사실은 균형상황이 아니다. 그 이유를 살펴보자.

우리는 앞에서 포트폴리오의 베타는 포트폴리오를 구성하는 주식들의 베타를 평균한 값이 된다는 사실을 알았다. 이 사실을 이용하면 베타가 1인 주식에 자산의 반을 투자하고 베타가 3인 주식에 자산의 나머지 반을 투자한 포트폴리오의 베타는 2가 될 것이라는 사실을 쉽게 알 수 있다. 그렇다면 이 포트폴리오의 기대수익률은 얼마가 될까? 이 포트폴리오의 기대수익

률은 다음과 같이 14%가 된다.[1)]

$$\text{포트폴리오의 기대수익률} = 0.12 \times 0.5 + 0.16 \times 0.5 = 0.14$$

그런데 베타가 2인 주식의 기대수익률은 13%밖에 되지 않는다. 위험이 동일한데도 기대수익률이 다르다면 기대수익률이 낮은 자산은 아무도 선택하지 않을 것이므로 이 상황은 균형이 아니다. 따라서 이 상황이 균형이 되기 위해서는 베타가 2인 주식의 위험프리미엄은 4%가 되어야 한다(즉, 기대수익률은 14%가 되어야 한다). 균형상황을 표로 나타내면 〈표 9-2〉와 같다.

〈표 9-2〉 균형상황에서의 베타와 위험프리미엄

베타	1	2	3
위험프리미엄	2%	4%	6%

〈표 9-2〉에서 우리는 베타와 위험프리미엄은 정비례의 관계, 즉 직선의 관계에 있어야 함을 알 수 있다. 따라서 임의의 주식의 베타와 위험프리미엄은 다음의 관계를 만족해야 한다.

$$\begin{aligned}\text{주식의 위험프리미엄} &= \text{베타가 1인 경우의 위험프리미엄} \times \text{주식의 베타} \\ &= (\text{시장포트폴리오의 기대수익률} - \text{무위험이자율}) \\ &\quad \times \text{주식의 베타} \\ &= (0.12 - 0.1) \times \text{주식의 베타}\end{aligned}$$

1) 예를 들어 2,000만원을 기대수익률이 12%인 주식과 16%인 주식에 1,000만원씩 투자한 경우를 생각해 보자. 이 경우 기대수익률이 12%인 주식에서는 120만원의 수익을, 기대수익률이 16%인 주식에서는 160만원의 수익을 기대할 수 있으므로 총 280만원의 수익을 기대할 수 있고 이에 따라 기대수익률은 14%가 된다. 일반적으로 포트폴리오의 기대수익률은 각 주식의 기대수익률의 가중평균값이 된다.

예제 9-5

무위험자산의 수익률은 8%이며 시장포트폴리오의 기대수익률은 11%이다. 삼성기업 주식의 베타가 3이라면 삼성기업 주식의 위험프리미엄은 얼마가 되어야 하는가? 또한 삼성기업 주식의 기대수익률은 얼마가 되어야 하는가?

시장포트폴리오, 즉 베타가 1인 자산의 위험프리미엄이 3%이므로 베타가 2인 자산의 위험프리미엄은 6%, 베타가 3인 자산의 위험프리미엄은 9%가 되어야 한다. 따라서 삼성기업 주식의 위험프리미엄은 9%가 되어야 한다.

이러한 결과는 다음과 같이 쉽게 계산할 수도 있다.

삼성기업 주식의 위험프리미엄
= (시장포트폴리오의 기대수익률－무위험이자율)×베타
$= (0.11 - 0.08) \times 3$
$= 0.09$

한편 위험프리미엄은 기대수익률에서 무위험자산의 수익률을 차감한 값이므로 기대수익률은 무위험이자율과 위험프리미엄을 합한 값이 된다. 따라서 삼성기업 주식의 기대수익률은 다음과 같이 17%가 된다.

삼성기업 주식의 기대수익률 = 무위험이자율＋위험프리미엄
$= 0.08 + 0.09$
$= 0.17$

제 2 절 자본자산가격결정모형

1. 증권시장선

증권시장선의 도출

제1절에서 우리는 베타와 위험프리미엄은 직선의 관계에 있다는 사실을 알았다. 베타와 위험프리미엄이 직선의 관계에 있다는 것은 앞서 살펴보았듯이 다음의 관계가 성립한다는 것을 의미한다.

위험프리미엄 = 베타가 1인 경우의 위험프리미엄×베타

그런데 시장포트폴리오의 베타는 1이므로 특정한 주식 i의 위험프리미엄과 시장포트폴리오의 위험프리미엄과는 다음과 같은 관계에 있게 된다.

$$E(R_i) - R_f = [E(R_m) - R_f]\beta_i$$

단, $E(R_i)$: 주식 i의 기대수익률
$E(R_m)$: 시장포트폴리오의 기대수익률
R_f : 무위험수익률
β_i : 주식 i의 베타

위의 식을 이용하면 주식 i의 기대수익률은 다음과 같이 표시될 수 있다.

$$E(R_i) = R_f + [E(R_m) - R_f]\beta_i \tag{9-1}$$

〈식 9-1〉을 자본자산가격결정모형(capital asset pricing model : CAPM)이라고 한다. 좀더 구체적으로는 이 식을 증권시장선(security market line : SML)이라고 부르는데 일반적으로 자본자산가격결정모형이라고 말하면 증권시장선을 일컫는 것이다.

증권시장선의 의미

이제는 증권시장선을 이용해서 베타와 기대수익률의 관계를 살펴보고 이러한 증권시장선이 어떠한 경제적 의미를 갖는지 생각해 보자. 먼저 다음과 같은 예제를 보자.

예제 9-6

윤은주씨는 주식투자를 위해 자료를 수집하고 있다. 무위험이자율의 대용치인 정기예금 금리는 0.1로 조사되었으며 시장포트폴리오 수익률의 대용치인 종합주가지수 수익률의 기대치는 0.12로 추정되었다. 삼성기업의 베타는 1이고 현대기업의 베타는 2로 추정되었다. 삼성기업 주식의 수익률(R_s)의 기대치와 현대기업 주식 수익률(R_h)의 기대치는 얼마여야 하는가?

주어진 자료를 이용해서 증권시장선을 구하면 다음과 같은 직선식이 된다.

$$
\begin{aligned}
E(R_i) &= 0.1 + [0.12 - 0.1]\beta_i \\
&= 0.1 + 0.02\beta_i
\end{aligned}
$$

따라서 삼성기업 주식의 기대수익률은 0.12가 되며 현대기업 주식의 기대수익률은 0.14가 된다.

이러한 증권시장선의 경제적 의미는 다음과 같이 해석할 수 있다.

첫째, 개별주식의 기대수익률에 영향을 미치는 유일한 요소는 개별주식의 위험(베타)뿐이다. 증권시장선을 살펴보면 무위험자산의 수익률이나 시장포트폴리오의 기대수익률은 정해진 상수이므로 유일한 변수는 베타 뿐임을 알 수 있는데 이러한 사실은 베타가 개별주식의 기대수익률에 영향을 주는 유일한 요소라는 것을 의미한다. 이렇게 개별주식의 기대수익률이 개별주식의 베타라는 하나의 요소에 의해 설명될 수 있다는 이론을 자본자산

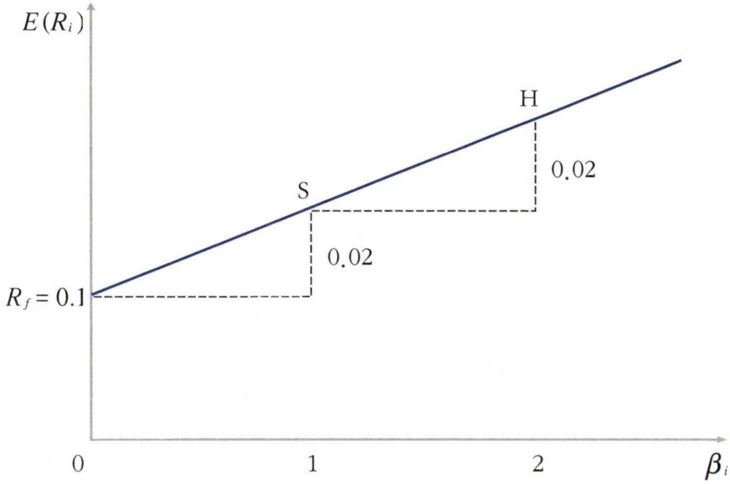

그림 9-1 증권시장선

가격결정모형이라고 하는데 증권시장선은 자본자산가격결정모형의 핵심적인 식이라 할 수 있다.

둘째, 증권시장선이 직선이라는 의미는 위험 1단위당의 보상액이 $[E(R_m)-R_f]$로 언제나 동일하다는 의미이다. 따라서 어떤 위험이 얼마이든지 위험이 1단위 증가하면 기대수익률이 $[E(R_m)-R_f]$만큼 증가해야 한다. 〈예제 9-6〉에서 위험 1단위당 보상액은 0.02로 일정하다. 따라서 무위험자산은 수익률이 0.1이고 위험이 1인 삼성기업은 기대수익률이 0.12, 위험이 2인 현대기업의 기대수익률은 0.14가 되었다.

셋째, 증권시장선은 사전적 기대수익률을 나타내는 식이다. 따라서 실현된 수익률은 이러한 관계를 만족시키지 않을 수도 있다. 〈예제 9-6〉에서 삼성기업은 12%의 수익률을 기대하고 현대기업은 14%의 수익률을 기대했지만 실제로는 삼성기업의 수익률은 13%, 현대기업의 수익률은 11%로 실현될 수도 있다.[2)]

2) 하지만 장기적으로 삼성기업과 현대기업의 주식을 가지고 있으면 평균적으로 삼성기업은 12%의 수익률을 제공하고 현대기업은 14%의 수익률을 제공하게 될 것이다.

2. 증권시장선과 화폐의 시간적 가치

증권시장선이 중요하게 고려되는 이유는 바로 위험자산, 즉 주식에 대한 균형상황에서의 기대수익률을 제공해 주기 때문이다. 이제 균형상태에서의 기대수익률이 무엇을 의미하는지 생각해 보기로 하자.

예제 9-7

어떤 투자자가 자신이 갖고 있는 100만원을 정기예금에 예치할 것인지 신라기업 주식에 투자할 것인지 망설이고 있다. 정기예금에 투자하면 1년 후 확실하게 110만원을 받을 수 있으며 신라기업의 주식에 투자한 경우에는 120만원을 얻을 것으로 기대된다. 신라기업 주식의 베타는 2이며 종합주가지수의 기대수익률은 15%라면 이 투자자는 어떻게 하는 것이 좋은가?

확실한 정기예금의 이자율이 10%라는 것은 현재의 100만원과 1년 후의 110만원이 동일한 가치가 있다는 의미이다. 즉, 현재 100만원은 1년 후 미래가치는 확실한 110만원이다. 이와 동일한 논리로 현대기업의 균형상태에서의 기대수익률이 20%가 되는데[3] 이 의미는 현재의 100만원과 1년 후 위험한(즉, 베타가 2인) 120만원이 동일한 가치가 있다는 의미이다. 따라서

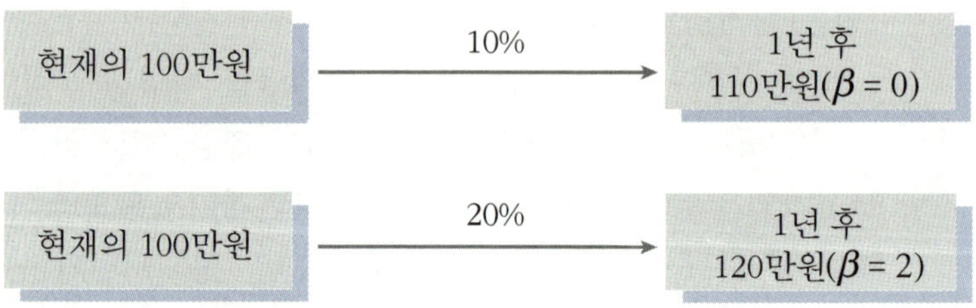

그림 9-2 기대수익률과 미래가치

3) $E(R_i) = R_f + [E(R_m) - R_f]\beta_i$
$0.1 + (0.15 - 0.1) \times 2 = 0.2$

현재 100만원의 미래가치는 불확실한(베타가 2인) 120만원이 된다.

그러므로 1년 후의 확실한 110만원과 베타가 2인 불확실한 120만원은 현재시점으로 판단하면 모두 100만원으로 동일한 가치를 지닌다. 따라서 이 투자자는 어떠한 것을 선택하더라도 그의 부에는 영향을 미치지 않는다.

예제 9-8

이호성씨는 다음과 같은 두 가지 투자안을 가지고 있다. 두 투자안 모두 투자비용이 100만원으로 동일하다면 어떤 투자안을 선택해야 하는가?

투자안 1 : 위험이 없고 1년 후 121만원의 확실한 현금흐름을 얻을 수 있음.

투자안 2 : 베타가 1이고 1년 후 122만원의 평균 현금흐름을 얻을 수 있음.

단, 증권시장선은 $E(R_i) = 0.1 + 0.02\beta_i$로 조사되었다.

먼저 투자안 1을 생각해 보자. 무위험이자율이 10%이므로 1년 후 121만원은 현재의 금액으로 환산하면 다음과 같이 110만원이 된다.

$$\frac{121\text{만원}}{1+0.1} = 110\text{만원}$$

같은 방법으로 생각해 보면 베타가 2인 투자안의 기대수익률은 14%이므로 1년 후의 불확실한 122만원은 현재의 금액으로 환산하면 다음과 같이 107만원이 된다.

$$\frac{122\text{만원}}{1+0.14} = 107\text{만원}$$

따라서 이호성씨는 더 가치가 높은 투자안 1을 선택해야 한다.

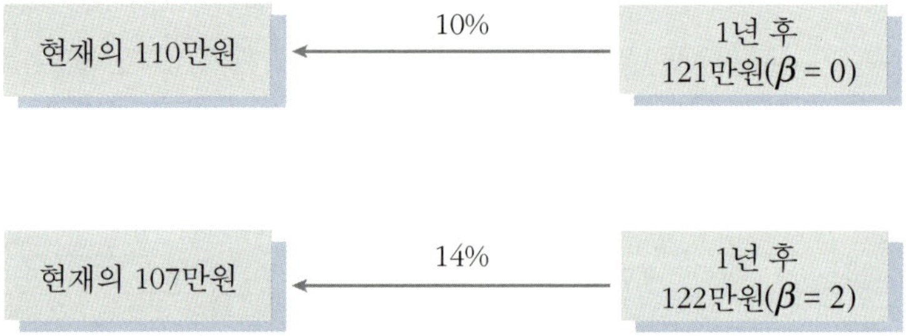

그림 9-3 **기대수익률과 현재가치**

〈예제 9-7〉과 〈예제 9-8〉에서 우리는 증권시장선에서 구한 기대수익률이 미래가치를 구하거나 현재가치를 구하는 경우 이자율의 역할을 하고 있음을 알 수 있다. 즉, 위험한 투자안의 경우 미래가치와 현재가치는 투자안의 베타를 고려한 기대수익률을 이자율로 간주하고 우리가 제2장에서 배운 미래가치나 현재가치의 식을 이용하면 되는 것이다.

우리가 불확실성을 고려하지 않았을 때—즉 모든 것이 확실하다고 가정했을 때—는 위험이 없으므로 모든 이자율은 무위험이자율이어야 했다. 따라서 시장에는 이자율이라면 단 하나밖에 존재할 수 없었던 것이다. 그러나 위험을 고려한다면 상황은 달라진다. 각 투자안은 위험이 다를 수 있기 때문에 이에 맞는 이자율 역시 달라져야 할 것이다. 이러한 이유로 시장에는 수없이 많은 이자율이 존재할 수 있는데 증권시장선이 바로 '위험에 알맞는 이자율'을 구해 주는 공식의 역할을 하고 있는 것이다.

이러한 사실을 고려하면 제2장에서 배웠던 현재가치를 구하는 공식은 다음과 같이 변형될 것이다. 즉, 어떤 자산의 위험에 맞는 기대수익률을 $E(R_i)$라 하면 n년 후의 불확실한 현금흐름 P_n의 현재가치 P_0는 다음과 같이 나타낼 수 있다.

$$P_0 = \frac{E(P_n)}{(1+E(R_i))^n} \tag{9-2}$$

〈식 9-2〉에서 n년 후의 현금흐름은 현재의 시점에서는 알 수 없으므로 기대값을 이용하고 있다는 사실에 주의하라.

예제 9-9

고구려건설에 105만원을 투자하면 2년 후 평균적으로 130만원을 얻을 수 있을 것으로 기대된다. 고구려건설의 베타는 2이며 증권시장선은 $E(R_i) = 0.1 + 0.02\beta_i$로 조사되었다.
(1) 고구려건설의 주식에 투자하는 것이 바람직한가?
(2) 고구려건설의 주가변화를 예상해 보라.

(1) 고구려건설의 위험에 알맞는 할인율(기대수익률)은 14%이므로 불확실한 2년 후의 130만원의 현재가치는 다음과 같이 100만원이 된다.

$$\frac{130\text{만원}}{(1+0.14)^2} = 100\text{만원}$$

그런데 이 투자안에 투자하려면 100만원보다 많은 105만원을 지출해야 하므로 투자하는 것은 손해이다. 따라서 투자를 하지 말아야 한다.

(2) 투자자들이 고구려건설의 주식을 사려고 하지 않으므로 수요가 감소하기 때문에 가격은 하락하여 100만원이 될 것이다.

제 3 절 위험하에서의 자본예산

1. 베타의 추정

위험을 고려해서 자본예산을 수립할 때에도 위험이 없을 때의 자본예산과 마찬가지로 먼저 현금흐름을 측정해야 한다. 다만, 위험이 없는 경우에는 미래의 현금흐름이 하나의 확실한 금액으로 정해지지만 위험이 존재하는 경우에는 상황에 따라 투자안으로부터 발생하는 현금흐름이 달라지게 된다. 따라서 위험을 고려할 때에는 기대현금흐름으로 측정하게 된다.

그런데 위험을 고려해서 자본예산을 수립할 때에 가장 중요한 것은 기대현금흐름의 성격에 알맞는 할인율(기대수익률)을 구하는 것이다. 이때의 할인율은 증권시장선에 의해서 산출되는데 증권시장선에서 할인율을 결정하는 유일한 변수는 베타이다. 여기서는 베타를 추정하는 두 가지 방법을 살펴보자.

이론적인 방법

베타를 추정하는 이론적인 방법은 미래의 발생상황별로 분석대상이 되는 투자안의 수익률과 시장포트폴리오의 수익률을 확률분포로 작성하여 이로부터 베타를 추정하는 것이다. 다음과 같은 간단한 예로 이론적인 베타를 산출해 보자.

예제 9-10

인왕기업은 새로운 제품을 생산하려고 계획하고 있다. 이 제품의 개발에 투입되는 투자액은 1억원이고 1년 후 이 제품으로부터 얻어지는 현금흐름과 1년 후의 종합주가지수 수익률은 다음과 같이 예측된다. 단, 이 제품은 특성상 1년 후에는 생산을 중단한다고 가정하자.

상황	확률	종합주가지수수익률	신제품의 현금흐름
불황	0.5	0.1	1억 500만원
호황	0.5	0.2	1억 3,500만원

(1) 이 제품으로부터 얻을 수 있는 기대현금흐름과 기대수익률은 얼마인가?
(2) 이 투자안의 체계적 위험, 베타는 얼마인가?

(1) 신제품의 기대현금흐름은 다음과 같이 1억 2,000만원이 된다.

$$\text{기대현금흐름} = 1\text{억 } 500\text{만원} \times 0.5 + 1\text{억 } 3,500\text{만원} \times 0.5 = 1\text{억 } 2,000\text{만원}$$

현재의 투자금액이 1억원이므로 기대수익률은 20%(= 0.2)가 된다. 그런데 이 기업은 불황이 되면 수익률이 0.05, 호황이 되면 수익률이 0.35가 되므로 이 기업의 기대수익률은 다음과 같이 구할 수도 있을 것이다.

$$기대수익률 = 0.05 \times 0.5 + 0.35 \times 0.5 = 0.2$$

(2) 이번에는 이 투자안의 위험(베타)을 계산해 보자. 먼저 시장포트폴리오의 수익률과 신제품의 수익률(R_i)간의 공분산을 구해 보면 다음과 같이 0.0075가 된다.

$$\begin{aligned} Cov(R_i, R_m) &= (0.1 - 0.15)(0.05 - 0.2) \times 0.5 + (0.2 - 0.15)(0.35 - 0.2) \times 0.5 \\ &= 0.0075 \end{aligned}$$

다음으로 시장포트폴리오의 수익률의 분산을 구해 보자.

$$\begin{aligned} \sigma_m^2 &= (0.1 - 0.15)^2 \times 0.5 + (0.2 - 0.15)^2 \times 0.5 \\ &= 0.0025 \end{aligned}$$

따라서 이 투자안의 베타(β_i)는 다음과 같이 3이 된다.

$$\beta_i = \frac{Cov(R_i, R_m)}{\sigma_m^2} = \frac{0.0075}{0.0025} = 3$$

이론적으로는 위에서와 같이 시장포트폴리오의 미래수익률과 새로운 투자안의 미래수익률을 예측하여 투자안의 기대수익률과 위험을 구해야 한다. 이렇게 구한 베타는 앞으로 발생할 상황을 예측해서 산출한 값이기 때문에 사전적 베타(ex-ante β)라고 부르기도 한다.

현실적인 방법

미래의 확률분포를 추정해서 베타를 구하는 방법은 이론적으로 우수한 방법이지만 미래의 수익률을 발생가능한 상황별로 일일이 예측해야 하기 때문에 현실적으로 사용하기에는 어려움이 많다. 따라서 실제로 베타를 산출할 때에는 과거의 주가자료를 이용하게 된다. 즉, 시장포트폴리오에 해당하는 종합주가지수와 분석대상이 되는 주식의 수익률에 대한 시계열자료를 통해서 베타를 구하는데 다음과 같은 예제를 통해서 구체적인 내용을 살펴보자.

예제 9-11

한미건설은 한미제약을 신설하여 제약 분야에 진출하려고 하고 있다. 투자비용은 10억원이 소요될 것으로 예측되며 기대현금흐름은 12억원이다. 한미제약의 위험은 동일한 제약 분야의 상장기업인 한독제약과 유사할 것으로 예측되는데 과거 5년간의 종합주가지수수익률과 한독제약의 수익률은 다음과 같이 조사되었다. 한미제약의 위험은 얼마로 볼 수 있는가? 이러한 방법의 근거는 무엇인가?

연도	종합주가지수수익률	한독제약수익률
1995	0.15	0.20
1996	0.10	0.10
1997	−0.10	−0.10
1998	0.00	−0.05
1999	0.25	0.35

이 예제를 풀기 전에 주사위던지기를 먼저 생각해 보자. 일반적으로 주사위는 1부터 6까지의 눈금을 가지고 있고 이것이 발생할 가능성은 1/6이라고 사전적으로 기대된다. 그런데 만약 주사위가 정육면체가 아닌 경우를 생각해 보자. 이 경우 각 눈금이 나타날 가능성을 사전적으로 계산하기는 쉽지 않을 것이다. 이때 현실적으로 가능한 방법 중의 하나는 주사위를 많이 던져서 어떠한 눈금이 나타나는가를 살펴보는 것이다. 예를 들어 100번을 던진 결과 1의 눈금이 10회 나타났다면 1의 눈금이 나타날 확률은 1/10로 볼 수 있는데 이러한 확률을 사후적 확률이라 한다.

한독제약의 위험도 마찬가지 방법으로 구할 수 있다. 현실적으로 한독제약의 위험을 사전적으로 예측하기 어려우므로 과거 여러 차례 실현되었던 (이것은 주사위 던지기의 결과와 동일한 의미를 갖는다) 수익률들을 가지고 위험을 구할 수 있는데 이렇게 구한 베타를 사후적 베타(ex-post β)라 한다.

〈예제 9-11〉에서 한독제약의 베타를 구해 보자. 먼저 종합주가지수와 한독제약의 수익률(R_h)의 공분산을 구해 보면 다음과 같다.

$$
\begin{aligned}
Cov(R_h, R_m) &= (0.15-0.08)(0.2-0.1)\times 0.2 + (0.1-0.08)(0.1-0.1)\times 0.2 \\
&+ (-0.1-0.08)(-0.1-0.1)\times 0.2 + (0.0-0.08)(-0.05-0.1)\times 0.2 \\
&+ (0.25-0.08)(0.35-0.1)\times 0.2 \\
&= 0.0191
\end{aligned}
$$

한편 종합주가지수의 분산은 다음과 같이 계산된다.

$$
\begin{aligned}
\sigma_m^2 &= (0.15-0.08)^2\times 0.2 + (0.1-0.08)^2\times 0.2 + (-0.1-0.08)^2\times 0.2 \\
&= (0.0-0.08)^2\times 0.2 + (0.25-0.08)^2\times 0.2 \\
&= 0.0145
\end{aligned}
$$

따라서 한독제약의 베타는 다음과 같이 계산된다.

$$
\beta_h = \frac{Cov(R_h, R_m)}{\sigma_m^2} = \frac{0.0191}{0.0145} = 1.3
$$

한독제약의 사후적 베타가 1.3이므로 한미제약의 베타도 1.3이라고 볼 수 있다. 따라서 한미제약은 기대수익률이 20%이고 위험이 1.3인 투자안으로 평가된다.

2. 위험하에서의 순현가법과 내부수익률법

순현가법

투자안이란 현재의 투자액과 미래의 현금흐름을 교환하는 과정이다. 따라서 이 거래를 통해 이익을 볼 수 있는지, 그리고 이익을 본다면 어느 정도의 이익을 볼 수 있는지를 판단하기 위해서는 미래의 현금흐름을 적절한 할인율(이자율)을 통해 현재의 금액으로 환산하여야 한다. 위험이 없는 경우 적절한 할인율은 시장이자율(무위험이자율)이 되어야 하지만 위험이 존재하는 경우에는 위험에 알맞는 기대수익률이 적절한 할인율이 되어야 한다.

예제 9-12

〈예제 9-10〉의 경우를 생각해 보자. 정기예금의 이자율이 10%인 경우 인왕기업은 이 투자안을 하는 것이 좋은가? 순현가법으로 판단해 보라.

인왕기업이 신제품을 개발하기 위한 투자안은 현재의 1억원을 포기하고 미래 불확실한 1억 2,000만원을 얻는 투자안이다. 이때 증권시장선은 다음과 같이 표시된다.

$$E(R_i) = R_f + [E(R_m) - R_f]\beta_i$$
$$= 0.1 + 0.05\beta_i$$

위험이 3인 이 투자안의 균형상태에서의 기대수익률은 0.25가 된다. 따라서 이 투자안의 순현가는 다음과 같이 계산할 수 있다.

$$NPV = \frac{1억\ 2,000만원}{1+0.25} - 1억원 = -400만원$$

이 투자안의 순현가는 음이므로 인왕기업은 이 투자안은 수행하지 않는 것이 유리하다.

이러한 예를 통해 우리는 불확실한 투자안의 현가는 기대현금흐름을 위험에 알맞은 기대수익률로 할인한 것이라는 사실을 확인할 수 있다. 만약 베타가 일정하다면 이러한 논리를 다기간의 경우에도 적용할 수 있다. 어떤 투자안이 n년간에 걸쳐 $E(C_1), E(C_2), \cdots, E(C_n)$의 기대현금흐름을 가져다 준다고 하자. 현재 투자비용은 C_0이고 이 투자안의 위험에 맞는 기대수익률은 $E(R_i)$라 하면 이 투자안의 순현가는 다음과 같이 계산된다.

$$NPV = \frac{E(C_1)}{1+E(R_i)} + \frac{E(C_2)}{(1+E(R_i))^2} + \cdots\cdots + \frac{E(C_n)}{(1+E(R_i))^n} - C_0 \qquad (9\text{-}3)$$

예제 9-13

김홍성씨는 10억원을 투자하여 제지업을 하려 한다. 이 투자안의 현금흐름은 현재 상장되어 있는 삼성제지와 유사할 것으로 판단되는데 삼성제지의 과거 10년간의 자료를 분석해 본 결과 베타가 2로 나타났다. 과거 10년간의 종합주가지수의 평균수익률은 0.15이며, 정기예금 금리는 0.1이다. 이 투자안을 수행하면 미래 5년간에 걸쳐 평균 5억원씩의 현금흐름이 발생할 것으로 예측된다. 이 투자안의 순현가는 얼마인가?

삼성제지의 위험에 맞는 기대수익률은 다음과 같이 0.2가 된다.

$$\begin{aligned} E(R_s) &= R_f + [E(R_m) - R_f]\beta_i \\ &= 0.1 + 0.05 \times 2 = 0.2 \end{aligned}$$

따라서 이 투자안에 맞는 기대수익률도 0.2라 할 수 있으므로 이 투자안의 순현가는 다음과 같이 계산된다.

$$\begin{aligned} NPV &= \frac{5\text{억원}}{1+0.2} + \frac{5\text{억원}}{(1+0.2)^2} + \cdots\cdots + \frac{5\text{억원}}{(1+0.2)^5} - 10\text{억원} \\ &= 5\text{억원} \end{aligned}$$

이 투자안의 순현가 5억원은 0보다 큰 금액이므로 투자안을 수행하는 것이 바람직하다.

내부수익률법

확실성하에서 투자안의 내부수익률이란 그 투자안을 수행함에 의해 얻을 수 있는 수익률을 의미한다. 예를 들어 A라는 투자안의 내부수익률이 20%라면 이 투자안을 함으로써 20%의 수익률을 올린다는 사실을 알 수 있다. 그런데 이자율이 15%라면 이 투자안을 한다는 것은 5%씩의 초과수익률을 올린다는 것을 의미한다.[4] 따라서 어떤 투자안의 내부수익률이 이자율보다 크다면 이 투자안을 수행하는 것이 유리하다고 판단한다.

---

4) 15%로 차입하여 20%의 수익률을 올리는 투자안에 투자를 한다고 생각하라.

그런데 불확실성하에서 측정된 투자안의 현금흐름은 확실한 금액이 아니라 불확실한 현금흐름의 평균값이다. 따라서 이 평균현금흐름으로 구한 내부수익률은 그 투자안을 수행해서 얻을 수 있는 평균수익률이라 할 수 있다. 즉, 그 투자안의 기대수익률을 의미한다. 그런데 이것이 균형상황에서의 기대수익률(즉, 위험에 맞는 적절한 수익률)보다 크다면 이는 이 투자안을 수행함으로써 초과수익률을 올릴 수 있음을 의미한다.

따라서 어떤 투자안의 내부수익률이 위험에 맞는 기대수익률보다 크다면 이 투자안을 수행하는 것이 유리하다. 이 상황에서도 위험에 맞는 기대수익률이 이자율의 역할을 수행하는 것이다.

예제 9-14

〈예제 9-13〉에서 김홍성씨가 수행하려고 하는 투자안의 내부수익률을 구하고 이 투자안을 채택할 것인가를 생각해 보라.

이 투자안의 내부수익률은 다음의 식을 만족시키는 *IRR*이 된다.

$$\frac{5\text{억원}}{1+IRR}+\frac{5\text{억원}}{(1+IRR)^2}+\cdots\cdots+\frac{5\text{억원}}{(1+IRR)^5}-10\text{억원}=0$$

따라서 내부수익률은 41%가 되어 이 투자안의 균형기대수익률 20%보다 크므로 이 투자안을 수행하는 것이 유리하다.

연습문제

9-1 다음 용어를 간략하게 설명하라.

(1) 무위험자산

(2) CAPM

(3) 증권시장선

9-2 무위험자산과 시장포트폴리오에 50%씩 분산투자한 포트폴리오의 베타는 얼마인가? 또한 양자에 30%, 70%씩 투자한 포트폴리오의 베타는 얼마인가?

9-3 시장포트폴리오 및 개별 주식의 수익률은 다음과 같다. 물음에 답하여라.

상황	확률	시장포트폴리오	주식 1	주식 2
호황	0.25	0.3	0.6	0.1
보통	0.5	0.2	0.3	0.2
불황	0.25	0.1	0.0	0.3

(1) 주식 1과 주식 2에 재산을 50%씩 투자한 포트폴리오의 각 상황별 수익률을 구하고 이 포트폴리오의 베타를 구하여라.

(2) 주식 1과 주식 2의 베타를 구하고 이를 통해 직접적으로 각 주식에 50%씩 투자한 포트폴리오의 베타를 구하여라. 이 결과는 (1)과 일치하는가?

9-4 무위험이자율은 10%이며, 삼성전자의 베타는 2, 기대수익률은 14%이다. 현대전자의 베타는 3이다. 김현정씨는 현대전자 주식을 1주 보유하고 있는데 1년 후 매각하면 11,600원을 받을 것으로 예측된다. 물음에 답하여라.

(1) 시장포트폴리오의 기대수익률은 얼마인가?

(2) 현대전자의 기대수익률은 얼마인가?

(3) 현대전자의 현재 주가는 얼마여야 하는가?

9-5 삼화기업의 주식을 분석 중인 최기혁씨는 이 기업의 베타를 구하기 위해 과거 10년치의 자료를 이용했다. 그런데 삼화기업은 최근 대대적인 구조조정을 단행하여 사업부의 일부를 매각하고, 추가적인 몇 개의 사업부를 신설하였다. 최기혁씨의 분석은 의미가 있는가? 과거의 자료를 가지고 베타를 구하는 것은 어떠한 가정이 숨어있는지 생각해 보라.

9-6 시장포트폴리오와 무위험자산의 수익률은 다음과 같다. 물음에 답하여라.

상황	확률	무위험자산	시장포트폴리오
호황	0.5	0.1	0.4
불황	0.5	0.1	0.0

(1) 시장포트폴리오의 기대수익률과 표준편차를 구하라.
(2) 무위험자산과 시장포트폴리오에 100%:0%, 75%:25%, 50%:50%, 25%:75%, 0%:100%로 투자한 포트폴리오의 기대수익률과 표준편차를 구하라. 이때 포트폴리오의 표준편차는 (시장포트폴리오의 표준편차×시장포트폴리오에 투자한 비중)이 되는데 그 이유를 생각해 보라.
(3) (2)의 결과를 토대로 무위험자산과 시장포트폴리오에 분산투자한 포트폴리오의 기대수익률과 표준편차가 어떤 그래프를 그리게 될지 생각해 보라(이러한 선을 자본시장선(capital market line : CML)이라 한다.

9-7 내년의 포항제철의 주가와 종합주가지수를 예상해서 다음과 같은 확률분포를 구했다.

상황	발생확률	포항제철	주가지수
불황	0.2	25%	20%
보통	0.5	20	15
호황	0.3	−10	−5

(1) 포항제철 주식수익률의 위험을 표준편차로 측정하라.
(2) 증권시장선을 구하라. 단, 정기예금 이자율은 연 6%이다.
(3) 포항제철 주식의 체계적 위험, 베타를 구하라.

(4) 앞으로 포항제철의 주가는 어떻게 변화할 것인가를 설명하라.

9-8 한국전력의 현재 주가는 20,000원인데 올해 말 한국전력의 1 주당 주가는 28,000원으로 기대된다. 한국전력 주식의 베타는 2.4 이고 무위험이자율은 10%, 시장포트폴리오의 기대수익률은 16.25% 이다.

(1) 현재 한국전력의 수익률을 구하고 증권시장선을 이용하여 균형수익률을 구하라.

(2) 현재의 수익률과 균형수익률이 일치하지 않으므로 현재는 불균형상황이다. 앞으로 한국전력의 수익률이 균형수익률로 이동한다면 한국전력의 주가는 오를 것인가 혹은 떨어질 것인가? 적절한 한국전력의 주가는 얼마가 되는가?

(3) 자본예산기법인 순현가법과 내부수익률법을 통해 한국전력 주식에 대한 투자여부를 판단하라.

9-9 김갑룡씨는 갑룡건설을 창립하고자 한다. 갑룡건설을 창립하려면 현재 1억원의 자금이 소요되며 향후 3년간 매년 평균 4,000만원의 자금이 유입될 것으로 예측된다. 갑룡건설의 위험은 상장회사인 쌍룡건설의 위험과 동일할 것으로 예측된다. 무위험이자율이 0.05이고 6년간의 쌍룡건설의 수익률과 종합주가지수의 수익률은 다음과 같은 경우 물음에 답하라.

연도	종합주가지수	쌍룡건설
1994	0.27	0.25
1995	0.12	0.05
1996	−0.03	−0.05
1997	0.12	0.15
1998	−0.03	−0.10
1999	0.27	0.30

(1) 종합주가지수 수익률의 평균과 분산을 구하여라.

이는 계산기로 계산할 수도 있으나 매우 복잡하므로 엑셀을 이용하여 계산하는 법을 소개한다.

① A행에 종합주가지수의 수익률을 기입한다(A1부터 A6까지 기입).

② B행에 쌍룡건설의 수익률을 기입한다(B1부터 B6까지 기입).

③ 임의의 셀(예를 들어 A7)을 클릭한 후 '= average(a1 : a6)' 이라 기입하고 엔터

를 누르면 종합주가지수의 평균수익률을 구할 수 있다.

④ 임의의 셀(예를 들어 A8)을 클릭한 후 '=varp(a1 : a6)' 이라 기입하고 엔터를 치면 종합주가지수의 평균을 구할 수 있다(만약 표준편차를 원하면 'varp' 대신 'stdevp' 라 기입하면 된다.

(2) 종합주가지수와 쌍룡건설의 공분산을 구하고, 베타를 구하라.

이 역시 다음과 같은 방법으로 구할 수 있다.

① 임의의 셀(예를 들어 B7)을 클릭한 후 '=covar(a1 : a6,b1 : b6)' 라 기입하고 엔터를 치면 공분산을 구할 수 있다.

② 임의의 셀(예를 들어 B8)을 클릭한 후 '=slope(b1 : b6,a1 : a6)' 라 기입하고 엔터를 치면 베타값을 구할 수 있다. 이 경우 주식의 수익률범위(b1 : b6)가 종합주가지수의 수익률범위(a1 : a6)보다 앞에 나와야 한다.

(3) 증권시장선식을 구하고 갑룡건설의 기대수익률을 구하라.

(4) 갑룡건설의 경제성을 순현가법과 내부수익률법으로 분석하라.

보론

포트폴리오이론과 CAPM

우리는 제7장, 제8장, 제9장에서 위험을 정의하고, 위험을 측정하며, 위험에 대한 보상이 어떻게 결정되는가에 대한 내용을 살펴보았다.

결론적으로 위험에 대한 보상은 그 주식의 베타와 비례하게 되는데 이러한 이론을 CAPM이라 한다. 우리는 CAPM을 도출하기 위해 투자자의 한계효용이 체감한다는 사실을 이용하였는데 CAPM을 도출하는 또다른 방법으로는 포트폴리오이론을 이용하는 방법이 있다. 실제로 CAPM을 도출하는 이론적 과정은 포트폴리오이론을 이용하고 있으며 다른 모든 교과서들도 이러한 내용으로 접근하고 있다.

물론 포트폴리오이론을 이용하여 CAPM을 도출하는 과정은 우리가 앞서 설명한 내용보다는 다소 난해한 측면이 있으나 이러한 방법을 이용하면 분산투자의 이유, 체계적 위험과 비체계적 위험의 의미, 시장포트폴리오의 의미 등을 명확히 할 수 있다는 장점이 있다.

보론에서는 이러한 포트폴리오이론을 간단하게 살펴보기로 한다.

1. 분산투자와 포트폴리오효과

다수의 주식의 선택

〈예제 7-10〉을 생각해 보자. 이 경우처럼 여러 개의 주식 중 하나를 선택하는 경우에는 각 주식의 기대수익률과 분산을 구해 지배당하는 주식을 제외한 상태에서 자신의 위험에 대한 태도를 고려하여 최적의 주식을 선택하면 된다. 그러나 현실에서는 주식을 하나만 선택할 수 있는 것은 아니다. 2개 혹은 그 이상의 주식도 선택가능하며 실제로 여러 개의 주식에 동시에 투자하는 경우를 흔히 볼 수 있다. 이렇게 다수의 주식을 선택하는 이유는 무엇이며 이 경우 선택행위는 어떻게 이루어질까?

포트폴리오와 분산투자효과

자신의 재산을 한 곳에 투자하지 않고 여러 자산에 나누어 투자하는 것을 분산투자라 하며, 분산투자 결과 여러 개의 주식을 소유하게 되는데 이러한 주식군을 포트폴리오라 한다. 그렇다면 사람들은 왜 가장 좋은 주식 하나만을 선택하지 않고 포트폴리오를 구성하는 것일까? 포트폴리오를 구성하게 되면 어떠한 이득이 있는 것일까?

결론부터 말하자면 포트폴리오를 구성하게 되면 기대수익률은 변치 않지만 위험이 줄어든다는 장점이 있다. 예를 들어 주식 1의 기대수익률은 0.1, 표준편차는 0.1이며 주식 2의 기대수익률은 0.3, 표준편차도 0.3이라 하자. 이때 주식 1과 주식 2에 자신의 재산을 반반씩 투자한 포트폴리오의 기대수익률은 얼마가 될까? 주식 1에 투자를 하면 평균적으로 0.1만큼 수익을 올릴 수 있고, 주식 2에 투자를 하면 평균적으로 0.3만큼 수익을 올릴 수 있으므로 두 주식에 반반씩 투자를 하면 0.2만큼의 수익을 올릴 수 있으리라 짐작할 수 있다. 즉, 포트폴리오의 기대수익률은 원래 주식의 기대수익률의 평균이 된다. 그러나 포트폴리오의 표준편차도 원래 주식의 표준편차인 0.1과 0.3의 평균인 0.2가 될까? 그렇지 않다. 포트폴리오의 표준편차는 원래 주식의 표준편차의 평균보다 항상 작아지게 되는데 이것은 포트폴리오를 구성하면 위험이 준다는 의미로 해석할 수 있으며 이러한 효과를 포트폴리오효과 혹은 분산투자효과라 한다. 그렇다면 왜 이런 현상이 발생하는지에 대해 알아보기로 하자.

분산투자효과의 예

예제 A1

김성호씨는 빙과업체인 왕방제과와 히터 제조업체인 천잠전기에 1,000만원을 투자하는 것을 고려 중이다. 그런데 왕방제과는 기온이 높으면 수익률이 높지만 기온이 낮으면 수익률이 낮을 것으로 예측되며 천잠전기는 반대로 기온이 높으면 수익률이 낮지만 기온이 낮으면 수익률이 높을 것으로 예측된다. 구체적으로 두 기업 주식의 수익률은 다음과 같을 것으로 예측된다.

상황	확률	왕방제과수익률(R_1)	천잠전기수익률(R_2)
기온이 낮음	0.5	0.0	0.6
기온이 높음	0.5	0.6	0.0

왕방제과나 천잠전기의 기대수익률은 모두 0.3으로 예금했을 때의 수익률 0.1보다 훨씬 크기 때문에 매우 매력적이지만 자칫하면 수익률이 0으로 예금했을 때보다 더 낮을 수 있기 때문에 김성호씨는 고민을 하고 있다. 이때 아내인 이현명 여사가 다음과 같은 제안을 했다.

"기온이 높으면 왕방제과의 수익률이 높고, 기온이 낮으면 천잠전기의 수익률이 높으니까 두 주식에 반반씩 투자하는 것이 좋지 않아요?"

만일 김성호씨가 왕방제과와 천잠전기에 500만원씩 투자한다면 이 포트폴리오의 수익률은 어떻게 될까?

먼저 기온이 낮은 경우를 생각해 보자. 이 경우 왕방제과의 수익률은 0이기 때문에 왕방제과로부터는 투자원금 500만원만 회수할 수 있다. 반대로 천잠전기의 수익률은 0.6이기 때문에 천잠전기로부터는 투자원금 500만원과 수익 300만원을 회수할 수 있을 것이다. 따라서 기온이 낮은 경우에는 1,000만원을 투자하여 1,300만원을 회수할 수 있으며 이로 인한 투자수익률은 0.3이 된다. 기온이 높은 경우에는 천잠전기로부터는 원금 500만원만 회수할 수 있지만 왕방전자로부터는 800만원을 회수할 수 있게 되므로 전체적으로 1,300만원을 회수할 수 있어 수익률은 0.3이 된다. 이 결과를 요약하면 다음과 같다.[1)]

〈표 A1〉 수익률의 확률분포

상황	확률	포트폴리오수익률(R_p)
기온이 낮음	0.5	0.3
기온이 높음	0.5	0.3

이제 이 포트폴리오의 기대수익률을 계산해 보자.

$$E(R_p) = 0.3 \times 0.5 + 0.3 \times 0.5 = 0.3$$

즉, 포트폴리오의 기대수익률은 우리가 예측했던 바와 같이 각 주식의 기대수익률의 평균이 된다.[2)]

이번에는 포트폴리오의 표준편차를 구해 보자.

$$\sigma_p = \sqrt{(0.3-0.3)^2 \times 0.5 + (0.3-0.3)^2 \times 0.5} = 0$$

1) 이러한 결과는 수익률로부터 직접 계산할 수도 있다. 왕방제과 주식에 0.5, 천잠전기 주식에 0.5 만큼 투자한 포트폴리오의 경우 기온이 낮을 때에는 왕방제과로부터는 0.0×0.5 만큼의 수익률을 얻고(왕방제과에 모두 투자한 경우, 즉 투자비중이 1인 경우 왕방제과로부터 얻는 수익률은 0.0×1이 됨에 주의하라) 천잠전기로부터는 0.6×0.5 만큼의 수익률을 올리므로 기온이 낮은 경우 포트폴리오의 수익률은 다음과 같이 0.3 이 된다.

$$0.0 \times 0.5 + 0.6 \times 0.5 = 0.3$$

기온이 높은 경우에도 마찬가지로 왕방제과로 부터는 0.6×0.5 만큼의 수익률을 얻고 천잠전기로부터는 0.0×0.5 의 수익률을 얻으므로 기온이 낮은 경우 포트폴리오의 수익률은 다음과 같이 0.3 이 된다.

$$0.6 \times 0.5 + 0.0 \times 0.5 = 0.3$$

2) 왕방제과와 천잠전기의 기대수익률은 모두 0.3이다.

$$E(R_1) = 0.0 \times 0.5 + 0.6 \times 0.5 = 0.3$$
$$E(R_2) = 0.6 \times 0.5 + 0.0 \times 0.5 = 0.3$$

따라서 이들의 기대수익률의 평균은 0.3 (= $0.3 \times 0.5 + 0.3 \times 0.5$)이 된다.

즉, 왕방제과와 천잠전기에 반반씩 투자한 포트폴리오의 위험은 0이 되는데 이는 왕방제과의 표준편차가 0.3이고 천잠전기의 표준편차 역시 0.3이었음을 고려할 때 선뜻 이해하기 어려운 일이다.[3)]

즉, 위험한 주식에 분산투자를 했는데 포트폴리오의 위험은 각 주식의 위험의 평균 0.3(=0.3×0.5+0.3×0.5)이 되지 않고 이보다 훨씬 작은 값이 된 것이다. 과연 어떠한 이유 때문에 이러한 결과가 벌어졌을까?

사려깊은 독자들은 이미 이현명 여사의 말에서 힌트를 얻었을 것이다. 이 두 주식에 투자한 포트폴리오의 위험이 이렇게 줄어든 이유는 두 주식이 반대로 움직이기 때문이다. 즉, 한 주식의 수익률이 높으면 다른 주식의 수익률은 작아지고, 반대로 한 주식의 수익률이 낮아지면 다른 주식의 수익률은 높아지므로 두 주식에 0.5씩 투자한 포트폴리오의 수익이 안정화되고 이에 따라 포트폴리오의 위험이 낮아지는 것이다. 물론 여기에서 든 예는 독자들의 이해를 돕기 위해서 극단적인 경우를 들었기 때문에 위험이 0으로 줄어들었지만 대개의 경우 위험이 0까지 주는 일은 거의 없다. 그러나 분명한 것은 크던 작던 포트폴리오를 구성하면 위험이 줄어든다는 사실이다.

분산투자효과와 공분산

그런데 포트폴리오를 구성하면 위험이 얼마나 줄어드는가 하는 것은 포트폴리오를 구성하는 주식들이 어떻게 움직이는가에 달려 있다. 구성주식이 반대로 움직이면 포트폴리오의 위험은 원래 주식이 갖고 있던 위험에 비해 많이 줄어들 것이고 반대로 포트폴리오를 구성하는 주식들이 같은 방향으로 움직이는 경우에는 위험이 크게 줄지 않을 것이다.

그렇다면 주식이 같은 방향으로 움직이는지 다른 방향으로 움직이는지를 측정할 수는 없을까?

두 주식이 같은 방향으로 움직이는가를 나타내는 측정치로는 공분산이라는 개념이 있다는 사실을 제8장에서 설명한 바 있다. 왕방제과와 천잠전

---

3) 왕방제과와 천잠전기의 표준편차는 모두 0.3이다.

$$\sigma_1 = \sqrt{(0.0-0.3)^2 \times 0.5 + (0.6-0.3)^2 \times 0.5} = 0.3$$
$$\sigma_2 = \sqrt{(0.6-0.3)^2 \times 0.5 + (0.0-0.3)^2 \times 0.5} = 0.3$$

기의 공분산 $Cov(R_1, R_2)$는 다음과 같이 계산된다.

$$
\begin{aligned}
Cov(R_1, R_2) &= (0.0 - 0.3)(0.6 - 0.3) \times 0.5 \\
&\quad + (0.6 - 0.3)(0.0 - 0.3) \times 0.5 \\
&= -0.09
\end{aligned}
$$

공분산은 두 주식이 같은 방향으로 움직이는 정도에 대한 척도이다. 공분산이 크다는 것은 두 주식이 같은 방향으로 움직인다는 의미이며 공분산이 작다는 것(음이라는 것)은 두 주식이 반대방향으로 움직인다는 의미이다. 따라서 두 주식간의 공분산이 작을수록 분산투자효과는 커져서 위험이 많이 감소한다는 사실을 알 수 있다.

분산투자를 하면 포트폴리오의 기대수익률은 원래 주식의 기대수익률의 평균이 되지만 위험은 준다는 사실은 중요한 의미를 내포하고 있다. 이것은 어떤 투자자가 목표하는 기대수익률을 얻기 위해서 감수해야 하는 위험이 줄어든다는 사실을 내포하고 있기 때문이다.

예를 들어 어떤 투자자가 15%의 기대수익을 목표로 한다고 가정하자. 이때 한 주식만으로 이 기대수익을 달성하기 위해서는 위험을 20%만큼 감수해야 한다고 하자. 그런데 두 주식으로 포트폴리오를 구성하면 동일한 기대수익을 올리면서도 더 낮은 위험만을 감수하면 된다는 것이 분산투자효과이다. 〈예제 A1〉에서 박호인씨가 어느 한 주식만에 투자를 했다면 30%의 수익을 올리기 위해서 30%의 위험(표준편차)을 감수해야 했을 것이다. 그러나 두 주식에 분산투자를 하면 아무런 위험도 감수하지 않고 30%의 수익을 올릴 수 있었다. 물론 이 예는 매우 극단적인 것으로 이러한 경우는 거의 발생하지 않지만 동일한 기대수익률을 올리기 위해 감수해야 하는 위험이 분산투자를 통해 줄어든다는 것은 분명한 사실이다.

다수의 주식에 대한 분산투자

그런데 투자자들은 2개의 주식에만 분산투자를 할 수 있는 것은 아니다. 이제 3개의 주식에 분산투자하는 경우를 생각해 보자.

주식 1과 주식 2에 500만원씩을 분산투자한 투자자가 있다. 그는 주식 1과 주식 2를 각각 250만원씩 처분하여 이 자금으로 주식 3도 구입하려고 생각하고 있다. 그 결과로 이 투자자는 주식 1과 주식 2에 250만원씩 그리고 주식 3에 500만원 투자한 포트폴리오를 갖게 될 것이다.

이러한 행위를 분석해 보자. 그가 처음에 가지고 있던 주식 1과 주식 2로 구성된 포트폴리오를 하나의 주식처럼 생각하면(이를 주식 12라 하자), 그가 최종적으로 만든 포트폴리오는 주식 12와 주식 3에 분산투자한 포트폴리오가 될 것이다. 그런데 앞서 설명한 바와 같이 분산투자를 하면 위험이 줄어들기 때문에 동일한 목표수익률을 얻기 위해서도 더 작은 위험만을 감수하면 된다는 사실을 생각한다면 그는 주식 12, 즉 주식 1과 주식 2로만 구성된 포트폴리오를 가지고 있는 것보다는 주식 3을 포함시켜 만든 포트폴리오가 분산투자효과가 더 크게 발생하여 더 작은 위험만을 감수하더라도 목표한 수익률을 달성할 수 있을 것이다. 즉, 포트폴리오에 편입되는 주식의 수가 증가함에 따라 계속적으로 위험의 감소효과, 즉 분산투자효과가 발생하는데 이는 위험을 회피하는 투자자로서는 매우 바람직한 일이다.

이러한 논리를 확장해 보면 합리적인 투자자는 어떻게 행동해야 하는가? 당연히 이 세상에 존재하는 모든 주식에 분산투자한 포트폴리오를 구성해야 할 것이다. 즉, 이 세상에 1,000개의 주식이 거래된다면 굳이 900개의 주식만으로 포트폴리오를 구성할 이유는 없다. 포트폴리오를 구성하면 위험이 줄어드는 효과가 있으므로 900개 주식으로 포트폴리오를 구성하는 것보다는 901개의 주식으로 포트폴리오를 구성하는 것이 좋고, 901개의 주식으로 포트폴리오를 구성하는 것보다는 902개로 포트폴리오를 구성하는 것이 좋은 것이다.

따라서 모든 투자자들은 이 세상에 존재하는 모든 주식에 최대한 분산투자하여 가장 위험이 작은 포트폴리오를 구성하려고 할 것이다.

2. 무위험자산과 시장포트폴리오

시장포트폴리오

앞에서 우리는 모든 사람들은 주식에 투자를 하는 경우 하나 또는 몇 개의 주식에만 투자하지 않고 최대한 분산투자효과를 누리기 위해 시장에 존재하는 모든 주식에 투자한 포트폴리오를 구성할 것이라고 했다. 이러한 포트폴리오를 시장포트폴리오라 하는데 시장포트폴리오는 한마디로 말해 기대수익률에 비해 위험이 가장 작은 포트폴리오라 할 수 있다. 따라서 투자자들은 위험을 회피하므로 모두 시장포트폴리오를 선택하게 된다.

그런데 어떤 사람들은 위험을 많이 회피하여 수익률이 낮더라도 위험이 낮은 포트폴리오를 구성하려 할 것이고 다른 사람들은 위험을 적게 회피하여 위험이 크더라도 수익률이 큰 포트폴리오를 선택하려 할 것이다. 어떤 과정을 거쳐 이러한 선택이 가능할까?

무위험자산과 최적포트폴리오의 선택

투자자가 선택할 수 있는 자산은 위험한 주식만 있는 것은 아니다. 위험이 전혀 없는 무위험자산도 선택이 가능하다. 따라서 투자자는 자신의 자산을 일부는 무위험자산에 투자하고 나머지는 위험자산에 투자할 수 있다.

그런데 투자자는 위험한 주식을 선택할 경우에는 기대수익률에 비해 위험이 가장 작은 시장포트폴리오를 선택하게 된다. 따라서 무위험자산과 위험자산에 모두 투자가 가능한 경우 투자자는 자신의 자산의 일부는 무위험자산에 투자하고 나머지는 시장포트폴리오에 투자하는 것이 최선이다.

이 경우 위험을 많이 회피하는 투자자는 무위험자산에 많이 투자하게 되고 반대로 위험을 적게 회피하는 투자자는 시장포트폴리오에 많이 투자하게 된다. 무위험자산에 투자하는 비중이 클수록 구성된 포트폴리오의 위험은 작으며 기대수익률도 작아지게 된다. 즉, 투자자는 자신의 위험회피도에 맞는 포트폴리오를 구성할 수 있는 것이다. 다음의 예를 살펴 보자.

예제 A2

정미숙씨와 임경숙씨는 각각 1,000만원의 자금을 가지고 주식투자를 하고 있는데 정미숙씨는 위험을 많이 회피하여 기대수익률을 0.2로 정하고 있으며 임경숙씨는 위험을 적게 회피하여 기대수익률을 0.22로 목표하고 있다. 시장포트폴리오와 무위험자산의 기대수익률과 표준편차가 다음과 같은 경우 정미숙씨와 임경숙씨는 시장포트폴리오와 무위험자산에 얼마의 비중으로 투자해야 하는가? 그리고 그들이 부담하게 되는 위험은 얼마인가?

	무위험자산	시장포트폴리오
호황	0.1	0.6
불황	0.1	0.0

먼저 정미숙씨의 입장을 생각해 보자. 정미숙씨가 시장포트폴리오에 얼마만큼을 투자하고 나머지를 무위험자산에 투자하는 경우 기대수익률이 0.1이 될까? 시장포트폴리오에 투자한 비중을 *w*라 하면 *w*는 다음과 같이 0.5가 된다.[4)]

$$w \times 0.3 + (1 - w) \times 0.1 = 0.2$$

즉, 정미숙씨는 500만원은 무위험자산에 투자하고 나머지 500만원은 시장포트폴리오에 투자하면 된다. 이 경우 정미숙씨가 부담하는 위험은 얼마일까?

호황이 되면 무위험자산에서 50만원의 수익을 얻게 되고 시장포트폴리오에서 얻게 되는 수익은 300만원이므로 총수익은 350만원이 되고 이에 따라 호황시 포트폴리오의 수익률은 0.35가 된다. 반면 불황시에는 무위험자산에서 50만원의 수익을 얻게 되고 시장포트폴리오에서는 수익이 0이므로 불황시 포트폴리오의 수익률은 0.05가 된다. 따라서 포트폴리오의 위험(표준편차)은 다음과 같이 0.15가 된다.

$$\sigma_p = \sqrt{(0.35 - 0.2)^2 \times 0.5 + (0.05 - 0.2)^2 \times 0.5} = 0.15$$

같은 방법으로 계산하면 임경숙씨는 시장포트폴리오에 0.6, 무위험자산에 0.4의 비율로 투자해야 하며 이 경우 포트폴리오의 위험(표준편차)은 0.18이 된다.

이러한 예에서 우리는 위험선호도에 따라 무위험자산에 많이 투자함으로써 기대수익률이 낮고 위험도 낮은 포트폴리오를 구성할 수도 있고 반대로 위험도 높고 기대수익률도 높은 포트폴리오를 구성할 수도 있음을 알 수 있다.

4) 이 경우에도 포트폴리오의 기대수익률은 무위험자산과 시장포트폴리오의 기대수익률의 가중평균이 된다. 무위험자산의 기대수익률은 0.1이며 시장포트폴리오의 기대수익률은 0.3이다.

2자산분리이론

무위험자산이 존재하는 경우 모든 투자자는 자신의 자산을 둘로 나누어 일부는 무위험자산에 투자하고 나머지는 시장포트폴리오에 투자하게 되는데 이를 2자산분리이론(two fund separation theorem)이라 한다. 즉, 모든 투자자는 자신의 효용과는 무관하게 무위험자산과 시장포트폴리오만을 선택한다라는 것이 2자산분리이론이다. 이 경우 투자자는 자신의 효용, 즉 위험회피도에 따라 무위험자산과 시장포트폴리오에 투자하는 비중만을 달리하게 될 것이다.

2자산분리이론이 의미하는 바는 모든 투자자는 자신이 얻고자 하는 기대수익률하에서 가장 위험이 작은 포트폴리오를 구성한다는 것이다. 우리는 앞에서 시장포트폴리오를 구성하면 기대수익률에 비해 가장 위험이 작은 포트폴리오를 구성할 수 있다고 했는데 시장포트폴리오와 무위험자산으로 이루어진 포트폴리오도 이와 동일한 성격을 갖는다. 즉 시장포트폴리오에 일부 자산을 투자하고 나머지 자산을 무위험자산에 투자한 포트폴리오는 동일한 기대수익률하에서 가장 작은 위험을 갖게 되는데 이러한 포트폴리오를 우리는 효율적인 포트폴리오라 한다.[5] 합리적인 투자자라면 동일한 기대수익률하에서는 가장 위험이 작은 포트폴리오를 구성하려 할 것인데 2자산분리이론은 무위험자산과 시장포트폴리오에 투자함으로써 효율적 포트폴리오을 구성할 수 있음을 말해 주고 있다.

3. 베타와 증권시장선

분산투자와 개별주식의 위험

우리는 개별주식의 위험은 분산 또는 표준편차로 측정할 수 있으며 위험할수록 투자자들이 싫어하기 때문에 높은 수익률을 제공해야 한다고 했다. 그러나 투자자들이 분산투자를 할 수 있는 경우에는 이러한 논리는 약간 수정되어야 한다.

분산투자가 가능한 경우에는 포트폴리오의 위험은 개별적인 주식의 위

---

5) 이러한 효율적 포트폴리오의 기대수익률과 표준편차는 직선을 이루는데 이러한 직선을 자본시장선(capital market line : CML)이라 한다.

험(표준편차)의 평균보다 줄어들게 되는데 이러한 효과를 분산투자효과라 했다. 이러한 분산투자효과는 다른 말로 표현하면 포트폴리오를 구성함으로써 개별 주식이 가지고 있는 위험이 줄어들고 이에 따라 이를 평균한 포트폴리오의 위험이 줄어드는 것으로 해석할 수 있다. 〈예제 A1〉으로 돌아가 보자.

왕방제과와 천잠전기가 원래 가지고 있던 위험은 각각 0.3씩이었으나 각각에 50%씩 분산투자한 포트폴리오의 위험은 0이 되었는데 이는 포트폴리오를 구성하면서 왕방제과와 천잠전기의 위험이 0으로 줄어들어 결과적으로 포트폴리오의 위험이 0(=0×0.5+0×0.5)이 된 것이다.

이렇듯 개별주식의 위험은 포트폴리오를 구성하면 없어지는 부분과 포트폴리오를 구성해도 여전히 남아 있는 위험으로 구별할 수 있는데 이 경우 포트폴리오의 위험은 여전히 남아 있는 위험의 평균이 된다. 따라서 포트폴리오를 구성하면 포트폴리오의 위험이 줄어든다는 의미는 개별주식이 포트폴리오에 편입되면서 자신이 가지고 있던 위험의 일부가 사라진다는 것으로 해석할 수 있다.

체계적 위험과 비체계적 위험

개별주식이 포트폴리오를 구성하면 원래 가지고 있던 위험이 줄어든다면 위험은 원래의 위험을 의미할 것인가 아니면 포트폴리오를 구성해도 남아 있는 위험을 의미하는 것일까? 답은 바로 포트폴리오 그것도 다른 포트폴리오가 아닌 시장포트폴리오를 구성해도 여전히 남아 있는 위험만이 바로 투자자들이 느끼는 진정한 위험이라 할 수 있다.

투자자들은 위험을 회피하며 가능한 위험을 회피하려고 한다. 그런데 분산투자를 하면 아무런 비용없이 위험을 줄일 수 있으므로 투자자들은 최대한 분산투자를 할 것이며 이 결과로 투자자들은 시장포트폴리오를 구성하게 된다. 시장포트폴리오를 구성하면 가장 최적의 상태, 즉 최대한 위험을 줄인 상태가 되어 더 이상 위험을 줄일 수는 없다. 따라서 최대한 위험을 줄인 상태에서도 남아 있는 위험이 바로 진정한 위험이며 이것이 보상받아야 하는 위험인 것이다.

이 경우 주식이 원래 가지고 있던 위험을 총위험이라 하며 시장포트폴리오를 구성하면 없어지는 위험을 비체계적 위험(또는 분산 가능한 위험), 시장포트폴리오를 구성하더라도 없어지지 않는 위험을 체계적 위험(또는 분산 불가능한 위험)이라 한다.

체계적 위험과 보상

예제 A3

홍순직군은 유리닦는 아르바이트를 하고 있다. 두 종류의 일감이 있는데 이 중 하나를 선택해야 한다.

작업 1 : 63빌딩의 꼭대기에서 유리를 닦는 것으로 매우 위험하지만 안전장비를 몸에 묶으면 절대 떨어지거나 다칠 위험이 없음. 일당은 10만원

작업 2 : 3층 아파트의 유리를 닦는 것으로 약간 위험함. 안전장비는 없고 일당은 10만원

과연 홍순직군은 어떤 작업을 택하는 것이 합리적일까?

두 종류의 작업이 난이도가 동일하다면 위험에 의해 일당이 결정이 되어야 할 것이다. 그런데 아무런 안전장비가 없다면 63빌딩의 위험이 훨씬 클 것이므로 당연히 63빌딩이 일당이 커야 한다. 하지만 63빌딩에는 안전장비가 있다. 누구나 위험을 회피하므로 63빌딩에서 작업을 한다면 누구나 안전장비를 착용할 것이다. 이 경우에는 어떤 작업이 위험한가? 바로 아파트에서 하는 작업이 더 위험하다. 아파트 작업은 위험을 분산하기 전에는(즉 안전장비를 갖추기 전에는) 덜 위험하지만 위험을 최대한 분산한 후에는 오히려 더 위험하므로 더 많은 일당을 주어야 할 것이다. 안전장비가 옆에 있음에도 이를 사용하지 않고 작업을 하면서 "나는 위험한 작업을 하므로 일당을 더 달라"고 한다면 누가 이에 응할 것인가? 위험하므로 더 많은 보상을 준다고 말할 때의 위험이란 최대한 위험을 없애려 해도 여전히 남아 있는 위험, 즉 체계적 위험을 말하는 것이다.

공분산과 체계적 위험

그렇다면 어떠한 주식이 시장포트폴리오를 구성해도 위험이 많이 남아

있고 어떠한 주식은 시장포트폴리오를 구성하면 위험이 대부분 사라지고 적은 위험만 남아 있을까?

시장포트폴리오를 구성하는 경우 시장포트폴리오와의 공분산이 큰 주식은 위험이 시장포트폴리오를 구성해도 위험이 많이 남아 있게 되고 반대로 공분산이 작은 주식은 위험이 적게 남아 있게 된다. 즉, 시장포트폴리오를 구성하게 되면 개별자산의 분산 중에서 시장포트폴리오와의 공분산만 남게 되어 시장포트폴리오의 위험은 이러한 공분산의 평균이 되는 것이다.

예제 A4

시장에는 주식 1과 주식 2 두 종류의 주식만 존재한다. 두 주식의 수익률의 분포는 다음과 같으며 시장포트폴리오는 두 주식에 50%씩 분산투자를 한 포트폴리오이다. 시장포트폴리오의 위험은 두 주식의 시장포트폴리오와의 공분산의 평균으로 이루어져 있음을 보여라.

	확률	주식 1의 수익률	주식 2의 수익률
불황	0.25	0.1	0.16
보통	0.50	0.2	0.20
호황	0.25	0.3	0.24

시장포트폴리오는 주식 1과 주식 2에 50%씩 분산투자된 포트폴리오이므로 시장포트폴리오의 수익률은 불황이면 0.13(=0.1×0.5+0.16×0.5)이 되며 보통이면 0.2(=0.2×0.5+0.2×0.5)가 되고 호황이면 0.27(=0.3×0.5+0.24×0.5)가 된다. 따라서 시장포트폴리오 M의 분산은 다음과 같이 계산된다.

$$\sigma_m^2 = (0.13 - 0.2)^2 \times 0.25 + (0.2 - 0.2)^2 \times 0.5 + (0.27 - 0.2)^2 \times 0.25 = 0.00245$$

한편 주식 1 및 주식 2와 시장포트폴리오와의 공분산은 다음과 같이 계산된다.

$$Cov(R_1, R_m) = (0.1 - 0.2)(0.13 - 0.2) \times 0.25 + (0.2 - 0.2)(0.2 - 0.2) \times 0.5$$
$$+ (0.3 - 0.2)(0.27 - 0.2) \times 0.25 = 0.0035$$
$$Cov(R_2, R_m) = (0.16 - 0.2)(0.13 - 0.2) \times 0.25 + (0.2 - 0.2)(0.2 - 0.2) \times 0.5$$
$$+ (0.4 - 0.2)(0.27 - 0.2) \times 0.25 = 0.0014$$

따라서 다음의 식이 성립한다.

$$\sigma_m^2 = Cov(R_1, R_m) \times 0.5 + Cov(R_2, R_m) \times 0.5$$
$$= 0.0035 \times 0.5 + 0.0014 \times 0.5 = 0.00245$$

이러한 간단한 예는 시장포트폴리오를 구성하면 개별주식의 위험은 원래의 분산이 아니라 시장포트폴리오와의 공분산으로 줄게 되며 이러한 공분산의 평균이 시장포트폴리오의 위험이 된다는 것을 말해 준다. 따라서 시장포트폴리오를 구성하는 투자자에 있어서는 개별주식의 분산이 아닌 개별주식과 시장포트폴리오의 공분산이 진정한 위험이며 이에 따라 보상받을 수 있는 위험은 시장포트폴리오와의 공분산이라는 사실을 말해 주는 예라 할 수 있다. 즉, 공분산은 시장포트폴리오를 구성해도 줄지 않고 여전히 남아 있는 위험(체계적 위험)을 나타내는 지표인 것이다.

체계적 위험으로서의 공분산의 의미

그러나 독자들 가운데는 여전히 왜 시장포트폴리오와의 공분산이 포트폴리오를 구성해도 없어지지 않고 남아 있는 위험이며, 왜 공분산이 큰 주식이 기대수익률이 커야 하는지 직관적으로 이해가 되지 않는 사람들이 있을 것이다. 다음과 같은 예를 통해 그 이유를 살펴 보기로 하자.

예제 A5

홍길동 선생은 3학년 수학을 담당하고 있다. 그는 학생들의 개별성적의 분산과 학급의 평균성적의 분산을 계산해 보았다. 그 결과 학급의 평균성적은 시험문제의 난이도에 따라 높거나 낮지만 학생들이 개별성적은 시험문제의 난이도 뿐만 아니라 개인적인 사정에 의해서도 크게 좌우됨을 알았다. 이에 따라 학급의 평균성적의 분산은 개별 학생의 성적의 분산보다 보편적으로 작다는 사실을 알게 되었다.

학생들의 개인의 성적에 영향을 미치는 요인으로는 먼저 시험의 난이도를 꼽을 수 있을 것이다. 난이도가 낮으면 성적이 높고 난이도가 높으면 성적이 낮은 경향이 있을 것이다. 뿐만 아니라 개인적인 사정도 결과에 영향을 미친다. 시험 전에 우연히 본 문제가 시험에 출제되어 성적이 좋을 수도 있고 반대로 공부는 열심히 했으나 감기에 걸려 시험을 망칠 수도 있을 것이다. 그러나 학급의 평균을 구해 보면 후자의 요소는 대부분 상쇄되어 없어진다는 사실을 쉽게 짐작할 수 있다. 이에 따라 학급의 평균에 영향을 미치는 요소는 시험문제의 난이도뿐이며 개별적인 사정에 의한 부분은 사라지는 것이다. 이에 따라 반평균은 개인적인 성적에 비해 안정화되는 경향을 띄게 된다.

이러한 논리는 포트폴리오와 개별주식의 수익률에 있어서도 동일하게 적용된다. 개별주식의 수익률에 영향을 미치는 요소는 경기의 상황과 같이 전체 경제에 영향을 미치는 부분과 개별주식의 고유한 사정(예를 들어, 화재로 인한 수익률의 감소)으로 인한 부분으로 나누어 볼 수 있다. 그러나 포트폴리오를 구성하면 후자의 부분은 사라지게 된다. 즉, 포트폴리오를 구성하면 개별 주식의 위험은 일부 사라지고 전체 경기상황에 의해 영향받는 부분만 남아 있게 되는 것이다. 그렇다면 어떠한 주식이 경기상황에 대해 민감하게 반응하여 시장포트폴리오를 구성해도 남는 위험이 많을 것인가? 바로 시장포트폴리오와의 공분산이 큰 주식이다.

시장포트폴리오의 수익률이란 시장에 있는 모든 주식들의 평균수익률로 현실적으로 보면 종합주가지수와 유사한 개념이다. 시장포트폴리오의 수익률이 높다는 것은 경기가 좋다는 의미이며 반대로 시장포트폴리오의 수익률이 낮다는 것은 경기가 나쁘다는 의미이다. 시장포트폴리오와의 공분산이 큰 주식은 경기에 민감하게 반응하여 경기가 조금이라도 좋으면 수익률이 매우 높아지고 경기가 조금이라도 나빠지면 수익률이 큰 폭으로 떨어지는 주식을 의미한다. 이러한 위험은 시장포트폴리오를 구성하더라도 줄지 않고 남아 있기 때문에 이러한 주식은 위험한 주식이며 이에 따라 높은 기대수익률을 제공해 주어야 하는 것이다.

증권시장선

이상의 내용을 요약하면 분산투자가 가능한 상황에서는 투자자들은 최대한 분산투자된 포트폴리오, 즉 시장포트폴리오를 선택하게 되는데 시장포트폴리오를 구성하면 개별주식의 위험은 개별주식의 분산에서 시장포트폴리오와의 공분산으로 줄어들게 된다. 따라서 분산투자가 가능한 상황에서는 시장포트폴리오와의 공분산이 진정한 위험을 대표하는 수치이며 시장포트폴리오와의 공분산이 클수록 위험이 크므로 기대수익률이 커야 한다. 즉, 개별자산의 기대수익률(R_i)과 시장포트폴리오와의 공분산 ($Cov(R_i, R_m)$)은 비례관계에 있다.

$$Cov(R_i, R_m) \sim E(R_i)$$

그런데 시장포트폴리오의 분산 σ_m^2은 상수이므로 다음의 식도 성립한다.

$$\frac{Cov(R_i, R_m)}{\sigma_m^2} \sim E(R_i)$$

위의 식에서 $\frac{Cov(R_i, R_m)}{\sigma_m^2}$를 주식 i의 베타(β_i)라 하며 구체적으로 β_i와 주식 i의 기대수익률간에는 다음과 같은 관계식이 성립하게 되는데 이것이 우리가 제8장에서 도출했던 증권시장선(security market line : SML)이다.

$$E(R_i) = R_f + [E(R_m) - R_f]\beta_i$$

연습문제

9-1 "분산가능한 위험은 분산투자를 하면(즉, 시장포트폴리오를 구성하면) 없어지는 위험이다. 따라서 시장포트폴리오나 시장포트폴리오와 무위험자산에 나누어 투자한 포트폴리오는 분산가능한 위험이 없다." 이 말에 대해 논평하라.

9-2 시장포트폴리오는 호황과 불황으로 수익률이 구분되어 호황이면 수익률이 0.4이고 불황이면 수익률이 0.2가 된다. 호황이나 불황이 될 확률은 각기 0.5이다. 한편 쌍용건설 주식의 경우 시장상황 이외에도 기업의 우연한 성공과 실패에 따라 수익률이 0.1씩 증가하거나 감소한다. 즉, 쌍용건설의 수익률은 호황이 되면 0.5이고 불황이 되면 0.1이다. 우연히 성공하거나 실패할 확률은 각기 0.5이다. 물음에 답하여라.

(1) 쌍용건설 주식의 수익률을 4가지 상태로 나누어 시장포트폴리오의 수익률과 함께 표시해 보시오(힌트 : 연습문제 8-8 참조).

(2) 쌍용건설 주식의 수익률을 각각 시장포트폴리오와 관계된 부분과 개별주식의 고유한 사정과 관계된 부분으로 나누어 보시오.

(3) 쌍용건설 주식의 분산은 다음과 같이 나누어 짐을 보이시오.

주식의 분산 = 시장포트폴리오와 관계된 부분의 분산 + 개별주식의 고유한 사정과 관련된 부분의 분산

(4) (3)에서 시장포트폴리오와 관계된 부분의 분산은 시장포트폴리오와의 공분산임을 보이시오.

(5) 위의 결과를 토대로 주식의 총위험 중 개별주식의 고유한 사정에 관계된 부분은 분산가능한 위험임을 생각해 보시오.

9-3 증권시장선에 의해서 구한 기대수익률과 제6장에서 공부한 채권수익률의 구조를 비교해서 공통점과 차이점을 설명해 보라.

제 4 부 자본구조와 자본조달

제 10 장 자본비용

> 기업은 투자를 위해 자본을 조달해야 하며 자본을 제공한 사람들에게 적절한 대가를 지급해야 하는데 이들에게 지급하는 대가를 자본비용이라 한다. 본장에서는 자본비용의 의미와 자본비용이 기업가치와 어떠한 관련성을 갖고 있는지를 살펴본다. 아울러 자본조달방법에 따른 원천별 자본비용을 구하는 방법에 대해 살펴보고, 이러한 원천별 자본비용의 가중평균으로서의 가중평균자본비용의 의미와 중요성에 대해서도 설명하기로 한다.

제 1 절 자본비용에 대한 기초개념

1. 자본비용의 의미

자본비용이란?

지금까지 우리는 어떤 투자안을 선택해야 하는지 혹은 투자를 통해서 얼마만큼의 이득을 볼 수 있는지에 대해 알아보면서 암묵적으로 투자에 필요한 자금은 정해진 이자율로 조달할 수 있다고 가정해 왔다. 그러나 동일한 100만원을 갖고 투자하는 경우에도 수익률이 높은 투자안이 있고 그렇지 못한 투자안이 있듯이 자본을 조달하는 경우에도 보다 낮은 비용(이자율)으로 자본을 조달할 수 있는 경우가 있고 높은 비용을 부담해야만 자본을 조달할 수 있는 경우도 있다. 즉, 자본을 조달할 수 있는 방법은 여러 가지가 있으며 그에 대한 비용도 각기 다른 것이 일반적이다.

재무관리에서는 이렇듯 자본을 조달하는 대가로 자본제공자에게 지불해야 하는 비용을 자본비용(cost of capital)이라 한다. 기업에 자본을 공급해 주는 투자자는 어떠한 방식으로 자본을 제공을 했든 이에 대한 대가를 요구할 것이다. 부채로 자본을 공급해 준 투자자는 이자의 형태로 그 대가를 지급받을 것이며 주식으로 자본을 공급해 준 투자자는 배당과 자본차익의 형태로 그 대가를 지급받게 되는데 이러한 대가가 바로 자본비용이다.

자본비용의 의미는 우리가 앞에서 배운 투자이론을 역으로 생각하면 쉽게 이해할 수 있다. 기업의 입장에서는 자본을 공급해 준 사람이므로 자본제공자라고 하지만 자본제공자의 입장에서 보면 수익을 바라고 기업에 투자한 것이므로 이들은 투자자라고 할 수 있다. 또한 기업의 입장에서 보면 자본을 쓰는 대가로 지불하는 비용이므로 이를 자본비용이라 하지만 자본제공자(투자자)의 입장에서는 자신이 투자한 자금에 대한 대가이므로 수익률이라 할 수 있다.

따라서 자본비용이란 기업의 입장에서 바라본 표현일 뿐 사실은 우리가 앞에서 배운 수익률과 동일한 개념이라 할 수 있다. 투자자는 수익이 없는 곳에 투자할 이유가 없다. 따라서 투자자가 자본을 제공했다는 것은 그만한 수익을 기대하고 투자한 것이고 이에 따라 기업의 입장에서는 반드시 이에 대한 대가를 지불해야 할 것이다.

만약 기업이 자본제공자에게 자본제공에 대한 대가, 즉 자본비용을 지불하지 못한다면 어떠한 상황이 벌어질까? 다음의 예제를 살펴보자.

예제 10-1

현대기업은 100억원의 자금을 모두 자기자본으로 조달하여 기업을 운영하고 있다. 이 기업의 베타는 2이며 증권시장선은 $E(R_i) = 0.1 + 0.05\beta$로 추정된다. 그런데 현대기업의 사장인 김현대씨는 다음과 같이 생각하고 있다.

"지금까지는 평균 20%의 배당을 지급해 왔지만 회사의 사정이 여의치 않으므로 앞으로는 10%의 배당만을 지급하겠다. 채권으로 자금을 조달했다면 고정된 이자를 지급하기로 약속했겠지만 주식으로 자금을 조달했으므로 반드시 20%의 배당을 지급할 필요는 없다."

만약 김현대씨가 이러한 생각을 행동에 옮긴다면 어떠한 결과가 벌어질까?

이러한 문제를 쉽게 생각하기 위해 투자자의 입장을 생각해 보자. 투자자들은 이 기업의 주식에 투자를 하면서 최소한 이 기업의 위험에 상응하는 20%의 기대수익률을 요구할 것이다. 그런데 현대기업이 10%의 수익률밖에 주지 못한다면 투자자들은 실망을 하고 이 주식을 팔려고 할 것이다. 그러나 다른 투자자들도 이 주식이 10%의 수익률밖에 제공하지 못한다는 사실을 알고 있으므로 이 주식을 매입하지 않을 것이다. 따라서 현대기업의 주가는 하락할 것이다. 얼마나 하락할까? 현대기업 주식의 기대수익률이 20%가 될 때까지 하락할 것이다. 가격이 하락하여 기대수익률이 20%가 되면 투자자들은 이 주식을 통해 균형수익률을 얻을 수 있으므로 현대기업의 주식은 하락한 가격으로 시장에서 거래될 것이다. 그런데 그 결과로 현대기업의 가치는 어떻게 될까? 주가가 하락했으므로 기업의 가치는 당연히 하락하게 된다. 즉, 자기자본에 대한 적당한 자본비용을 제공해 주지 못하면 그에 대한 대가로 기업의 가치는 하락하게 되는 것이다.

부채에 대해 자본비용(이자)을 지급하지 못하면 기업이 파산하게 되어 기업가치가 감소하게 된다는 사실은 누구나 알 수 있다. 하지만 자기자본도 명시적이지는 않지만 이에 대한 자본비용이 존재하며 이를 지급하지 못하면 기업의 가치는 하락하게 되는 것이다. 이러한 의미에서 자본비용을 "기업의 가치를 하락시키지 않기 위해 자본제공자에게 지급해야 하는 최소한의 비용" 이라고 정의하기도 한다.

명시적 비용과 암묵적 비용

앞에서 우리는 자기자본비용은 명시적 비용은 아니지만 기업가치를 현재 수준으로 유지하기 위해서 반드시 지급해야 하는 비용이라고 했다. 하지만 대부분의 경우 명시적 비용만 비용으로 생각하고 암묵적 비용은 비용으로 생각하지 않는 경우가 많다. 이러한 경우 어떠한 결과가 벌어지는지 생각해 보기로 하자.

예제 10-2

최재형씨는 10억원의 자기자본으로 사업을 시작했다. 이 사업은 정부에 10억원 어치의 물품을 납품하는 업무인데 1년 후 10억 7,000만원을 받기로 했다. 최재형씨는 이 사업을 해야 하는가? 만약 10억원의 자금을 차입했다면 어떻게 의사결정을 할 것인가? 단, 시장이자율은 10%이고 세금의 문제는 고려하지 않는다.

최재형씨는 이 사업을 하면 안될 것이다. 이 사업은 위험이 없기 때문에 자기자본비용은 10%이므로 이 사업으로부터 10%의 수익률을 올려야 하는데 이 사업의 실제 수익률은 7%밖에 되지 않기 때문이다. 이러한 사실이 선뜻 이해가 가지 않는 독자는 최재형씨가 이 사업에 투자를 하지 않고 10억원을 예금하는 경우를 생각해 보라. 이 경우 최재형씨는 위험없이 10%의 수익률을 올릴 수 있을 것이다. 따라서 이 사업에 투자를 하려면 최소한 10%의 수익률은 올려야 한다.

이러한 사실은 최재형씨가 10억원을 차입하여 사업을 하는 경우를 생각해 보면 보다 명확히 알 수 있다. 10억원을 차입하면 1년 후 10%의 이자인 1억원을 지급해야 하는데 이 사업은 7,000만원의 수익밖에 제공하지 못하므로 3,000만원의 손실을 입게 되는 것이다.

〈예제 10-2〉에서 우리는 명시적 비용만 고려하고 암묵적 비용을 고려하지 않는 경우 잘못된 의사결정을 할 가능성이 있다는 사실을 알 수 있다. 비록 암묵적 비용은 손익계산서에서 비용으로 처리되지는 않지만 분명히

비용으로 인식해야 한다는 사실을 잊지 말아야 할 것이다. 다음과 같은 예제를 보면 이러한 사실의 중요성을 더욱 잘 알게 될 것이다.

예제 10-3

자기자본이 100억원인 기업이 1억원의 순이익을 기록하는 경우가 있다. 이 경우 이 기업이 손해를 보지 않았다고 주장하는 경우가 많다. 무위험이자율을 10%라고 할 때에 이러한 주장을 자본비용의 관점에서 비판해 보라.

회계적 이익은 명시적 비용만 고려하는 것이기 때문에 자기자본에 대한 암묵적 비용은 고려되지 않는다. 따라서 회계적 이익에서는 자기자본에 대한 비용은 차감하지 않는다. 자기자본에 대한 비용을 고려해 볼 때 기업의 위험에 따라 다르지만 자기자본비용은 대개 무위험이자율은 넘을 것이다. 따라서 무위험이자율을 10%정도로 간주하면 자기자본비용은 10억원 이상이 될 것이며 자기자본비용을 고려해 본다면 이 기업은 사실상 손실을 보고 있다고 말할 수 있다.[1] 독자들은 100억원을 투자하면 1억원의 수익을 주겠다는 사업에 투자하겠는가?

2. 자본비용의 중요성

재무관리에서 말하는 자본비용은 명시적 비용은 물론 암묵적 비용까지 포함한 개념이다. 자본비용은 기업가치의 크기를 결정하는 변수가 되기 때문에 매우 중요한 개념이 된다. 다음의 예제를 통해서 구체적인 사례를 분석해보자.

1) 이러한 단점을 보완하기 위한 방법으로 경제적 부가가치(Economic Value Added : EVA)라는 개념이 있다. 경제적 부가가치란 순이익에서 자기자본에 대한 비용을 차감한 값을 말하는데 우리나라 기업들의 경제적 부가가치를 조사해 본 결과 많은 기업들의 경제적 부가가치가 음(-)으로 나타나 사업성이 부족한 것으로 판명되었다.

예제 10-4

> 삼성기업은 매년 확실하게 10억원씩 현금흐름이 발생하는 기업이다. 자본비용이 10%인 경우 이 기업의 가치는 얼마인가? 또한 자본비용이 20%인 경우 이 기업의 가치는 얼마인가?

자본비용이 10%인 경우, 즉 이 기업이 10%에 자금을 조달할 수 있는 경우 이 기업의 가치는 다음과 같이 100억원이 된다.

$$V = \frac{10}{1+0.1} + \frac{10}{(1+0.1)^2} + \cdots = \frac{10}{0.1} = 100\,(\text{억원})$$

한편 자본비용이 20%인 경우, 즉 이 기업이 20%에 자금을 조달할 수 있는 경우 이 기업의 가치는 다음과 같이 50억원으로 감소한다.

$$V = \frac{10}{1+0.2} + \frac{10}{(1+0.2)^2} + \cdots = \frac{10}{0.2} = 50\,(\text{억원})$$

이러한 예에서 우리는 기업의 현금흐름이 동일하더라도 기업이 얼마의 자본비용으로 자본을 조달할 수 있는가에 따라 기업의 가치는 크게 변동함을 알 수 있다. 기업이 보다 낮은 자본비용으로 필요한 자금을 조달할 수 있다면 기업의 가치는 증가할 것이고 반대로 높은 자본비용으로 자금을 조달한다면 기업의 가치는 감소할 것이다.

기업에 무한히 C만큼의 현금흐름이 발생하고 이 기업의 자본비용을 k_0라 하면 기업의 가치는 다음과 같이 표현된다.

$$V = \frac{C}{1+k_0} + \frac{C}{(1+k_0)^2} + \cdots = \frac{C}{k_0}$$

따라서 기업가치를 극대화하기 위해서는 분자에 나타난 현금흐름을 크게 하고 분모에 있는 자본비용을 작게 해야 할 것이다. 그런데 현금흐름이란 투자에 의해 그 크기가 결정이 되며 자본비용이란 자본조달(혹은 자본구조)에 따라 그 크기가 결정된다. 이러한 이유에서 자본비용은 기업의 가치와 직접적으로 연관되는 중요한 문제라는 사실을 알 수 있는데 재무관리의

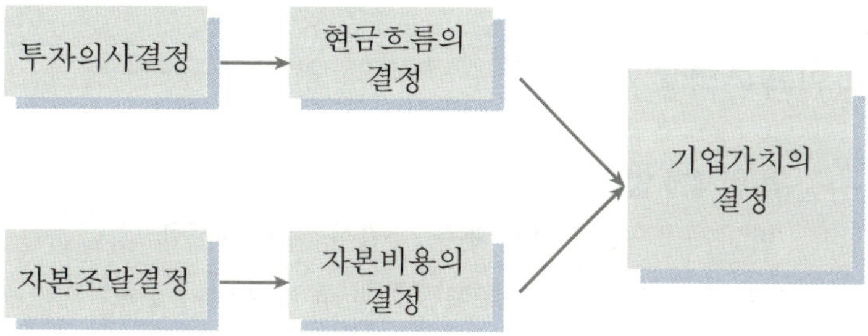

그림 10-1 재무관리의 2가지 기능과 기업가치

기능이 크게 투자의사결정과 자본조달결정으로 나뉘어지는 것도 그러한 이유이다.

제 2 절 원천별 자본비용

기업이 필요로 하는 자금은 여러 가지 원천에서 조달할 수 있다. 부채를 통해서 조달하는 경우도 있고 자기자본을 통해서 조달하는 경우도 있을 것이다. 그런데 각 자금의 조달원천마다 자본조달비용은 다를 것인데 그 이유는 자금을 제공해 주는 투자자가 부담해야 하는 위험이 다르기 때문이다.

부채로 자금을 제공해 준 투자자는 비교적 안전하게 이자와 원금을 받을 수 있기 때문에 낮은 자본비용(투자자의 입장에서는 수익률)으로 자금을 제공할 것이다. 그러나 주식을 매입해서 자기자본의 형태로 자금을 제공해 준 투자자는 자신이 앞으로 얻게 될 배당이나 자본이득이 기업의 수익과 연계되므로 그 투자수익이 불확실할 수밖에 없다. 따라서 자기자본으로 자금을 제공해 준 투자자는 비교적 높은 자본비용(투자자의 입장에서는 기대수익률)을 요구할 것이다.

본절에서는 자본조달의 원천별로 자본비용을 어떻게 구할 수 있는지 살펴보겠다.

1. 타인자본비용

법인세가 없는 경우

법인세가 없는 경우에는 기업이 채권자에게 지급하는 이자가 타인자본을 제공해 준 투자자에게 지급하는 비용이 될 것이다. 따라서 타인자본비용은 이자율이 된다. 기업의 타인자본을 B라 하고 지급해야 하는 이자를 I라고 하면 기업의 타인자본비용, 즉 이자율 k_d는 다음과 같이 표시된다.

$$k_d = \frac{I}{B} \tag{10-1}$$

예제 10-5

제일기업은 10억원의 부채를 사용하려 하는데 이 경우 매년 1억원의 이자를 지급하여야 한다.[2] 앞으로 이 기업의 영업이익은 3억원으로 예상된다. 제일기업의 부채에 대한 자본비용은 얼마인가? 손익계산서를 이용해서 설명해 보라. 단, 법인세는 없다고 가정한다.

법인세가 없는 경우에 부채를 사용하면 제일기업의 순이익이 부채를 사용하지 않는 경우와 어떻게 차이가 나는지 알아보기 위해서 다음과 같은 손익계산서를 작성한다.

〈표 10-1〉 법인세가 없는 경우의 손익계산서

	부채를 사용하지 않은 경우	부채를 사용하는 경우
영업이익	3억원	3억원
지급이자	0	1억원
순이익	3억원	2억원

2) 자본비용이란 앞으로 자본을 조달하는 경우에 지불해야 하는 대가이다. 따라서 과거에 차입한 10억원의 부채에 대한 이자를 매년 2억원씩 지불하고 있더라도 이자율이 하락하여 앞으로는 10억원을 부채로 조달하는 경우 1억원 만을 이자로 지불해야 한다면 이에 대한 타인자본비용은 10%(=1억원/10억원)가 된다. 현재 실제로 지급하는 이자율인 20%(=2억원/10억원)은 재무비용(자금조달비용)이라 한다.

〈표 10-1〉의 손익계산서를 살펴보면 10억원의 부채를 사용하는 경우 순이익이 1억원만큼 감소함을 알 수 있는데 이것이 바로 부채사용에 대한 대가라고 할 수 있다. 즉, 부채를 사용하는 데 대한 대가가 1억원인 것이다. 따라서 타인자본비용은 10%(=1억원/10억원)가 된다.

법인세가 존재하는 경우

법인세가 존재하지 않는 경우에는 기업이 지급하는 이자와 기업이 실질적으로 부담하는 금액(즉, 부채를 사용하는 대가로 순이익이 감소한 금액)이 동일했다. 그러나 법인세가 존재하는 경우에는 양자가 일치하지 않게 된다. 다음의 예를 통해서 법인세가 존재하는 경우 기업이 부채를 사용하는 대가로 실질적으로 부담하는 금액이 얼마가 되는지 살펴보자.

예제 10-6

〈예제 10-5〉에서 다른 조건은 동일하고 추가적으로 법인세만 더 존재한다고 가정하자. 법인세율이 40%인 경우 부채를 사용하는 경우와 부채를 사용하지 않는 경우의 차이를 비교하고 실질적으로 기업이 부담하는 비용을 구하여라. 이를 통해 법인세가 존재하는 경우 타인자본에 대한 자본비용을 구하라.

법인세가 존재하는 경우 제일기업이 부채를 사용하면 부채를 사용하지 않는 경우와 순이익이 어떻게 차이가 나는지 알아보기 위해서 앞서와 같은 방법으로 손익계산서를 작성해 보자.

〈표 10-2〉 법인세가 존재하는 경우의 손익계산서

	부채를 사용하지 않은 경우	부채를 사용하는 경우
영업이익	3억원	3억원
지급이자	0	1억원
세전 순이익	3억원	2억원
법인세	1.2억원	0.8억원
순이익	1.8억원	1.2억원

〈표 10-2〉의 손익계산서를 보면 부채를 사용하는 경우에는 부채를 사용하지 않는 경우에 비해 순이익이 6,000만원 감소했다. 따라서 부채사용으로 인해 기업이 부담해야 하는 비용은 6,000만원이라 할 수 있다. 그런데 실제로 지급하는 이자금액은 1억원이다. 어떠한 이유에서 이러한 차이가 발생하는 것일까?

독자들도 이미 알고 있겠지만 이렇게 실제 부담해야 하는 비용과 명목적인 이자지급액의 차이를 가져오는 이유는 법인세 때문이다. 부채를 사용하지 않는 경우에는 이자를 지급하는 경우에 비해 1억만큼의 세전 순이익이 더 발생할 것이다. 그러나 여기에 대해 40%의 세금이 부과되므로 세후로 볼 때 순이익의 차이는 이자비용만큼 차이가 발생하는 것이 아니라 이자비용에서 세금을 차감한 부분만큼만 발생하는 것이다.

이러한 사실을 정리하면 다음과 같다(단, I는 이자지급액, t는 법인세율이다).

부채로 인해 기업이 부담하는 비용
= 부채를 사용하지 않는 경우의 순이익(1.8억)－부채를 사용하는 경우의 순이익(1.2억)
= 이자지급액(1억)－이자지급액에 대한 세금(0.4억)
= $I \times (1-t)$ = 1억 $\times (1-0.4)$ = 0.6억원

그러므로 법인세가 존재하는 경우, 기업이 부채에 대해 부담하는 타인자본비용 k_i는 다음과 같이 표시된다.

$$k_i = \frac{I(1-t)}{B} = k_d(1-t) \tag{10-2}$$

이러한 논리를 통해 법인세율이 40%인 경우 제일기업의 타인자본비용은 다음과 같이 6%가 되는 것을 확인할 수 있다.

$$k_i = \frac{1\text{억원}(1-0.4)}{10\text{억원}} = 0.06$$

타인자본비용을 k_d가 아닌 $k_d(1-t)$ 즉, k_i로 간주한다는 것은 타인자본 사용에 따른 세금절감효과를 자본비용에서 고려해 준다는 의미이다. 우리는

제4장에서 부채를 사용하여 투자하는 경우 이자로 인한 세금절감효과는 할인율(자본비용)에서 고려할 것이므로 현금흐름에서는 고려하지 않는다고 했는데 할인율에서 세금절감효과를 고려한다는 것이 바로 타인자본비용을 k_i 로 간주한다는 의미이다.

만약 현금흐름에서 세금절감효과를 고려한다면 타인자본비용은 k_i가 아닌 k_d로 삼아야 한다. 어느 방법을 사용해도 결과는 같으나 재무관리에서는 타인자본비용을 k_i로 간주하는 것을 선호한다.[3] 그 이유는 현금흐름에 부채로 인한 세금절감효과가 포함된다면 결국 현금흐름이 자본조달에 영향을 받기 때문에 투자에 의해 현금흐름이 결정된다라는 명제가 성립되지 않기 때문이다.[4]

2. 자기자본비용

타인자본에 대한 자본비용의 경우 부채에 대한 이자율이 명시되어 있으므로 비교적 쉽게 구할 수 있다. 그러나 자기자본비용은 자기자본에 대한 자본비용이 명시되어 있지 않기 때문에 여러 가지 방법으로 이를 추정해야 한다.

여기서는 자기자본비용을 구하는 방법으로 제9장에서 배운 자본자산가격결정모형(*CAPM*)을 이용하는 방법과 제6장에서 배운 배당평가모형을 이용하는 방법을 설명하기로 한다.

CAPM 을 이용하는 방법

앞에서 우리는 기업의 입장에서 자본제공자에게 지급해야 하는 비용이라는 의미에서 자본비용이라는 말을 사용하지만 투자자의 입장에서 보면 투자에 대한 대가이므로 투자수익률의 의미를 갖는다는 사실을 알았다. 이러한 의미에서 본다면 자기자본비용이란 그 회사의 주식에 투자한 투자자(즉, 자기자본제공자)의 입장에서 보면 기대수익률이 된다. 그렇다면 주식에 대해 요구하는 기대수익률은 얼마가 될까?

---

3) 연습문제 10-11을 참조하라.
4) 〈그림 10-1〉을 참조하라.

균형상태에서 투자자들은 그 기업의 위험에 맞는 기대수익률을 요구하게 되는데[5] 이러한 요구수익률이 기업의 입장에서는 자기자본비용이 되는 것이다. 어떤 기업의 위험을 β_i라고 하면 요구수익률, 즉 자기자본비용 k_e는 다음과 같이 산출할 수 있다.

$$k_e = E(R_i) = R_f + [E(R_m) - R_f]\beta_i \tag{10-3}$$

위의 〈식 10-3〉은 이미 제8장에서 공부한 자본자산가격결정모형(*CAPM*)인데 이를 이용해서 자기자본비용을 산출하는 다음과 같은 예제를 살펴보자.

예제 10-7

현대기업은 100억원을 모두 자기자본으로 조달하여 운영하는 기업이다. 이 기업의 베타는 2이며 정기예금에 대한 수익률은 10%이고 종합주가지수의 기대수익률은 12%라면 이 기업의 자기자본비용은 얼마인가?

현대기업의 체계적 위험을 나타내는 베타가 2이므로 이 기업의 주주들이 요구하는 기대수익률은 다음과 같다.

$$k_e = 0.1 + [0.12 - 0.1] \times 2 = 0.14$$

따라서 현대기업의 자기자본비용은 14%이다.

배당평가모형을 이용하는 방법

제6장의 배당평가모형에서 이미 배웠듯이 주식의 가치란 주식을 갖고 있을 때 얻을 수 있는 현금흐름을 적당한 할인율, 즉 주식에 대한 기대수익률로 할인한 금액이다. 그런데 주식으로부터 얻을 수 있는 현금흐름은 배당이라 할 수 있으며 주식에 대한 기대수익률은 자기자본비용과 동일하다.

---

5) 이러한 의미에서 기대수익률을 요구수익률이라고도 한다.

따라서 매기 배당액이 D로 일정하다고 가정하면 주식의 가치 P_0는 다음과 같이 표시할 수 있다.

$$P_0 = \frac{D}{k_e} \tag{10-4}$$

그런데 기업의 주가는 시장에서 언제나 확인할 수 있고 배당도 과거의 자료를 통해 어느 정도 예측 가능하므로 위의 식에서 역으로 자기자본비용을 구할 수 있다.

$$k_e = \frac{D}{P_0} \tag{10-5}$$

그런데 일반적으로 기업의 배당은 일정한 것은 아니고 기업이 성장해 가면서 점차로 증가하게 되는데 이렇게 배당이 증가하는 비율을 배당성장률이라 한다. 배당성장률이 g라 하고 기업의 올해 말 배당액을 D_1이라 하면 기업의 주가는 다음과 같이 표시할 수 있다.

$$P_0 = \frac{D_1}{k_e - g} \tag{10-6}$$

이러한 경우에 자기자본비용은 다음과 같이 구할 수 있다.

$$k_e = \frac{D_1}{P_0} + g \tag{10-7}$$

예제 10-8

김지은씨는 A, B, C 3개 기업의 주식을 분석한 결과 다음과 같은 결과를 얻었다. 각 기업의 자기자본비용은 얼마인가?

주식	주식 A	주식 B	주식 C
이번기 배당	1,000	1,000	1,000
배당 성장률	0%	5%	10%
주가	5,000	10,000	20,000

배당평가모형을 이용하여 각 기업의 자기자본비용을 구하면 다음과 같다.

$$\text{기업 } A\text{의 자기자본비용} = \frac{1,000}{5,000} + 0 = 0.20$$

$$\text{기업 } B\text{의 자기자본비용} = \frac{1,000}{10,000} + 0.05 = 0.15$$

$$\text{기업 } C\text{의 자기자본비용} = \frac{1,000}{20,000} + 0.1 = 0.15$$

이러한 결과를 보면 배당액이 비슷하더라도 자기자본비용에 따라서 주가가 크게 달라질 수 있음을 알 수 있다. 따라서 "두 기업의 올해 말 주당순이익이나 주당배당이 비슷하므로 두 기업의 주가도 유사해야 한다"는 판단은 잘못된 결과를 가져올 가능성이 크다.

3. 유보이익의 자본비용

손익계산서란 주주에게 귀속될 이익을 산출하는 과정을 나타낸 표라고 할 수 있다. 매출액에서 기업을 운영하는데 기여한 사람들에 대한 대가와 세금(매출원가, 인건비, 이자, 법인세 등)을 차감하고 순수하게 주주에게 귀속되어야 하는 이익이 순이익인 것이다. 따라서 순이익은 주주의 재산이며 이는 배당을 통해 주주에게 지급되어야 하지만 현실적으로 순이익이 모두 주주에게 배당되는 일은 거의 없다. 대부분의 경우 일부만 주주에게 배당하고 나머지는 유보를 하게 되는데 이렇게 기업이 이익을 유보하는 이유는 투자자금으로 사용하기 위해서이다.

기업이 투자를 위해서 필요로 하는 자금은 주식이나 채권의 발행 등으로 외부로부터 조달될 수도 있고 유보한 순이익으로 조달하는 경우도 있는데 전자를 외부금융이라 하고 후자를 내부금융이라고 한다. 우리나라와 같이 만성적으로 자금이 부족하여 외부로부터 자금을 조달하기가 어려운 경우에는 유보이익을 통한 내부금융이 중요한 자본조달원천이 될 수 있다. 그렇다면 유보이익에서 자본을 조달할 경우 자본비용은 얼마나 될까? 다음의 예를 살펴보자.

예제 10-9

금강기업은 자본금이 1억원인 기업으로 현재 주가는 액면가와 동일한 10,000원이며 올해 순이익은 1,000만원이다. 이 기업은 투자를 위해 1,000만원의 자금이 필요한데 이 자금을 조달하는데 다음과 같은 2가지 방법을 생각하고 있다.

방법 1 : 순이익 1,000만원을 모두 유보하여 소요자금을 조달한다.

방법 2 : 순이익 1,000만원을 모두 배당하고 주식 1,000주를 발행하여 소요자금을 조달한다.

이 두 가지 방법은 실질적으로 차이가 있는가? 문제를 간단히 하기 위해 현재 발행주식은 사장인 이선우씨가 모두 소유하고 있으며 신규로 발행하는 주식도 이선우씨가 모두 구입한다고 가정하라.

이선우씨의 입장에서 두 방법의 차이가 있는지 생각해 보자. 방법 1을 통해 투자를 하게 되면 이선우씨는 금강기업의 지분을 모두 소유한 상태에서 아무런 현금유입이나 유출도 없게 된다. 이에 비해서 방법 2를 채택하면 1,000만원의 배당을 받지만 다시 신규로 발행한 주식 1,000주를 구입해야 하므로 순현금유입은 0이 되며 역시 기업의 지분을 모두 소유하게 된다. 따라서 이선우씨의 입장에서 보면 두 방법은 실제적으로는 아무런 차이가 없으며 단지 방법 2의 경우 방법 1에 비해 유보이익이 자본금에 편입된다는 형식적인 차이만 존재한다. 두 방법에 따른 대차대조표의 구성을 살펴보면 다음과 같다.

방법 1

자 산	자본금	1억원
	유보이익	0.1억원

방법 2

자 산	자본금	1.1억원

따라서 유보이익으로 투자하는 것은 유보이익을 주주에게 배당하고 이를 다시 주식을 발행하여 조달하는 경우와 실질적으로 동일함을 알 수 있

다. 그런데 방법 2와 같이 주식을 신규로 발행할 때 주주들은 어느 정도의 수익률을 요구할까? 신규로 발행한 주식도 모든 권리와 의무가 구주와 동일하므로 주주들은 이 기업의 위험에 알맞는 수익률, 즉 자기자본비용을 요구할 것이다. 따라서 유보이익으로 투자하는 경우에도 신규로 주식을 발행하는 경우와 동일하므로 유보이익에 대해서도 신규로 발행한 주식에 대한 자본비용, 즉 자기자본비용만큼의 보상을 해 주어야 한다. 따라서 유보이익의 자본비용은 자기자본비용과 동일하게 된다.

이러한 사실은 순이익이 주주의 재산이라는 사실을 생각하면 쉽게 이해할 수 있다. 주주의 재산을 배당하지 않고 투자자금으로 유보한다는 것은 주주들의 동의하에 이를 배당하지 않고 주주에게 다시 빌리는 것과 동일하다. 만일 이에 대해 아무런 대가를 지급하지 않는다면 어느 주주가 이를 유보하도록 동의하겠는가?

4. 우선주의 자본비용

보통주 소유자의 측면에서 보면 우선주는 채권과 유사한 측면이 많다. 그 이유로는 첫째, 이자와 유사하게 우선적으로 배당을 받으며 둘째, 의결권이 없다는 점을 들 수 있다. 물론 우선주에 대한 대가도 법적으로 보면 배당이므로 이를 지급하지 못한다고 해서 기업이 파산하는 것은 아니지만 정상적으로 이자 및 배당을 지급하는 상황에서는 거의 채권에 해당하는 성격을 갖게 된다. 따라서 우선주의 자본비용은 부채에 대한 자본비용과 동일한 방법으로 구할 수 있다.

우선주에 대한 가격을 P라 하고 매기 지급하는 배당을 D_p라 하면 이는 P원을 차입하고 D_p원을 이자로 지급하는 것과 마찬가지이므로 우선주의 자본비용 k_p는 다음과 같이 표시된다.

$$k_p = \frac{D_p}{P} \tag{10-8}$$

우선주에 대한 자본비용에서 유의해야 하는 점은 다음과 같다.

첫째, 우선주에 대한 배당은 법적으로 비용처리가 되지 않으므로 세금절감효과가 없다. 따라서 세금이 존재하더라도 우선주에 대한 자본비용은 낮아지지 않는다.

둘째, 일반적으로 우선주는 일정액의 배당을 받게 되지만 이것이 법적으로 보장된 것은 아니다. 따라서 우선주는 보통주보다는 안전하지만 채권보다는 위험하므로 일반적으로 우선주에 대한 자본비용은 보통주보다는 낮고 채권보다는 높게 된다.

제 3 절 가중평균자본비용

1. 가중평균자본비용의 의미

기업이 자금을 조달할 수 있는 방법은 한 가지가 아니며 실제로 대부분의 기업들은 필요한 자금을 여러 가지 원천에서 조달하고 있다. 만약 기업이 여러 가지 원천에서 자본을 조달하고 있고 각 원천별 자본비용이 각기 다르다면 이 기업의 자본비용은 얼마가 될까? 또한 기업가치는 어떻게 계산할 수 있을까?

예제 10-10

관악건설은 총 100억원의 자본을 조달했는데 50억원은 10%의 이자율로 조달하고 50억원은 20%의 이자율로 조달하였다. 이 기업이 매년 부담하는 이자비용은 얼마인가? 관악건설의 자본비용은 얼마인가? 단, 세금은 고려하지 않는다.

관악건설은 10%로 조달한 50억원에 대해서는 매년 5억원의 이자를 지급해야 하고, 20%로 조달한 50억원에 대해서는 매년 10억원의 이자를 지급해야 한다. 따라서 매년 부담하는 이자비용은 15억원이므로 관악건설은 100억원의 자금을 15%의 이자율로 차입한 결과가 된다. 따라서 관악건설의 자본비용은 15%라 할 수 있다.

이와 동일한 논리로 타인자본과 자기자본으로 자금을 조달한 경우의 자본비용도 구할 수 있다. 다음의 예제를 보자.

예제 10-11

서울전자는 총 100억원의 자본을 조달했는데 50억원은 10%의 이자율로 부채로 조달하고 나머지 50억원은 자기자본으로 조달했는데 자기자본비용은 20%이다. 이 기업이 자본을 조달한 대가로 부담하는 금액은 얼마인가? 서울전자의 자본비용은 얼마라고 할 수 있는가? 법인세율은 40%이다.

서울전자가 부채에 대해 지불하는 이자는 매년 5억원이다. 그러나 앞에서 설명했듯이 법인세를 고려하는 경우 실제로 부담하는 비용은 3억원(=5억원(1−0.4)이 될 것이다. 또한 서울전자는 자기자본에 대해서는 매년 10억원의 비용을 부담해야 하므로 100억원의 자본에 대한 대가는 매년 13억원이 된다. 따라서 서울전자의 자본비용은 13%가 된다.

그런데 이러한 자본비용은 원천별 자본비용에서 직접적으로 구할 수 있다. 법인세를 고려한 부채에 대한 자본비용은 6%이고 자기자본비용은 20%인데 총 자본조달액 중 타인자본비율은 0.5이고 자기자본비율 역시 0.5이므로 기업의 자본비용은 다음과 같이 13%가 된다.

$$\text{자본비용} = 0.06 \times 0.5 + 0.2 \times 0.5 = 0.13$$

즉, 기업의 자본비용은 원천별 자본비용을 가중평균한 값이라 할 수 있는데 이러한 의미에서 기업의 자본비용을 가중평균자본비용(weighted average cost of capital : WACC)이라 말한다.

$$k_0 = \frac{S}{S+B} k_e + \frac{B}{S+B} k_i \tag{10-9}$$

단, S : 자기자본금액
　　B : 타인자본금액

2. 가중평균자본비용의 이용

우리는 앞에서 자본비용이란 기업이 자본을 사용하는 대가로 지불해야 하는 비용이라 정의했다. 그런데 기업은 여러 가지 원천에서 자본을 조달할 수 있는데 가중평균자본비용이란 기업이 다양한 방법으로 조달한 자금에 대한 평균 대가의 의미를 가지므로 비록 기업은 다양한 원천과 각기 다른 비용으로 자금을 차입했더라도 우리는 마치 기업이 가중평균자본비용으로 모든 자금을 차입한 것처럼 생각해서 모든 것을 결정하면 되는 것이다.

따라서 기업의 가치를 극대화하기 위해 낮은 자본비용을 유지해야 한다고 할 때의 자본비용도 실제적으로는 가중평균자본비용을 의미하는 것이며 기업의 가치는 현금흐름을 자본비용으로 할인한 값이라고 하는 경우의 자본비용도 가중평균자본비용을 말하는 것이다.

그러므로 기업의 자본조달의 목표는 적절히 원천별로 자본을 조달하여 기업의 가중평균자본비용을 최소화하는 것이라 할 수 있다.

예제 10-12

이순희씨는 신림기업을 설립하려고 한다. 신림기업을 운영하는 경우 매년 현금흐름이 10억원씩 발생할 것으로 예측된다. 소요되는 자금을 조달하는 방법은 다음과 같이 두 가지가 있다.

방법 1 : 50%는 부채로 나머지 50%는 자기자본으로 조달한다. 이 경우 부채에 대한 이자율은 10%이며 자기자본에 대한 요구수익률은 12%이다.

방법 2 : 80%를 부채로 조달하며 나머지 20%는 자기자본으로 조달한다. 이 경우 부채에 대한 이자율은 10%이며 자기자본에 대한 요구수익률은 20%이다.

법인세율이 40%인 경우 각 자본조달방법에 따른 신약사업부의 가중평균자본비용을 구하고 신약사업부의 기업가치를 구하라.

방법 1에 따라 자본을 조달하는 경우 가중평균자본비용은 다음과 같이 된다.

$$k_0 = 0.1 \times (1 - 0.4) \times 0.5 + 0.12 \times 0.5 = 0.09$$

따라서 신림기업의 기업가치는 다음과 같다.

$$V = \frac{10\text{억원}}{0.09} = 111.1\text{억원}$$

방법 2에 따라 자본을 조달하는 경우 가중평균자본비용과 기업가치는 다음과 같다.

$$k_0 = 0.1 \times (1 - 0.4) \times 0.8 + 0.2 \times 0.2 = 0.088$$

$$V = \frac{10\text{억원}}{0.088} = 113.6\text{억원}$$

따라서 이순희씨는 방법 2를 채택해야 한다.

연습문제

10-1 다음 용어를 간략하게 설명하라.

(1) 부채의 자본비용

(2) 자기자본비용

(3) 유보이익의 자본비용

(4) 가중평균자본비용

10-2 삼성기업과 현대기업이 모두 가나은행으로부터 연 10%의 이자율로 차입금을 조달하기로 하였다. 삼성기업은 영업이익이 충분한 반면, 현대기업은 그렇지 못하다. 현재 법인세율이 30%라고 하면 각 기업이 부담하는 부채의 자본비용은 얼마가 될 것인가를 생각해 보라.

10-3 조현선씨는 10억원을 은행에 예금하여 10%의 이자를 얻고 있다. 그런데 조현선씨는 10억원을 투자하여 컴퓨터조립사업을 시작할 것을 고려 중이다. 이 경우 조현선씨는 예금을 인출하여 투자해야 한다. 컴퓨터조립사업으로부터는 매년 8,000만원의 이익이 기대되며 정부에 납품하는 사업이므로 위험이 전혀 없다. 물음에 답하여라.

(1) 조현선씨는 컴퓨터조립사업을 해야 하는가? 암묵적 비용을 고려한다면 얼마의 이득이 발생한다고 할 수 있는가?

(2) "자본비용이란 자본사용에 대한 기회비용이다" 라고 말한다. 이 문제를 예로 들어 이 말에 대해 논평하라.

10-4 일반적으로 타인자본비용보다 자기자본비용이 더 높다고 한다. 그 이유를 설명하라.

10-5 타인자본비용보다 자기자본비용을 산출하기가 더 어렵다고 한다. 그 이유를 설명하라.

10-6 자기자본비용을 구하는 방법을 아는 대로 열거해 보라.

10-7 현대기업의 자기자본비용을 산출하려고 한다. 현재 종합주가지수는 1000포인트이지만 내년에는 1200포인트가 될 것으로 예상된다. 정기예금이자율은 연 8%이고 현대기업의 베타는 1.5이다. 현대기업의 자기자본비용을 자본자산가격결정모형을 이용해서 산출하라.

10-8 자기자본비용을 구할 때에 해당 기업의 주식수익률을 이용할 수 있다. 삼성기업의 작년 말 1주당 가격은 20,000원이었고 1주당 1,000원씩 배당금을 지급했다. 올해 1주당 가격이 24,000원이라면 이 회사의 자기자본비용은 얼마인가?

10-9 어떤 투자안을 수행하기 위해서 필요자금을 조달하려고 한다. 투자자금은 100억원이 소요된다고 가정하고 다음의 각 경우에 이 투자안의 자본비용은 얼마가 되는가? 단, 은행차입금의 이자율은 10%이고 자기자본비용은 15%이다.

(1) 투자자금을 모두 은행차입금으로 조달하는 경우
(2) 투자자금을 모두 유상증자로 조달하는 경우
(3) 투자자금 중 40억원은 은행에서 차입하고 나머지는 유상증자로 조달하는 경우

10-10 평화무역은 10억원의 부채를 조달하여 운영되는 기업이다. 부채에 대한 이자율은 10%이다. 평화무역은 매년 평균 3억원의 순이익을 무한히 기대하고 있다. 평화무역은 사무실을 임대하여 사용하고 있으며 어떠한 감가상각비도 발생하지 않는다. 세금은 존재하지 않으며 순이익은 모두 배당한다고 가정하고 물음에 답하여라.

(1) 기업의 현금흐름을 구하라.
(2) 평화무역의 자기자본비용이 20%인 경우 평화무역의 기업가치와 자기자본의 가치를 구하라.
(3) 평화무역의 기업가치가 20억원이라면 평화무역의 가중평균자본비용은 얼마인가? 또한 자기자본에 대한 자본비용은 얼마인가?

10-11 서신기업은 부채를 100억원 만큼 사용하고 있으며 자기자본을 100억원 만큼 사용하고 있는 기업이다. 부채에 대한 이자율은 12%이며 자기자본비용은 20%라 하자. 서신기업의 손익계산서는 다음과 같으며, 이러한 손익은 영구히 발생할 것으로 기대된다. 편의상 감가상각비는 없다고 가정한다.

항 목	금 액
매출액	100억원
영업비용	48억원
영업이익	52억원
지급이자	12억원
세전순이익	40억원
세금(t = 0.5)	20억원
순이익	20억원

(1) 이 기업의 현금흐름을 구하라. 또한 이 기업의 가중평균자본비용을 구하라. 이 기업의 기업가치는 얼마인가?

(2) 이 기업의 현금흐름을 구하되 이자비용으로 인한 법인세절감효과를 현금흐름에 포함시켜라. 또한 이 기업의 가중평균자본비용을 구하되 타인자본비용을 법인세절감효과가 없는 경우의 자본비용(k_d)을 이용하여 구하라. 이 경우 이 기업의 기업가치는 얼마가 되는가?

(3) 위의 결과를 토대로 다음의 두 방법이 기업가치를 계산하는데 있어 동일한 결론을 가져온다는 사실을 생각해 보라.

① 현금흐름에서는 이자비용으로 인한 법인세 절감효과를 반영하지 않는 대신 자본비용에서 이자비용으로 인한 법인세 절감효과를 고려하는 방법(즉, k_i를 사용하는 방법)

② 현금흐름에서 이자비용으로 인한 법인세 절감효과를 반영하는 대신 자본비용에서 이자비용으로 인한 법인세 절감효과를 고려하지 않는 방법(즉, k_d를 사용하는 방법)

(4) 재무관리에서 주로 이용하는 방법은 주로 ①의 방법이다. 그 이유에 대해 설명해 보라.

10-17 문제 10-11에서 기업가치를 다음과 같이 구할 수도 있다. 이 방법은 어떤 방법을 채택하고 있는지 생각해 보라.

"서신기업의 채권에 대한 현금흐름은 매년 12억원이다. 따라서 부채의 가치는 100억원$\left(\frac{12\text{억원}}{0.12}\right)$이다. 또한 자기자본에 대한 현금흐름은 20억원이다. 따라서 자기자본의 가치는 100억원$\left(\frac{20\text{억원}}{0.2}\right)$이다. 그러므로 서신기업의 가치는 부채의 가치와 자기자본의 가치의 합인 200억원이다.

10-13 매년 현금흐름이 250억원으로 일정한 기업이 있다. 부채는 500억원을 사용하고 있으며 부채에 대한 이자율은 10%이다. 또한 자기자본비용은 20%이며 자기자본의 가치는 1,000억원이다. 세금은 없다고 하고 물음에 답하여라.

(1) 시중금리가 15%로 상승하였다. 부채에 대한 시장가치는 어떻게 변화할 것인가? 이에 따라 기업의 가치는 어떻게 변화할 것인가?

(2) (1)에서 부채에 대한 자본비용은 얼마인가? 또한 가중평균자본비용은 얼마인가?

(3) "기업의 자본비용이란 과거에 얼마의 이자율로 자금을 조달했느냐가 아니라 지금 자본을 조달한다면 얼마에 조달할 수 있는가의 개념이다." 이 말에 대해 논평하라.

제 11 장 자본구조이론(Ⅰ)

기업이 필요로 하는 자금은 자기자본과 타인자본으로 조달되는데 자기자본과 타인자본의 비율을 자본구조라 한다. 일반적으로 타인자본에 대한 비용은 자기자본비용보다 낮기 때문에 기업이 타인자본을 많이 조달하게 되면 기업의 가중평균자본비용이 낮아지는 효과가 있다. 그러나 주주들의 입장에서는 위험이 증가되기 때문에 자기자본비용이 높아지고 이에 따라 가중평균자본비용이 높아지는 상반된 효과가 발생한다. 전통적 접근법에서는 적당히 부채를 사용하면 가중평균자본비용이 낮아지고 이에 따라 기업의 가치가 증가한다고 주장하는 반면 MM은 완전자본시장에서는 부채의 사용과 관계없이 가중평균자본비용은 일정하며 이에 따라 기업의 가치도 일정하다고 주장한다.

제 1 절 자본구조의 의미와 중요성

1. 자본구조의 의미

기업이 투자를 위해 필요한 자본을 조달하는 방법으로는 크게 자기자본을 통한 방법과 타인자본을 통한 방법이 있다.[1] 대부분의 기업은 필요로 하는 자금을 어느 한 방법에 의해 조달하지 않고 일부는 자기자본으로, 나머지는 타인자본으로 조달하게 되는데 이때 자기자본과 타인자본의 비율을 자본구조(capital structure)라 한다.

현실적으로는 자본구조라는 용어 대신 재무구조라는 용어를 사용하기도 하는데 엄밀한 의미에서는 자본구조와 재무구조는 다른 표현이다. 자본구조란 장기자본의 구성비율, 즉 자기자본과 장기부채의 비율을 말하는 것이며 재무구조란 장 · 단기를 구분하지 않은 상태에서의 자기자본과 장 · 단기 부채의 비율을 말한다.

재무관리에서 장기자본만을 중요하게 생각하는 이유는 재무관리에서 중요시하는 것은 투자를 위한 자본조달이기 때문이다. 일반적으로 단기채무로 자본을 조달하여 투자를 하는 경우는 거의 없기 때문에 단기부채는 투자와는 무관한 경우가 대부분이므로 이 부분을 제외한 장기자본의 구성비율이 중요하게 취급된다. 하지만 현실적으로 이를 엄밀히 구별하기 어렵기 때문에 두 가지 용어가 혼용되는 경우가 많고 학계에서도 이를 크게 구별하지는 않는다. 따라서 본서에서도 자본구조를 포괄적으로 "자기자본과 타인자본의 구성비율" 로 정의한다.

2. 자본구조와 재무레버리지효과

기업의 가치는 앞으로 기업이 얻게 되는 현금흐름을 기업의 가중평균자본비용으로 할인한 값이다. 따라서 현금흐름을 C, 가중평균자본비용을 k_0로 표현하면 기업가치 V는 다음과 같이 산출된다.

$$V = \frac{C}{k_0} \tag{11-1}$$

〈식 11-1〉의 구조를 보면 어떤 곳에 투자하여 현금흐름 C가 정해져 있을 경우, 기업의 가치 V를 극대화하기 위해서는 가중평균자본비용 k_0를 가장 작게 해야 한다는 것을 알 수 있다. 그런데 가중평균자본비용이란 항상 일

---

1) 이외에도 유보이익으로 조달하는 방법과 우선주로 조달하는 방법이 있는데 이러한 자본조달방법은 모두 자기자본으로 조달하는 것으로 본다.

정할 것인가? 즉, 동일한 현금흐름을 갖는 기업의 경우에는 어떠한 방식으로 자본을 조달하더라도 항상 자본비용이 동일할 것인가? 아니면 자본을 조달하는 방식, 즉 자본구조를 달리하면 자본비용은 변할 것인가? 먼저 다음과 같은 예제를 살펴보자.

예제 11-1

현대기업은 100억원을 모두 자기자본으로 운영하고 있다. 이 기업의 자기자본비용은 20%이며 매년 현금흐름은 20억원씩 발생한다. 이삼성씨는 현대기업과 모든 점이 동일한 삼성기업을 창업하려고 하고 있다. 그가 조사해 본 결과 50억원을 차입할 수 있으며 이자율은 10%를 지급하면 된다. 이삼성씨는 다음과 같은 생각을 하고 있다.

"50억원을 부채로 조달하고 나머지 50억원을 자기자본으로 조달하면 가중평균자본비용이 15%(= 10% × 0.5 + 20% × 0.5)가 되므로 전액 자기자본으로 운영하는 현대기업보다 가중평균자본비용은 낮아지고 기업의 가치는 증가한다."

이삼성씨의 생각은 옳은 것인가? 세금은 없다고 가정한다.

이삼성씨는 자본비용을 계산하면서 부채를 50억원 사용하더라도 자기자본에 대한 요구수익률, 즉 자기자본비용은 전액 자기자본을 사용하는 현대기업의 경우와 동일하게 20%가 될 것이라고 간주하고 있다. 그러나 이는 잘못된 생각이다. 왜냐하면 부채를 사용하게 되면 주주들이 부담하게 되는 위험이 커지기 때문이다.

이제는 다음의 예제를 통해서 부채를 사용할 때에 주주들이 부담하는 위험이 어떻게 달라지는지 살펴보기로 하자.

예제 11-2

기업 *A*와 기업 *B* 및 기업 *C*는 동일한 사업에 100억원을 투자를 한 기업으로 불황이 되면 영업이익이 5억원, 보통이 되면 영업이익이 15억원, 호황이 되면 영업이익이 25억원이 된다. 그러나 기업 *A*는 100억원을 모두 자기자본으로 투자했고, 기업 *B*는 80억원은 자기자본, 20억원은 타인자본으로 투자했으며 기업 *C*는 50억원은 자기자본, 50억원은 타인자본으로 투자했다. 각 기업의 주주들의 투자수익률을 구하고 어느 기업의 주주가 가장 위험을 많이 부담하는지 설명하라. 단, 타인자본에 대한 이자율은 10%이고 세금은 없다.

세금이 없는 경우에는 영업이익에서 채권자에게 귀속되는 이자비용을 차감하면 주주에게 돌아가는 순이익을 구할 수 있다. 각 기업별로 주주에게 귀속되는 순이익과 투자수익률을 구하면 다음과 같은 표로 만들 수 있다.[2)]

〈표 11-1〉 주주에게 귀속되는 순이익과 투자수익률

	기업 A			기업 B			기업 C		
	불황	보통	호황	불황	보통	호황	불황	보통	호황
영업이익	5	15	25	5	15	25	5	15	25
이자비용	0	0	0	2	2	2	5	5	5
순이익	5	15	25	3	13	23	0	10	20
투자수익률	5%	15%	25%	3.75%	16.25%	28.75%	0%	20%	40%

〈표 11-1〉을 살펴보면 부채를 사용하지 않는 기업 *A*의 투자수익률의 분산이 가장 작고 부채를 많이 사용할수록 수익률의 분산이 점점 더 커진다는 사실을 알 수 있다. 이러한 사실은 동일한 현금흐름을 갖는 기업, 즉 동일한 곳에 투자한 경우라 할지라도 자본구조에 따라 주주들이 부담하게 되

2) 기업의 현금흐름이란 주주와 채권자에게 귀속되는 현금흐름을 말한다. 그런데 세금이 없는 경우에는 영업이익이 주주와 채권자에게 배당과 이자로 지급되는 금액이므로 영업이익이 곧 기업의 현금흐름이라 말할 수 있다(편의상 감가상각비의 문제는 고려하지 않는다).

는 위험의 크기가 달라진다는 것으로 해석할 수 있다. 이렇게 부채를 많이 사용할수록 주주들에게 돌아가는 손익이 확대되는 효과, 즉 주주의 위험이 확대되는 효과를 재무레버리지효과(financial leverage effect)라 한다.

재무레버리지효과는 기업의 모든 위험은 주주가 책임진다는 사실을 고려한다면 쉽게 이해할 수 있다. 기업 A, 기업 B, 기업 C의 영업현금흐름의 위험은 모두 동일하다. 그러나 채권자는 이러한 위험을 전혀 책임지지 않고 고정된 이자를 받기 때문에 부채의 양이 많아질수록 상대적으로 주주가 부담하는 위험의 크기는 커지게 되는 것이다.

타인자본을 많이 사용할수록 주주들이 부담하는 위험이 커지면 주주들은 어떠한 반응을 보일까? 이 경우 주주들은 자신이 부담하게 되는 위험이 커지게 되므로 요구수익률을 높이게 될 것이다. 즉, 동일한 곳에 투자를 하더라도 자기자본비용은 일정한 것이 아니라 자본구조에 따라 달라지게 되며 일반적으로 부채비율이 높아지게 되면 자기자본비용도 올라가게 되는 것이다.

3. 부채의 사용과 가중평균자본비용

기업의 가치는 기업의 현금흐름을 자본비용으로 할인한 것이다. 이때 자본비용이란 타인자본에 대한 자본비용과 자기자본에 대한 자본비용의 가중평균이 된다.

$$k_0 = \frac{S}{S+B}k_e + \frac{B}{S+B}k_i \tag{11-2}$$

그런데 부채를 많이 사용하게 되면 가중평균자본비용은 어떻게 변할까? 일반적으로 부채를 사용하게 되면 다음과 같은 유리한 효과와 불리한 효과가 동시에 발생한다.

부채사용의 유리한 효과

일반적으로 타인자본의 소유자들은 고정된 이자를 받게 되므로 자기자본 소유자들보다 작은 위험만을 부담하게 된다. 따라서 타인자본에 대한 자본비용은 자기자본에 대한 자본비용보다 작게 된다. 즉, 부채를 사용하면 저렴한 비용으로 자본을 조달할 수 있으므로 가중평균자본비용이 낮아진다는 장점이 있다.

부채사용의 불리한 효과

부채를 많이 사용하게 되면 재무레버리지효과에 의해 상대적으로 주주들이 부담하게 되는 위험이 커지므로 자기자본에 대한 요구수익률, 즉 자기자본비용이 높아지게 된다. 따라서 자기자본비용의 측면만을 고려한다면 부채의 사용이 가중평균자본비용을 높인다는 단점이 있다.

부채사용이 가중평균자본비용에 미치는 효과

부채를 사용하면 가중평균자본비용이 낮아질 수도 있고 높아질 수도 있는데 이러한 문제는 부채를 사용함에 따라 자기자본에 대한 요구수익률이 얼마나 높아지는가에 따라 달라지게 된다. 즉, 부채를 사용하더라도 자기자본에 대한 요구수익률이 높아지지 않거나 조금만 높아진다면 저렴한 부채를 사용하는 이점이 자기자본비용의 상승이라는 불리한 점을 압도하므로 가중평균자본비용이 낮아지게 된다. 반대로 부채의 사용에 따라 자기자본의 요구수익률이 급격하게 높아진다면 저렴한 부채를 사용하는 이점보다 자기자본의 상승이라는 불리한 점이 커지게 되어 자기자본비용이 높아지게 되는 것이다.

과연 부채를 사용하게 되면 가중평균자본비용은 어떻게 변할 것인가? 가중평균자본비용이 변한다면 부채를 얼마나 사용하는 것이 가중평균자본비용을 최소로 만들 수 있을까? [3)]

다음의 예제를 통해서 부채사용이 가중평균자본비용에 미치는 효과를 확인해 보기로 하자.

---

3) 가중평균자본비용이 최소가 되는 자본구조를 최적자본구조(optimal capital structure)라고 하는데 이 점에서 기업의 가치가 가장 크게 된다. 결국 자본구조이론의 쟁점은 최적자본구조를 식별하는 문제라고 할 수 있다.

주식 1을 선택한 경우 ▶

$$\begin{aligned} E[U(W)] &= U(320)\times\frac{1}{3}+U(230)\times\frac{1}{3}+U(140)\times\frac{1}{3} \\ &= \sqrt{320}\times\frac{1}{3}+\sqrt{230}\times\frac{1}{3}+\sqrt{140}\times\frac{1}{3} \\ &= 14.96 \end{aligned}$$

주식 2를 선택한 경우 ▶

$$\begin{aligned} E[U(W)] &= U(330)\times\frac{1}{3}+U(230)\times\frac{1}{3}+U(130)\times\frac{1}{3} \\ &= \sqrt{330}\times\frac{1}{3}+\sqrt{230}\times\frac{1}{3}+\sqrt{130}\times\frac{1}{3} \\ &= 14.91 \end{aligned}$$

주식 3을 선택한 경우 ▶

$$\begin{aligned} E[U(W)] &= U(340)\times\frac{1}{3}+U(230)\times\frac{1}{3}+U(120)\times\frac{1}{3} \\ &= \sqrt{340}\times\frac{1}{3}+\sqrt{230}\times\frac{1}{3}+\sqrt{120}\times\frac{1}{3} \\ &= 14.85 \end{aligned}$$

따라서 이진희군은 가장 큰 기대효용을 제공해 주는 주식 1을 선택해야 한다. 이진희군의 부는 불황이 되면 증가하고 호황이 되면 감소하므로 전체 부를 안정화시키기 위해서는 불황이 되면 수익을 적게 주지만 호황이 되면 수익을 많이 주는 주식 1을 선택해야 한다.

여기서 이진희군의 재산은 주로 청량음료 업종의 주식으로 구성된 상태이고 주식 1은 모피 및 난방기구 업종의 주식이다. 그리고 주식 2는 채권이고 주식 3은 빙과류 업종의 주식이라고 보면 이해가 쉬울 것이다.

2. 균형상태에서의 주식가격

〈예제 8-1〉, 〈예제 8-2〉, 〈예제 8-3〉을 통해 우리는 투자자마다 자신의 효용을 극대화하는 주식은 다를 수 있다는 사실을 알았다. 그렇다면 균형 상황에서는 어떠한 주식이 선호될 것인가? 다음의 예를 살펴보자.

제 2 절 전통적 자본구조이론

전통적인 자본구조이론에서는 기업이 적절히 부채를 사용하게 되면 가중평균자본비용이 낮아지고 이에 따라 기업의 가치는 증가될 수 있다고 주장한다. 이러한 주장을 나타내는 다음 예제를 통해서 그 의미를 살펴보자.

예제 11-4

현대기업은 100억원을 모두 자기자본으로 조달하여 운영하고 있는데 이 기업의 자기자본비용은 20%이다. 부채에 대한 이자율이 10%인데 사장인 김현대씨는 다음과 같이 생각하고 있다.

"부채를 1만원만 사용하고 자기자본을 99억 9,999만원만큼 사용하면 100억원을 전액 자기자본으로 조달하는 경우에 비해 주주들이 더 위험하다고 판단하여 자기자본에 대한 요구수익률을 올릴 것인가? 그렇지는 않을 것이다. 100억원 중 1만원이라는 적은 양의 부채만을 사용하였으므로 거의 위험을 못 느낄 것이고 이에 따라 자기자본비용은 20%로 고정될 것이다. 그렇다면 부채를 1만원 사용하는 경우 가중평균자본비용은 아주 미세하지만 20%보다는 낮아질 것이다.

여기서 추가로 부채를 1만원만 더 사용하면 주주들은 위험하다고 느낄 것인가? 아니다. 이 경우에도 자기자본비용은 20%로 변하지 않을 것이기 때문에 가중평균자본비용을 구해 보면 조금 더 작아질 것이다.

이러한 방법으로 조금씩 부채의 양을 늘려 나가면 자본비용은 계속 작아질 것인데 언제까지나 이렇게 될 것인가? 그렇지 않다. 부채의 양이 너무 많아지면－예를 들어 10억원을 넘어가게 되면－그때부터는 주주들이 위험하다고 생각하여 자기자본에 대한 요구수익률을 급격히 증가시킬 것이다. 따라서 우리기업은 10억원의 부채를 사용하는 것이 최적자본구조이다."

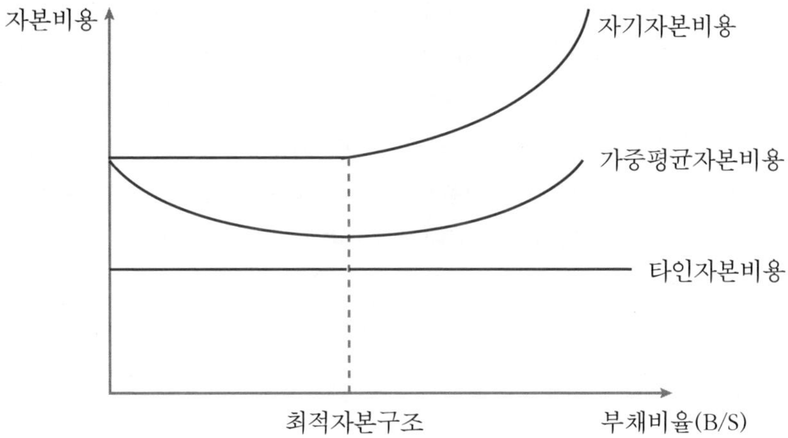

그림 11-1 전통적 접근법에서의 자본구조와 자본비용

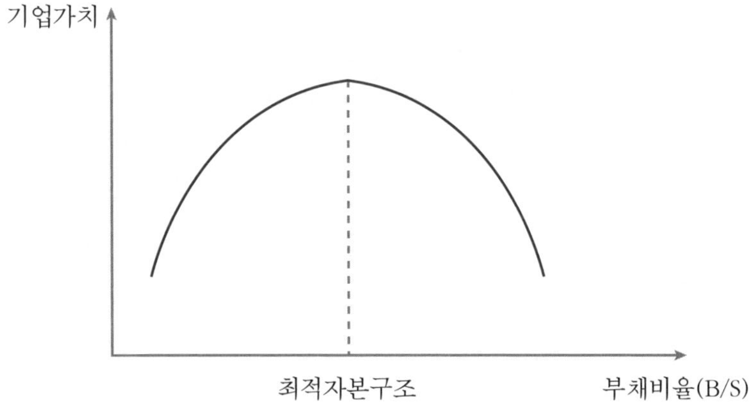

그림 11-2 전통적 접근법에서의 자본구조와 기업가치

전통적 접근방법에서는 김현대씨의 생각과 같이 부채를 사용하는 경우 초기에는 자기자본의 소유자들이 위험을 거의 느끼지 못하기 때문에 자기자본에 대한 요구수익률을 거의 증가시키지 않는다고 가정한다. 그러나 부채사용량이 어느 수준 이상이 되게 되면 주주들은 그때부터 위험하다고 생각하여 자기자본에 대한 요구수익률을 급격히 상승시키게 된다.

따라서 초기단계에서는 부채를 사용하게 되면 자기자본에 대한 요구수익률이 거의 증가하지 않게 되므로 저렴한 부채를 쓰는 이점이 자기자본비용의 상승이라는 불리한 점을 압도하게 되어 부채를 사용할수록 가중평균자본비용이 감소하게 되지만 어느 수준 이상으로 부채를 사용하게 되면 그때부터는 자기자본비용의 급격한 상승이 저렴한 부채를 쓰는 이점을 압도하게 되어 오히려 가중평균자본비용이 증가하게 된다.

이렇듯 전통적 접근법에서는 적당히 부채를 사용하면 기업의 가중평균자본비용을 최소화하고 이에 따라 기업가치가 극대화되는 최적자본구조가 존재한다고 가정한다. 이를 그래프로 표시하면 〈그림 11-2〉와 같다.

제 3 절 MM의 자본구조이론 : 법인세가 없는 경우

적당한 양의 부채를 사용하게 되면 가중평균자본비용이 최소화되고 이로 인해 기업의 가치가 최대화된다는 전통적 접근법은 대부분의 기업이 필요한 자금을 모두 자기자본으로 조달하지 않고 적당히 부채를 사용하는 현실에 비추어 볼 때 쉽게 수긍할 수 있으며 많은 학자들도 이를 받아들여 왔다. 그러나 모딜리아니와 밀러(Modigliani and Miller : 이하에서는 MM으로 약칭)는 1958년 발표한 논문에서 이러한 전통적 접근법을 정면으로 반박하고 기업의 최적자본구조는 존재하지 않으며 부채의 사용량과 관계없이 가중평균자본비용은 일정하고 이로 인해 기업의 가치도 일정하다는 주장을 했다.

이러한 MM의 이론은 현대 자본구조이론의 시발점이며 지금도 이들의 이론에 입각하여 자본구조이론을 설명할 정도로 이들의 이론은 중요한 의미를 갖는다. MM은 이후에도 이들의 첫 논문을 수정한 수정논문을 발표했는데 여기에서는 먼저 MM의 1958년 논문의 내용을 살펴보기로 한다.

1. 전통적 접근법에 대한 MM의 반박

〈예제 11-4〉를 다시 생각해 보기로 하자. 전통적 접근법에서는 100억원을 전액 자기자본으로 사용하는 상태에서 1만원이라는 미미한 양의 부채를 사용하게 되면 주주들이 부채사용으로 인한 위험의 증가를 무시하기 때문에 자기자본비용은 증가하지 않는다고 주장한다. 반면 부채의 양이 계속 증가하여 10억원을 넘어서게 되면 그때부터는 급작스럽게 위험을 느껴 부채사용량이 증가하면 가중평균자본비용이 급격히 증가한다. 그런데 이러한 논리를 반대로 생각해 보자.

10억원을 부채로 조달한 경우를 생각해 보자. 이러한 상황은 9억 9,999만원을 부채로 사용한 상황과 무슨 차이가 있는가? 주주들은 왜 부채가 10억원을 넘어야만 급작스럽게 위험을 느끼고 9억 9,999만원의 부채를 사용하는 경우에는 위험을 느끼지 못하는가? 이는 합리적인 행동이 아니다. 따라서 주주들은 이미 부채를 9억 9,999만원만큼 사용한 경우 위험에 대해 반응해야 할 것이다.

이번에는 다시 부채를 9억 9,998만원만큼 사용한 경우를 생각해 보자. 이 경우는 부채를 9억 9,999만원 사용한 경우와 어떠한 차이가 있는가? 만약 주주들이 9억 9,999만원만큼 부채를 사용한 경우 위험에 대해 반응했다면 부채를 9억 9,998만원만큼 사용한 경우에도 이미 위험에 대해 인식해야 할 것이다.

이러한 논리를 반복하면 어떠한 결과가 나타날까? 주주들이 합리적이라면 처음 부채를 사용하는 시점부터 조금씩 반응하기 시작해야 할 것이다. 부채를 1만원씩 증가시키면 아주 조금씩이지만 주주들은 위험해지기 시작한다. 그런데 처음에는 이를 무시하고 있다가 나중에야 급격히 반응한다는 것은 결코 합리적인 행동이라 할 수 없다. 따라서 주주들은 위험에 대해 처음부터 조금씩 반응하여 요구수익률을 상승시키며 이러한 요구수익률의 상승이 저렴한 부채를 사용하는 이점을 상쇄하기 때문에 가중평균자본비용은 부채사용에 높아지거나 낮아지지 않고 일정하다는 것이 MM의 주장이다.

MM은 자신들의 주장을 증명하기 위해 다음과 같은 가정을 하고 있는데 먼저 이들의 가정을 살펴보기로 하자.

2. MM의 가정

완전자본시장

MM은 자신들의 주장을 증명하기 위해 완전자본시장(perfect capital market)을 가정한다. 완전자본시장이란 거래에 있어서 어떠한 제약요소도 없는 이상적인 시장을 말하는데 구체적인 특성을 열거하면 다음과 같다.

① 완전경쟁시장

완전경쟁시장이란 수요자와 공급자가 수없이 많기 때문에 어떠한 수요자나 공급자도 가격에 영향을 미칠 수 없고 이로 인해 초과이익이 발생하지 않는 시장을 말한다. 이 경우 수요자나 공급자는 가격을 주어진 것으로 받아들이고 의사결정을 해야 한다.

자본시장이 완전경쟁이라는 의미는 자금에 대한 수요자와 공급자가 수없이 많아 어떠한 수요자나 공급자도 시장이자율에 영향을 미칠 수 없고 이로 인해 적절한 이자율(혹은 기대수익률)보다 높거나 낮은 이자율로 자금을 대출하거나 차입할 수 없다는 것을 의미한다.

② 거래비용 및 세금이 없는 시장

거래비용이란 어떠한 거래를 위해 지출되는 유형 · 무형의 비용을 말한다. 예를 들어 사과 1개를 사기 위해 버스를 타고 시장에 가는데 1,000원의 비용이 든다면 이때 발생하는 1,000원을 거래비용이라 한다. 거래비용이 발생하는 경우에는 동일한 제품도 시장에 따라 가격이 달리 형성될 수 있다. 앞의 예에서 버스를 타고 가면 사과 1개의 가격이 500원이고 집 앞의 가게에서는 사과 1개의 가격이 700원이라면 독자들은 어떻게 하겠는가? 당연히 집 앞의 가게에서 사과를 살 것이다. 이렇듯 거래비용이 존재하게 되면 동일한 제품도 여러 가지 가격에 거래가 될 수 있는데 거래비용이 존재하지 않는다는 가정은 동일한 제품은 동일한 가격에 거래가 되어야 한다는 사실을 의미한다.

③ 정보비용이 없고 정보가 완전한 시장

완전자본시장에서는 시장에 존재하는 모든 정보를 아무런 비용없이 획득할 수 있다고 가정한다. 그렇다면 투자자들은 어떻게 행동하는 것이 최선일까? 바로 시장에 존재하는 모든 정보를 획득하는 것이 최선이다. 즉, 모든 투자자들은 시장에 존재하는 모든 정보를 가지고 있으며 이로 인해 어떤 투자자는 우월한 정보를 가지고 있는 경우는 발생하지 않게 된다. 이에 따라 투자자들은 기업의 경영자만큼이나 그 기업의 투자나 자금조달 활동 등을 정확히 파악하고 있게 된다.

④ 재무적 규제나 시장진입의 차별이 없는 시장

재무적 규제는 법률이나 기타의 방법으로 부채비율이나 기타 자금의 흐름을 규제하는 것을 말한다. 예를 들어 부채비율 200%를 유지하도록 함으로써 과도한 부채의 사용을 금지하는 것을 재무적 규제라 한다. 완전자본시장이 재무적 규제가 없다는 것은 기업이 필요에 따라 언제든지 부채비율을 증가하거나 감소시킬 수 있다는 것을 의미하는데 완전시장에서는 이러한 자본구조의 변화가 즉시 가능하다고 가정한다. 또한 시장진입의 차별이 없다는 것은 개인이나 기업이 동등한 조건으로 시장에 참여할 수 있다는 것을 의미한다. 따라서 삼성전자가 1조원의 부채를 10%의 이자율로 차입할 수 있다면 개인도 1조원의 부채를 동일한 조건으로 차입할 수 있게 된다.

⑤ 시장참여자의 동질적 예측

동질적 예측이란 투자자가 기업의 현금흐름 등의 미래상황에 대해 동일한 예측을 하는 것을 의미한다. 예를 들어 모든 투자자가 불황이 되면 삼성전자의 수익률이 10%가 되며 호황이 되면 삼성전자의 수익률이 20%가 될 것이라고 예측한다면 이는 시장참여자들이 동질적 예측을 하는 것이며 일부투자자는 불황이 되면 수익률이 5%, 호황이 되면 수익률이 15%라고 예측한다면 이는 시장참여자들이 이질적 예측을 하는 것이다.

시장참여자들이 동일한 정보를 소유하지 못한다면 이들의 예측이 동일하기는 어려울 것이다. 예를 들어 일부 투자자는 그 기업의 사정을 잘 알고 있고 다른 투자자는 전혀 모른다면 이들이 이 기업에 대해 동일한 예측을 할 것이라고 생각하기는 어렵다. 따라서 시장참여자들이 동일한 정보를 갖는다는 것은 동질적 예측을 위한 필요조건이라 할 수 있다.

동질적 위험집단

MM은 완전시장 이외에도 동질적 위험집단(homogeneous risk class)으로 기업들이 분류될 수 있다고 가정하고 있다. 두 기업이 동질적 위험집단에 속한다는 것은 두 기업이 동일한 곳에 투자하여 현금흐름이 동일하며 단지 재무위험만 다른 상황을 말한다. 〈예제 11-2〉에 나타난 기업 *A*, 기업 *B* 및 기업 *C*는 동질적 위험집단에 속하는 기업이다.

결국 우리의 과제는 완전자본시장의 가정하에서 동질적 위험집단에 속하는 기업, 즉 현금흐름은 동일한데 자본구조만 다른 기업의 가치가 달라지는가를 연구하는 것이라 할 수 있다.[4)]

3. MM의 자본구조이론

MM의 제 1 명제

MM은 완전자본시장하에서 영업이익(현금흐름)이 동일한 기업의 가치는 자본구조와는 관계없이 동일하다는 것을 증명하였는데 이를 MM의 제1명제라 한다. 이들의 주장을 다음의 예제를 통해서 살펴보자.

예제 11-5

기업 *A*는 전액 자기자본으로 운영되는 기업이며 기업 *B*는 20억원의 부채를 10%의 이자율로 사용하고 있는 기업으로 모두 동일한 곳에 투자를 하고 있다. 두 기업의 상황은 다음의 표에 요약되어 있다.

	기업 *A*			기업 *B*		
상황	불황	보통	호황	불황	보통	호황
영업이익	5	15	25	5	15	25
이자비용	0	0	0	2	2	2
순이익	5	15	25	3	13	23

당신이 기업 *A*의 주식을 모두 소유하는 경우의 현금흐름과 기업 *B*의 주식과 채권을 모두 소유하고 있는 경우의 현금흐름을 구하고 어느 쪽을 선호할 것인가를 생각해 보라.

4) 문제를 간단히 하기 위해 순이익은 모두 배당한다고 가정한다.

그림 11-3 완전자본시장에서 자본구조와 영업이익의 배분

기업 A를 소유한 경우 이자비용과 세금이 없으므로 현금흐름이 모두 주주에게 귀속된다. 따라서 불황이 되면 5억원, 보통이 되면 15억원, 호황이 되면 25억원의 현금흐름을 얻게 된다. 반면 기업 B의 채권을 소유하게 되면 상황과 관계없이 이자수입으로 2억원씩의 수입을 올리며 기업 B의 주식을 소유하게 되면 불황이 되면 3억원, 보통이 되면 13억원, 호황이 되면 23억원의 수익을 올리게 된다. 따라서 기업 B의 채권과 주식을 모두 소유하고 있는 경우에는 기업 A의 주식을 모두 소유하고 있는 경우와 동일한 현금흐름이 발생하게 된다. 그러므로 기업 A의 주식의 가치는 기업 B의 주식과 채권의 가치의 합과 동일하여야 하고 이에 따라 두 기업의 가치는 같아야 한다.

이러한 상황을 일반화해 보자. 기업의 영업이익(현금흐름)은 세금이 없는 경우 이자와 배당의 형태로 나뉘어 주주와 채권자들에게 지급될 것이다. 따라서 다음 식이 성립한다.

$$영업이익 = 이자비용 + 배당$$

그런데 영업이익이 동일한 기업, 즉 동질적 위험집단에 속하는 기업은 영업이익이 동일하므로 주주와 채권자에게 귀속되는 이자와 배당의 합은 언제나 일정하다. 따라서 동일한 영업이익을 갖는 기업을 소유하고 있으면 (즉, 기업의 주식과 채권을 모두 소유하고 있으면) 언제나 동일한 현금흐름을 얻으므로 이들의 가치는 동일해야 한다. 즉, 영업이익이 동일한 기업들의 가치는 동일해야 한다. 이렇게 기업의 가치는 자본조달과는 무관하다는 의미에서 MM의 이론을 무관련이론(irrelevance theory)이라고도 한다.

이러한 논리에서 MM은 자본조달이란 기술적 문제라 주장한다. 현금흐름이 동일한 상황에서 자기자본으로 자금을 많이 조달하게 되면 상대적으로 영업이익 중 많은 부분이 배당으로 지급되고 반대로 부채로 자금을 많이 조달하게 되면 영업이익 중 많은 부분이 이자로 지급될 뿐 전체적으로 기업의 출자자인 주주와 채권자가 얻을 수 있는 이익의 크기는 동일하다. 동일한 파이(pie)를 어떻게 나누어 먹는가에 따라 파이의 가치가 달라질 수 있는가?

MM의 차익거래

그런데 만약 시장에서 영업이익이 동일한 두 기업의 가치가 다르다면 어떠한 일이 벌어질까? MM은 이러한 경우에는 차익거래(arbitrage transaction)가 발생하며 이로 인해 두 기업의 가치는 같아질 것이라고 주장한다. MM차익거래를 살펴보자.[5]

예제 11-6

〈예제 11-5〉의 경우를 다시 살펴보자. 두 기업의 현금흐름이 동일함에도 불구하고 기업 *A*의 주식의 가치는 100억원이고 기업 *B*의 주식의 가치는 90억원이라 하자. 이러한 경우 채권의 가치가 20억원이므로 기업 *B*의 가치는 110억원이 된다. 당신이 기업 *B*의 주식을 모두 소유하고 있다면 어떠한 전략을 취할 것인가?

당신이 기업 *B*의 주식을 모두 소유하고 있다면 불황시에는 3억원, 정상시에는 13억원, 호황시에는 23억원의 수익을 올릴 수 있을 것이다. 이때 10%의 이자율로 20억원을 차입하여 기업 *A*의 주식을 소유하는 경우를 생

---

5) 차익거래란 경제적으로 동일한 상품이 다른 가격에 거래되는 경우 낮은 가격의 상품을 구매하고 높은 가격의 상품을 매도함으로써 이익을 얻는 거래를 말하는데 재정거래라고도 한다.

각해 보자.

이 경우 기업 *A*의 주식을 모두 소유하고 있으므로 불황시에는 5억원, 정상시에는 15억원, 호황시에는 25억원의 배당을 받게 된다. 그런데 개인의 부채 20억원에 대한 이자 2억원을 지급해야 하므로 순수하게 자신에게 돌아오는 수익은 불황시에는 3억원, 정상시에는 13억원, 호황시에는 23억원이 된다. 이를 기업 *B*의 주식을 소유하고 있는 경우와 비교해 보라. 어떠한 차이가 있는가?

〈표 11-2〉 차익거래와 현금흐름

기업 B의 주식 소유시				차입하여 기업A의 주식 소유시			
상황	불황	정상	호황	상황	불황	정상	호황
영업이익	5	15	25	영업이익	5	15	25
기업이자비용	2	2	2	기업이자비용	0	0	0
개인이자비용	0	0	0	개인이자비용	2	2	2
순수익	3	13	23	순수익	3	13	23

기업 *B*의 주식을 보유하고 있으면 기업의 현금흐름 중 기업의 부채에 대한 이자 2억원을 제외한 부분을 받게 되고 20억원을 차입하여 기업 *A*의 주식을 소유한 경우 기업의 현금흐름(=배당)중 개인 부채에 대한 이자 2억원을 제외한 나머지를 받게 된다. 따라서 두 경우 모두 그것이 기업이 부채를 사용하고 있는가 혹은 개인이 부채를 사용하고 있는가의 여부만 다르지 근본적으로는 동일한 현금흐름을 갖게 되는 것이다.[6)]

기업 *B*의 주식을 보유하는 경우와 20억원을 차입하여 기업 *A*의 주식을 보유하는 경우는 동일한 수익을 가져다주지만 기업 B의 주식의 가격은 90억원이고 20억원을 차입하여 기업 *A*의 주식을 구입하는 비용은 80억원이 되므로 현재 보유하고 있는 기업 *B*의 주식을 매도하고 20억원을 차입하여 기업 *A*의 주식을 구입하면 10억원의 차익을 남기게 된다. 이 과정을 표로 나타내면 다음과 같다.

6) 이러한 의미에서 이를 개인의 부채로 기업의 부채를 대신한다고 말하는데 MM은 이를 자가부채(home made leverage)라 부르고 있다.

〈표 11-3〉 차익거래를 통한 이익

항 목	현금흐름
기업 B의 주식매도	+90억원
20억원 차입	+20억원
기업 A의 주식매입	−100억원
순현금흐름(차익)	+10억원

이러한 상황은 균형이라 할 수 없다. 이러한 경우 시장에서 기업 B의 주식은 계속 매도될 것이며 기업 A의 주식은 계속 매입될 것이므로 기업 B의 주가는 떨어지고 기업 B의 주가는 상승하게 된다. 이러한 현상은 두 기업의 가치가 같게 될 때까지 계속될 것이다. 따라서 균형상황에서는 두 기업의 가치가 같아지게 된다.

MM의 제 2 명제

MM의 제1명제는 현금흐름이 같은 기업의 가치는 동일하다는 것이다. 그런데 기업가치는 기업의 현금흐름을 가중자본비용으로 할인한 값이다. 따라서 현금흐름이 동일한 기업이 기업가치가 동일하다는 것은 현금흐름이 동일한 기업이라면 가중평균자본비용도 동일하다는 것을 의미한다. 즉, MM의 제1명제는 현금흐름이 동일하면 가중평균자본비용도 동일하다는 의미로 해석할 수 있는 것이다. 그런데 가중평균자본비용이 자본구조와 관계없이 일정하다는 것은 무엇을 의미하는가?

일반적으로 부채에 대한 자본비용은 자기자본비용에 비해 낮다. 따라서 부채를 사용하면 자본비용이 낮아지는 효과가 있다. 그러나 부채를 많이 사용하면 주주들의 수익은 더 위험해지므로 자기자본비용이 높아지게 된다. 그러므로 가중평균자본비용이 부채의 사용과 관계없이 일정하기 위해서는 부채의 사용에 따라 자기자본비용이 비례적으로 꾸준히 증가해야 한다.[7)]

7) 전통적 접근법에서는 부채를 약간만 사용하면 자기자본비용이 거의 상승하지 않지만 과도한 부채를 사용하게 되면 자기자본이 급격하게 상승한다고 가정하는데 비해 MM은 처음부터 비례적으로 자기자본비용이 상승한다고 주장하는 것이 두 이론의 핵심적인 차이라 할 수 있다.

이러한 논리가 바로 MM의 제2명제이다. 즉, 저렴한 부채를 사용하는 이점은 자기자본비용의 상승에 따라 완전히 상쇄되어 동일한 현금흐름을 갖는 기업의 가중평균자본비용은 일정하다는 것이다.

이를 수식으로 표현해 보자. 부채를 사용하지 않는 기업의 가중평균자본비용을 k_0라 하자. 부채를 사용하는 기업도 가중평균자본비용이 동일하므로 다음의 식이 성립한다.[8)]

$$k_0 = \frac{S}{S+B}k_e + \frac{B}{S+B}k_d$$

이 식을 k_e에 대해 정리하면 다음과 같다.

$$k_e = k_0 + (k_0 - k_d)\frac{B}{S} \quad (11\text{-}4)$$

이 식은 자기자본비용은 부채를 사용하게 되면 비례적으로 점점 증가한다는 것을 의미한다. 구체적인 예를 통해서 이러한 내용을 확인해보자.

예제 11-7

롯데기업과 해태기업은 동질적 위험집단에 속해 있는 기업으로 영업이익이 매년 15억원으로 동일하다. 롯데기업은 자기자본 100억원으로 구성되어 있으며 자기자본비용은 15%이다. 해태기업은 50억원은 자기자본, 50억원은 부채로 구성되어 있다. 해태기업의 자기자본비용을 구하고 이를 그래프로 그려 보라. 타인자본비용은 10%이며 법인세는 없다.

롯데기업의 자기자본비용은 15%인데 무부채기업이므로 가중평균자본비용도 15%이다. 그리고 동질적 위험집단에 속해 있는 해태기업의 가중평균자본비용도 15%가 되어야 하므로 자기자본비용은 다음과 같이 20%가 된다.

---

8) 세금이 없는 경우에는 $k_d = k_i$가 됨에 주의하라.

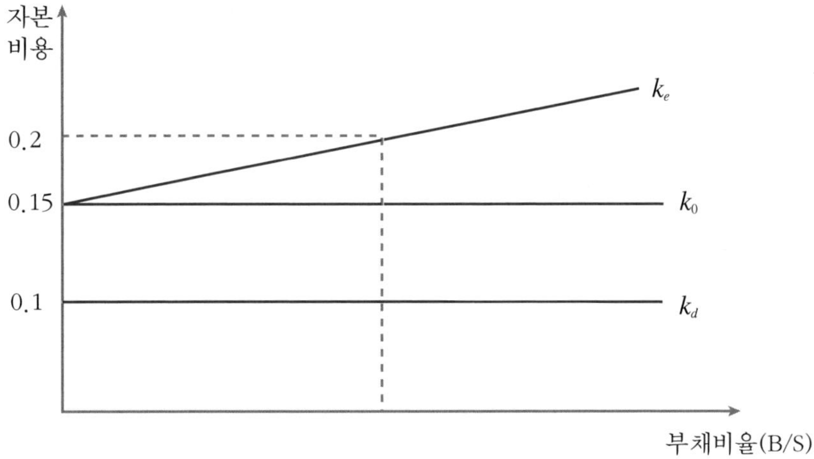

그림 11-4 완전자본시장에서의 자본구조와 자본비용

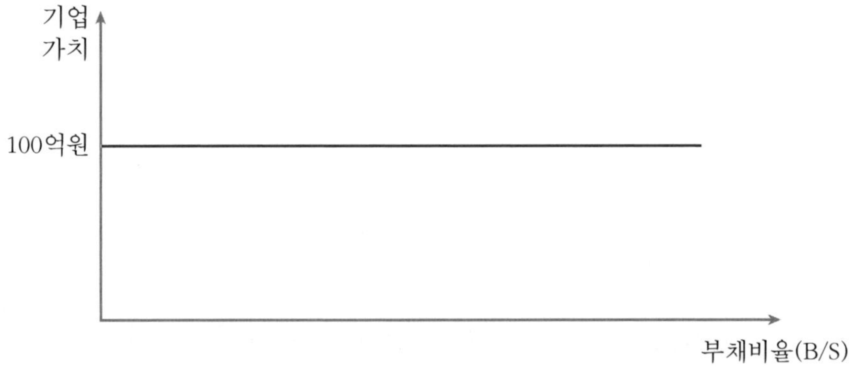

그림 11-5 완전자본시장에서의 자본구조와 기업가치

$$k_e = 0.15 + (0.15 - 0.1)\frac{50}{50} = 0.2$$

이를 그래프로 표시하면 〈그림 11-4〉와 같이 되는데 이는 자기자본비용이 부채의 증가에 따라 비례적으로 증가함을 의미한다. 그리고 가중자본비용이 15%로서 일정하므로 정해진 영업이익 15억원의 현재가치, 즉 기업가치는 〈그림 11-5〉와 같이 100억원의 일정한 값을 갖게 된다.

연습문제

11-1 다음 용어를 간략하게 설명하라.

(1) 재무구조와 자본구조

(2) 재무레버리지

(3) 차익거래

(4) 자가부채(home made leverage)

11-2 재무관리의 많은 이론들이 완전자본시장을 가정하여 논의를 전개한다. 완전자본시장이 되기 위한 조건들을 설명해 보라.

11-3 최근 '무차입경영' 이라는 말을 자주 듣는다. 이는 부채를 사용하지 않는 재무정책을 말하는 것인데 과연 이러한 정책이 좋은 것일까? 완전자본시장을 가정해서 설명해 보라.

11-4 완전자본시장에서 MM의 명제가 성립된다고 가정하자. 삼성기업의 경영위험을 반영한 자본환원율은 10%이다. 이 기업이 매년 벌어들이는 영업현금흐름은 20억원이고 현재 50억원의 부채를 사용하고 있는데 이자율은 7%이다.

(1) 이 기업의 가치는 얼마인가?

(2) 이 기업의 자기자본비용과 가중평균자본비용을 산출하라.

11-5 거산기업과 소산기업은 매년 영업이익이 10억원으로 동일한 기업이다. 거산기업은 자기자본으로만 자금을 조달하여 투자하고 있으며, 소산기업은 40억원은 부채, 나머지는 자기자본으로 자금을 조달하였다. 거산기업의 기업가치는 50억원이며, 부채에 대한 이자율은 10%이다. 완전자본시장을 가정하고 물음에 답하여라.

(1) 균형상황을 가정할 때, 거산기업의 가중평균자본비용은 얼마가 되어야 하는가? 또한 거산기업의 자기자본비용은 얼마인가?

(2) 균형상황에서 소산기업의 자기자본의 가치는 얼마인가? 또한 소산기업의 자기자본비용은 얼마여야 하는가?

(3) 소산기업은 과도하게 많은 부채를 사용한다고 인식되어 소산기업의 주식이 8억

원에 거래되고 있다. 당신이 거산기업의 주식을 모두 소유하고 있다면 어떠한 형태의 차익거래를 할 수 있겠는가?

11-6 삼성기업은 무부채기업이다. 매년 벌어들이는 영업이익은 1억원인데 주가는 1만원이고 발행주식수는 10만주이다. 세금과 거래비용이 없는 완전자본시장이어서 MM의 명제가 성립한다. 다른 조건은 모두 삼성기업과 동일한 현대기업은 8%의 이자율로 5억원의 부채를 조달해서 자기주식을 매입하였다.

(1) 이러한 거래의 결과로 삼성기업의 시장가치는 9억원, 현대기업의 시장가치는 11억원이 되었다. 어떤 형태의 재정거래가 가능한지를 설명하라.

(2) 이러한 재정거래가 현실적으로 일어나기 어려운 이유를 생각해 보라.

11-7 기업 0은 부채를 전혀 사용하지 않는 기업으로 자기자본 100억원으로 구성되어 있다. 기업 1은 10억원의 자기자본, 기업 2는 20억원의 자기자본, 기업 3은 30억원의 자기자본, 기업 4는 40억원의 자기자본, 기업 5는 50억원의 자기자본으로 운영되며 나머지는 부채로 운영된다. 이들 기업은 모두 동질적 위험집단에 속하는 기업들로 영업이익은 매년 15억원으로 기대되며, 기업 0의 자기자본비용은 15%이다. 타인자본비용이 10%라 할 때, 이들 기업의 자기자본비용과 가중평균자본비용, 타인자본비용을 그래프로 나타내 보라. 단, 완전시장을 가정한다.

11-8 동질적 위험집단에 속하는 기업인 아리랑과 수리랑이 있다. 아리랑은 전액 자기자본을 사용하고 있으며 수리랑은 일부를 부채로 사용하고 있다. 부채에 대한 이자율은 10%이다. 완전자본시장을 가정하고 물음에 답하여라.

(1) 부채에 대한 이자율이 12%로 상승한 경우 주식의 요구수익률은 어떻게 변화할 것인가 생각해 보시오.

(2) 부채에 대한 이자율이 12%로 상승한 경우 수리랑의 기업가치는 변하는가? 아리랑의 기업가치는 어떻게 되는가?

(3) 아리랑의 경영자인 김태평씨는 다음과 같이 생각하고 있다.

"우리 기업은 부채를 전혀 사용하고 있지 않으니 부채에 대한 이자율이 상승하여도 부채를 사용하는 수리랑과는 달리 기업의 가치는 변하지 않는다."

이러한 김태평씨의 생각에 대해 논평하시오.

11-9 기업이 과도하게 부채를 사용하게 되면 부채에 대한 이자나 원금을 못 갚을 가능성이 존재하므로 부채에 대한 이자율은 상승하게 된다. 이 경우 자기자본비용은 오히

려 감소하는 모양을 보이게 된다. 이러한 상황을 그래프로 나타내면 다음과 같다.

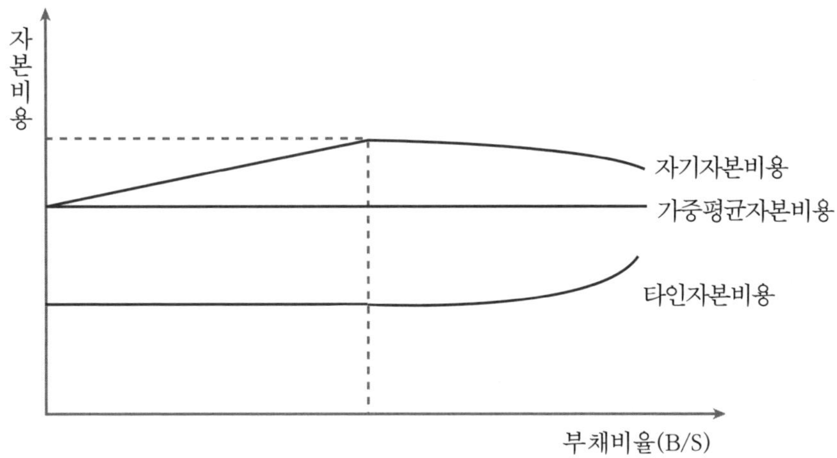

과도한 부채를 사용하는 경우 자기자본비용이 감소하는 이유를 해석해 보시오.

제 12 장 자본구조이론(Ⅱ)

완전자본시장하에서의 MM의 자본구조이론은 논리적으로는 완벽하지만 현실적으로는 자본시장이 완전하지 못하다는 점에서 비판을 받아왔다. 본장에서는 완전시장의 가정을 완화하여 세금이 존재하는 경우와 파산비용을 고려하는 경우, 그리고 대리문제가 존재하는 경우에 MM의 자본구조이론이 어떻게 변화될 수 있는가를 살펴본다.

세금이 존재하는 상황에서는 부채의 사용이 법인세의 절감을 가져오므로 기업가치의 상승으로 이어진다. 그러나 파산비용이나 대리비용이 존재하는 경우에는 과도한 부채의 사용은 오히려 기업가치의 하락을 가져올 수 있으므로 적절한 부채의 사용이 기업가치를 최대화하게 된다.

제 1 절 MM의 자본구조이론 : 법인세가 있는 경우

MM의 무관련이론은 이론적으로 매우 명쾌하지만 현실에서의 자본시장은 완전자본시장이 아니라는 점에서 많은 비판을 받아 왔는데 이 중 가장 문제가 되었던 점이 법인세의 문제이다. 법인세가 존재하는 경우 기업이 지급하는 이자는 비용처리가 되므로 세금을 적게 내고 이에 따라 기업의 타인자본비용이 낮아지는 효과가 발생하는데 MM의 무관련이론에서는 부채의 세금절감효과 부분을 고려하지 못하고 있다. 이러한 이유로 MM은 1963년 법인세를 고려한 수정논문을 발표하였다. 이들은 다른 모든 조건은 무관련이론과 동일한 상태에서 법인세만 존재한다고 가정하고 있는데 이들의 수정논문에 제시된 내용을 살펴보기로 하자.

1. 법인세의 존재와 현금흐름

법인세가 존재하지 않는 경우에는 영업이익(현금흐름)을 주주와 채권자들이 배당과 이자로 나눠가졌다. 그러나 법인세가 존재하는 경우에는 세금을 내야 하므로 결국 영업이익을 주주와 채권자, 그리고 정부가 배당과 이자 및 세금으로 나누어 갖게 된다. 따라서 기업의 출자자들, 즉 주주와 채권자가 얻을 수 있는 배당과 이자의 합은 영업이익에서 세금을 차감한 값이 된다.

그런데 기업이 부담하게 되는 법인세의 크기는 동일한 현금흐름을 갖는 경우에도 기업의 이자지급액에 따라 달라지게 된다. 일반적으로 부채를 많이 사용하게 되면 이자비용이 크므로 과세대상소득이 줄어든다. 따라서 법인세의 크기가 작아지고 이에 따라 기업의 소유자인 주주와 채권자가 얻게 되는 현금흐름이 커지게 된다. 그러므로 타인자본의존도가 커지면 기업의 출자자에 귀속되는 현금흐름이 많아지므로 기업의 가치는 증가한다는 것이 MM의 수정논문의 핵심적인 내용이다. 다음의 예제를 살펴보자.

예제 12-1

현대기업과 삼성기업은 동일한 곳에 투자하여 매년 똑같이 30억원의 영업이익을 얻고 있는 기업이다. 그러나 현대기업은 소요자금을 모두 자기자본으로 조달하였고 삼성기업은 50억원을 부채로 나머지는 자기자본으로 조달하였다. 부채에 대한 이자율은 10%이며, 법인세율은 40%이다. 두 기업의 주주와 채권자에게 돌아가는 현금흐름을 구하고 어느 기업이 가치가 더 큰가를 생각해 보라.

현대기업과 삼성기업의 손익계산서를 구해 보면 다음과 같다.

〈표 12-1〉 **법인세가 존재하는 경우 기업의 손익계산서**

	현대기업	삼성기업
영업이익	30	30
지급이자	0	5
세전이익	30	25
법인세(40%)	12	10
순이익	18	15

따라서 현대기업의 주주와 채권자에게 돌아가는 현금흐름은 다음과 같이 18억원이 된다.

주주에의 현금흐름+채권자에의 현금흐름
=18억원+0억원 = 18억원

한편 삼성기업의 주주와 채권자에게 돌아가는 현금흐름은 다음과 같이 19.6억원이 된다.[1)]

주주에의 현금흐름+채권자에의 현금흐름
=15억원+5억원 = 20억원

이상에서 우리는 현대기업의 주식을 소유하는 경우보다는 삼성기업의 주식과 채권을 소유하는 것이 더 많은 현금흐름을 제공한다는 사실을 알 수 있다. 따라서 현대기업의 가치(즉, 현대기업의 주식의 가치)보다는 삼성기업의 가치(즉, 삼성기업의 주식과 채권의 가치)가 더 높아야 한다.

1) 삼성기업의 현금흐름을 20억원으로 생각하는 경우에는 현금흐름에 법인세 절감효과가 고려되게 된다. 따라서 이 경우 타인자본비용은 k_i가 아닌 k_d로 해야 한다. 만약 타인자본비용을 k_i로 하려면 삼성기업의 현금흐름은 법인세 절감효과가 고려되지 않는 현금흐름, 즉 현대기업의 현금흐름인 18억원이 되어야 한다. 이하에서 현금흐름은 모두 법인세 절감효과가 고려된 현금흐름을 말하기로 한다.

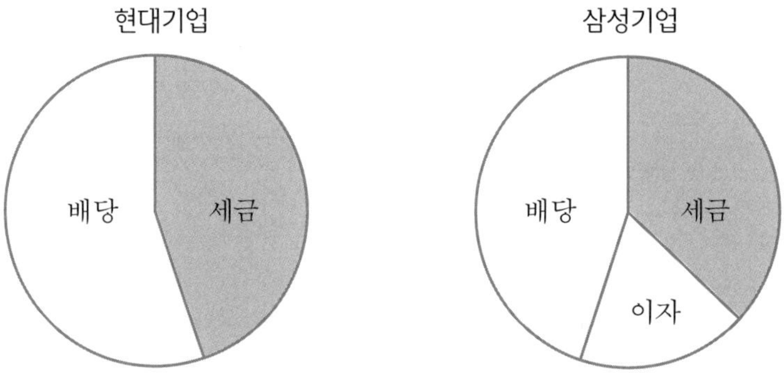

그림 12-1 자본구조와 영업이익의 배분(법인세가 있는 경우)

현대기업과 삼성기업은 동일한 영업이익을 갖는 기업이다. 그런데 왜 삼성기업의 주주와 채권자에게 돌아가는 현금흐름이 현대기업보다 더 커졌을까? 독자들도 이미 알고 있겠지만 그 이유는 법인세의 크기가 다르기 때문이다. 일반적으로 이자지급액은 비용처리가 되므로 과세대상 소득이 줄어들고 이에 따라 세금도 줄어드는 효과가 있다. 삼성기업의 경우 4억원만큼 이자를 지급하는데 이 부분은 비용으로 처리되어 과세대상이 아니므로 삼성기업에 비해 2억원(= 5억원×0.4)만큼의 세금절감효과가 발생한다. 따라서 동일한 영업이익을 가지더라도 삼성기업은 세금을 2억원만큼 적게 내므로 주주와 채권자에게 돌아가는 현금흐름이 그만큼 커지게 되는 것이다.

이러한 설명을 식으로 나타내면 다음과 같다.

영업이익 = 이자비용 + 세금 + 배당
영업이익 − 세금 = 이자비용 + 배당 = 출자자들에게 돌아가는 현금흐름

위의 식을 보면 영업이익에서 세금을 차감한 값이 출자자들에게 돌아가는 현금흐름이 된다. 그런데 부채로 자금을 조달하게 되면 동일한 영업이익을 가지더라도 세금이 적어지게 되고 이에 따라 출자자들에게 돌아가는 현금흐름이 커지게 되는 것이다.

2. 법인세의 존재와 기업가치

법인세가 존재하면 출자자들에게 돌아가는 현금흐름이 더 커진다는 사실을 법인세가 없는 경우의 MM이론과 비교해 보자. 법인세가 없는 경우에는 영업이익은 모두 이자와 배당으로 기업의 출자자들에게 지급되었다. 따라서 부채를 많이 쓰든 적게 쓰든 영업이익이 동일하다면 출자자들에게 배당과 이자로 지급되는 금액은 항상 동일하다. 그러나 법인세가 있는 경우에는 영업이익을 출자자들 뿐만 아니라 정부도 세금의 형태로 나누어 갖게 된다. 이러한 상황에서 영업이익이 동일한 기업은 세금도 동일하게 납부해야 한다면 영업이익이 동일한 기업의 가치는 같아야 한다. 그러나 실제로는 영업이익이 동일하더라도 이자비용이 많을수록 기업이 납부해야 하는 법인세는 작아지므로 출자자들이 받게 되는 현금흐름은 커지고 이에 따라 기업의 가치는 증가하는 것이다.

이러한 사실을 일반적으로 나타내 보자. 기업 U는 부채를 전혀 사용하지 않는 기업이라 하고 기업 L은 부채를 B만큼 사용하는 기업이라 하자. 두 기업의 영업이익은 Y로 동일하며 부채에 대한 이자율은 k이고 법인세율은 t라 하자. 이 경우 기업 L은 부채에 대한 이자로 $k_d \cdot B$만큼 지급할 것이므로 기업 L은 기업 U에 비해 $t \cdot k_d \cdot B$만큼 법인세를 적게 낼 것이다. 따라서 기업 L의 소유자들은 기업 U의 소유자들에 비해 매년 $t \cdot k_d \cdot B$만큼 씩 현금흐름을 더 받게 될 것이다. 그러므로 기업 L의 가치는 기업 U의 가치에 비해 매년 더 받게 되는 현금흐름의 현가만큼 더 커지게 된다. 이러한 상황을 표로 요약하면 다음과 같다.

〈표 12-2〉 법인세가 존재하는 경우 기업의 현금흐름

	기업 U	기업 L
영업이익	Y	Y
지급이자	0	$k_d \cdot B$
법인세	$t \cdot Y$	$t(Y-k_d \cdot B)$
순이익	$Y-t \cdot Y$	$Y-k_d \cdot B-t(Y-k_d \cdot B)$
이자+순이익	$Y-t \cdot Y$	$Y-t(Y-k_d \cdot B)$

기업의 수명이 무한하다고 가정하면 이러한 법인세 절감효과는 영원히 발생할 것이므로 법인세 절감효과의 현재가치는 다음과 같이 계산된다.

$$\text{법인세 절감의 현가} = \frac{t \cdot k_d \cdot B}{(1+k_d)} + \frac{t \cdot k_d \cdot B}{(1+k_d)^2} + \cdots = \frac{t \cdot k_d \cdot B}{k_d} = t \cdot B \quad (12\text{-}1)$$

따라서 부채를 B만큼 사용하는 기업 L의 가치는 다음과 같이 표시된다.

$$\begin{array}{ccccc} \text{기업 } L\text{의 가치} & = & \text{기업 } U\text{의 가치} & + & \text{법인세 절감의 현가} \\ V_L & = & V_U & + & t \cdot B \end{array} \quad (12\text{-}2)$$

법인세가 존재하는 경우 부채를 많이 사용할수록 영업이익에서 많은 부분을 이자비용으로 지출하므로 법인세 절감효과가 많이 발생하여 기업의 소유자인 주주와 채권자에게 돌아가는 현금흐름이 커진다. 따라서 부채를 많이 사용할수록 기업의 가치는 증가하게 되는데 얼마나 부채를 사용하는 것이 기업의 가치를 최대화시키는 방법일까?

법인세가 존재하는 경우 기업의 가치를 최대화하기 위해서는 가능한 모든 자본을 부채로 사용해야 한다. 즉, 기업의 자본구조를 $\frac{B}{S}$로 측정하는 경

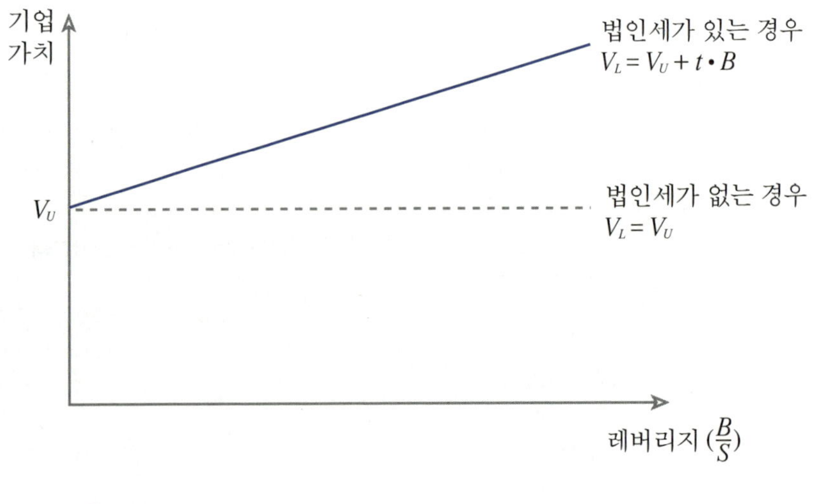

그림 12-2 법인세가 존재하는 경우 자본구조와 기업가치

우 기업의 최적자본구조는 $\frac{B}{S}$가 무한대가 되어야 하는데 이러한 의미에서 법인세가 존재하는 경우의 MM이론을 극단레버리지이론이라고도 한다. 이러한 상황을 그림으로 나타내면 〈그림 12-2〉와 같다.

예제 12-2

기업 1과 기업 2는 영업이익이 30억원으로 동일한 기업이다. 기업 1은 부채를 사용하지 않고 있으며 기업 2는 부채를 50억원어치 사용하고 있는데 부채에 대한 이자율은 10%이다. 법인세율이 40%라 하고 기업 1의 자기자본비용이 18%라 가정하면 기업 1의 가치는 얼마가 되는가? 또한 기업 2의 가치는 얼마가 되는가?

기업 1의 주주들에게 돌아가는 순이익은 다음과 같이 18억원이 된다.

$$\begin{aligned}\text{순이익} &= \text{영업이익} - \text{이자비용} - \text{세금} \\ &= 30\text{억원} - 0\text{억원} - 12\text{억원} = 18\text{억원}\end{aligned}$$

그러므로 기업 1의 주식의 가치(기업의 가치)는 다음과 같이 100억원이 된다.

$$\text{기업 1의 주식의 가치} = \frac{18\text{억원}}{0.18} = 100\text{억원}$$

따라서 기업 2의 기업가치는 다음과 같이 120억원이 되며 자기자본의 가치는 70억원이 된다.[2)]

$$\begin{aligned}V_2 &= V_1 + t \cdot B \\ &= 100\text{억원} + 0.4 \times 50\text{억원} \\ &= 120\text{억원}\end{aligned}$$

2) 자기자본의 가치 = 기업의 가치 − 부채의 가치
= 120억원 − 50억원
= 70억원

제 2 절 파산비용을 고려한 자본구조이론

MM의 무관련이론이나 MM의 수정이론은 그 자체로는 흠잡을 수 없을 정도로 완전한 논리를 갖고 있다. 그렇다면 기업은 부채를 사용하는데 아무런 고려를 하지 않든지(무관련이론의 경우) 혹은 최대한 부채를 사용해야 하는데(수정이론의 경우) 현실적으로 보면 대부분의 기업은 부채비율을 200% 혹은 300%정도로 유지하고 있는 것을 알 수 있다. 이러한 현실을 생각하면 MM의 이론을 그대로 수용하기는 어려운 점이 있다.

현대 자본구조이론에서는 MM의 수정논문을 토대로 몇 가지 사항을 추가함으로써 기업의 행동을 설명하려는 노력을 취하고 있는데 본절에서는 파산비용과 대리비용을 고려한 경우 MM의 논문이 어떻게 수정될 수 있는지에 대해 생각해 보기로 한다.

1. 파산비용의 의미

기업이 부채로 자본을 조달한 경우에는 정해진 이자와 원금을 지급해야 한다. 그러나 기업의 경영상황이 악화되는 경우에는 이자와 원금을 지불할 수 없는 경우가 발생할 수 있는데 이러한 채무불이행으로 인해 기업이 정리되는 것을 파산이라 한다.

실제로 기업이 이자나 원금을 지불하지 못하는 경우에 채권자는 법원에 파산신청을 하고 법원은 파산결정을 하게 되는데 이 과정에서 발생하는 비용을 파산비용(bankruptcy cost)이라고 한다. 파산에 따른 직접비용으로는 법원의 판결의 받기 위해 부담하는 변호사비용 및 공인회계사비용 등을 들 수 있고 간접비용으로는 기업의 파산에 따른 이미지 실추, 유능한 종업원의 이탈, 거래처에 대한 신뢰의 상실 등을 들 수 있다.

2. 파산비용과 기업가치

이렇듯 기업이 파산하게 되면 파산에 따른 비용이 발생하게 되는데 이러한 비용은 기업의 현금흐름을 그만큼 감소시키므로 기업의 가치는 감소하게 된다.

파산하지 않은 기업도 앞으로 파산할 가능성이 있다고 생각되면 기업의 가치는 감소하게 된다. 왜냐하면 파산을 하면 그만큼 현금흐름이 줄어들게 되기 때문이다. 예를 들어 어떤 기업의 파산비용을 고려하지 않은 가치가 1억원이라 하자. 이 기업이 파산하게 되면 파산비용이 1,000만원 발생하며 파산확률을 0.5라 하면 이 기업을 소유한 사람은 평균 500만원만큼의 현금흐름이 줄어들 것으로 예측할 수 있다. 이러한 500만원을 기대파산비용이라 하는데 이 기업의 경우 파산비용을 고려하면 기업의 가치는 9,500만원으로 감소하게 된다.

일반적으로 파산비용은 일정하다고 가정한다. 그런데 부채를 많이 사용할수록 파산의 확률은 급격히 증가하므로 기대파산비용은 부채의 양이 증가함에 따라 급격히 증가하게 된다.

예제 12-3

현대기업은 100억원의 자본을 조달하는데 다음과 같이 5가지의 방법을 고려하고 있다. 각 경우의 현대기업의 기업가치를 구하라. 단, 이자율은 10%이고, 법인세율은 20%이며 파산하면 기업의 가치는 현재가치가 20억원만큼 감소한다고 가정하자. 또한 방법 1의 경우 기업가치는 100억원이라 가정한다.

조달방법	방법 1	방법 2	방법 3	방법 4	방법 5
자기자본	100억원	80억원	60억원	40억원	20억원
타인자본	0억원	20억원	40억원	60억원	80억원
파산확률	0%	5%	15%	30%	60%

방법 2로 자본조달을 하는 경우 파산비용을 고려하지 않은 기업가치는 다음과 같이 된다.

$$V_2 = V_1 + t \times B = 100\text{억원} + 0.2 \times 20\text{억원} = 104\text{억원}$$

그런데 이 기업이 파산하면 기업가치는 20억원만큼 감소하게 되는데 기업이 파산할 확률은 5%이므로 기대파산비용은 1억원이 된다. 따라서 파산비용을 고려하는 경우 기업가치는 다음과 같이 103억원이 된다.

$$V_2' = 100\text{억원} + 0.2 \times 20\text{억원} - \text{기대파산비용} = 103\text{억원}$$

같은 방법으로 방법 3, 4, 5로 자본을 조달한 경우의 기업가치를 구해 보면 다음과 같다.

$$V_3' = 100\text{억원} + 0.2 \times 40\text{억원} - 0.15 \times 20\text{억원} = 105\text{억원}$$
$$V_4' = 100\text{억원} + 0.2 \times 60\text{억원} - 0.3 \times 20\text{억원} = 106\text{억원}$$
$$V_5' = 100\text{억원} + 0.2 \times 80\text{억원} - 0.15 \times 20\text{억원} = 104\text{억원}$$

이러한 결과를 보면 부채를 사용하는 경우 두 가지 효과가 함께 발생한다는 사실을 알 수 있다. 즉, 부채를 많이 사용하면 세금절감효과로 인해 기업의 가치가 증가하는 효과와 파산의 가능성이 커져 기대파산비용이 커지는 효과이다. 그런데 일반적으로 파산의 가능성은 부채를 적게 사용하는 경우는 매우 작지만 부채를 어느 수준 이상으로 사용하게 되면 급격히 증가한다고 할 수 있다. 따라서 세금절감효과와 파산비용의 문제를 동시에 고려하면 적절한 수준에서 부채를 사용하는 것이 기업가치를 최대화시켜준다고(즉, 자본비용이 최소화된다고) 말할 수 있다.

MM의 수정논문의 경우에는 파산비용이 존재하지 않기 때문에 부채를 쓰면 세금절감효과라는 유리한 효과만 있었으므로 최대한 부채를 사용하는 것이 최선이었다. 그러나 파산비용이 존재하는 경우에는 적은 양의 부채사용은 기업가치를 증가시키지만 과도한 부채의 사용은 오히려 기업가치를 저해시키는 요인이 된다.

이러한 상황을 그림으로 나타내면 다음 〈그림 12-3〉과 같다.

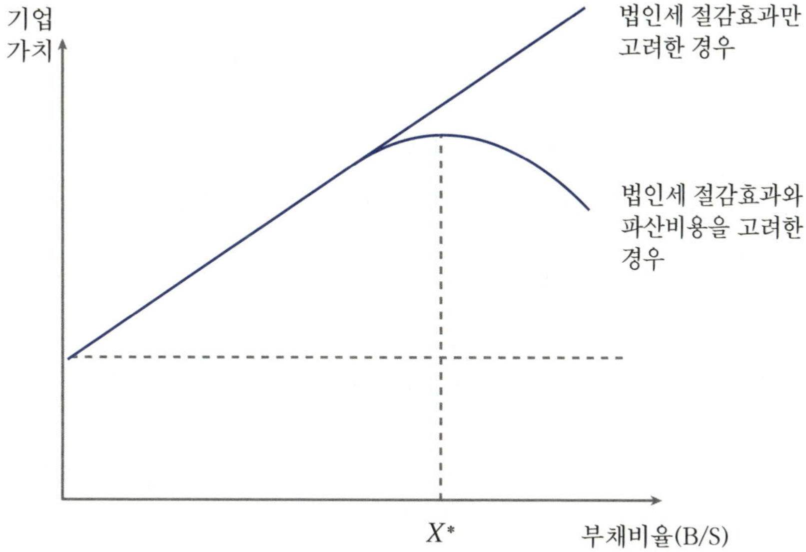

그림 12-3 파산비용을 고려한 경우의 기업가치

제 3 절 대리비용을 고려한 자본구조이론

1. 대리비용의 의미

어떠한 일에 대한 의사결정권한을 가진 사람이 그 권한을 직접 행사하지 않고 타인에게 권한을 위임하는 경우가 종종 발생한다. 자신의 인감증명서를 본인이 직접 발급받지 않고 타인에게 위임하는 경우가 대표적인 예이다. 이렇게 자신이 가진 권한을 타인에게 위임하는 사람을 위임자(principal)라 하고 위임자를 대신하여 그 권한을 행사하는 사람을 대리인(agent)이라 하며 이러한 위임자와 대리인 사이의 관계를 위임자-대리인 관계 혹은 대리관계라 한다. 이러한 대리관계는 기업 경영에 있어서도 많이 발생하는데 자금을 출자한 주주들이 전문경영인을 선출하여 전문경영인이 기업을 운영하도록 하는 것이 하나의 예이다.

대리관계에 있어서 위임자는 대리인이 위임자의 이익을 위해 노력하기를 기대할 것이다. 그러나 모든 경우에 대리인은 위임자를 위해 최선을 다해 노력할 것인가? 그렇지는 않다. 대리인은 나름대로 자신의 효용을 극대화하기 위해 노력할 것이고 상황에 따라서는 위임자의 이익에 해를 끼치는 일도 할 수가 있다. 어떠한 경우에 이러한 일이 벌어질까?

완전자본시장과 같이 모든 정보를 위임자가 가질 수 있는 경우, 즉 대리인의 행위를 직접 관찰할 수 있는 경우에는 대리인이 하는 행위가 위임자에게 해가 된다면 즉시 이를 제지하거나 후에 이에 대한 벌칙을 가할 수 있으므로 대리인은 위임자의 뜻에 반하는 행동을 할 수 없다. 그러나 현실처럼 위임자가 대리인의 행동을 관찰할 수 없는 경우에는 대리인이 위임자에게 해가 되는 행동을 하더라도 이러한 사실을 알기가 어렵기 때문에 대리인은 자신의 효용극대화를 위해 위임자의 뜻에 반하는 행동을 할 수 있다. 따라서 위임자는 이러한 사실을 사전에 알고 대리인이 자신의 이익을 해치는 행동을 하기 못하도록 여러 가지 구속을 하게 되는데 이러한 갈등 때문에 벌어지는 문제를 대리문제라 하며 이로 인한 기업가치의 감소분(혹은 후생의 감소분)을 대리비용(agency cost)이라 한다.

기업에서 발생하는 대리문제는 크게 주주와 경영자와의 갈등과 주주와 채권자와의 갈등으로 나누어 볼 수 있는데 전자를 자기자본의 대리문제라 하고 후자를 부채의 대리문제라 한다.

2. 자기자본의 대리비용

일반적으로 소액주주들은 기업에 자금을 출자만 할 뿐 기업경영은 최대주주가 하는 경우가 많다. 이 경우 기업경영에 참여하지 못하는 소액주주들은 자신의 자금을 경영자에게 위탁한 것이 되므로 위임자가 되며 경영자는 대리인이 된다. 소액주주들은 경영자가 기업의 가치를 최대화하여 자신들의 지분의 가치를 높여주기를 원할 것이다. 그러나 경영자는 기업가치의 극대화가 목표가 아니라 자신의 효용극대화가 목표가 되므로 경우에 따라서는 기업가치를 극대화하지 않는 행동도 할 수 있다. 다음의 예제를 살펴보자.

예제 12-4

제일기업의 최고 경영자 김제일씨는 회사의 공금으로 해외 골프여행을 계획하고 있다. 여행의 경비는 1억이므로 골프여행을 하는 경우 기업의 가치는 1억원만큼 감소한다. 김제일씨가 제일기업의 주식을 100%소유한 경우와 10%소유한 경우, 그리고 1%소유한 경우 김제일씨의 해외여행 가능성은 어떻게 되는가? 편의상 부채는 없다고 가정한다.

김제일씨가 100% 지분을 소유한 경우 골프여행을 즐기면 기업가치가 1억원만큼 감소하고 이에 따라 주가가 1억원만큼 낮아지므로 골프여행에서 발생하는 비용은 모두 김제일씨가 부담하게 된다. 그러나 10%만의 지분을 소유한 경우에는 기업의 가치는 1억원 감소하지만 자신이 부담하는 부분은 10%인 1,000만원이 되며 1%의 지분만을 소유한 경우에는 자신이 부담하는 비용은 100만원이 된다. 따라서 김현대씨는 자신의 지분율이 낮을수록 해외 골프여행 등의 과소비를 할 가능성이 커지게 되는데 이러한 직무와 관련된 과소비를 특권적 소비(perquisite consumption)라 한다. 특권적 소비의 예로는 지나치게 넓은 사장실, 고급승용차의 사용 등을 들 수 있다.

반면에 지분을 일부만 소유하게 되는 경우 경영자는 투자활동에 대해서는 소극적이 된다. 다음의 예제를 통해서 이러한 내용을 확인해 보자.

예제 12-5

〈예제 12-4〉에서 김제일씨는 순현가가 1억원인 투자안을 계획 중이다. 이 투자안을 수행하게 되면 김제일씨는 3달간 회사에서 숙식해야 할 정도로 바빠지게 된다. 김제일씨의 지분율이 100%, 10%, 1%로 변하는 경우 김제일씨의 투자가능성은 어떻게 되는가?

김제일씨의 지분율이 100%인 경우 이 투자안을 하게 되면 주가가 1억원만큼 상승하고 이에 따라 자신의 부는 1억원만큼 증가한다. 그러나 지분율이 10%, 1% 인 경우에는 김제일씨의 부는 1,000만원 및 100만원이 증가하게 된다. 따라서 지분율이 낮아질수록 김제일씨의 투자가능성은 낮아지게 된다.

이렇듯 경영자의 지분율이 낮아지게 되면 특권적 소비나 투자회피 등으로 기업의 가치는 점점 낮아지게 되므로 외부주주들은 이를 방지하기 위해 여러 가지 노력을 하게 된다. 공인회계사를 통해 분기별로 회사의 경영상태를 조사한다든지 자체 감사를 실시하는 것이 대표적인 예이다. 그런데 이러한 비용은 결국 기업이 부담하는 것이므로 그만큼 기업의 가치는 감소하게 되는데 이렇게 감소하는 기업가치를 자기자본의 대리비용이라 한다. 일반적으로 자기자본의 대리비용은 경영자의 지분율에 반비례하여 지분율이 낮을수록 대리비용이 크게 발생하게 된다.

3. 부채의 대리비용

부채의 소유자도 기업에 자금을 출자한 출자자이지만 기업의 경영은 주주가 담당하게 된다. 따라서 부채의 소유자는 주주에게 기업의 경영을 위임한 상태가 되므로 주주와 채권자의 관계에서는 채권자가 위임자가 되며 주주는 대리인이 된다.

정보가 완전한 상황에서는 주주가 채권자의 이익을 해치면서 자신의 이익만을 도모할 수는 없을 것이다. 만약 이러한 일이 벌어지면 채권자는 즉각 부채의 상환을 요구하든지 혹은 높은 이자율을 부과하는 등의 벌칙을 부과하게 될 것이다. 그러나 정보가 불완전하여 채권자가 주주의 의사결정을 관찰할 수 없는 경우에는 주주가 채권자의 이익을 해치면서 자신의 이익만을 도모하는 것이 가능하다. 대표적인 부채의 대리비용을 살펴보자.

위험선호유인

주주가 부채를 사용하는 경우에는 자기자본으로만 기업을 운영하는 경우에 비해서 좀더 위험한 투자안을 선택하려는 경향이 있는데 이를 위험선호유인(risk incentive)이라고 한다. 구체적인 예제를 살펴보자.

예제 12-6

삼성기업은 1년 후 상환해야 하는 부채가 100억원이다. 삼성기업은 경영상태가 부실하여 모든 자산을 매각하여도 50억원의 현금밖에는 마련할 수 없다. 삼성기업의 사장 이삼성씨는 이렇게 마련한 자금을 가지고 최후로 투자안을 물색하던 중 다음과 같은 두 가지 투자안을 발견하였다. 두 투자안의 투자비용은 50억원이며 투자수명은 1년이다.

상황	확률	투자안 1의 현금흐름	투자안 2의 현금흐름
호황	0.5	100억원	110억원
불황	0.5	100억원	0억원

이삼성씨는 어떤 투자안에 투자할 것인가? 이러한 결과는 기업의 가치를 증가시키는가?

이삼성씨가 투자안 1을 수행하는 경우를 생각해 보자. 이 경우 1년 후에는 확실하게 100억원의 현금흐름이 발생하는데 이는 모두 부채를 상환하는데 사용해야 한다. 따라서 투자안 1을 하게 되면 1년 후 이삼성씨의 이익은 0이 된다.

이번에는 투자안 2를 수행하는 경우를 생각해 보자. 이 경우 다행히 호황이 되어 110억원의 현금흐름이 발생하면 부채를 상환하고도 10억원의 이익이 발생한다. 그러나 불황이 되면 이 기업은 파산하게 되어 모든 것이 채권자에게 넘어가게 되므로 이삼성씨의 이익은 0억원이 된다.[3] 따라서 이삼성씨는 투자안 2를 선택하게 된다.

그런데 기업가치의 극대화라는 측면에서 보면 어떠한 투자안이 더 바람직할까? 당연히 투자안 1이 기업가치를 더 크게 증가시켜 줄 것이다. 그러나 부채를 사용하고, 이를 상환하지 못할 가능성이 있는 상황에서는 주주가 자신의 이익을 위해 위험이 높은 투자안을 선택함으로써 기업가치를 줄이고, 채권자의 이익을 해칠 수 있는데 이러한 현상을 위험선호유인이라 한

3) 이삼성씨는 출자한 이상으로는 기업에 대해 책임을 지지 않는다고 가정한다. 일반적으로 주주는 자신이 출자한 금액의 한도에서 책임을 지게 되는데 이를 주주의 유한책임이라 한다.

다.

과소투자유인

주주가 부채를 사용하는 경우에는 자기자본으로만 기업을 운영하는 경우에 비해서 투자를 좀더 낮은 수준으로 하게 되는 경향이 있는데 이를 과소투자유인(underinvestment incentive)이라고 한다. 다음의 예제를 통해서 이러한 내용을 확인해 보자.

예제 12-7

〈예제 12-6〉을 다시 한번 생각해 보자. 이삼성씨가 투자할 수 있는 투자안이 투자안 1뿐이라면 이삼성씨는 투자할 것인가? 이 결과는 기업가치의 극대화라는 목표에 부합하는가? 무위험이자율은 10%라 가정한다.

이삼성씨는 투자안 1을 선택하지 않을 것이다. 그 이유는 앞서와 같이 투자결과로 발생하는 이익이 모두 채권자에게 귀속되기 때문이다.

그러나 이러한 투자안을 하게 되면 기업가치는 증가할 것이라는 것은 확실하다. 왜냐하면 이 투자안의 순현가는 다음과 같이 41억원이 되기 때문이다.

$$NPV = \frac{100\text{억원}}{1+0.1} - 50\text{억원} = 41\text{억원}$$

하지만 부채를 사용하고 부채에 대한 원금이나 이자를 상환하지 못하는 상황이 발생하면 순현가가 0보다 큰 투자안도 하지 않을 수 있는데 그 이유는 앞의 예와 같이 그 이익이 모두 채권자에게 귀속되기 때문이다. 따라서 주주는 투자안의 현금흐름이 매우 커서 원금이나 이자를 모두 갚을 수 있을 정도의 수익성을 갖는 투자안만을 수행하게 되는데 이를 과소투자유인이라 한다.

기업의 가치를 극대화하려면 순현가가 0보다 큰 투자안은 모두 수행해야 한다. 그러나 부채를 사용하고 이에 따라 과소투자유인이 발생하게 되면 기업의 가치는 그만큼 감소한다고 할 수 있다.

부채의 대리비용과 최적자본구조

MM의 수정논문에서는 부채를 사용하게 되면 세금절감효과라는 정의 효과만 발생하므로 기업가치는 부채를 사용할수록 증가한다. 그러나 불완전시장하에서는 부채에 대한 대리비용이 발생하므로 부채를 사용하게 되면 한편으로는 세금감면효과에 의해 기업가치가 증가하지만 다른 한편으로는 위험선호유인이나 과소투자유인 등의 부채의 대리비용이 발생하여 기업의 가치가 감소하는데 부채에 대한 대리비용은 기대파산비용과 유사하게 부채의 사용량이 증가할수록 체증적으로 증가한다고 볼 수 있다. 따라서 파산비용과 부채의 대리비용을 동시에 고려할 경우에도 파산비용만 고려하는 경우와 유사하게 적은 양의 부채를 사용하는 경우에는 기업의 가치가 증가하지만 과도한 양의 부채를 사용하게 되면 오히려 기업의 가치는 감소

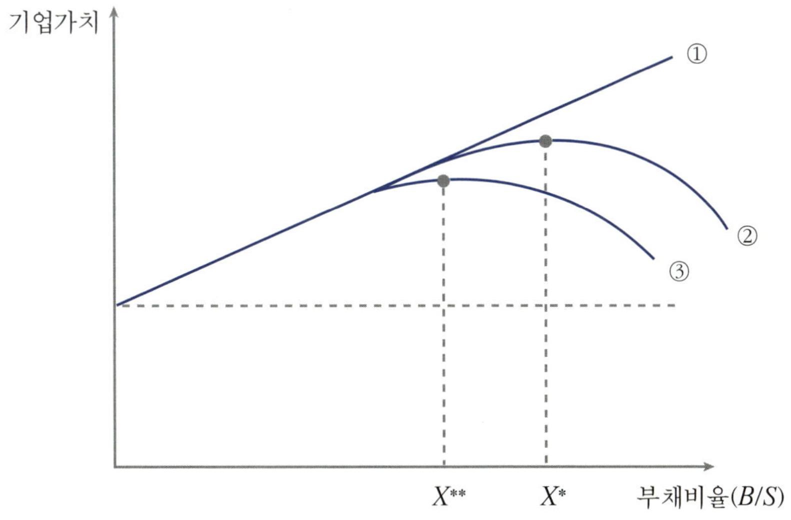

① 법인세 절감효과만 고려한 경우
② 법인세 절감효과와 파산비용을 고려한 경우
③ 법인세 절감효과, 파산비용 및 부채의 대리비용을 고려한 경우

그림 12-4 파산비용과 대리비용을 고려한 경우의 기업가치

하게 된다.

이러한 대리비용을 앞절에서 설명한 파산비용과 동시에 고려해 보면 적절한 부채비율에서 기업의 가치가 극대화될 수 있다고 할 수 있는데 이러한 관계를 그림으로 나타내면 〈그림 12-4〉와 같다.

연습문제

12-1 다음 용어를 간략하게 설명하라.

(1) 이자비용의 절세효과

(2) 파산비용

(2) 위임자와 대리인

(3) 대리비용

12-2 최근 '무차입경영' 이라는 말을 자주 듣는다. 이는 부채를 사용하지 않는 재무정책을 말하는 것인데 과연 이러한 정책이 좋은 것일까? 법인세가 있는 자본시장을 가정해서 설명해 보라.

12-3 삼삼기업은 전액 자기자본을 사용하고 있는 기업으로 매년 20억원의 영업이익이 기대되고 있다. 오오기업은 10억원을 부채로 조달하고 나머지를 주식으로 조달하려 하고 있다. 주식을 10,000주 발행하는 경우 물음에 답하여라. 단, 법인세율은 50%이며, 삼삼기업의 자기자본의 가치는 50억원, 이자율은 10%라 가정한다.

(1) 오오기업의 법인세 절감의 현가는 얼마인가? 또한 오오기업의 기업가치는 얼마인가?

(2) 오오기업이 주식을 발행하는 경우 1주당 주가는 얼마여야 하는가?

12-4 부채를 20억원 사용하고 있는 대신기업의 기업가치는 70억원이다. 법인세가 40%인 경우 부채를 30억원만큼 사용하고 있는 소신기업의 자기자본의 가치는 얼마가 되는가?

12-5 삼성기업은 부채를 전혀 사용하지 않는 기업이고 현대기업은 20억원의 부채를 사용하고 있는데 두 기업의 영업이익은 모두 20억원씩 발생할 것으로 기대된다. 삼성기업의 가중평균자본비용은 20%이다. 부채의 이자율은 10%이고 법인세율은 50%라 할 때 물음에 답하여라.

(1) 현대기업의 기업가치는 얼마가 되는가? 또한 자기자본의 가치는 얼마인가?

(2) 법인세 절감효과를 현금흐름에서 인정하는 경우 현대기업의 현금흐름은 얼마인가?

(3) 법인세 절감효과를 현금흐름에서 인정하는 경우 현대기업의 가중평균자본비용은 얼마인가? (힌트 : $V = \frac{C}{k_0}$이므로 $k_0 = \frac{C}{V}$가 됨을 이용하라.) 또한 자기자본비용은 얼마인가? (힌트: 현금흐름에서는 법인세 절감효과를 인정했으므로 $k_0 = \frac{S}{S+B}k_e + \frac{B}{S+B}k_d$를 이용하라)

(4) 법인세 절감효과를 현금흐름에서 인정하지 않는 경우 현대기업의 현금흐름은 얼마인가?

(5) 법인세 절감효과를 현금흐름에서 인정하지 않는 경우 현대기업의 가중평균자본비용은 얼마인가? 또한 자기자본비용은 얼마인가? (힌트 : 현금흐름에서 법인세 절감효과를 인정하지 않았으므로 $k_0 = \frac{S}{S+B}k_e + \frac{B}{S+B}k_i$를 이용하라)

(6) 위의 결과를 토대로 법인세 절감효과를 고려하는 경우와 고려하지 않는 경우 기업의 가치나 자기자본비용이 변치 않는다는 점을 확인하라.

12-6 영업이익이 10억원으로 동일한 기업 1과 기업 2가 있다. 기업 1은 부채를 사용하지 않고 있으며 기업 2는 부채를 20억원만큼 사용하고 있다. 부채에 대한 이자율은 10%이며 법인세율은 40%이다. 물음에 답하여라.

(1) 기업 1의 가치가 30억원이라면 기업 2의 가치는 얼마여야 하는가?

(2) 기업 1의 가치가 30억원인데 기업 2의 가치는 40억원이다. 기업 2의 주식을 모두 소유한 주주의 입장에서 어떠한 차익거래가 발생할 것인가?(힌트 : 기업 2의 주식의 가치가 과대평가되어 있으므로 모두 매각하고 기존의 현금흐름(4억 8,000만원)이 유지되도록 적당히 부채를 차입하여 기업 1의 주식을 매입한다)

12-7 대리비용의 종류를 설명하고 이러한 대리비용을 줄일 수 있는 방법을 생각해 보라. 만약 대리비용이 발생하게 된다면 이 비용은 누가 부담하게 되는가?

제 13 장 배당정책

> 기업이 영업활동의 결과로 벌어들인 순이익을 어떻게 처분할 것인가에 관한 문제도 기업재무에서는 중요한 문제가 된다. 처분방법은 주주에게 배당으로 지급할 것인가 아니면 새로운 투자를 위한 자금으로 남겨 놓을 것인가 둘 중 하나가 될 것이다. 본장에서는 순이익을 배당으로 지급하는 것이 기업가치나 주주의 부에 어떤 영향을 주는가를 공부하게 된다.

제 1 절 배당정책의 기초개념

1. 배당정책의 의미

배당이란 기업의 순이익 중 일부를 주주에게 지급하는 것을 말한다. 순이익이란 주주에게 귀속될 이익이므로 모두 배당해 줄 수도 있지만 대부분의 기업들은 순이익 중 일부만 배당하고 나머지는 유보하여 재투자자원으로 사용하는데 이렇게 기업이 순이익 중 일부를 유보하여 투자하는 것을 내부금융이라 말한다. 따라서 배당결정은 사실상 유보이익의 결정과 동일한데 유보이익을 얼마로 할 것인가의 결정은 투자자금 중 얼마만큼을 내부금융으로 충당할 것인가를 결정하는 것이므로 배당정책을 큰 의미에서는 자본조달결정의 일부로 볼 수 있다.

2. 배당의 척도

기업의 순이익을 배당으로 지급한다고 해도 순이익 모두를 배당하는 경우도 별로 없고 순이익이 발생했는데 전혀 배당을 지급하지 않는 경우도 별로 없다. 대부분의 경우에는 '적당한' 정도의 배당을 지급하며 이를 유지하려는 경향이 있는데 기업이 어느 정도의 배당을 지급하는가를 나타내는 척도로 다음과 같은 여러 가지 개념들이 이용된다.

주당배당액

주당배당액(dividend per share : DPS)이란 1 주의 주식에 대해서 지급되는 현금배당액을 의미한다. 따라서 배당액을 발행주식수로 나누어 산출한다.

배당성향

배당성향(dividend payout ratio)은 배당수준을 나타내는 상대적인 척도로서 순이익 중에서 어느 정도의 비율이 배당으로 지급되는가를 의미하며 다음과 같이 측정된다.

$$\text{배당성향} = \frac{\text{배당액}}{\text{순이익}} = \frac{\text{주당배당액}(DPS)}{\text{주당순이익}(EPS)} \tag{13-1}$$

배당성향과 관련해서 순이익 중에서 배당이 지급된 후 기업내에 유보되는 금액의 비율을 유보율(retention ratio)이라고 하는데 다음과 같이 측정된다.

$$유보율 = \frac{유보액}{순이익} = 1 - 배당성향 \tag{13-2}$$

배당수익률, 배당률

배당수익률(dividend yield)이란 기말의 1주당 배당액을 기초주가로 나눈 값을 의미한다. 그래서 주식의 수익률(R)은 다음과 같이 주가상승률과 배당수익률의 합으로 이루어진다.

$$R = \frac{(P_1 - P_0) + D_1}{P_0} = \frac{P_1 - P_0}{P_0} + \frac{D_1}{P_0} \tag{13-3}$$

여기서 주가상승액을 자본이득(capital gain)이라고 하는데 흔히 우리가 주식투자에서 듣게 되는 시세차익이 이를 말하는 것이다.

한편 배당률(dividend ratio)이란 1주당 배당액을 1주당 액면금액으로 나눈 값으로서 우리나라와 같이 액면가제도를 채택하는 경우에 사용되는 개념인데 액면금액에 배당률을 곱하면 곧 1주당 현금배당액이 되기 때문에 결국 *DPS*와 같은 의미를 갖는다.

예제 13-1

현대기업의 올해 순이익은 1억원으로 이 중 4천만원을 배당하였다. 이 기업의 발행주식수는 2만주이고 액면금액은 1주당 5,000원이다. 올해 초 1주당 가격은 20,000원이었다.

(1) *EPS*, *DPS*는 얼마인가?

(2) 배당성향과 유보율은 얼마인가?

(3) 배당수익률, 배당률을 구하라.

(1) 1주당 순이익은 순이익을 발행주식수로 나눈 값이므로 5천원(=1억원/2만주)이고 1주당 배당액은 배당금액을 발행주식수로 나눈 값이므로 2천원(= 4천만원/2만주)이다.

(2) 배당성향은 순이익 중 얼마를 배당하는가를 나타내는 척도이므로

40%(= 4천만원/1억원)이고 유보율은 순이익 중 얼마를 유보시키는가를 나타내는 척도이므로 60%(=6천만원/1억원)이다.

(3) 배당수익률은 1주당 배당액을 기초주가로 나눈 값이므로 10%(=2천원/2만원)이고 배당률은 1주당 배당액을 액면금액으로 나눈 값이므로 40%(= 2천원/5천원)가 된다.

제 2 절 완전시장에서의 배당정책

1. 배당정책과 기업가치

순이익은 주주에게 귀속될 이익인데 이를 배당하지 않고 유보한다는 것은 이를 기업이 재투자하여 향후에 더 많은 이익을 배당하겠다는 의미로 해석할 수 있다. 따라서 배당이 기업가치에 어떠한 영향을 주는가의 문제는 투자자들이 지금 당장 이익을 배당받는 것을 선호하는가 아니면 현재에는 적게 배당받지만 미래에 더 큰 배당을 받는 것을 선호하는가의 문제와 관련되어 있다.

배당이 기업가치에 어떠한 영향을 주는가에 대해서는 학자간에 합의된 의견은 없다. 배당을 많이 주는 것이 기업의 가치를 증가시킨다는 의견도 있고 반대로 배당을 많이 주게 되면 기업의 가치가 감소한다는 의견도 있다.

이렇게 배당정책이 기업가치에 어떤 영향을 주느냐에 대해서 의견이 엇갈리는 것은 자본시장을 완전시장으로 가정하느냐 아니면 불완전시장으로 가정하느냐에 따라서 달라지는 것이다. 본절에서는 먼저 완전시장에서의 배당정책과 기업가치의 관계를 살펴보기로 한다.

2. 완전자본시장에서의 배당정책과 기업가치

배당이 기업가치에 영향을 주는지를 알아보기 위해 먼저 자본시장이 완전하다고 가정하자. 이러한 상황에서는 MM의 무관련이론이 성립되므로 부채로 자본조달을 하든 자기자본으로 자본조달을 하든 기업가치에는 아무런 영향을 미치지 않게 된다. 따라서 우리는 기업이 부채를 전혀 사용하고 있지 않으며 앞으로도 필요한 자본은 모두 자기자본으로 조달한다고 가정하도록 하자.

그러면 어떤 기업이 동일한 투자안을 가지고 있는 상황에서 배당을 얼마나 지급하느냐 하는 문제는 결국 투자를 위해 필요한 자금을 내부자금으로 조달하느냐 혹은 외부자금으로 조달하느냐의 문제와 동일하다. 배당을 많이 줄수록 기업은 현금유출이 많아지므로 투자를 위해서는 그만큼 외부에서 자금을 조달해야 하기 때문이다. 다음의 예제를 살펴보자.

예제 13-2

한산기업은 현재 기업가치가 1억원이며 순이익은 1,000만원이다. 한산기업은 신규투자를 하려고 하는데 이를 수행하기 위해서는 1,000만원의 자금이 필요하다. 이 투자를 하게 되면 순현가는 1,000만원이 된다. 이 투자안에 필요한 자금을 전액 유보하여 투자하는 경우와 순이익을 모두 배당하고 외부로부터 주식을 발행하여 조달하는 경우로 나누어 기업가치가 변하는지를 생각해 보라.

먼저 한산기업이 1,000만원을 유보하여 투자하는 경우를 보자. 이 경우 기업의 가치는 투자안의 순현가만큼 증가하여 1억 1,000만원이 된다. 이제 순이익 1,000만원을 모두 배당하고 다시 주식으로 1,000만원을 조달하여 투자하는 경우를 보자. 이때에도 실제적으로 기업의 내용(기업의 미래현금흐름)은 아무런 변화가 없으므로 기업가치는 1억 1,000만원이 된다. 단지 유보이익항목이 신규주식의 발행으로 대체되었을 뿐이다. 따라서 어느 방법을 택하든 기업가치에는 아무런 변화가 없게 된다. 즉, 완전자본시장에서 기업의 가치는 투자안의 수익성에 의해 증감되는 것이지 그것이 내부금융에 의해 투자된 것인지 외부금융에 의한 것인지는 아무런 영향을 미치지 않는 것이다.

이러한 내용은 MM이 주장한 것으로 기업의 가치는 자본조달방법에 무관하다는 MM의 무관련이론과 연속선상에 있는 주장으로 생각해 볼 수 있다.

이번에는 배당정책이 주주의 부에 어떠한 영향을 미치는지 생각해 보자.

예제 13-3

청산기업의 기업가치는 1억원이며 발행주식수는 1만주이다. 이 기업의 올해 순이익은 1,000만원인데 앞으로 투자하려고 하는 투자안의 투자비용은 1,000만원이고 이 투자안의 순현가는 1,000만원이다. 청산기업은 이 투자안을 수행하기 위해 다음과 같은 두 가지 방법을 고려하고 있다.

(1) 1,000만원을 모두 유보하여 이 자금으로 투자한다.

(2) 1,000만원을 모두 배당하고 신규로 주식을 발행하여 이 자금으로 투자한다.

여러분이 청산기업의 주주라면 어떠한 방법을 선호하겠는가? 그 이유는 무엇인가?

이 투자안을 수행하기 전의 기업가치는 1억원이고 발행주식수는 1만주이므로 1주당 주가는 10,000원이 된다. 이제 (1)번의 방법으로 투자를 한다고 하자. 이 경우 기업의 가치는 1억 1,000만원이 되고 1주당 가치는 11,000원으로 증가하게 된다.

이번에는 (2)번의 방법으로 투자를 한다고 하자. 이 경우에도 기업가치는 1억 1,000만원이 되어야 하므로 이 기업은 1,000주를 주당 10,000원에 발행하여 투자를 하면 된다.[1)]

이제 기존의 주주들의 이익을 생각해 보자. (1)번의 방법으로 투자를 하는 경우 주주들의 부는 1주당 11,000원이 된다. 또한 (2)번의 방법으로 투자를 하는 경우에는 주주들은 1,000원의 배당을 받았고 주가는 10,000원이 되므로 주주의 부는 1주당 11,000원이 되어 어떠한 방법을 통하여 투자를

---

1) 투자를 하기 위해 n주를 주당 P원에 발행하는 경우 다음의 조건을 만족해야 한다.
먼저 발행주식수에 주가를 곱하면 기업가치가 되어야 한다.

$$(10,000 + n) \times P = 1\text{억 } 1,000\text{만원}$$

주식으로 조달한 금액은 투자액인 1,000만원이 되어야 한다.

$$n \times P = 1,000\text{만원}$$

위의 두 식을 풀면 주가는 10,000원이 되고 발행주식수는 1,000주가 된다.

하나 동일한 부를 갖게 된다.

예제의 내용에서 보면 알 수 있듯이 유보를 하면 투자자는 투자로 인한 이익을 주가의 상승으로 보상을 받게 되며, 배당을 하게 되면 이익을 현금으로 보상을 받게 된다. 그런데 주가상승에 의한 보상금액이나 현금배당에 의한 보상금액이 똑같은 것을 볼 수 있다. 따라서 완전자본시장을 가정하면 배당을 많이 하든 적게 하든가에 관계없이 기업가치나 주주의 부는 변화하지 않는 것이다.

제 3 절 불완전시장에서의 배당정책

완전자본시장에서의 기업의 가치는 앞으로 기업이 얻게 되는 현금흐름을 할인한 것에 불과하므로 배당을 많이 주든 적게 주든 동일한 곳에 투자하여 현금흐름이 동일한 경우에는 기업의 가치가 달라질 수 없다. 그러나 현실은 완전자본시장이 아니기 때문에 배당의 크기가 기업가치에 영향을 미칠 수 있다. 여기에서는 배당이 기업가치에 영향을 줄 수 있는 불완전시장요인에 대해서 살펴보기로 한다.

1. 정보효과

완전자본시장에서는 모든 정보를 투자자들이 알고 있다고 가정한다. 그러나 현실에서는 투자자들이 모든 정보를 알 수는 없으며 일반적으로 기업의 경영자가 투자자보다는 우월한 정보를 갖게 된다.

투자자들이 기업에 관한 자세한 정보를 알지 못하는 경우에는 어떠한 일들이 벌어질까? 문제를 간단히 하기 위해 기업은 우량기업과 불량기업으로 나뉘어지고 우량기업의 가치는 3억원이며 불량기업의 가치는 1억원이라 가정하자. 이 경우 투자자는 우량기업과 불량기업을 구별하지 못하므로 모든 기업을 비슷한 것으로 보고 평균값인 2억원의 가치로 평가할 것이다. 이렇게 되면 우량기업은 실제가치가 3억원임에도 불구하고 2억원으로 평가를 받게 되므로 1억원만큼의 손해를 보게 된다. 따라서 우량기업의 경영자는 자신의 기업이 우량하다는 신호(signal)를 투자자에게 제공하려는 유인이 발생하게 된다.

그런데 "우리 기업은 우량한 기업입니다"라고 광고하는 것은 아무런 도움이 되지 못한다. 왜냐하면 불량기업도 이러한 광고를 따라서 게재할 것이기 때문이다. 그러므로 기업이 우량하다는 신호를 보내되 불량기업은 흉내낼 수 없는 방법을 채택해야 하는데 배당이 이러한 신호의 역할을 하게 된다. 즉 우량한 기업은 현금의 여력이 많으므로 배당을 많이 줄 수 있으나 불량한 기업의 현금의 여력이 없으므로 배당을 많이 줄 수 없는 것이다. 따라서 기업이 배당을 많이 주게 되면 이를 투자자들은 현금흐름이 많은 기업, 즉 우량한 기업이라는 신호로 받아들여 기업의 가치를 높이 평가하게 되며 반대로 배당을 적게 주는 기업은 가치를 낮게 평가하게 될 것이다.

2. 대리비용

정보가 완전하지 못하여 주주들이 경영자의 행동을 감시할 수 없는 경우 경영자는 주주의 이익을 해치더라도 자신의 효용극대화를 위해 행동할 가능성이 있고 이로 인해 대리비용이 발생하여 기업의 가치가 하락하게 된다.

이러한 상황에서 배당을 많이 주는 기업은 대리비용이 줄어들게 된다. 그 이유는 배당을 많이 주게 되면 외부로부터 많은 자금을 조달하여야 하는데 이 과정에서 기업은 금융기관으로부터 여러 가지의 신용평가 등 기업의 내부사정에 대한 조사를 받게 되므로 외부자금조달이 많은 기업은 그만큼 건전한 경영을 해야 하기 때문이다.

따라서 배당을 많이 주는 기업은 대리비용이 상당부분 줄어들게 되고 그만큼 기업의 가치는 증가하게 될 것이다.

3. 거래비용

완전시장에서는 배당을 지급한 상태에서 주식이나 채권으로 자금을 조달하는데 아무런 비용도 발생하지 않는데 이는 거래비용이 없기 때문이다. 그러나 현실적으로는 배당을 지급하고 다시 필요한 자금을 조달하기 위해 주식이나 채권을 발행하는 경우 무시할 수 없는 비용을 부담하게 된다. 따라서 거래비용을 고려한다면 배당을 많이 주는 기업의 가치는 배당을 적게 주는 기업의 가치에 비해 낮아지게 된다.

4. 세금

주주들은 배당과 자본이득의 두 가지 형태의 이익을 얻게 된다. 많은 배당을 해주는 기업의 경우에는 배당소득이 크고 자본이득이 적어지며 반대로 배당을 적게 주는 경우에는 배당소득이 적고 자본이득이 커질 것이다. 세금이 없는 완전자본시장에서는 기업이 동일한 곳에 투자한 경우 배당소득과 자본이득의 합은 언제나 일정하므로 어떠한 식으로 배당을 하든 주주들의 이득은 변하지 않는다. 따라서 주주들은 배당을 많이 주는 기업을 선호하거나 회피할 이유가 없다. 또한 세금이 존재하더라도 양자에 대한 세율이 동일하다면 이 경우 역시 주주들은 배당의 크기에 대해 무차별할 것이다.

그러나 현실적으로는 자본이득과 배당소득은 과세대상이며 일반적으로 자본이득에 대한 세율은 배당소득에 대한 세율보다 낮다.[2] 따라서 동일한 이득이 발생하더라도 세금이 적은 쪽으로 이익을 배분받는 쪽이 실질소득이 증가하게 되므로 주주들은 배당을 적게 주고 자본이득을 높게 받는 쪽을 선호하게 된다. 이러한 면을 고려할 때 배당을 많이 주는 기업은 배당을 적게 주는 기업보다 기업가치가 낮아지게 된다.

제 4 절 배당정책의 실제

1. 배당수준의 결정요인

이제까지 배당정책에 관한 이론적 내용들을 살펴보았다. 그런데 이들은

2) 우리나라는 배당세율이 20%인데 비해 상장주식의 주가차익에 대해서는 과세하지 않고 있다.

완전시장을 전제로 하거나 또는 시장의 불완전 요인 중 특정한 요인을 고려한 내용이었다. 그러나 현실적으로 기업이 직면하는 시장은 완전시장이 아닐 뿐만 아니라 불완전요인도 복합적으로 존재하는 상황이다. 그래서 기업의 경영자들은 기업가치를 높일 수 있는 최적배당정책이 있다고 생각하며 앞서 다룬 이론적 요인들 이외에 여러 가지 현실적 요인들을 고려하여 배당수준을 결정하게 된다. 구체적인 요인을 열거하면 다음과 같다.

당기순이익

배당의 원천은 당기순이익인데 당기순이익이 크면 주주들은 높은 수준의 배당을 기대하기 때문에 경영자들은 배당수준을 결정할 때 당기순이익을 중요한 요인으로 고려한다.

유동성

유동성(liquidity)는 배당결정에서 중요한 요인이다. 왜냐하면 기업의 자금사정이나 유동성이 양호하다는 것은 그만큼 배당지급능력이 큰 것을 의미하기 때문이다.

미래의 투자기회

수익성이 좋은 새로운 투자안을 갖고 있는 기업의 경우에는 이를 수행하기 위한 자금을 확보하기 위해서 가급적 배당을 줄이려고 할 것이다. 왜냐하면 현실적으로 투자자금이 계획시점에서 목표금액만큼 쉽게 조달할 수 없는 경우가 많기 때문이다.

부채의 상환의무

부채의 상환만기가 가까와질수록 이를 상환하기 위한 자금을 확보해야 하므로 배당으로 현금이 유출되는 것을 억제하게 된다.

지배권

배당을 많이 할수록 새로운 투자안을 수행하기 위해서는 외부자금을 많이 사용하게 된다. 이같은 경우 새로운 채권자나 외부주주가 들어오게 되면 기존의 기업지배권에 영향을 미칠 수 있다. 따라서 지배권을 유지하려는 소유경영자는 가급적 배당을 줄이고 유보를 통해서 투자자금을 조달하려고 할 것이다.

부채계약 및 관련법규

채권자들은 자금을 제공할 때에 부채가치를 보호하기 위해서 배당제한조항을 포함하는 계약을 맺는 경우가 많다. 이러한 부채계약(debt covenant)은 대리비용을 감소시키는 수단으로도 이용된다. 이외에도 상법에서는 채권자 보호를 위해서 과도한 배당을 제한하고 있다.

2. 배당의 안정화

기업이 적정배당성향을 결정하여 이를 매년 적용한다면 순이익의 변동에 따라서 배당도 매년 변동할 것이다. 그러나 현실적으로 배당실적을 살펴보면 많은 기업들이 배당금액을 순이익의 증감에 일치시켜서 변동시키기보다는 일정한 수준에서 크게 벗어나지 않고 안정적으로 유지하는 현상을 보게 된다. 이러한 배당정책을 안정적 배당정책이라고 하는데 이러한 정책을 채택하는 것은 안정적인 배당수준이 주식가치를 높일 수 있다고 믿기 때문이다. 이에 대한 근거로는 다음과 같은 이유를 들 수 있다.

첫째, 매년 현금흐름이 일정하게 이루어지는 경우 이에 대한 불확실성이 감소하게 되어 그 현재가치를 산출할 때 적용하는 할인율이 낮아지게 된다.

둘째, 배당소득으로 생활하는 많은 투자자들에게 배당의 변동은 생활에 대한 위협이 된다. 따라서 투자자들은 대체로 안정적인 배당이 지급되는 주식을 더 높게 평가한다.

셋째, 펀드매니저들이 관리하는 자금은 주로 공적인 성격을 갖는 것이 많기 때문에 이들 역시 불확실하게 변동하는 수익보다 안정적인 수익을 더 중시하게 된다. 따라서 배당이 안정적인 주식을 더 높게 평가하게 된다.

연습문제

13-1 다음 용어를 간략하게 설명하라.

(1) *DPS*

(2) 배당수익률

(3) 자본이득

(4) 배당의 신호효과

13-2 현대기업의 올해 순이익은 1억원이다. 이 중 3천만원을 배당하였다. 이 기업의 발행주식수는 4만주이고 액면금액은 1주당 5,000원이다. 올해 초 1주당 가격은 20,000원이고 연말에 배당을 지급한 후 1주당 가격은 23,000원이다.

(1) *EPS*, *DPS*는 얼마인가?

(2) 배당성향과 유보율은 얼마인가?

(3) 자본이득과 배당수익률을 구하라.

(4) 주식수익률을 산출하라.

(5) 배당률은 얼마인가?

13-3 삼성기업은 무부채기업이다. 자기자본비용은 20%이고 기초의 발행주식수는 100주, 올해 순이익은 20,000원이다. 새로운 투자안을 수행하려고 하는데 소요자금이 20,000원이다. 배당을 하기 전 1주당 가격은 1,200원이라고 하고 완전자본시장을 가정할 때에 다음 각 경우의 삼성기업의 가치를 구하라.

(1) 배당을 전혀 하지 않는 경우

(2) 이익의 50%를 배당하는 경우

(3) 이익 전부를 배당하는 경우

13-4 문제 13-3과 다른 조건은 동일하고 배당소득세(세율 20%)가 존재한다고 가정하자. 위의 각 경우에 주주의 실질소득을 산출해서 비교해 보라.

13-5 우리나라 기업의 배당관행을 조사하고 문제점을 생각해 보라. 그리고 개선방향을 제시하라.

제 14 장 리스금융

기업이 투자안을 수행하기 위해서 조달할 수 있는 가장 일반적인 방법은 주식발행과 회사채발행 또는 차입금조달 등이다. 그러나 최근에는 금융기법의 전문화로 자본조달형태가 매우 다양해지고 있는데 대표적인 유형 중의 하나가 리스금융이다. 리스는 기계설비 등을 일정기간 동안 이용자에게 빌려주고 그 대가로 사용료를 받는 계약을 말하는데 이를 기업의 입장에서 보면 자금조달의 대체수단이 될 수 있다. 따라서 본장에서는 리스를 이용하는 것이 유리한가 아니면 직접 자금을 조달해서 기계를 구입해서 사용하는 것이 유리한가를 결정하는 것이 주된 의사결정문제가 된다.

제 1 절 리스의 기초개념

1. 리스의 의의

리스(lease)란 기계설비 등을 일정기간 동안 이용자에게 빌려주고 그 대가로 사용료를 받는 계약을 말한다. 이때에 기계설비 등 자산을 빌려서 사용하는 임차자(leasee)는 기업이 되는 것이고 자산을 빌려주는 임대인(leasor)은 리스회사인 것이다. 그리고 기계나 설비 등에 대한 사용대가로 지급되는 사용료가 리스료인 것이다.

일반적으로 리스와 관련된 이해관계자는 리스자산을 빌려 사용하는 기업, 리스자산을 빌려주는 리스회사, 리스자산을 제작하는 제작사 등 세 당사자를 들 수 있다. 그리고 이들 사이의 현금흐름과 권리의 이전을 그림으로 나타내면 〈그림 14-1〉로 표현할 수 있다.

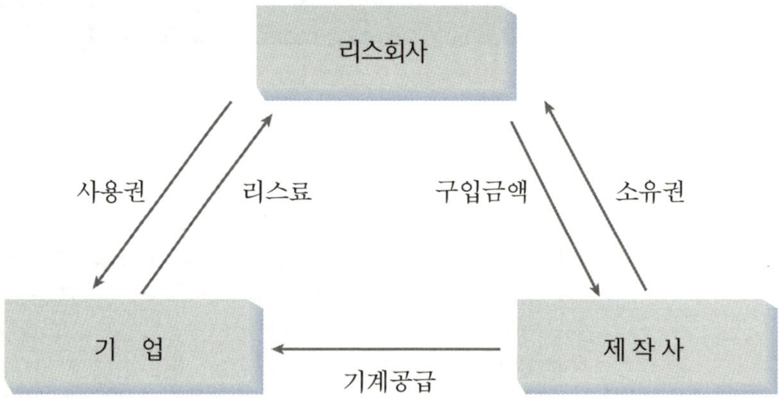

그림 14-1 리스의 구조

2. 리스의 경제적 효과

우리는 기계설비 등 리스자산을 이용하는 기업의 입장에서 리스를 분석하고자 한다. 〈그림 14-1〉에서 보면 기업은 리스자산을 통해서 영업현금유입을 창출할 수 있으므로 리스를 이용하면 기업은 자산을 구입하지 않고서도 구입한 것과 동일한 경제적 효과를 갖는다. 그러나 이에 대한 사용대가로 매기 일정한 리스료를 지급해야 하므로 기업은 그 현재가치만큼의 부채를 부담하는 것과 동일하다. 결국 재무적 관점에서 볼 때, 리스는 부채를 조달하여 자산을 구입한 것과 동일한 것이기 때문에 자본조달의 새로운 형태로 인식되는 것이다.

제 2 절 리스의 유형

1. 운용리스와 금융리스

리스는 어떤 기준으로 분류하느냐에 따라서 여러 가지 형태로 나누어 볼 수 있다. 그 중에서 가장 일반적인 분류방법은 운용리스와 금융리스로 분류하는 것이다. 운용리스와 금융리스의 분류기준과 함께 각 리스의 특징을 살펴보자.

운용리스

운용리스(operating lease)는 서비스리스(service lease)라고도 한다. 이는 리스회사가 기계설비의 소유권과 관련된 비용을 부담하고 동시에 소유권과 관련된 이익효과도 리스회사가 누리는 형태의 리스를 말한다. 여기서 소유권과 관련된 비용지출항목으로는 기계설비의 유지 및 관리비용을 들 수 있고, 소유권과 관련된 이익효과항목으로는 감가상각비의 법인세 절감효과를 들 수 있다.[1] 따라서 운용리스는 대체로 다음과 같은 특징을 갖는다.

① 기계설비의 유지 및 관리를 리스회사가 한다.

② 기계설비에 대한 감가상각비는 리스회사의 비용으로 계상된다.

③ 리스기간 중이라도 기업은 리스계약을 해지할 수 있다.

④ 리스기간이 다음에 설명할 금융리스보다 짧은 편이다.

⑤ 리스기간이 끝날 때에 리스대상인 기계설비를 시가보다 저렴한 가격으로 구입할 수 있는 염가구매선택권은 없다.

---

1) 리스자산에 대한 감가상각비를 누가 계상하는가는 운용리스와 금융리스를 구분하는 가장 중요한 기준이다. 이에 따라서 감가상각비의 법인세 절감효과를 누가 얻게 되는가가 결정되는데 본장에서 분석대상이 되는 리스는 리스회사가 감가상각비의 감세효과를 얻는 형태인 운용리스이다. 이후 다루게 될 리스의 경제성 평가문제도 모두 운용리스를 분석대상으로 하는 것이다.

금융리스

금융리스(financial lease)는 자본리스(capital lease)라고도 한다. 이는 운용리스와는 반대로 기계설비의 소유권과 관련된 비용지출과 이익효과를 모두 리스이용자인 기업이 갖고 있는 형태의 리스를 말한다. 따라서 금융리스는 다음과 같은 특징을 갖는 것이 일반적이다.

① 기계설비의 유지 및 관리를 기업이 한다.

② 기계설비에 대한 감가상각비는 기업의 비용으로 계상된다.

③ 리스기간 중에 기업은 리스계약을 해지할 수 없다.

④ 리스기간이 운용리스에 비해서 긴 편이다.

⑤ 리스기간이 끝날 때에 염가구매선택권을 갖는다.

그런데 이러한 금융리스는 기업의 입장에서 볼 때에 실제로는 부채를 조달해서 기계를 구입하는 것과 경제적 효과가 동일하다. 왜냐하면 리스를 시작하면서 기계설비금액을 자산으로 계상하는 동시에 동일한 금액을 부채로 계상한 후 리스기간의 경과에 따라서 매년 감가상각비를 계상하고 리스료의 지급은 부채를 상환하는 것으로 처리하기 때문이다.

2. 기타 형태의 리스

리스의 형태는 운용리스와 금융리스로 구분하는 것이 가장 일반적이지만 이외에도 다른 기준으로도 리스의 형태를 분류할 수 있는데 다음과 같은 것들이 있다.

판매후재리스

판매후재리스(sale and leaseback)이란 기업이 소유하고 있는 토지, 기계, 건물 등의 자산을 금융기관이나 리스회사에 매각하여 필요한 자본을 조달하면서 동시에 매각한 자산을 다시 리스계약을 통해서 사용하는 형태의 리스를 말한다. 따라서 기업의 입장에서 볼 때에 판매후재리스는 순수한 자금차입효과를 갖는다.

레버리지리스

레버리지리스(leveraged lease)란 리스회사가 리스대상자산인 기계설비를 취득할 때에 필요한 자금의 일부를 차입금으로 조달한 경우를 말한다. 즉, 차입금을 조달하여 구입한 자산을 임대하는 계약형태가 레버리지리스이다. 이러한 리스의 경우에는 리스회사의 입장에서는 차입금에 대한 이자비용의 감세효과를 도모할 수 있다.

프로젝트리스

프로젝트리스(project lease)란 리스회사가 리스를 이용하려는 기업으로부터 특정한 기계설비나 시설공사 등을 주문받아서 기업의 요구에 맞게 시공한 후, 이를 그 기업에게 빌려주는 형태를 말한다. 대개 이러한 설비는 그 기업에의 특수한 상황에만 적합한 시설인 경우가 많기 때문에 금융리스의 형태로 이용된다.

예제 14-1

현대기업은 삼성리스로부터 다음과 같은 여러 가지 조건의 리스를 제의받았다. 각 경우의 리스는 어떤 형태의 리스인지를 판단해 보라.

(1) 현대기업은 기계설비를 5년간 리스로 사용하는데 중도에 해약은 할 수 없다. 그리고 기계설비에 대한 수선과 유지는 현대기업이 책임진다.

(2) 기계설비는 현재 현대기업이 소유하고 있는 것이다. 일단 이를 삼성리스가 현대기업으로부터 매입하고 다시 현대기업에 리스로 빌려준다. 그러나 기계설비에 대한 감가상각비는 삼성리스가 계상한다.

(3) 현대기업은 항공우주산업에 진출하고자 특수장비를 리스로 사용할 것이다. 삼성리스는 현대기업의 사용목적에 맞추어 미국의 ABC회사에 이 장비를 제작하도록 의뢰하였다. 장비금액이 거액인 관계로 삼성리스는 회사채를 발행하였고 현대기업은 리스기간이 끝나는 시점에서 염가구매선택권을 갖는다.

(1) 중도에 리스계약을 해지할 수 없으며 수선과 유지를 현대기업이 책임지므로 금융리스이다. 따라서 기계설비에 대한 감가상각비도 현대기업

의 비용으로 계상되어 감가상각비의 법인세절감효과를 현대기업이 누린다.

(2) 현대기업이 자신의 소유인 기계설비를 삼성리스에 매각한 후에 다시 리스로 사용하는 것이므로 판매후재리스이다. 그리고 기계설비의 감가상각을 삼성리스가 수행하므로 운용리스가 된다.

(3) 현대기업의 특수목적에 맞는 장비이므로 프로젝트리스이다. 그리고 삼성리스는 이 장비를 제작하기 위한 자금의 일부를 부채로 조달하고 있으므로 레버리지리스이다. 또한 리스기간 종료시점에서 현대기업이 염가구매선택원을 가지므로 금융리스에 해당한다.

제 3 절 리스의 경제성 평가

1. 개요

전제조건

기업이 리스에 대해서 경제성을 평가한다는 것은 리스로 자산을 이용할 것인가와 직접 구입하여 자산을 이용할 것인가를 비교해서 평가한다는 것을 말한다. 이때에 자산을 이용한다는 것은 이미 경제성이 있다는 것을 전제로 하는 것이다. 즉, 투자에 대한 결정은 이미 내려져 있는 상황에서 자본조달에 대한 결정을 하는 것이다. 이처럼 리스의 경제성을 평가함에 있어서는 투자결정과 자본조달결정을 분리시켜서 생각하는 것이 중요하다.

비교대상의 결정과 평가방법

리스는 자본조달수단의 한 형태이다. 따라서 다른 형태로 자본을 조달하는 것과 리스를 이용하는 것 중에서 어느 것이 유리한가를 비교해 보아야 한다. 리스 이외에 다른 자본조달 형태는 크게 주식발행과 차입금조달의 두 가지 형태를 생각할 수 있다. 그런데 일반적으로 자기자본비용보다는 타인자본비용이 낮은 수준이므로 리스의 경제성을 평가할 때에는 타인자본으로 기계설비를 구입하는 경우와 비교하는 것이 합리적이다. 왜냐하면 기업이 리스를 이용할 수 없다면 자기자본과 타인자본 중 상대적으로 더 낮은 자본비용을 부담하는 타인자본을 이용할 것이기 때문이다.

리스의 경제성을 평가하는 데에도 자본예산의 기법이 그대로 이용된다. 대체로 *NPV*법을 많이 이용하는데 *NPV*법을 적용하기 위해서 현금흐름의 측정과 순현가의 산출이라는 절차를 거치게 된다.

2. 현금흐름의 측정요소

기업이 필요로 하는 자산을 차입금을 조달해서 구입할 것인가 또는 리스로 이용할 것인가를 평가하기 위해서 먼저 두 가지 대안에 따른 현금흐름을 측정해야 할 것이다. 각 대안에 따른 현금흐름항목을 비교해 본다.

차입금의 조달로 자산을 구입하는 경우

차입금을 조달해서 직접 자산을 구입하고 이를 이용해서 영업활동을 한다고 하자. 그러면 이러한 일련의 과정에서 나타나는 현금흐름요소는 다음과 같이 다섯 가지가 된다.

① 차입금 조달에 따른 현금유입액

② 차입금에 대한 원리금 상환액

③ 기계구입금액

④ 영업현금유입의 증분(세후기준)

⑤ 감가상각비의 법인세 절감효과

그런데 이 중 차입금 조달에 따른 현금유입액은 언제나 차입금에 대한 원리금 상환액의 현재가치와 같으므로 리스의 경제성을 분석할 때에는 이 두 가지는 고려할 필요가 없다.[2)] 따라서 고려해야 할 현금흐름요소는 다음과 같이 세 가지만 남는다.

① 기계구입금액

② 영업현금유입의 증분(세후기준)

---

2) 차입금을 만기일시상환, 원리금균등분할상환 등 어떤 형태의 상환조건으로 조달하였다고 하더라도 원리금상환액의 현재가치는 조달부채의 현재가치와 동일한 값을 갖는다. 따라서 상환조건의 차이는 리스의 사용 여부에 아무런 영향을 미치지 않게 된다.

③ 감가상각비의 법인세 절감효과

자산을 리스로 이용하는 경우

이번에는 자산을 리스로 이용해서 영업활동을 하는 경우를 생각해 보자. 이러한 경우에는 다음과 같이 두 가지 요소만 고려하면 된다.

① 영업현금유입의 증분(세후기준)

② 지급리스료의 부담(세후기준)

리스기준의 현금흐름

차입금을 조달하여 자산을 구입하는 경우와 리스를 이용하여 자산을 이용하는 경우로 구분해서 각 대안별로 현금흐름을 측정하는 것은 사실 번거로운 일이다. 왜냐하면 영업현금유입의 증분은 각 경우에 모두 공통적으로 포함되어 있는 항목이므로 두 대안을 비교하는 데에는 아무런 영향을 주지 않기 때문이다. 따라서 리스를 이용한다는 가정하에서 현금흐름을 다음과 같이 단순화시킬 수 있다.

① 현금유입－기계구입금액

② 현금유출－지급리스료(세후기준), 감가상각비의 절세효과

즉, 리스를 이용하면 기계구입금액에 해당하는 현금유출을 절감할 수 있으므로 이는 현금유입에 해당한다. 그리고 리스를 이용함으로써 부담하게 되는 리스료는 현금유출이 된다. 한편 리스를 이용하면 감가상각비의 절세효과는 리스회사가 누리게 되고 리스이용자는 이를 포기하는 결과이므로 기업의 입장에서는 이 역시 현금유출이 된다.[3)]

결론적으로 리스를 이용한다는 것은 기계구입금액을 지출하지 않기 위해서 리스료를 지급하면서 감가상각비의 절세효과를 포기하는 것으로 요약할 수 있다.

3. 순현가법에 의한 리스의 경제성 평가

NPV 법에 의해서 리스의 사용 여부를 판단하는 방법은 앞서 현금흐름을

3) 여기서 분석대상은 운용리스임을 상기할 것.

측정하는 방법에 따라서 다음과 같이 두 가지 방법으로 구분할 수 있다.

각 경우의 NPV를 구하여 평가하는 방법

이는 자산을 구입하여 투자안을 수행할 때의 투자안 *NPV*를 먼저 구하고, 동일한 투자안을 리스를 이용해서 수행할 때의 투자안 *NPV*를 구하여 이 두 값을 비교하여 보다 큰 *NPV*를 가져다 주는 방법을 채택하는 것이다. 즉, 구입과 리스의 경우 전체 현금흐름을 고려해서 평가하는 방법인데 현금흐름이 불규칙하여 리스를 기준으로 한 현금흐름을 측정하기 곤란할 때 이용할 수 있다. 예를 들어서 리스료의 연초지급조건, 투자세액공제 및 처분이익 등이 있는 경우에 이용하면 편리하다.

그런데 여기서 현금흐름의 현재가치를 산출할 때에 적용하여야 할 할인율로 무엇을 이용하여야 할 것인가? 리스의 경제성을 평가한다 함은 리스사용과 차입금 조달 여부를 비교하는 것이다. 따라서 리스사용에 대한 기회비용은 차입금의 자본비용이 되는 것이다. 그러므로 차입금조달시 부담하게 되는 타인자본비용이 적절한 할인율이 된다.

예제 14-2

현대기업은 특정기계의 사용에 대해 차입금을 조달해서 직접 구입할 것인지 아니면 리스로 사용할 것인지를 놓고 고민 중이다. 차입이자율은 10%이고 법인세율은 30%이다. 고려 중인 기계의 구입가격은 900만원인데 이를 사용하면 매년 영업현금흐름이 400만원 더 늘어날 것이다. 기계에 대한 감가상각은 정액법을 따르고 내용년수는 3년이며 내용년수가 끝난 후 잔존가치는 없다. 그런데 삼성리스에서 매년 리스료 340만원을 3년간 연말에 지급하는 조건으로 리스를 통해 이 기계를 사용할 것을 제안하고 있다.

직접 구입하는 경우와 리스를 이용하는 경우 각각의 현금흐름을 구해서 리스의 경제성을 평가하라.

먼저 차입금을 조달해서 기계를 직접 구입하는 경우의 *NPV*를 산출하자. 이때의 현금흐름을 표로 나타내면 다음과 같다.

〈표 14-1〉 직접 구입하는 경우의 현금흐름

	$t=0$	1	2	3
기계구입금액	−900			
영업현금흐름(세후기준)[4]		280	280	280
감가상각비의 절세효과[5]		90	90	90
현금흐름	−900	370	370	370

이제 타인자본비용 7%(=10(1−0.3))를 할인율로 이용해서 *NPV*를 산출하면 다음과 같다.

$$NPV = -900 + \frac{370}{(1+0.07)} + \frac{370}{(1+0.07)^2} + \frac{370}{(1+0.07)^3} = 71\,(\text{만원})$$

이번에는 리스를 이용하는 경우의 *NPV*를 산출하자. 이때의 현금흐름은 다음과 같다.

〈표 14-2〉 리스를 이용하는 경우의 현금흐름

	$t=0$	1	2	3
영업현금흐름(세후기준)		280	280	280
리스료지급액(세후기준)[6]		−238	−238	−283
현금흐름		42	42	42

이때의 *NPV*는 다음과 같다.

$$NPV = \frac{42}{(1+0.07)} + \frac{42}{(1+0.07)^2} + \frac{42}{(1+0.07)^3} = 110\,(\text{만원})$$

리스를 이용하는 경우의 *NPV*가 39만원(=110−71) 더 크므로 리스를 이용하는 것이 유리하다.

4) 400×(1−0.3) = 280(만원)

5) 감가상각비×법인세율 = (900÷3년)×30% = 90(만원)

6) 340×(1−0.3) = 238(만원)

리스기준의 NPV를 구하여 평가하는 방법

리스기준의 현금흐름을 측정할 때에 이미 언급하였지만, 리스를 이용한다는 것은 자산구입금액을 지출하지 않기 위해서 리스료를 지급하면서 감가상각비의 감세효과를 포기하는 것이라고 하였다. 따라서 리스기준의 *NPV*는 다음과 같이 측정된다.

$$NPV_L = C_0 - \sum_{t=0}^{n} \frac{L_t(1-t) + t \cdot Dep}{[1 + k_d(1-t)]^t}$$

$$= C_0 - PV[L_t(1-t)] - PV[t \cdot Dep] \qquad (14\text{-}1)$$

이러한 평가방법은 현금흐름이 비교적 규칙적인 경우에 편리하게 이용할 수 있다. 그러나 현금흐름이 복잡하더라고 리스기준으로 정확하게 측정한다면 투자안의 *NPV*를 구해서 평가하는 방법과 동일한 결과를 보이게 된다.

예제 14-3

앞의 〈예제 14-2〉와 조건은 똑같다. 리스기준의 증분현금흐름을 측정하라. 그리고 현대기업의 입장에서 이의 순현가를 구하여 리스의 사용여부를 판단해 보자.

리스기준의 현금흐름을 표로 나타내면 다음과 같다.

〈표 14-3〉 리스기준의 현금흐름

	$t=0$	1	2	3
기계구입금액	900			
리스료지급액(세후기준)		−238	−238	−238
감가상각비의 절세효과		−90	−90	−90
현금흐름	900	−328	−328	−328

이러한 현금흐름의 *NPV*를 산출하면 다음과 같이 39만원이 되는데 이는 0보다 큰 값이므로 리스를 이용한다는 결과가 된다.

$$NPV = 900 - \frac{328}{(1+0.07)} - \frac{328}{(1+0.07)^2} - \frac{328}{(1+0.07)^3} = 39(\text{만원})$$

그런데 이렇게 산출된 *NPV*값은 〈예제 14-2〉에서처럼 직접 구입하는 경우의 *NPV*값과 리스를 이용하는 경우의 *NPV*값의 차이와 동일함을 알 수 있다.

4. 내부수익률법에 의한 리스의 경제성 평가

자본예산에서 화폐의 시간적 가치를 고려하는 방법으로 *NPV*법과 *IRR*법이 있다고 하였다. 리스의 경제성 평가에서도 *IRR*법을 이용할 수 있다. 이때의 *IRR*은 다음과 같이 리스기준의 *NPV*를 0으로 만드는 할인율이다.

$$C_0 - \sum_{t=0}^{n} \frac{L_t(1-t) + tDep}{[1+IRR]^t} = 0 \qquad (14\text{-}2)$$

그런데 윗식에서 구한 *IRR*은 수익률의 개념이 아니라 리스의 자본비용인 것이다. 따라서 여기서 산출한 *IRR*과 타인자본비용을 비교하여 *IRR*이 작으면 리스를 이용하고 타인자본비용이 작으면 차입금을 조달하여 자산을 직접 구입해서 사용하는 것이 유리할 것이다.

예제 14-4

앞의 〈예제 14-2〉와 조건은 똑같다. 현대기업의 입장에서 삼성리스가 제안한 조건의 리스를 이용할 것인지 *IRR*법을 이용하여 판단하라.

리스기준의 *NPV*값을 0으로 만드는 할인율이, 곧 *IRR*이다. 따라서 〈식 14-2〉를 이용하면 다음과 같이 구할 수 있다.

$$NPV = 900 - \frac{328}{(1+IRR)} - \frac{328}{(1+IRR)^2} - \frac{328}{(1+IRR)^3} = 0 \qquad \therefore IRR = 4.6\%$$

여기서 *IRR*이란 리스의 자본비용이라고 하였다. 그런데 부채를 조달할 때에 부담하는 타인자본비용은 세금효과를 고려하더라도 7%이고 리스의 자본비용은 4.6%로서 훨씬 낮은 수준이다. 따라서 현대기업은 부채를 조달하여 기계를 직접 구입하는 것보다 삼성리스로부터 제안받은 리스를 통해서 기계를 사용하는 것이 유리하다고 할 수 있다. 그리고 이러한 평가결과는 *NPV*법으로 도출된 평가결과와 동일하다는 것을 알 수 있다.

제 4 절 리스의 장·단점

1. 리스의 장점

기업이 필요한 자산을 직접 구입하지 않고 리스를 택함으로써 얻게 되는 경제적 효과로는 다음과 같은 것들을 들 수 있다.

자금부담의 경감

리스를 이용하면 고가의 기계설비를 큰 자금부담없이 설치할 수 있다. 그리고 리스회사가 기계설비의 구입대금 뿐만 아니라 각종 부대비용까지 부담하기 때문에 필요자금 전액을 융자받는 효과가 있다. 따라서 여유자금은 더 수익성이 높은 투자안에 투입함으로써 기업가치를 더욱 높일 수 있게 된다.

경비절감효과

리스회사는 다양한 종류의 자산을 보유하고 리스업무를 수행하고 있기 때문에 기업에 비해서 정보가 많고 효율성도 높은 편이다. 따라서 리스를 이용하게 되면 기업은 자산을 직접 구입할 때에 부담하게 되는 정보수집비용 등 각종 간접비용을 덜 수 있으므로 적은 비용부담으로 필요자산을 조달할 수 있다.

진부화위험의 회피

기술진보가 빠른 기계설비의 경우에는 운용리스로 사용하면서 해당 자산이 진부화되어 경제성이 없다고 판단되면 리스기간 중에라도 계약을 해지하고 새로운 설비를 다시 리스로 사용할 수 있다. 따라서 직접 구입하는 경우에 부담하게 되는 진부화위험을 회피할 수 있다. 예를 들어 기술적 수명이 짧은 컴퓨터설비 등 첨단설비와 같은 자산을 리스할 때에 얻을 수 있는 대표적인 효과라고 할 수 있다.

부외금융효과

기업이 운용리스를 이용하는 경우에 지급하는 리스료는 손익계산서에만 비용으로 나타날 뿐 대차대조표에는 명시적인 부채로 나타나지 않는다. 그렇기 때문에 대차대조표를 중심으로 산출되는 각종 평가지표에는 나쁜 영향을 주지 않게 되는데 이를 부외금융효과(off-B/S financing effect)라고 한다.

2. 리스의 단점

리스를 통해서 기업은 필요한 자산을 직접 구입하지 않고도 영업활동에 사용할 수 있지만 직접구입해서 사용하는 경우에 비해서 다음과 같은 점이 불리할 수 있다.

높은 리스료

일반적으로 리스회사에 지급하는 리스료는 기업이 직접 차입금을 조달할 때에 부담하는 이자비용보다 높은 수준이다. 리스료에는 리스회사가 자금을 조달할 때 부담하는 자본비용에다가 리스자산의 감가상각비, 보험료, 일반관리비, 리스회사의 적정이윤까지 포함되는 것이므로 리스료가 이자비용보다 높은 것은 당연한 것이다.

절세효과의 포기

기계설비를 직접 구입해서 이용할 경우에는 감가상각비를 손익계산서상의 비용으로 계상할 수 있다. 이러한 비용은 결국 과세소득을 줄여주기 때문에 세금을 적게 내는 효과를 주게 되는데 이를 감가상각비의 법인세절감효과라고 한다. 그런데 기계설비를 운용리스로 이용하게 되면 이러한 효과는 얻을 수 없다. 따라서 운용리스를 이용한다는 것은 곧 감가상각비의 절세효과를 포기하는 것으로 볼 수 있다.

관리상의 어려움

리스를 이용해서 도입한 기계설비는 원칙적으로 리스회사의 소유물이다. 따라서 리스를 이용하는 기업은 리스회사의 동의 없이 기계설비의 용도나 구조를 변경할 수 없다. 그러므로 변화된 상황에 대응해서 신축적으로 기계설비를 활용할 수 없는 단점이 있다.

연습문제

14-1 다음 용어를 간략하게 설명하라.

(1) 금융리스

(2) sale and leaseback

(3) 부외금융효과

14-2 리스가 어떻게 자본조달의 수단이 될 수 있다는 것인지 그 근거를 설명해 보라.

14-3 금융리스와 운용리스를 비교해서 설명하라.

14-4 일반적으로 리스의 경제성을 평가할 때에는 타인자본비용을 비교대상으로 삼는다. 그 이유를 설명해 보라.

14-5 현대기업은 2,000만원인 기계를 구입하려고 한다. 그런데 리스회사에서 5년 동안 매년 말 450만원의 리스료를 지급하는 조건으로 기계를 제공하겠다고 제의해 왔다. 기계의 내용년수는 리스기간과 동일하며 잔존가치는 취득원가의 10%이며 감가상각방법은 정액법을 따른다. 법인세율은 40%이고 현대기업은 10%의 이자율로 차입금을 조달할 수 있다. 현대기업의 입장에서 리스를 사용할 것인지 여부를 판단하라.

14-6 문제 14-5에서 다른 조건은 동일하고 만약 리스료의 지급시기를 매년 초에 선납하는 조건으로 변경한다면 현대기업은 리스를 이용할 것인가?

14-7 감가상각방법으로 정액법을 적용하던 회사가 정률법으로 변경한다면 리스를 사용할 가능성이 변하는가? 변한다면 어떠한 원리에 의해서 어떻게 변하는지 설명해보라.

제 5 부 파생금융상품

제 15 장 선물거래

선물거래는 미래시점에서 상품인수도와 대금결제할 것을 현재 시점에서 계약하는 것이다. 투자자는 미리 가격을 결정함에 의해서 미래 가격의 변화위험을 회피할 수 있다. 이 장에서는 이러한 선물거래의 효과와 유용성을 살펴보고 선물거래의 종류, 선물가격의 결정원리 등을 설명한다.

제 1 절 현물거래와 선물거래

우리는 일상적으로 많은 거래를 한다. 책을 구입하기도 하고 자동차를 구입하기도 하며, 주식이나 채권을 구입하기도 한다. 그런데 이러한 거래에는 공통점이 있는데 그것은 계약과 동시에 거래의 대상이 되는 상품이 인수도된다는 것이다.[1] 우리는 이러한 거래를 현물거래(spot transaction)라 한다. 이에 비해 선물거래는 현재의 시점에서 계약이 이루어지나 실제 상품이 인수도되는 시점은 미래인 거래를 말한다. 선물거래는 왜 하는 것

1) 물론 기술적인 이유로 인도가 지연될 수도 있는데 이러한 점은 무시한다.

일까? 〈예제 15-1〉을 살펴보자.

예제 15-1

김순진씨는 쌀농사를 짓는 농부이다. 그는 매년 100가마니 정도의 쌀을 수확하고 있는데 올해의 쌀가격에 따라 자신의 소득이 결정되므로 정확한 소득의 규모를 알 수가 없어 1년의 소비계획을 세우는데 어려움을 겪고 있다. 한편 이무한씨는 쌀과자를 생산하는 기업가인데 쌀의 가격이 변동함에 따라 생산원가가 달라지고 있다. 이에 따라 이무한씨는 쌀과자의 가격을 결정하는 데 고심하고 있다.

〈예제 15-1〉에서 보면 김순진씨나 이무한씨는 모두 쌀가격의 변화에 대한 위험을 회피하고자 하는 유인이 있다. 따라서 둘은 현재의 시점에서 미리 가격이나 수량 등을 결정하고 미래에 쌀을 인수도함으로써 미래의 가격변화위험을 회피할 수 있을 것이다. 구체적으로 둘 사이에 다음과 같은 계약을 맺는다고 가정하자(현재 시점은 4월 1일이라 가정한다).

"10월 1일에 김순진씨는 쌀 100가마니를 이무한씨에게 인도하며 이무한씨는 쌀 1가마니당 20만원씩을 김순진씨에게 지급한다."

이러한 형태의 거래를 선물거래라 하는데 선물거래에서는 현재의 시점에서 거래대상, 가격, 인도조건 등을 미리 결정하며, 실제 상품인도 및 대금결제는 미래에 발생하게 된다. 이렇게 현재의 시점에서 가격을 고정시킴에 의해 매입자와 매도자는 미래의 가격변화와 관계없이 일정한 가격에 거래할 수 있게 되는데 이때 미리 사거나 팔기로 계약한 가격을 선물가격이라 하며, 미래의 현물가격 변동으로부터 자신을 보호하는 행위를 헤징(hedging)이라 한다.

그렇다면 선물의 가격은 어떻게 결정될까? 그리고 선물거래 당사자의 이익은 어떻게 될까? 이를 위해 〈예제 15-2〉를 살펴보기로 하자.

예제 15-2

〈예제 15-1〉과 같은 상황에서 김순진씨는 이무한씨에게 10월 1일에 100가마니를 1가마니당 20만원에 매도하기로 선물계약을 맺었다. 그런데 6개월이 경과한 10월 1일에 보니 흉년이 들어 시장에서는 쌀 1가마니가 25만원에 거래되고 있다. 선물의 매도자인 김순진씨와 선물의 매입자인 이무한씨의 사후적인 이익은 얼마인가? 그리고 양자의 현재 시점에서의 사전적인 이익은 얼마인가?

10월 1일의 시점에서 생각해 보자(계약이 이행되는 날을 선물의 만기일이라 한다). 4월 1일에 쌀을 매도하는 선물계약을 맺지 않았다면 김순진씨는 10월 1일에 쌀 1가마니당 25만원에 매도할 수 있었을 것이다. 그런데 가마니당 20만원에 매도하기로 선물계약을 맺었기 때문에 결과적으로는 가마니당 5만원씩의 손실을 보게 될 것이다. 반대로 이무한씨는 선물계약을 맺은 관계로 가마니당 5만원씩의 이익을 보게 된다.

이번에는 현재(4월 1일)시점에서 생각해 보자. 김순진씨와 이무한씨는 왜 가마니당 20만원씩에 선물계약을 맺었을까? 그 이유는 김순진씨나 이무한씨 모두 10월 1일의 쌀 가격이 20만원 정도 할 것이라 예측하기 때문일 것이다. 만약 쌀 가격이 20만원보다 매우 높을 것이라 예측된다면 김순진씨가 선물계약을 거부할 것이며, 반대의 경우에는 이무한씨가 계약을 거부할 것이다. 따라서 현재의 선물가격인 20만원은 양자가 불만이 없는 가격이며, 사전적인 기대이익은 0원이 된다.[2)]

이제 20만원에 양자가 계약을 맺은 경우 시간이 경과함에 따라 양자의 이익이 어떻게 변화하는지 생각해 보자.

예제 15-3

〈예제 15-1〉에서와 같이 김순진씨와 이무한씨는 10월 1일에 쌀 100가마니를 가마니당 20만원에 거래하는 선물계약을 4월 1일에 맺었다. 그런데 하루가 지난 4월 2일 올해는 매우 풍년이 들 것이라는 기상예보

2) 이것은 계약시점에서 선물계약의 가치는 0이라는 의미이다.

가 나왔다. 이로 인해 양자는 10월 1일의 쌀 가격은 18만원일 것으로 예측하고 있다. 만약 4월 2일에 양자가 10월 1일에 쌀을 인도하는 선물계약을 다시 맺는다면 선물가격을 얼마로 할 것인가? 4월 2일에 양자의 기대이익은 얼마인가? 이러한 이익은 언제 실현이 되는가?

김순진씨와 이무한씨는 4월 2일에 새로운 정보를 입수하였으므로 이를 통해 10월 1일의 쌀 가격에 대한 예측치를 18만원으로 수정할 것이다. 따라서 양자가 4월 2일에 다시 계약을 맺는다면 선물가격은 18만원이 될 것이다. 그러나 김순진씨와 이무한씨는 이미 20만원에 인수도하기로 선물계약을 맺었기 때문에 김순진씨는 2만원의 이익을, 이무한씨는 2만원의 손실을 보게 된다. 이러한 이익이나 손실은 4월 2일에 실현되지는 않으며, 거래가 이행되는 10월 1일이 되어야 실현될 것이다.

〈예제 15-3〉에서와 같이 선물계약 이후 시간이 계속 흐름에 따라 새로운 정보가 들어오고 이로 인해 선물의 매입자와 매도자는 이익과 손실이 발생한다. 그러나 이러한 이익과 손실은 매일 실현되는 것은 아니며 만기일인 10월 1일이 되어서야 실현된다.

예제 15-4

〈예제 15-3〉에서와 같이 김순진씨와 이무한씨는 10월 1일에 가마니당 20만원씩에 쌀을 인수도하기로 4월 1일 계약했다. 그런데 4월 2일 이후 새로운 정보에 의해 양자는 만기일의 쌀 가격이 다음과 같이 변할 것으로 예측하고 있다.

날짜	4월 2일	4월 3일	4월 4일	4월 5일	…	10월 1일
예상가격	18만원	17만원	16만원	22만원	…	21만원

양자의 예상이익과 만기일의 실제 이익을 구하여라.

4월 1일에 20만원에 계약했으므로 4월 2일의 김순진씨의 예상이익은 2만원이며 4월 3일에는 추가적으로 1만원의 이익이 발생하여 누적이익은 3

만원이 된다. 또한 최종적으로 10월 1일의 김순진씨의 누적이익은 −1만원으로 실제 실현되는 이익은 −1만원이다. 반대로 이무한씨의 4월 2일의 이익은 −2만원이며, 4월 3일에는 −1만원의 이익이 추가되어 누적 이익은 −3만원이며, 최종적으로 만기일에는 1만원의 이익이 실현된다. 이러한 내용을 표로 나타내면 〈표 15-1〉과 같다.

〈표 15-1〉 선물거래자의 이익

날짜	4월 2일	4월 3일	4월 4일	4월 5일	…	10월 1일
김순진씨의 누적이익	+2만원	+3만원	+4만원	−2만원	…	−1만원
이무한씨의 누적이익	−2만원	−3만원	−4만원	+2만원	…	+1만원

〈표 15-1〉에서 보면 선물의 매도자인 김순진씨와 선물의 매입자인 이무한씨의 이익의 합은 항상 0이 되는데 이러한 의미에서 선물거래는 제로섬게임(zero sum game)이라 할 수 있다. 또한 선물거래는 중간에 이익이나 손실이 결산이 되지 않으므로 만기일의 가격이 실제 이익을 결정하게 된다. 이러한 이유로 선물거래는 원칙적으로 중도해지가 불가능하다.

예제 15-5

〈예제 15-4〉와 같은 상황을 생각해 보자. 4월 5일 김순진씨는 자신의 논이 도로로 편입되어 올해에는 농사를 지을수 없다는 사실을 통보받았다. 따라서 김순진씨는 앞으로 쌀이 생산되지 않으므로 이무한씨와 맺은 선물계약을 해지하려고 한다. 이 경우 둘 사이에 어떠한 결제가 필요할까?

이무한씨의 입장에서는 현재(4월 5일) 실현되지는 않았지만 가마니당 2만원의 이익을 예상하고 있다. 따라서 김순진씨는 이무한씨에게 가마니당 2만원을 지급하면 될 것이다. 이 경우 이무한씨는 다른 농부와 가마니당 22만원에 새로 선물계약을 맺으면 되며[3], 김순진씨는 4월 5일의 상황이 유지된다면 2만원의 손실을 보게 될 것이므로 이를 변제한 셈이 된다.

제 2 절 선물거래와 선도거래

넓은 의미의 선물거래는 인도대상이 되는 상품의 종류나 수량, 가격 등의 계약은 현재시점에서 이루어지나 실제 결제 및 상품의 인수도는 미래에 이루어지는 형태의 거래를 말한다. 따라서 넓은 의미의 선물거래는 거래시점까지는 아무런 손익의 실현이 발생하지 않는 선도거래(forward transaction)와 매일매일 손익이 실현되는 선물거래(futures transaction)로 나뉘어진다. 이러한 의미에서 생각한다면 앞서 예로 든 김순진씨와 이무한씨의 선물거래는 선도거래의 일종이라 할 수 있다. 선도거래는 자생적인 거래이며 매우 단순한 형태이지만 몇 가지 문제점이 있는데 이를 보완하기 위한 것이 선물거래이다. 선도거래의 문제점을 보면 다음과 같다.

첫째, 선도거래는 중도해지가 원칙적으로 불가능하다. 〈예제 15-5〉에서와 같이 중도해지가 가능하기 위해서는 매도자와 매수자가 합의할 수 있는 가격이 필요한데 둘 사이에 명시적 합의를 도출하기는 쉽지 않다.

둘째, 신용의 위험이 존재한다. 계속적으로 선물가격이 오르면 매입자의 이익이 커지고, 계속 선물가격이 하락하면 매도자의 이익이 커진다. 그런데 이러한 이익이나 손실은 매일 실현되는 것이 아니므로 커다란 손해를 본 당사자가 계약을 이행하지 않는다면 상대방이 계약의 이행을 강제하게 하기가 어렵게 된다.

이러한 문제를 해결하기 위해서 선물거래에서는 표준화된 상품을 거래소에서 표준화된 형태로 거래하게 된다. 이에 따라 수많은 매입자와 매도자가 표준화된 상품을 매입 혹은 매도하게 되는데 선물거래의 가장 큰 특징은 증거금제도와 일일정산제도라 할 수 있다.

증거금제도란 선물의 매도자와 매입자가 손해를 보더라도 반드시 계약을 이행하겠다는 의미로 거래소에 제공하는 일종의 거래보증금이며 일일정산제도란 매일매일 발생하는 손익을 실현시켜 주는 제도이다. 일일정산

3) 이무한씨는 2만원은 받았으므로 실제로는 20만원에 쌀을 매입하기로 계약하는 결과가 되어 아무 불만이 없게 된다.

제도를 통해 손해를 본 사람의 증거금계좌에서 이익을 본 사람의 증거금계좌로 이익이 넘어가게 된다.

예제 15-6

5월 1일 현재 선물시장에서는 만기가 6월 15일인 원유에 대한 선물이 거래되고 있다. 원유에 대한 선물가격은 배럴당 40달러이며, 선물 1단위는 1만배럴이고 증거금은 거래액의 10%이다. 원유정제업자인 김정유씨는 원유에 대한 선물을 100단위 구입했다. 구입 이후 석유생산기구(OPEC)의 감산결정이 있을 것이라는 예측이 있어 5월 2일에는 선물가격이 41달러, 5월 3일에는 42달러, 5월 4일에는 45달러로 상승하였다. 이 경우 김정유씨의 증거금의 변화를 구해보라.

김정유씨는 5월 1일 선물을 100단위(100만배럴)만큼 매입했으므로 거래액은 4,000만달러가 되며 증거금은 이의 10%인 400만달러가 된다. 5월 2일에는 선물가격이 전 날에 비해 배럴당 1달러가 상승하였으므로 그는 선물 1단위당 1만달러의 이익을 보게 되어 총 100만달러의 이익을 보게 된다. 같은 방법으로 생각해 보면 5월 3일에는 추가적으로 100만달러의 이익을 보며, 5월 4일에는 300만달러의 이익을 보게 된다. 선도거래와는 달리 이러한 이익은 매일매일 정산되어 김정유씨의 계좌에 입금되므로 김정유씨의 증거금계좌는 〈표 15-2〉와 같이 변화할 것이다.

〈표 15-2〉 증거금의 변화

5월 1일	400만달러
5월 2일	500만달러
5월 3일	600만달러
5월 4일	900만달러

이제 김정유씨가 5월 4일에 종가로 선물을 해지하려고 한다고 하자. 이 경우 김정유씨는 선물을 100단위 매도하면 되는데 이를 반대매매라 한다. 이러한 반대매매를 통해 김정유씨는 선물을 100단위 매입하는 동시에 100단위를 매도하게 되므로 그는 선물에 대한 포지션을 청산할 수 있는 것이

다.[4)]

지금까지 우리는 선물의 가격이 매일매일 결정이 되는 것처럼 설명을 했지만 실제로 선물의 가격은 주식의 가격과 마찬가지로 하루 중에도 계속적으로 변화하게 된다. 따라서 하루 중 언제라도 주식을 살 수 있고 팔 수 있는 것처럼 선물도 하루 중 언제라도 매입 혹은 매도할 수 있으며, 이를 통해 자신의 포지션을 청산하거나 변화시킬 수 있게 된다.

제 3 절 선물거래의 경제적 기능

1. 위험관리기능

선물거래란 기본적으로 미리 정해진 가격으로 특정한 상품을 사거나 파는 거래이다. 따라서 거래당사자는 미래의 가격변동으로부터 자신을 보호할 수 있는데 이러한 기능을 위험관리기능이라 한다. 그런데 선물시장에는 이렇게 위험을 헤지하려는 거래자(이러한 거래자를 헤지거래자라 한다)만 존재할까? 다음의 예를 보자.

예제 15-7

선물시장에서는 만기가 10월 1일인 쌀에 대한 선물이 거래되고 있다. 그런데 쌀을 원료로 제품을 생산하는 업체들은 쌀을 대량으로 구매하기 때문에 앞으로 쌀가격이 변한다면 손익이 크게 변화하게 된다. 따라서 이들은 쌀에 대한 선물을 매입하려는 욕구가 강하다. 그러나 쌀을 생산하는 업자들은 대부분 영세하고 선물에 대한 지식이 없기 때문에

---

4) 선물을 매입하는 것을 long position, 선물을 매도하는 것을 short position이라 하는데 예를 들어 선물을 10단위 매입하면 그는 +10의 포지션을 가지고 있는 셈이며, 선물을 10단위 매도하면 그는 −10의 포지션을 취하는 것이 된다. 따라서 10단위를 매입한 상황에서 10단위를 매도하면 그의 순 포지션은 0이 된다. 이러한 원리로 투자자는 선물의 포지션을 일부만 해소할 수도 있는데 만약 선물을 10단위 매입한 상황에서 3단위만 매도한다면 그는 선물을 7단위 매입한 결과가 된다.

쌀에 대한 선물을 매도하려는 사람이 별로 없다. 시장에서는 10월 1일에 쌀가격이 가마당 10만원이 될 것으로 예측하고 있다. 쌀에 대한 선물가격은 어떻게 될까? 다른 투자자들은 어떻게 행동할 것인가?

현물과 마찬가지로 선물의 경우에도 사고자 하는 사람이 많으면 가격이 오르고 팔고자 하는 사람이 많으면 가격이 떨어지게 된다. 〈예제 15-7〉의 경우 선물을 사고자 하는 사람이 많기 때문에 선물의 가격은 상승하게 되어 10월 1일의 쌀에 대한 예측치가 10만원이라 해도 실제 선물의 가격은 이보다 높아질 것이다. 예를 들어 쌀에 대한 선물가격이 12만원이라 하자. 이때 선물을 매입하는 업자들은 쌀가격을 고정시키는 대가로 가마니당 2만원의 '보험료'를 지불하는 셈이 된다.[5)]

이러한 상황에서는 위험을 감수하면 이익을 볼 수 있는데 이렇게 위험을 감수하면서 이익을 위해 거래하는 투자자를 투기거래자라 한다. 다음의 예를 보자.

예제 15-8

〈예제 15-7〉과 같은 상황에서 김용감씨는 다음과 같이 생각하고 있다.

"지금 쌀 1가마를 12만원에 팔기로 계약한다면 10월 1일의 쌀 가격은 10만원이 될 것이므로 나는 가마당 2만원의 이익을 볼 수 있을 것이다."

이러한 생각으로 선물 1단위를 매도하기로 했다. 김용감씨의 만기시 손익은 어떻게 되는가? 김용감씨와 같은 투기거래자가 많다면 선물가격은 어떻게 변화되는가?

〈예제 15-8〉과 같은 상황에서 만기의 쌀가격이 10만원이라면 김용감씨는 예상대로 2만원의 이익을 얻을 것이다. 그러나 다음과 같이 쌀가격이 상승하면 손실을 보고 쌀가격이 하락하면 이익을 보게 될 것이다.

5) 이러한 보험료가 비싸다고 생각하는 업체는 보험료를 내지 않는 대신 미래의 가격변동위험을 감수할 것이다.

만기 쌀가격	9만원	10만원	11만원	12만원	13만원	14만원
이익	3만원	2만원	1만원	0만원	−1만원	−2만원

결국 김용감씨는 자신의 예측을 토대로 이익을 위해 위험을 떠맡는 역할을 하는 것인데 선물거래는 이러한 면에서 보면 헤지거래자들이 가지고 있는 위험을 일정한 '보험료'를 내고 투기거래자에게 전가하는 역할을 한다고 볼 수 있다.

이러한 투기거래자가 많아진다면 앞의 예에서 선물매도자가 많아지는 결과가 되어 선물의 가격이 하락하게 될 것이다. 이 경우 헤지거래자는 적은 액수의 보험료만을 내고 헤지하는 셈이 되므로 경제전체적으로 효율이 증가될 것이다.[6)]

2. 미래가격예측과 자원의 효율적 배분기능

선물가격은 해당 상품에 대한 미래의 수요 및 공급과 관련된 정보가 집약된 것으로 미래 현물가격에 대한 예측치의 역할을 한다. 선물의 가격이 올라간다는 것은 시장참가자들이 미래의 상품가격이 상승할 것이라는 예측을 반영하는 것이고 선물가격이 하락한다는 것은 미래의 상품가격이 하락할 것이라는 예측을 반영하는 것이라 할 수 있다. 선물가격은 이익을 얻기 위한 투자자의 노력과 비용을 통해서 나타나는 것이지만 누구나 비용을 들이지 않고 획득하게 되므로 사회적으로는 공공재적인 성격을 갖게 된다.

선물가격이 미래현물가격에 대한 예측기능을 수행하게 되면 자원의 효율적인 배분이 가능해지는데 다음의 예를 살펴보기로 하자.

6) 이 경우라 해도 투기거래자는 위험을 감수하는 대가로 약간의 보험료를 얻어야 한다. 일반적으로 앞의 예와 같이 매입헤지거래자들이 많은 경우에는 선물의 가격은 앞으로의 기대가격보다 높은 경향이 있으며(이러한 시장을 contango라 한다), 반대로 매도헤지거래자가 많은 경우는 선물가격은 기대가격보다 낮은 모습을 보인다(이러한 시장을 normal backwardation이라 한다).

예제 15-9

김미래씨는 봄에 무슨 작물을 심어야 할까를 고민하고 있다. 그가 선물가격을 살펴본 결과 쌀의 선물가격은 하락하고 있으나 밀의 선물가격은 상승하고 있었다. 이는 시장에서 앞으로 밀의 가격이 상승할 것이라고 예측한다는 의미이므로 그는 쌀보다는 밀을 경작하는 것이 좋겠다라는 판단을 했다.

우리는 간혹 양파의 가격이 폭락하여 양파를 재배하는 농민들이 밭을 갈아엎고 시름에 잠겨 있다는 우울한 소식을 듣는 경우가 있다. 하지만 동시에 마늘의 가격은 폭등하고 있다는 뉴스도 듣는다. 이런 경우는 자원의 효율적 배분이라 할 수 없을 것이다. 이러한 사실을 예측하고 있었다면 농민들은 양파를 적게 재배하고 마늘을 많이 재배하였을 것이다. 이로 인해 농민도 부유해지며, 소비자도 이익을 얻을 수 있을 것이다.

〈예제 15-9〉와 같이 선물가격은 미래현물가격에 대한 예측치이므로 이러한 정보를 이용하여 적절히 대응한다면 과잉공급이나 과소공급에 따른 자원의 비효율적 배분의 문제를 해결할 수 있게 된다.

3. 현물시장의 유동성 증대

선물거래를 통해 현물의 가격변동의 위험을 줄일 수 있으므로 현물의 투자에 대한 위험을 줄이는 결과를 가져와 투자자들이 현물시장에서 보다 적극적인 투자를 할 수 있게 된다. 이에 따라 현물시장의 유동성이 확대되는 효과를 가져 올 수 있다.

예를 들어 연금관리공단과 같은 기관투자자의 경우를 생각해 보자. 이러한 기관투자자는 회원들로부터 받는 기금을 운용하여 추후에 회원들에게 연금으로 돌려주는 역할을 하기 때문에 연금의 안정성에 중점을 둔다. 따라서 매력적이지만 위험에 노출될 수 있는 주식에는 적극적으로 투자하기가 어려워진다. 이 경우 주식(주가지수)에 대한 선물이 거래되면 이러한 위험을 상당 부분 줄일 수 있기 때문에 기관투자자는 주식에 투자할 수 있게 되고 이러한 투자는 현물시장에 유동성을 확대하는 역할을 하게 된다.

또한 선물거래는 현물시장의 가격하락시에도 유동성을 유지시켜 주는 수단이 된다. 선물시장이 존재하지 않으면 주가하락시에는 투자자들이 주식을 매도하는 방법 이외에는 다른 방법이 없으므로 주식을 매도하고 더 이상의 거래를 하지 않으므로 시장의 유동성이 급격히 악화되지만 선물시장이 존재하는 경우에는 주가하락의 위험을 선물시장에서 매도포지션을 취함으로써 헤지할 수 있으므로 현물시장의 유동성을 유지할 수 있게 될 것이다.

4. 신금융상품의 개발

선물계약이 현물과 다양하게 결합하면서 종전에는 얻지 못하던 이득형태의 창출이 가능하게 되어 새로운 금융상품이 속속 개발되고 있다. 이러한 기능으로 금융기관의 위험관리기법이 점점 발달하고 현물가격변동위험을 관리할 수 있는 능력이 증대되어 금융의 증권화 현상과 함께 금융기관들은 투자자들에게 수익성, 유동성, 시장성을 두루 갖춘 신금융상품을 공급하게 되었다.

제 4 절 선물거래의 종류

선물거래는 거래되는 상품의 종류에 따라 상품선물과 금융선물로 나뉜다. 상품선물은 농축산물이나 금속, 에너지 등에 대한 선물거래이며, 금융선물은 주식이나 채권, 외환 등에 대한 선물거래를 말한다.

1. 상품선물

선물거래는 상품선물에서 시작되었다. 자생적인 의미의 선물거래(선도거래)는 수백년 전부터 존재하였으나 거래소에 의한 선물거래는 1848년 CBOT(Chicago Board of Trade)가 설립되면서부터 시작되었다. CBOT에서는 농산물에 대한 선도거래가 이루어지다가 1865년에 선물계약이 도입되면서 선물거래가 처음으로 시작되었다. 그 이후 1960년대까지 선물거래는 밀, 옥수수, 콩과 같은 농산물과 금, 은과 같은 귀금속에 집중되었으나 1970년대 오일쇼크 이후 에너지에 대한 가격이 급등락한 이후 1978년에는 난방유에 대한 선물계약이 도입되고 원유와 유제품에 대한 선물계약도 1980년대 초에 도입되어 매우 광범위하게 거래되고 있다. 상품선물의 종류는 다음 표와 같다.

〈표 15-3〉 **상품선물의 종류**

농축산물	옥수수, 콩, 두유, 밀, 보리, 커피, 코코아, 솜, 오렌지쥬스, 설탕, 쌀, 목재, 소, 돼지
금속	알루미늄, 금, 은, 동, 플라티늄
에너지	원유, 벙커씨유, 천연가스, 프로판가스

2. 금융선물

1970년대 이후 이자율 및 통화가치가 불안정해짐에 따라 이를 헤지하려는 수요가 많이 발생하였는데 이러한 수요에 맞추어 나타난 것이 금융상품에 대한 선물, 즉 금융선물이다. 대표적인 금융선물로는 통화선물, 금리선물, 주가지수선물 등이 있다.

통화선물이란 외국화폐(예를 들어 달러)를 미리 정해진 가격으로 사거나 팔기로 하는 선물거래로 이는 매우 직관적이므로 생략하기로 하고 금리선물과 주가지수선물에 대해서만 살펴보기로 하자. 먼저 금리선물에 대해 살펴보기로 하자.

금리선물이란 미리 정해진 이자율로 자금을 빌리거나 빌려주기로 하는 계약을 말한다. 그러나 실제 계약의 형태를 보면 미리 정해진 가격으로 채권을 사거나 팔기로 하는 계약이 이루어지게 된다. 〈예제 15-10〉을 보기로 하자.

예제 15-10

최미란씨는 강미래씨에게 만기가 2년이고 액면가가 110만원인 할인채권을 1년 후에 100만원에 팔기로 현재시점에서 계약하였다. 최미란씨와 강미래씨의 미래 현금흐름을 알아보고 이러한 거래가 갖는 의미를 생각해 보라.

일반적으로 채권을 발행한다는 것은 자금을 빌린다는 의미이며, 채권을 매입한다는 것은 자금을 빌려준다는 뜻이다. 〈예제 15-10〉에서 최미란씨는 1년 후에 100만원을 차입하고 2년 후에 110만원을 상환하게 되며 강미래씨는 반대로 1년 후에 100만원을 빌려주고 2년 후에 10만원을 얻게 된다. 따라서 이 거래는 1년 후에 100만원을 10%의 이자율로 차입(대출)하기로 미리 계약하는 것이 된다. 일반적으로 주어진 가격에 채권을 사거나 팔기로 계약하는 것은 주어진 이자율로 자금을 빌려주거나 빌리는 거래이다. 이러한 의미에서 금리선물을 채권선물이라고도 한다.

이번에는 주가지수선물에 대해 알아보도록 하자. 채권의 경우에도 종류가 매우 다양하기 때문에 이론적으로 보면 헤지하려고 하는 채권과 동일한 채권이 선물거래소에서 거래가 되어야 한다. 그러나 채권은 가격의 변동이 매우 유사하기 때문에 국채에 대한 선물만이 거래되는 것이 일반적이다. 그렇다면 주식의 경우에는 수많은 주식을 대표할 수 있는 것이 무엇일까? 주식선물의 경우에는 각 주식마다 주가의 움직임이 상이하기 때문에 이를 어떤 특정한 주가의 움직임으로 대표하기보다는 모든 주가 혹은 일부 주가의 평균, 즉 주가지수로 대표하는 것이 보통이다. 이러한 이유에서 주식에 대한 선물을 주가지수선물이라 하는 것이다. 우리나라의 경우에는 증권거래소시장을 대표하는 KOSPI200지수에 대한 선물과 코스닥시장을 대표하는 KOSDAQ50지수에 대한 선물이 거래되고 있다.

주가지수선물의 경우에는 원천적으로 현물결제가 불가능하기 때문에 우리나라에서는 KOSPI200지수 선물의 경우 지수 1포인트당 50만원으로 계산하여 결제하고 있다. 따라서 예를 들어 KOSPI200선물을 100에 매입하였다가 101에 매도하였다면 지수 1포인트만큼의 이익을 얻게 되고 금액으로 보면 50만원의 이익을 얻는 것이다. 주가지수선물을 이용한 헤지를 살펴보자.

예제 15-11

> 펀드매니저인 나투자씨는 삼성기업주식 및 현대기업주식을 각각 1억원어치씩 보유하고 있다. 삼성기업주식의 베타는 1이며 현대기업주식의 베타는 3이다. 나투자씨는 앞으로 주가의 변동에 대해 자신이 가지고 있는 포트폴리오의 가치변화를 헤지하고 싶어한다. 현재의 KOSPI200지수가 100이라면 어떻게 해야 하는가? 시장이 10% 상승 혹은 하락한 경우 헤지성과는 어떠한가?

나투자씨가 가지고 있는 포트폴리오의 베타는 각 주식의 베타의 가중평균인 2이다.[7] 따라서 나투자씨가 가지고 있는 포트폴리오는 시장의 상황이 10% 좋아지면 20% 상승하며, 반대로 시장의 상황이 10% 나빠지면 20% 하락할 것이다. 이제 주가지수선물을 생각해 보자. KOSPI200지수의 경우 200개 종목의 평균으로 종합주가지수와 거의 동일하게 움직인다. 따라서 KOSPI200지수의 베타는 1이라 할 수 있다.

한편 KOSPI200선물의 지수 1포인트는 50만원이며 현재지수는 100포인트이므로 KOSPI200선물을 1단위 계약한다는 것은 5,000만원(=50만원×100)어치를 계약한다는 뜻이다. 이 경우 나투자씨가 가지고 있는 포트폴리오와 금액을 맞추기 위해서는 4단위만큼을 매도해야 한다. 그런데 포트폴리오의 변동성(베타)은 선물의 변동성의 2배이므로 실제로 나투자씨가 계약해야 하는 선물계약수는 8단위(=4×2)가 된다.[8]

이 경우 시장이 10% 상승(선물지수가 110이 되는 경우) 혹은 10% 하락시(선물지수가 90이 되는 경우) 포트폴리오 가치변화의 합계를 보면 다음과 같이 0이 된다.[9]

---

7) $100/200 \times 1 + 100/200 \times 3 = 2$

8) 일반적으로 계약해야 하는 선물계약수는 (포트폴리오와 가치를 맞추기 위한 계약수) (포트폴리오의 베타) 가 된다.

9) 포트폴리오의 베타가 2이므로 시장이 10% 상승(하락)하면 포트폴리오는 20% 상승(하락)한다.

	주가가 10% 하락시	주가가 10% 상승시
포트폴리오의 이익	−4,000만원	4,000만원
선물의 이익	4,000만원 (= 10×50만원×8단위)	−4,000만원 (= −10×50만원×8단위)
총이익	0	0

제 5 절 선물의 가격결정

선물거래란 미리 정해진 조건으로 특정한 상품을 사거나 파는 거래라고 하였다. 이 경우 선물가격은 어떻게 결정이 되는 것일까?

선물의 가격과 현물의 가격은 매우 밀접한 관계에 있는데 구체적으로 선물가격은 현물가격이 오르면 함께 오르고 현물가격이 내리면 선물가격도 함께 내리게 된다. 다음의 예를 보자.

예제 15-12

박철기씨는 1년 후 금 100g이 필요하다. 현재 선물시장에서는 1년 후에 만기가 되는 금 100g에 대한 선물거래가 이루어지고 있는데 선물가격은 100만원이다. 따라서 선물을 매입하는 경우 1년 후에 100만원을 지불하면 미래의 금가격과 관계없이 금 100g을 확보할 수 있다. 그런데 박철기씨가 금은방에 가보니 금 100g이 90만원이라는 사실을 알았다. 박철기씨는 현물가격이 싸니 차라리 금을 사서 보관하는 것이 좋지 않을까 하고 생각하고 있다. 금을 보관하는 경우 보관료 및 보험료는 1만원이며(1년 후 지급하는 것으로 가정하자) 이자비용은 10%이다.

박철기씨가 선물을 매입하는 경우의 현금흐름을 살펴보자. 증거금이나 일일정산을 무시한다면 1년 후 100만원을 지급하면 금 100g이 확보된다.

현재	1년 후
0원	100만원

이번에는 현물을 사서 보관하는 경우를 생각해 보자. 이 경우의 현금흐름은 다음과 같다.

현재	1년 후
90만원	1만원

양자는 현금흐름의 시점이 달라서 직접 비교하기는 어렵다. 이를 비교하기 위해 현물을 구입할 때 필요한 90만원을 10%의 이자율로 차입하였다고 가정하자. 이 경우 현재의 현금흐름은 0이 되며 1년 후에는 99만원을 상환해야 한다. 따라서 현금흐름은 다음과 같이 된다.

현재	1년 후
0원	99만원+1만원

이렇게 생각하면 선물을 매입하거나 현물을 사서 보관하는 경우나 동일하다. 만약 선물과 현물가격간에 이러한 관계가 유지되지 않는다면 어떻게 될까?

예제 15-13

〈예제 15-12〉에서 현물가격이 80만원이라 하자. 박철기씨는 어떻게 이익을 올릴 수 있는가? 이 경우 위험은 존재하는가?

현물의 가격이 80만원이라면 현물을 사서 보유하는 것이 유리하다. 80만원을 차입하여 현물을 구입하여 보유하는 경우 1년 후 원금 및 이자비용 88만원과 보관료 및 보험료 1만원 등 총 89만원이 소요되는 반면 선물을 매입하면 100만원이 소요되기 때문이다. 즉, 선물이 비싸고 현물이 싸다고 할 수 있다. 이 경우 박철기씨는 상대적으로 비싼 선물을 매도하고 현물을 매입하여 보관하면 이익을 얻을 수 있다. 구체적으로 이를 살펴보자.

박철기씨는 현재 금 100g을 100만원에 매도하기로 선물계약을 맺는 한편 80만원을 차입하여 금 100g을 구입한 후 이를 보관한다. 1년 후에 이 금을 선물매입자에게 인도하면 100만원을 받게 되는데 그는 차입금에 대한 원리금과 보관료 89만원만 지급하면 된다. 이로 인해서 박철기씨는 11만원만큼의 이익을 얻는데 여기에는 위험이 존재하지 않으며 투자액도 필요 없다.[10) 이렇게 위험도 감수하지 않고 아무런 투자도 없이 이익을 얻을 수 있는 거래를 차익거래(arbitrage transaction)라 하는데 차익거래의 기회가 존재한다면 누구나 이익을 얻기 위해 차익거래를 할 것이다. 균형상황에서는 이러한 차익거래의 기회가 존재해서는 안되므로 다음의 관계가 성립하는데 이러한 모형을 보유비용모형이라 한다.

$$\text{선물가격} = \text{현물가격} + \text{보유비용}$$

위의 관계에서 보유비용이라 함은 현물을 미리 매입하여 선물의 만기일까지 보유하는 데 드는 비용이다. 여기에는 이자비용, 보관료 및 보험료 등과 이자수입이나 배당수입이 포함된다(이자수입이나 배당수입은 음의 보유비용이 된다). 그런데 경우에 따라서는 순보유비용이 음이 되는 경우도 있는데 금융선물의 경우 현물을 미리 구입하게 되면 채권의 경우 이자수입, 주식의 경우 배당수입을 얻는 경우가 존재할 수 있기 때문이다.

예제 15-14

1년 후에 만기가 되는 KOSPI200선물이 있다. 현재 KOSPI200의 현물가격은 100포인트이며 이자율은 10%이다. KOSPI200에 속한 기업들의 연평균배당률은 6%라 할 때, 선물의 가격은 얼마인가? 만약 연평균배당률이 15%인 경우에는 선물의 가격은 얼마가 되어야 하는가?

---

10) 선물거래의 거래조건이나 차입조건 등은 미리 결정이 된 상황이므로 1년 후 11만원의 이익을 얻을 수 있다는 사실을 현재 상황에서 확실히 알 수 있다는 의미이다.

먼저 기업들의 연평균배당률이 6%인 경우를 생각해 보자. 현재 자금을 차입하여 KOSPI200의 현물을 매입하는 경우 이자비용으로 10%의 비용이 발행한다. 그러나 미리 현물을 매입하였기 때문에 6%의 수입이 발생하여 순 보유비용은 4%가 된다. 따라서 선물가격은 다음과 같이 된다.

$$\begin{aligned} \text{선물가격} &= \text{현물가격} + \text{보유비용} \\ &= 100 + 100 \times (0.1 - 0.06) \\ &= 104(\text{포인트}) \end{aligned}$$

이 경우에는 양의 보유비용이 발생하며 선물가격이 현물가격보다 높아지게 된다.

이번에는 기업들의 연평균배당률이 15%인 경우를 생각해 보자. 현재 자금을 차입하여 KOSPI200의 현물을 매입하는 경우 이자비용으로 10%의 비용이 발생하지만 배당수입으로 15%의 수입이 발생하여 순 보유비용은 −5%가 된다. 따라서 선물가격은 다음과 같이 된다.

$$\begin{aligned} \text{선물가격} &= \text{현물가격} + \text{보유비용} \\ &= 100 + 100 \times (0.1 - 0.15) \\ &= 95(\text{포인트}) \end{aligned}$$

이 경우는 보유비용이 음이 되며 선물가격은 현물가격보다 낮아지게 된다. 이렇듯 보유비용의 크기에 따라 선물가격은 현물가격보다 높을 수도 있으며 낮을 수도 있다. 일반적으로 상품선물은 양의 보유비용이 발생하므로 선물가격이 현물가격보다 높지만 금융선물의 경우에는 채권에 대한 이자수입이나 주식에 대한 배당수입의 크기에 따라 선물가격이 현물가격보다 높거나 낮아질 수 있게 된다.

이번에는 보유비용모형과 미래기대가격에 대해 생각해 보자. 선물은 미래에 특정한 상품을 사거나 팔기로 하는 계약이므로 선물의 가격은 미래가격에 대한 예측을 반영하고 있어야 할 것이다. 그런데 보유비용모형에 의하면 미래가격에 대한 예측은 아무런 역할을 하지 못하고 있는 것으로 보인다. 이러한 점은 어떻게 해석할 수 있는가?

예제 15-15

원유정제업을 하고 있는 (주)우공의 사장 김서규씨는 원유의 수입가격에 대해 매우 민감한 반응을 보이고 있다. 시장조사결과 그는 앞으로 중동의 상황이 불안정하여 원유의 수입가격이 상승할 것으로 예측하고 있다. 이에 따라 그는 현물시장에서 미리 원유를 매입하여 저장하기로 했다. 이러한 상황에서 다른 원유수입업체들도 비슷한 예측을 한다면 어떤 결과가 벌어질 것인가?

투자자들이 원유의 가격이 상승할 것으로 예측한다면 모두 김서규씨와 마찬가지로 현물을 사서 저장하려고 할 것이다. 이에 따라 현물의 가격은 상승하게 되는데 이러한 예는 현물의 가격이 미래가격에 대한 예측을 반영한다는 사실을 보여주고 있다. 즉, 현물가격은 현재의 수요와 공급만에 의해 결정이 되는 것이 아니며 미래의 가격까지도 반영하고 있는 것이다.

이러한 논리로 생각해 본다면 보유비용모형에서 현물가격이 미래가격에 대한 예측을 반영하고 있으므로 보유비용모형에서도 선물의 가격은 미래가격에 대한 예측이 매우 중요한 역할을 하고 있다는 사실을 알 수 있다.

연습문제

15-1 선물거래가 선도거래와 다른 점에 대해 설명하라.

15-2 김선진씨는 10월 3일 10시에 KOSPI200 주가지수선물 10단위를 매입하였다. 이때의 선물가격은 100이며, 그 이후 선물가격은 다음과 같다.

날짜	10월 3일	10월 4일	10월 5일	10월 6일
선물가격(종가)	101	102	102.5	102

(1) KOSPI200 주가지수선물에 대한 증거금은 거래대금의 15%이다. 일일정산에 따른 김선진씨의 증거금의 변화를 구하여라.

(2) 김선진씨는 10월 7일 11시에 103의 가격으로 반대매매를 통하여 본인의 포지션을 정리하였다. 그가 얻게 되는 이익은 얼마인가?

15-3 선물거래의 경제적 기능에 대해 설명해 보시오.

15-4 나정유씨는 원유를 가지고 제품을 만드는 사람이다. 현재 원유 1배럴에 대한 원유가격은 30달러이며, 6개월 후에 원유를 인도하는 선물가격은 35달러이다. 원유를 6개월간 보관하는 비용은 배럴당 1달러(6개월 후에 지급하는 조건)이며, 6개월 단위 이자율은 5%이다.

(1) 나정유씨는 6개월 후에 100만배럴의 원유가 필요하다. 그는 선물계약을 하는 것이 좋은가 아니면 원유를 매입하여 보관하는 것이 좋은가?

(2) 균형상황이 되려면 선물의 가격은 얼마가 되어야 하는가?

15-5 펀드매니저인 김효리씨는 삼삼기업과 사사기업의 주식을 각각 100억원과 400억원만큼 가지고 있다. 삼삼기업의 베타는 1이며 사사기업의 베타는 2이다. 물음에 답하여라.

(1) 김효리씨가 운용하는 펀드의 베타는 얼마인가?

(2) 김효리씨는 주가변동의 위험을 회피하고자 한다. 현재 KOSPI200의 지수가 100이라 할 때 몇 단위를 매입(혹은 매도)해야 하는가?

(3) (2)와 같이 헤지를 하는 경우 모든 위험을 회피할 수 있는가? 그 이유는 무엇인가?

15-6 만기가 2년이며 액면가격이 132만원인 국채(할인채)의 가격은 100만원이다. 1년간 정기예금하는 경우 이자율이 10%라 할 때 물음에 답하여라.

(1) 김상한씨는 이 채권을 1년 후에 구입하려 한다. 김상한씨가 이 채권을 구입하기로 미리 계약한다면 적당한 선물가격은 얼마가 되는가?

(2) (1)처럼 계약한다면 김상한씨는 얼마의 금액을 얼마의 이자율로 미리 차입(혹은 대출)하는 결과가 되는가?

15-7 최대호씨는 15억원으로 삼성전자주식을 사는 방안과 KOSPI200 주가지수선물에 투자하는 방안을 검토하고 있다. 삼성전자주식을 구입하는 경우 전액 현금으로 투자해야 하지만 KOSPI200 주가지수선물에 투자하는 경우에는 거래액의 15%만 증거금으로 투자하면 된다.

(1) 삼성전자의 주가와 KOSPI200 주가지수선물의 가격이 10% 상승한 경우 각각의 투자수익률을 구하여라.

(2) 삼성전자의 주가와 KOSPI200 주가지수선물의 가격이 10% 하락한 경우 각각의 투자수익률을 구하여라.

(3) (1)번과 (2)번의 결과를 통해 선물거래의 레버리지효과에 대해 생각해 보라.

15-8 KOSPI200 현물가격은 100이며 만기가 1년 후인 KOSPI200 선물가격은 110이다. 이자율은 5%이며 배당은 없다고 가정하자. 물음에 답하여라.

(1) 이러한 상황은 균형인가?

(2) 현재의 상황이 불균형이라면 현물가격이 변해야 하는가 혹은 선물가격이 변해야 하는가?(선물시장으로 인해 현물시장이 영향받는 것을 'wag the dog effect' 라 한다)

제 16 장
옵션거래

옵션은 미래시점에 가서 상황이 유리할 경우에만 권리를 행사할 수 있는 조건부청구권이다. 선물과 함께 옵션도 금융위험을 관리하는데 매우 유용한 파생상품이어서 재무관리의 거의 모든 분야에서 이용된다. 이 장에서는 옵션이 갖는 경제적 기능과 옵션을 이용한 투자전략, 그리고 옵션가격결정모형에 대해 설명한다.

제 1 절 옵션의 개념

우리는 일상생활에서 가끔 옵션이라는 말을 사용한다. 예를 들어 광고문구에서 "광폭타이어는 옵션입니다" 라고 하든지 아파트 모델하우스에서 "원목마루는 옵션입니다" 라는 표현을 볼 수 있을 것이다. 이때 옵션의 의미는 수요자가 유리하면 선택하고 그렇지 않으면 선택하지 않을 수 있는 권한을 말한다.

증권으로서의 옵션도 이와 유사하다. 옵션(option)이란 '특정한 상품을 특정한 시점(혹은 특정한 기간내)에서 정해진 가격으로 사거나 팔 수 있는 권리'를 말한다. 다음과 같은 예를 들어보자.

예제 16-1

> 나권리씨는 1년 후에 삼성전자주식을 50만원에 매입할 수 있는 옵션을 강의무씨에게 3만원을 주고 구입하였다. 1년 후 삼성전자의 주가가 55만원이라면 나권리씨의 옵션의 보유이익은 얼마인가? 만약 1년 후 삼성전자의 주가가 45만원이라면 나권리씨의 옵션의 보유이익은 얼마인가?

나권리씨의 이익에 대해 생각하기 전에 먼저 옵션과 관련된 용어를 정의해 보기로 하자. 나권리씨는 삼성전자주식을 살 수 있는 옵션을 구입하였는데 이렇게 살 수 있는 옵션을 콜옵션(call option)이라 한다. 삼성전자주식을 50만원에 팔 수 있는 옵션도 있는데 이러한 옵션은 풋옵션(put option)이라 한다. 또한 거래대상이 되는 자산(여기에서는 삼성전자주식)을 기초자산(underlying asset)이라 한다.

권리가 행사되는 날을 만기일(expiration date)이라 하는데 만기에 따라 옵션도 두 가지 종류로 나눌 수 있다. 하나는 〈예제 16-1〉과 같이 만기일에만 행사가 가능한 옵션이며 다른 하나는 만기일 이전에라도 행사가 가능한 옵션이다. 만기일에만 행사가 가능한 옵션을 유럽형 옵션(European option)이라 하며 만기일까지는 언제라도 행사가 가능한 옵션을 미국형 옵션(American option)이라 한다. 미국형 옵션보다는 유럽형 옵션이 간단하여 다루기가 쉬운데 여기서는 유럽형 옵션만을 다루기로 한다.

〈예제 16-1〉에서 나권리씨는 50만원에 삼성전자 주식을 살 수 있는 옵션을 가지고 있는데 이때 50만원을 행사가격(excercise price 혹은 strike price)라 하며 옵션의 가격을 보통 옵션프리미엄(option premium)이라 한다.

이제 〈예제 16-1〉에서 나권리씨의 만기시의 옵션의 보유이익을 생각해 보자(옵션을 산 가격, 즉 옵션프리미엄은 무시한다). 만기에 삼성전자의 주가가 55만원인 경우 나권리씨는 이를 50만원에 살 수 있으므로 5만원의 이익을 얻게 된다. 그러나 삼성전자의 주가가 45만원이라면 나권리씨는 5만원의 손실을 보게 되는가? 선물계약의 경우에는 반드시 계약을 이행해야 하기 때문에 이 경우 5만원만큼 손실을 보게 되지만 옵션의 경우에는 계약의 이행이 손해가 되는 경우에는 언제나 포기할 수 있다. 즉, 옵션은 권리만으로 구성된 증권이다. 따라서 삼성전자의 주가가 45만원이라면 나권리씨는 옵션을 포기하게 될 것이며 그의 이익은 0이 된다.

옵션을 매입한 투자자가 항상 권리만을 갖게 된다는 것은 옵션을 매도한 투자자는 언제나 의무만을 부담한다는 것을 의미한다. 〈예제 16-1〉에서 만기시의 삼성전자의 주가가 55만원인 경우 강의무씨의 이익은 −5만원이 되며, 삼성전자의 주가가 45만원인 경우에는 이익이 0이 될 것이다.[1] 따라서 옵션의 발행자는 항상 이에 대한 대가를 요구하게 되는데 이 대가가 바로 옵션의 가격, 즉 옵션프리미엄인 것이다.

예제 16-2

〈예제 16-1〉과 동일한 상황에서 나권리씨가 강의무씨에게 삼성전자 주식을 50만원에 팔 수 있는 풋옵션을 구입했다고 하자. 만기시의 주가가 45만원이라면 나권리씨의 옵션의 보유이익은 어떻게 되는가? 만약 만기시의 주가가 55만원이라면 나권리씨의 옵션의 보유이익은 어떻게 되는가?

만기시의 주가가 45만원인 경우 나권리씨는 주식시장에서 삼성전자의 주식을 45만원에 사서 나권리씨에게 50만원에 매도할 수 있으므로 5만원의 이익을 올릴 수 있을 것이다. 반대로 만기시의 주가가 55만원인 경우 그는 풋옵션을 포기할 것이므로 그의 이익은 0이 된다.

이제 콜옵션과 풋옵션의 보유이익을 비교해 보자. 콜옵션의 경우 행사가격 이하로 주가가 떨어지면 이익은 0이 되나 행사가격 이상으로 주가가 상승하면 상승한 만큼 이익이 된다. 즉, 콜옵션은 주가가 올라야 이익이 되는

1) 옵션의 매도자와 매수자의 이익을 합하면 언제나 0이 되어 선물과 같이 제로섬(zero sum)의 특징을 갖는다.

2) 옵션은 기초자산의 가격에 따라 가치가 변화하게 되는데 이러한 이유에서 옵션을 조건부 청구권(contingent claim)으로서의 성격을 갖는다고 한다.

증권이다. 반대로 풋옵션은 행사가격 이상 주가가 상승하면 이익은 0이 되며 행사가격 이하로 주가가 하락하는 경우 주가가 하락한 만큼 이익이 발생한다.[2] 따라서 이론적으로 보면 콜옵션의 만기시의 최대이익은 무한대가 되며 풋옵션의 만기시의 최대이익은 행사가격이 될 것이다.

제 2 절 옵션의 경제적 기능

1. 위험의 헤지기능

옵션거래를 이용하면 앞으로의 가격변동으로부터 자신의 재산을 보호할 수 있을 뿐 아니라 경우에 따라서는 추가적인 이익의 획득도 가능하다. 〈예제 16-3〉을 살펴보자.

예제 16-3

김철수씨는 삼성전자주식 1주를 가지고 있다. 그는 1년 후에 이를 매도할 예정인데 그때 주가가 하락하여 손해를 볼 것을 걱정하고 있다. 그는 삼성전자주식을 50만원에 매도할 수 있는 풋옵션이 있다는 사실을 알았다. 이 풋옵션의 만기는 1년 후이다. 그가 삼성전자주식에 대한 풋옵션을 매입한 경우, 1년 후 삼성전자의 주가가 50만원 이하로 하락하면 그의 재산은 얼마가 되는가? 만약 삼성전자의 주가가 50만원 이상이면 그의 재산은 얼마가 되는가?

만기시에 삼성전자의 주가가 50만원 이하라면 김철수씨는 풋옵션을 행사할 것이다. 풋옵션의 발행자에게 삼성전자의 주식을 50만원에 매도할 수 있으므로 그는 주가가 50만원 이하로 하락하는 경우 그의 재산은 50만원이 된다. 그러나 만기시의 주가가 50만원 이상인 경우 그는 풋옵션을 행사하지 않을 것이며 그의 재산은 주가가 된다.

이러한 사실을 보면 풋옵션은 일종의 보험의 역할을 함을 알 수 있는데

〈예제 16-3〉에서 풋옵션은 김철수씨의 재산이 50만원 이하로 떨어지는 것을 막아주는 일종의 보험이 되는 것이다.

예제 16-4

홍현희양은 현금이 생기는 1개월 후에 삼성전자주식을 매입하려고 한다. 현재 삼성전자의 주가는 50만원인데 그녀는 그 사이에 삼성전자의 주가가 폭등하여 비싼 가격에 매입하지 않을지 우려하고 있다. 이러한 상황에서 그녀는 만기가 1개월 후이며 행사가격이 50만원인 삼성전자주식에 대한 콜옵션을 매입하였다. 삼성전자의 주가가 상승하는 경우와 하락하는 경우 홍현희양은 얼마의 가격으로 주식을 매입할 수 있는가?

삼성전자의 주가가 50만원 이상 상승하면 홍현희양은 콜옵션을 가지고 있으므로 50만원에 매입할 수 있다. 반대로 50만원 이하로 하락하는 경우에는 홍현희양은 옵션을 포기하고 낮은 가격에 주식을 매입하면 된다. 따라서 콜옵션을 가지고 있는 경우에는 만기시의 주가와 관계없이 50만원 이하에 주식을 매입하게 될 것이다.

예제 16-5

삼성전자주식 1주를 가지고 있는 이동욱군은 만기가 1년 후인 삼성전자주식에 대한 콜옵션을 매도하고 풋옵션을 매입하였다. 콜옵션과 풋옵션의 행사가격은 모두 50만원이라 할 때 이동욱군의 만기시의 재산은 얼마가 되는가?

주가가 상승하여 57만원이라 하자. 이 경우 이동욱군은 풋옵션에서 7만원의 손실을 보게 되며, 콜옵션은 가치가 없으므로 이동욱군의 재산은 50만원(=주가(57만원)+풋옵션 이익(−7만원))이 된다. 반대로 주가가 하락하여 45만원이라 하자. 이때 이동욱군은 콜옵션에서 5만원의 이익을 보게 되므로 이동욱군의 재산은 50만원(=주가(45만원)+콜옵션 이익(5만원))이 된다.

이러한 논리를 확장하면 이동욱군의 재산은 만기시 삼성전자의 주가와 관계없이 50만원이 됨을 알 수 있다.

2. 레버리지기능

현물을 보유하고 있거나 매입할 예정인 투자자가 적절히 옵션을 이용하면 위험에 대해 헤지를 할 수 있다. 하지만 옵션에만 투자하는 경우에는 현물에만 투자하는 경우에 비해 미래에 이익이 발생할 때에는 그 이익이 더 커지지만 반대로 손실이 발생하는 경우에는 그 손실이 더욱 커지게 되는데 이러한 손익확대기능을 레버리지(leverage)기능이라 한다.

예제 16-6

현대기업의 현재주가는 5만원이며, 만기가 1년 후이고 행사가격이 5만원인 콜옵션의 가격은 5,000원이다. 김철수씨는 현대기업의 주식을 1주 매입하는 방안과 현대기업에 대한 콜옵션 10주를 매입하는 방안을 생각하고 있다.

(1) 1년 후 주가가 6만원으로 상승한다면 주식을 매입하는 경우의 수익률과 옵션을 매입하는 경우의 수익률은 얼마인가?

(2) 1년 후 주가가 4만원으로 하락한다면 각각의 수익률은 얼마인가?

1년 후 주가가 상승한다면 주식을 매입한 경우에는 20%의 수익률(=1만원/5만원)을 얻게 된다. 만약 콜옵션을 매입했다면 콜옵션 1주당 1만원의 이익을 얻게 되므로 수익률은 다음과 같이 된다.

$$\frac{10,000 \times 10}{50,000} - 1 = 1(100\%)$$

같은 방법으로 주가가 4만원으로 하락했다면 주식을 매입한 경우에는 −20%의 수익률을 기록하게 된다. 만약 콜옵션을 매입하게 되면 주가가 하락하면 그는 투자원금을 모두 잃게 될 것이다. 따라서 콜옵션을 매입하는 경우의 수익률은 −100%가 된다.

〈예제 16-6〉에서와 같이 옵션에만 투자하는 경우에는 주식에 투자하는 경우에 비해 손익이 크게 확대되는데 옵션을 매입하는 경우에 최대 손실은 −100%가 된다. 이러한 점에서 일부 투자자는 옵션을 복권처럼 생각하는 경향이 있는데 다음의 예를 보자.

예제 16-7

9 · 11테러로 주가가 크게 하락하여 풋옵션을 매입한 투자자가 큰 이익을 본 이후 외가격옵션(out of the money option)에 대한 투자가 급증하여 우리나라 옵션시장의 거래량이 세계 최대가 되었다. 개인투자자의 경우에는 대부분 옵션을 매입하며 옵션을 매입하는 투자자는 많지 않다.

행사가능성이 별로 없는 옵션을 외가격옵션이라 한다. 풋옵션의 경우 행사가격은 10,000원인데 현재 주가가 15,000원이라면 이는 외가격옵션이 된다.[3] 이러한 옵션은 가격이 매우 낮게 형성이 되는데 일부 투자자가 외가격풋옵션을 매입하였다가 9 · 11테러로 주가가 급락하는 바람에 최대 수백 배까지의 큰 이익을 얻었다. 이를 계기로 많은 투자자가 큰 이익을 바라고 외가격옵션을 매입하는 경향이 많아졌는데 이러한 행태는 최대 손실이 옵션의 가격이라는 점에서 당첨이 되지 않으면 매입금액을 모두 잃게 되는 복권과 유사하다.

3. 신금융상품의 창조기능

옵션을 이용하면 전통적인 금융상품에서는 얻을 수 없었던 다양한 형태의 미래 현금흐름을 도모할 수 있기 때문에 새로운 금융상품을 만들 수 있다. 이렇게 새로운 현금흐름을 가져다 주는 신금융상품의 설계과정을 연구

3) 반대의 경우를 내가격옵션(in the money option)이라 하며 행사가격과 현재 주가가 같은 경우에는 등가격옵션(at the money option)이라 한다.

하는 것이 재무공학(financial engineering)이다. 옵션을 이용한 투자전략의 예는 다음 절에서 설명하기로 하고 간단한 예를 하나만 보기로 하자.

예제 16-8

주가연동형증권(Equity Linked Security : ELS)이란 주가에 연동하여 수익을 얻을 수 있는 증권이다. 예를 들어 1년 후 주가가 현재보다 낮으면 원금을 보전해 주되 주가가 현재보다 상승하면 상승분의 50%를 수익으로 제공하는 증권이 주가연동형증권이다. 옵션을 이용하면 이러한 주가연동형증권의 창출이 가능한데 구체적으로 어떻게 가능한가 생각해 보자.

가장 간단한 형태의 주가연동형증권을 만드는 방법은 채권과 콜옵션을 같이 매입하는 것이다. 즉, 투자액의 95% 가량을 국공채에 투자하고 나머지 5% 가량은 주가지수 콜옵션에 투자한다. 이 경우 주가와 관계없이 국공채에 투자한 원리금으로 투자액을 회수할 수 있으며 주가가 상승하면 추가적인 이익을 얻을 수 있으므로 이를 투자자에게 배분함으로써 채권투자의 안정성과 주식투자의 수익성을 동시에 달성할 수 있게 된다.

제 3 절 옵션투자전략

콜옵션이나 풋옵션, 기초자산을 결합하면 여러 가지 형태의 수익구조를 만들어 낼 수 있는데 본절에서는 옵션을 이용한 투자전략에 대해 설명하기로 한다.

예제 16-9

누리기업의 주식은 현재 5만원인데 1년 후 이 주식을 5만원에 매입할 수 있는 콜옵션의 가격은 1만원이며, 이 주식을 5만원에 매도할 수 있는 풋옵션의 가격은 5,000원이다. 콜옵션 및 풋옵션을 구입한 사람과 발행한 사람의 이익을 그래프로 표시하라.

옵션의 이익을 생각하는 경우에는 주가가 행사가격보다 높은 경우와 낮은 경우로 나누어 생각하는 것이 좋다. 먼저 콜옵션 매입자의 이익을 생각해 보자. 콜옵션의 매입자는 만기시 주가가 5만원 이하인 경우에는 행사를 포기할 것이므로 만기시 주가와 관계없이 이익은 0이 된다. 그러나 주가가 5만원 이상인 경우에는 상승한 만큼이 이익이 된다. 이를 요약하면 다음과 같다.[4)]

콜옵션보유시의 이익

$$= \begin{cases} 0 & \text{만기주가} \leq \text{행사가격(5만원)} \\ \text{만기주가} - \text{행사가격(5만원)} & \text{만기주가} > \text{행사가격(5만원)} \end{cases}$$

그런데 이러한 이익은 구입가격을 고려하지 않은 것이다. 구입가격을 고려하면 콜옵션 매입자의 이익은 다음과 같이 된다.[5)]

콜옵션매입자의 이익

$$= \begin{cases} -1\text{만원} & \text{만기주가} \leq \text{행사가격(5만원)} \\ \text{만기주가} - \text{행사가격(5만원)} - 1\text{만원} & \text{만기주가} > \text{행사가격(5만원)} \end{cases}$$

〈그림 16-1〉은 이러한 상황을 그래프로 나타낸 것이다.

4) 이를 간단히 표시하면 다음과 같다.
콜옵션 소유자의 이익 = max(0, 만기시 주가 − 행사가격)

5) 여기에서는 화폐의 시간적 가치는 무시하기로 한다. 만약 화폐의 시간적 가치를 고려한다면 만기시의 이익은 구입가격×(1 + 이자율)이 될 것이다.

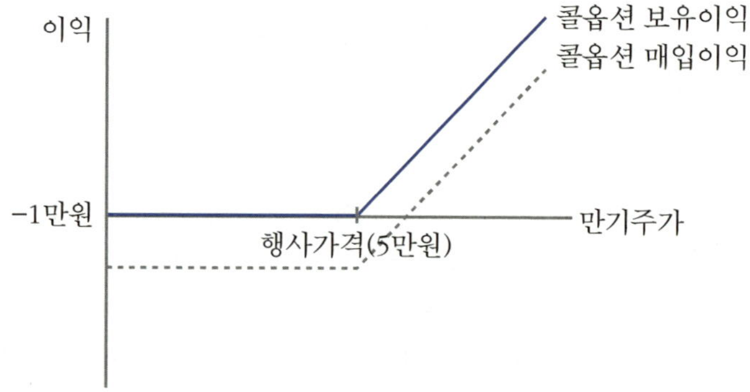

그림 16-1 콜옵션 보유(매입)시 이익

이번에는 콜옵션 발행시의 이익을 생각해 보자. 만기주가가 5만원 이하인 경우에는 콜옵션을 행사하지 않을 것이므로 콜옵션 발행시의 이익은 0이 된다. 그러나 만기주가가 행사가격인 5만원을 넘게 되면 콜옵션을 행사할 것이고 이에 따라 콜옵션의 발행자는 주가가 행사가격을 넘는 만큼 손실을 입게 된다. 즉, 콜옵션보유자의 이익만큼 콜옵션 발행자는 손실을 입게 되는 것이다. 이를 요약하면 다음과 같다.

$$\text{콜옵션발행시의 이익} = \begin{cases} 0 & \text{만기주가} \le \text{행사가격(5만원)} \\ \text{행사가격(5만원)} - \text{만기주가} & \text{만기주가} > \text{행사가격(5만원)} \end{cases}$$

그런데 이러한 이익은 매도가격을 고려하지 않은 것이다. 매도가격을 고려하면 콜옵션 매도자의 이익은 다음과 같이 된다.

$$\text{콜옵션매도자의 이익} = \begin{cases} \text{1만원} & \text{만기주가} \le \text{행사가격(5만원)} \\ \text{행사가격(5만원)} - \text{만기주가} + \text{1만원} & \text{만기주가} > \text{행사가격(5만원)} \end{cases}$$

〈그림 16-2〉는 이러한 상황을 그래프로 나타낸 것이다.

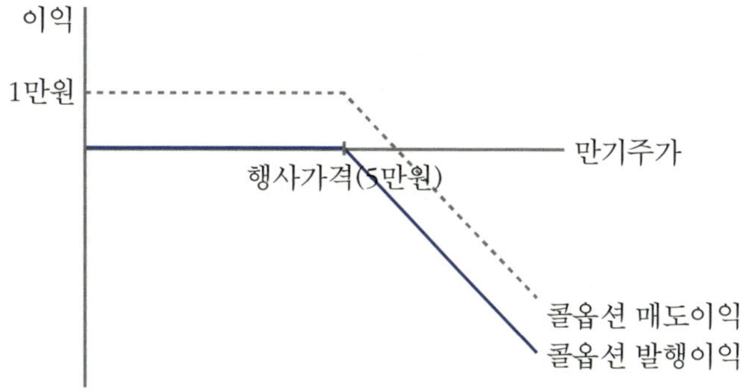

그림 16-2 콜옵션 발행(매도)시 이익

풋옵션의 매입자나 매도자의 이익도 콜옵션의 경우와 동일한 방법으로 구할 수 있다. 풋옵션이 콜옵션과 다른 점은 만기시 주가가 행사가격보다 낮아야 행사가 되며 이에 따라 풋옵션의 매입자(매도자)는 주가가 행사가격보다 낮은 만큼 이익(손실)을 본다는 점이다.

풋옵션 보유자의 이익(매입비용을 고려하지 않은 경우)과 풋옵션 매입자의 이익(매입비용을 고려한 경우)의 이익은 다음과 같이 표시할 수 있다.

$$\text{풋옵션보유시의 이익} = \begin{cases} 0 & \text{만기주가} > \text{행사가격(5만원)} \\ \text{행사가격(5만원)} - \text{만기주가} & \text{만기주가} \le \text{행사가격(5만원)} \end{cases}$$

$$\text{풋옵션매입자의 이익} = \begin{cases} -5{,}000\text{원} & \text{만기주가} > \text{행사가격(5만원)} \\ \text{행사가격(5만원)} - \text{만기주가} - 5{,}000\text{원} & \text{만기주가} \le \text{행사가격(5만원)} \end{cases}$$

이러한 내용을 그림으로 표시하면 〈그림 16-3〉과 같다.

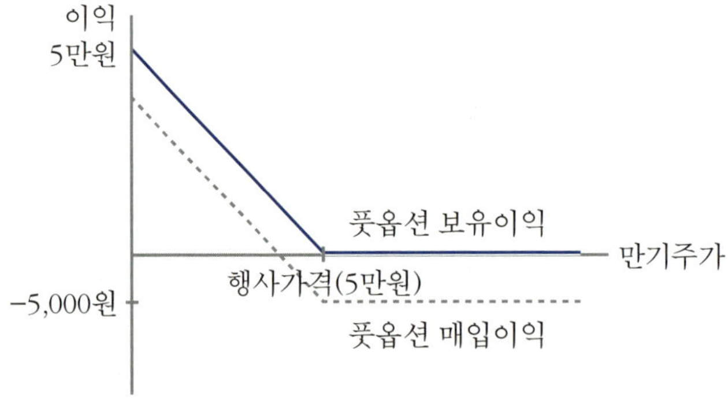

그림 16-3 풋옵션 보유(매도)시 이익

풋옵션발행시의 이익

$$= \begin{cases} 0 & \text{만기주가} \geq \text{행사가격(5만원)} \\ \text{만기주가} - \text{행사가격(5만원)} & \text{만기주가} < \text{행사가격(5만원)} \end{cases}$$

풋옵션매도자의 이익

$$= \begin{cases} \text{5,000원} & \text{만기주가} \geq \text{행사가격(5만원)} \\ \text{만기주가} - \text{행사가격(5만원)} + \text{5,000원} & \text{만기주가} < \text{행사가격(5만원)} \end{cases}$$

이러한 내용을 그림으로 그리면 〈그림 16-4〉와 같다.

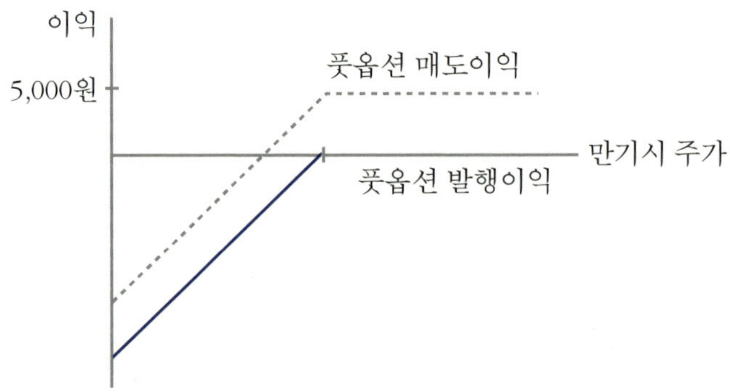

16-4 풋옵션 발행(매도)시 이익

지금까지는 풋옵션이나 콜옵션을 매입 혹은 매도한 경우를 살펴보았는데 이러한 상황을 순수포지션(naked 혹은 uncovered position)이라 한다. 그러나 투자자는 기초자산과 이에 대한 옵션을 동시에 가질 수 있는데 이러한 상황을 헤지포지션(hedge position)이라 한다.

예제 16-10

홍기현씨는 천잠전기주식과 천잠전기주식에 대한 풋옵션을 가지고 있다. 천잠전기주식에 대한 풋옵션의 행사가격이 5만원이라 할 때 홍기현씨의 만기시의 재산은 얼마인가? 그래프를 그려서 설명하라.

만기시 주가가 5만원 이상이면 풋옵션은 행사하지 않을 것이므로 주가 자체가 홍기현씨의 재산이 된다. 그러나 주가가 5만원 이하이면 풋옵션의 가치는 다음과 같이 된다.

$$\text{풋옵션의 가치} = \text{행사가격(5만원)} - \text{만기주가}$$

따라서 만기시에 주가가 5만원 이하인 경우 홍기현씨의 재산은 다음과 같이 5만원이 된다.

$$\begin{aligned}\text{만기주가} + \text{풋옵션의 가치} &= \text{만기주가} + \text{행사가격(5만원)} - \text{만기주가} \\ &= \text{5만원}\end{aligned}$$

이를 그림으로 표시하면 〈그림 6-5〉와 같다.

〈그림 6-5〉를 보면 주식과 풋을 동시에 가지고 있으면 자신의 재산이 행사가격인 5만원 이하로 하락하지 않는다는 사실을 알 수 있는데 이런 의미에서 이러한 전략을 protective put이라 한다(〈예제 16-2〉를 참조하라).

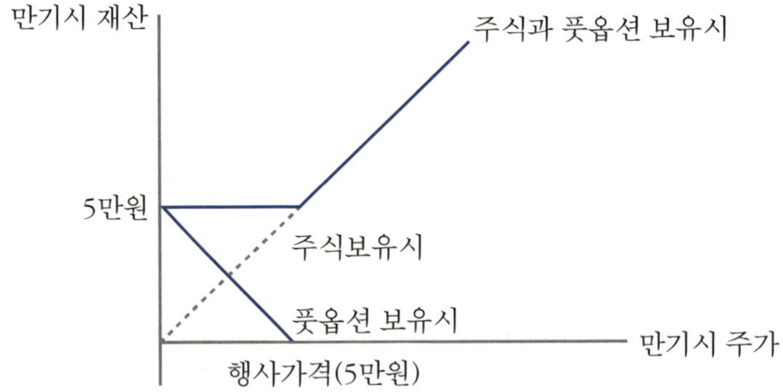

16-5 주식과 풋옵션 보유시 재산상황

예제 16-11

〈예제 16-10〉에서 홍기현씨는 주식과 풋옵션을 보유했을 뿐 아니라 행사가격이 5만원이고 풋옵션과 만기가 같은 콜옵션을 발행한 상황이라 하자. 만기시의 홍기현씨의 재산은 어떻게 되는가?

먼저 만기시의 주가가 5만원 이하인 경우를 생각해 보자. 이 경우에는 콜옵션은 행사되지 못하므로 홍기현씨는 주식과 풋옵션만을 보유하는 경우와 동일하게 되어 재산은 5만원이 될 것이다. 이제 주가가 5만원 이상인 경우를 생각해 보자. 이 경우는 풋옵션은 행사되지 못하므로 홍기현씨는 주식을 보유하고 콜옵션을 발행한 상황과 동일하다. 주가가 5만원 이상인 경우 콜옵션의 가치는 다음과 같다.

콜옵션의 가치 = 만기시 주가 − 행사가격(5만원)

따라서 주가가 5만원 이상인 경우 홍기현씨의 재산은 다음과 같이 5만원이 된다.

만기시 주가 − 콜옵션의 가치
= 만기시 주가 − (만기시 주가 − 행사가격(5만원))
= 5만원

〈예제 16-11〉에서 보듯이 주식을 1주 보유하는 동시에 동일한 행사가격과 만기를 갖는 풋옵션을 보유하고 콜옵션을 발행한 상황은 동일한 만기를 갖고 액면가격이 옵션의 행사가격과 같은 무위험채권을 보유하는 경우와 동일하다는 사실을 알 수 있는데 이를 이용하면 다음의 식이 성립한다.

주식의 가격 + 풋옵션의 가격 − 콜옵션의 가격 = 무위험채권의 가격

이러한 관계에서 우리는 주식의 가격과 무위험자산의 가격을 안다면 콜옵션(풋옵션)의 가격을 구하면 풋옵션(콜옵션)의 가격을 구할 수 있는데 이러한 관계를 풋-콜 등가관계(put-call parity)라 한다.

제 4 절 옵션의 가격결정모형

지금까지 옵션의 만기시의 이익구조에 대해 살펴보았다. 우리는 만기시의 이익에도 관심을 갖지만 더욱 관심이 있는 것은 이러한 이익을 제공해주는 옵션의 가격이 얼마가 되어야 하는가이다. 예를 들어 현재 삼성전자의 주가가 50만원인데 1년 후 삼성전자 주식을 50만원에 살 수 있는 콜옵션이 있을 때 이의 가격이 얼마가 적절한가라는 문제가 된다. 본절에서는 옵션의 가격을 결정하는 문제를 살펴보기로 하자.

1. 옵션의 가격에 영향을 주는 요인

옵션의 가격을 구하기 전에 먼저 옵션의 가격에 영향을 미치는 요인을 살펴보기로 한다.

(1) 콜옵션의 가치에 영향을 미치는 요인

콜옵션의 가치에 영향을 미치는 요인은 먼저 기초주식의 가격 및 행사가격을 들 수 있다. 콜옵션은 일정한 가격에 기초주식을 살 수 있는 권한이므로 현재의 주가가 높을수록, 행사가격이 낮을수록 더 큰 이익을 기대할 수

있다. 따라서 콜옵션은 현재주가가 높을수록 가치가 커지며 행사가격이 높을수록 가치가 낮게 된다.

이번에는 기초주식의 분산에 대해 생각해 보자. 다른 조건이 동일하다면 기초주식의 분산이 클수록 콜옵션의 가치는 커지게 되는데 다음의 예를 생각해 보자.

예제 16-12

주식 1과 주식 2의 현재주가는 모두 10만원이다. 주식 1은 1년 후 불황이 되면 주가가 8만원이 될 것으로 기대되며 호황이 되면 주가가 12만원이 될 것으로 기대된다. 주식 2는 불황시 주가가 5만원이 되며 호황시에는 주가가 15만원이 될 것으로 예측된다. 콜옵션 1과 콜옵션 2는 각각 주식 1과 주식 2를 1년 후에 살 수 있는 옵션으로 행사가격은 모두 10만원으로 동일하다. 어떠한 콜옵션의 만기이익이 큰가? 이를 토대로 어떠한 옵션의 가격이 높아야 하는가를 생각해 보라.

콜옵션 1을 가지면 1년 후 불황이 되면 이익이 0이 되며, 호황이 되면 이익이 2만원이 된다. 반면 콜옵션 2를 가지면 불황이 되면 이익이 0이 되나 호황이 되면 이익이 5만원이 된다. 따라서 기초자산의 변동성이 큰 콜옵션 2의 가치가 커야 한다.

변동성이 큰 자산에 대한 콜옵션의 가치가 크다는 사실은 옵션의 특징을 생각해 보면 쉽게 이해할 수 있다. 변동성이 크다는 것은 큰 손실을 볼 수도 있지만 큰 이익도 볼 수 있다는 의미이다. 따라서 위험을 회피하는 투자자는 이러한 자산을 회피하게 된다. 하지만 옵션은 불리하면 행사하지 않을 수 있는 권한만으로 구성된 증권이므로 큰 손실을 보는 상황에 대해서는 고려하지 않아도 된다. 이에 따라 콜옵션의 소유자는 큰 이익을 얻을 수 있는 변동성이 큰 자산에 대한 옵션을 선호하는 것이다.

이제 만기가 콜옵션의 가치에 미치는 영향을 생각해 보자. 만기가 길어지면 콜옵션의 가치는 커지는 경향이 있는데 이는 만기가 길어질수록 기초자산가격에 대한 불확실성(분산)이 커지며, 행사가격의 현가가 작아져 실질적인 행가가격이 낮아지는 효과가 있기 때문이다. 이를 이해하기 위해 다음의 예를 살펴보기로 하자.

예제 16-13

안산전기의 주식은 15만원인데 1년 후에 이 주식을 11만원에 구입할 수 있는 콜옵션이 있다. 1년 후 안산전기의 주식가격은 불황이 되면 12만원이 되며 호황이 되면 18만원이 될 것이다. 당신에게 다음과 같은 두 가지 제안이 있다면 어떠한 제안을 선택할 것인가? 단, 무위험이자율은 10%이다.

제안 1 : 지금 안산전기의 주식을 지급한다.

제안 2 : 지금 콜옵션과 행사가격의 현재가치인 10만원(=11만원/(1 + 0.1))을 지급한다.

제안 2를 받아들이는 경우 1년 후에 안산전기의 주식을 하나 확보할 수 있으므로 두 제안의 가치는 동일하다.[6] 이러한 사실은 주식 1주를 확보하기 위해 지금 필요로 하는 것은 콜옵션과 행사가격의 현가라는 것을 의미한다. 따라서 행사가격의 현가가 실질적인 행사가격이라 할 수 있는데 만기가 길어질수록 행사가격의 현가가 작아지므로 실질적인 행사가격이 낮아지는 효과가 발생한다.

이러한 논리를 연장하면 무위험이자율이 콜옵션의 가치에 미치는 영향도 알 수 있다. 무위험이자율이 높아지게 되면 행사가격의 현가는 낮아지게 된다. 따라서 무위험이자율의 증가는 콜옵션가치의 증가를 가져오게 된다.

2) 풋옵션의 가치에 영향을 주는 요인

풋옵션은 만기에 일정한 가격으로 기초주식을 매도할 수 있는 권리이다. 따라서 현재의 주가가 낮을수록 그리고 행사가격이 높을수록 풋옵션의 현재가치는 커지게 될 것이다.

---

6) 이 예에서는 만기시의 주가가 행사가격보다 항상 높으므로 언제나 행사가 가능하다. 만약 만기시 주가가 행사가격보다 낮은 경우가 발생한다면 제안 2의 가치가 더 높게 된다.

주식의 분산이 커지게 되면 풋옵션의 가치는 증가하게 되는데 이에 대한 논리는 콜옵션의 경우와 동일하다. 분산이 크다는 것은 기초주식의 가격이 많이 하락하거나 상승한다는 의미인데, 주가가 상승하는 경우(즉 손해가 되는 경우)에는 옵션을 포기하면 되므로 풋옵션의 소유자는 크게 주가가 하락하여 큰 이익을 얻는 부분만 관심을 갖게 되는 것이다.

이번에는 만기가 풋옵션의 가치에 미치는 영향을 생각해 보자. 콜옵션의 경우처럼 만기가 증가하면 불확실성(분산)이 커지며 실질적인 행사가격이 낮아지는 효과가 있다. 콜옵션의 경우에는 양자가 모두 가치를 증가시키는 요인으로 작용하여 만기가 증가하면 콜옵션의 가치가 상승하게 되었지만 풋옵션의 경우에는 두 요인은 상반된 작용을 하게 된다. 즉, 불확실성이 커지는 것은 풋옵션의 가치를 증대시키는 요인이지만 실질적인 행사가격을 낮추는 것은 풋옵션의 가치를 하락시키는 요인이 된다. 따라서 만기의 증가가 풋옵션의 가치에 미치는 영향은 일률적으로 정할 수 없으며 양자의 크기에 따라 효과가 결정된다.

마지막으로 무위험이자율이 풋옵션의 가치에 미치는 영향을 생각해 보자. 무위험이자율이 증가하면 실질적인 행사가격을 낮추게 되는데 이는 풋옵션의 가치를 하락시키는 요인이 된다. 즉 무위험이자율과 풋옵션의 가치는 반대방향으로 움직인다. 이러한 내용을 요약하면 〈표 16-1〉과 같다.[7)]

〈표 16-1〉 옵션가격의 결정요인

결정요인	콜옵션	풋옵션
현재주가	+	−
행사가격	−	+
분산	+	+
만기	+	?
무위험이자율	+	−

7) 옵션의 가격을 결정하는 이론에서는 일반적으로 주식은 배당을 지급하지 않는다고 가정한다. 만약 주식이 배당을 지급한다면 이는 주가의 하락으로 연결되므로 배당은 콜옵션의 가치에는 음의 영향을, 풋옵션의 가치에는 양의 영향을 주게 될 것이다.

2. 옵션의 가격결정모형

옵션의 가격결정모형은 Black과 Scholes의 연구 이후 많은 방향으로 연구되어 왔다. 현재에도 가장 많이 사용되는 모형이 Black-Scholes의 모형이지만 이들의 모형은 직관적으로 이해하기가 어렵다. 따라서 본절에서는 근본적으로 Black-Scholes의 모형과 동일한 결과를 가져오지만 이해하기 쉬운 이항옵션가격결정모형에 대해 공부하기로 한다.

이항옵션가격결정모형에서는 1기 후 주가는 상승과 하락의 두 가지 경우만 발생한다고 가정한다. 다음과 같은 예를 생각해 보자.

예제 16-14

현대기업의 현재주가는 10,000원이며 1기 후 주가가 상승하면 14,000원, 주가가 하락하면 8,000원이 될 것이다. 주가의 상승확률과 하락확률은 각각 0.5이다. 현대기업의 주식을 1기 후 12,000원에 구입할 수 있는 콜옵션이 존재한다. 김길수씨는 현대기업의 주식을 1주 보유하고 있는데 그가 콜옵션을 1개 발행한 경우의 1기 후 재산을 구하라. 그가 콜옵션을 2개 발행한 경우의 재산은 얼마인가? 또한 콜옵션을 3개 발행한 경우의 재산은 얼마인가?

현대기업의 주식을 매입할 수 있는 콜옵션은 주가가 상승하면 가치가 상승하게 된다. 따라서 현대기업의 주식을 가지고 있는 김길수씨가 콜옵션을 발행한다면 주가의 상승으로 인한 이익 중 일부를 콜옵션의 발행에 대한 손실로 상쇄하는 결과를 가져오는데 이렇게 주식을 보유한 상황에서 콜옵션을 발행하는 것을 covered call이라 한다.

먼저 콜옵션을 1개 발행한 경우를 생각해 보자. 주가가 상승하면 콜옵션의 만기시 가치는 2,000원이 되며 주가가 하락하는 경우에는 콜옵션의 만기시 가치는 0이 될 것이다. 따라서 콜옵션 1개를 발행한 김길수씨의 재산은 다음과 같다.

주가하락시 : 주가(14,000원) − 콜옵션의 가치(2,000원) = 12,000원
주가상승시 : 주가(8,000원) − 콜옵션의 가치(0원) = 8,000원

이러한 논리를 적용하면 콜옵션을 2개 발행한 경우의 김길수씨의 재산을 구할 수 있다.

주가하락시 : 주가(14,000원) − 2개×콜옵션의 가치(2,000원)
= 10,000원
주가상승시 : 주가(8,000원) − 2개×콜옵션의 가치(0원) = 8,000원

또한 콜옵션을 3개 발행한 경우의 김길수씨의 재산은 다음과 같다.

주가하락시 : 주가(14,000원) − 3개×콜옵션의 가치(2,000원)
= 8,000원
주가상승시 : 주가(8,000원) − 3개×콜옵션의 가치(0원) = 8,000원

이러한 과정을 생각해 보자. 김길수씨가 주식만 가지고 있으면 그는 주가가 상승하면 재산이 증가하나 주가가 하락하면 재산이 적어지게 된다. 그러나 김길수씨는 콜옵션을 발행하면 주가상승과 하락시의 재산의 변화폭을 줄일 수 있게 되는데 이때 '적당히' 콜옵션을 발행하게 되면 그는 주가가 상승하든 하락하든 재산에 변동이 없는 무위험포트폴리오(혹은 헤지포트폴리오)를 구성할 수 있게 된다. 〈예제 16-14〉에서 김길수씨는 3개의 콜옵션을 발행하면 위험을 없앨 수 있는데 이때 3을 헤지비율(hedge ratio)이라 한다.

예제 16-15

홍길자씨는 현재 일정액을 투자하면 1년 후 110만원을 얻는 무위험한 투자안을 제안받았다. 무위험이자율이 10%인 경우 홍길자씨는 얼마를 투자할 용의가 있는가?

이 투자안은 위험이 없으므로 투자안의 현재가치는 100만원(=110만원/(1 + 0.1))이며 균형상황에서 홍길자씨는 100만원을 투자할 용의가 있을 것이다. 이러한 예가 의미하는 것은 무위험자산 혹은 포트폴리오의 가치는 미래 얻게 되는 현금흐름을 무위험이자율로 할인한 것이라는 점이다. 〈예제 16-16〉을 살펴보자.

예제 16-16

〈예제 16-14〉와 같은 상황에서 김길수씨는 현대주식을 1주 매입하고 콜옵션을 3개 매도하였다. 콜옵션 1개당 현재가격을 C원이라 하면 그가 순투자한 금액은 얼마인가? 균형상황에서 순투자금액은 얼마가 되어야 하는가? 무위험이자율은 10%라 하자.

김길수씨는 주식을 매입하는데 10,000원을 투자하였으며 콜옵션 3개를 1주당 C원에 매도하였으므로 순투자액은 다음과 같이 된다.

$$10{,}000\text{원} - 3 \times C\text{원}$$

그런데 이렇게 투자하면 1기 후 위험이 없이 항상 8,000원을 얻을 수 있으므로 균형상황에서 순투자액은 다음과 같이 7,273원이 되어야 한다.

$$\frac{8,000\text{원}}{1 + 0.1} = 7{,}273\text{원}$$

따라서 다음의 식이 성립해야 하는데 이 관계에서 우리는 콜옵션의 가격이 909원이 되어야 한다는 사실을 알 수 있다.

$$10{,}000\text{원} - 3 \times C\text{원} = 7{,}273\text{원}$$

예제 16-17

〈예제 16-16〉에서 김길수씨가 주식을 1주 매입하고 콜옵션 3개를 주당 909원에 매도한 경우 수익률은 얼마인가? 이는 균형상황인가?

김길수씨가 주식을 1주 매입하고 콜옵션 3개를 매도하게 되면 순 투자액은 7,273원(10,000원−909원×3개)이 된다. 그런데 그는 1기 후 8,000원을 얻게 되므로 그의 수익률은 10%가 된다.[8] 무위험이자율이 10%이므로 이러한 상황은 균형이다.

이제 풋옵션의 가치를 구해 보자. 풋옵션의 가치를 직접 구할 수도 있으나 콜옵션의 가치를 구한 후 풋-콜 등가이론을 이용해 구하는 방법에 대해 알아보자.

예제 16-18

> 현대기업의 현재주가는 10,000원이며 1기 후 주가가 상승하면 14,000원, 주가가 하락하면 8,000원이 될 것이다. 주가의 상승확률과 하락확률은 각각 0.5이다. 현대기업의 주식을 1기 후 12,000원에 매도할 수 있는 풋옵션의 가치는 얼마가 되는가? 무위험이자율은 10%이다.

〈예제 16-16〉에서 다른 조건은 동일한 콜옵션의 가치는 7,273원이라는 사실을 우리는 알고 있다. 따라서 풋-콜 등가이론을 이용하면 다음의 식이 성립한다.

$$\text{현재주가} + \text{풋옵션가치} = \text{콜옵션가치} + \text{행사가격의 현가}$$

$$10{,}000 + \text{풋옵션가치} = 7{,}273\text{원} + \frac{12{,}000\text{원}}{1+0.1}$$

이를 통해 계산하면 풋옵션의 가치는 8,182원이 됨을 알 수 있다.

8) (8,000 − 7,273)/7,273

연습문제

16-1 오류기업주식회사는 1년 후 만기가 되는 할인채권(액면가 100억원)을 발행한 상황이다. 물음에 답하라.

(1) 1년 후 기업가치가 50억원, 100억원, 150억원, 200억원인 경우 이 기업의 자기자본의 가치를 구하고 이를 그래프로 그려보라.

(2) (1)의 결과를 통하여 주식이 옵션의 성격을 가지고 있음을 설명하여 보시오.

16-2 부채의 대리문제 중에서 위험선호유인이 있다. 위험선호유인이 무엇인지 설명하고 이를 옵션이론을 통해 설명해 보시오.

16-3 만기가 1년이며 액면가격이 1만원인 전환사채(할인채권)가 있다. 이 채권은 만기시 보통주 1주로 전환할 수 있는 권리가 부여되어 있다. 물음에 답하여라.

(1) 만기시 주가를 x축, 전환사채의 가치를 y축에 나타내라.

(2) (1)의 결과를 통해 전환사채가 옵션적인 특성을 가지고 있음을 설명해 보시오.

16-4 옵션의 헤지기능과 레버리지기능에 대해 설명해 보시오.

16-5 무위험이자율은 10%이며 삼성전자주가는 50만원이다. 삼성전자주식에 대한 콜옵션의 가격이 7만원이라면 풋옵션의 가격은 얼마인가? 콜옵션과 풋옵션은 모두 만기가 1년이며 행사가격은 55만원이다.

16-6 동일한 주식에 대한 등가격콜옵션의 가격은 등가격풋옵션의 가격보다 높다. 이를 증명하라.

16-7 만기가 1년이며 행사가격이 10만원인 콜옵션은 가격이 1만원이며 행사가격이 15만원인 콜옵션의 가격은 5,000원이다. 박순영씨는 행사가격이 10만원인 콜옵션을 발행하고 행사가격이 15만원인 콜옵션을 매입하였다.

(1) 만기시의 주가를 x축, 박순영씨의 이익을 y축에 나타내 보라(화폐의 시간적 가치

는 무시한다).

(2) 이러한 전략은 만기시 주가가 어떻게 변하는 경우에 유효한 전략인가?

16-8 천잠기업의 현재주가는 10,000원이며 1기 후 주가가 상승하면 13,000원, 주가가 하락하면 8,000원이 될 것이다. 주가의 상승확률과 하락확률은 각각 0.5이다. 천잠기업의 주식을 1기후 12,000원에 구입할 수 있는 콜옵션이 존재한다. 무위험이자율은 10%이다. 물음에 답하여라.

(1) 헤지비율을 구하라.

(2) 균형상황에서 콜옵션의 가격과 풋옵션의 가격은 얼마인가?

(3) 무위험이자율이 5%라면 콜옵션의 가격과 풋옵션의 가격은 어떻게 변하는가?

16-9 삼호전자는 현재 주가가 10,000원인데, 1기 후 주가가 상승하면 12,000원이며 하락하면 8,000원이 된다. 주가의 상승확률과 하락확률은 각각 0.9와 0.1이다. 삼호전자의 주식을 1기 후에 10,000원에 매도할 수 있는 풋옵션이 존재한다고 가정하자. 무위험이자율은 0.1이다.

(1) 강성씨는 삼호전자의 주식을 1주 보유하고 있다. 강성씨가 삼호전자에 대한 풋옵션을 1주 구입한 경우 만기시의 재산은 어떻게 되는가? 풋옵션을 2주 보유하는 경우 만기시의 재산은 어떻게 되는가? 풋옵션을 몇주 보유하면 무위험상황이 되는가?

(2) (1)의 결과를 이용하여 풋옵션의 현재가격을 구하라.

부록

〈표 1〉 **복리계수(*CVIF*)**

$CVIF = (1 + R)^n$

	이 자 율								
기간(n)	1%	2%	3%	4%	5%	6%	7%	8%	9%
1	1.0100	1.0200	1.0300	1.0400	1.0500	1.0600	1.0700	1.0800	1.0900
2	1.0201	1.0404	1.0609	1.0816	1.1025	1.1236	1.1449	1.1664	1.1881
3	1.0303	1.0612	1.0927	1.1249	1.1576	1.1910	1.2250	1.2597	1.2950
4	1.0406	1.0824	1.1255	1.1699	1.2155	1.2625	1.3108	1.3605	1.4116
5	1.0510	1.1041	1.1593	1.2167	1.2763	1.3382	1.4026	1.4693	1.5386
6	1.0615	1.1262	1.1941	1.2653	1.3401	1.4185	1.5007	1.5869	1.6771
7	1.0721	1.1487	1.2299	1.3159	1.4071	1.5036	1.6058	1.7138	1.8280
8	1.0829	1.1717	1.2668	1.3686	1.4775	1.5938	1.7182	1.8509	1.9926
9	1.0937	1.1951	1.3048	1.4233	1.5513	1.6895	1.8385	1.9990	2.1719
10	1.1046	1.2190	1.3439	1.4802	1.6289	1.7908	1.9672	2.1589	2.3674
11	1.1157	1.2434	1.3842	1.5395	1.7103	1.8983	2.1049	2.3316	2.5804
12	1.1268	1.2682	1.4258	1.6010	1.7959	2.0122	2.2522	2.5182	2.8127
13	1.1381	1.2936	1.4685	1.6651	1.8856	2.1329	2.4098	2.7196	3.0658
14	1.1495	1.3195	1.5126	1.7317	1.9799	2.2609	2.5785	2.9372	3.3417
15	1.1610	1.3459	1.5580	1.8009	2.0789	2.3966	2.7590	3.1722	3.6425
16	1.1726	1.3728	1.6047	1.8730	2.1829	2.5404	2.9522	3.4259	3.9703
17	1.1843	1.4002	1.6528	1.9479	2.2920	2.6928	3.1588	3.7000	4.3276
18	1.1961	1.4282	1.7024	2.0228	2.4066	2.8543	3.3799	3.9960	4.7171
19	1.2081	1.4568	1.7535	2.1068	2.5270	3.0256	3.6165	4.3157	5.1417
20	1.2202	1.4859	1.8061	2.1911	2.6533	3.2071	3.8697	4.6610	5.6044
21	1.2324	1.5157	1.8603	2.2788	2.7860	3.3996	4.1406	5.0338	6.1088
22	1.2447	1.5460	1.9161	2.3699	2.9253	3.6035	4.4304	5.4365	6.6586
23	1.2572	1.5769	1.9736	2.4647	3.0715	3.8197	4.7405	5.8715	7.2579
24	1.2697	1.6084	2.0328	2.5633	3.2251	4.0489	5.0724	6.3412	7.9111
25	1.2824	1.6406	2.0938	2.6658	3.3864	4.2919	5.4274	6.8485	8.6231
30	1.3478	1.8114	2.4273	3.2434	4.3219	5.7435	7.6123	10.063	13.268
40	1.4889	2.2080	3.2620	4.8010	7.0400	10.286	14.974	21.725	31.409
50	1.6446	2.6916	4.3839	7.1067	11.467	18.420	29.457	46.902	74.358
60	1.8167	3.2810	5.8916	10.520	18.679	32.988	57.946	101.26	176.03

$CVIF < 99,999$

〈표 1〉 계속

이 자 율										
10%	12%	14%	15%	16%	18%	20%	24%	28%	32%	36%
1.1000	1.1200	1.1400	1.1500	1.1600	1.1800	1.2000	1.2400	1.2800	1.3200	1.3600
1.2100	1.2544	1.2996	1.3225	1.3456	1.3924	1.4400	1.5376	1.6384	1.7424	1.8496
1.3310	1.4049	1.4815	1.5209	1.5609	1.6430	1.7280	1.9066	2.0972	2.3000	2.5155
1.4641	1.5735	1.6890	1.7490	1.8106	1.9388	2.0736	2.3642	2.6844	3.3060	3.4210
1.6105	1.7623	1.9254	2.0114	2.1003	2.2878	2.4883	2.9316	3.4360	4.0075	4.6526
1.7716	1.9738	2.1950	2.3131	2.4364	2.6996	2.9860	3.6352	4.3980	5.2899	6.3275
1.9487	2.2107	2.5023	2.6600	2.8262	3.1855	3.5832	4.5077	5.6295	6.9826	8.6054
2.1436	2.4760	2.8526	3.0590	3.2784	3.7589	4.2998	5.5895	7.2058	9.2170	11.703
2.3579	2.7731	3.2519	3.5179	3.8030	4.4355	5.1598	6.9310	9.2234	12.166	15.917
2.5937	3.1058	3.7072	4.0456	4.4114	5.2338	6.1917	8.5944	11.806	16.060	21.647
2.8531	3.4785	4.2262	4.6524	5.1173	6.1759	7.4301	10.657	15.112	21.199	29.493
3.1384	3.8960	4.8179	5.3503	5.9360	7.2876	8.9161	13.215	19.343	27.983	40.037
3.4523	4.3635	5.4924	6.1528	6.8858	8.5994	10.699	16.386	24.759	36.937	54.451
3.7975	4.8871	6.2613	7.0757	7.9875	10.147	12.839	20.319	31.691	48.757	74.053
4.1772	5.4736	7.1379	8.1371	9.2655	11.974	15.407	25.196	40.565	64.359	100.71
4.5950	6.1304	8.1372	9.3576	10.748	14.129	18.488	31.243	51.923	84.954	136.97
5.0545	6.8660	9.2765	10.761	12.468	16.672	22.186	38.741	66.461	112.14	186.28
5.5599	7.6900	10.575	12.375	14.463	19.673	26.623	48.039	86.071	148.02	253.34
6.1159	8.6128	12.056	14.232	16.777	23.214	31.948	59.568	108.89	195.39	344.54
6.7275	9.6463	13.743	16.367	19.461	27.393	38.338	73.864	139.38	257.92	468.57
7.4002	10.804	15.668	18.822	22.574	32.324	46.005	91.592	178.41	340.45	637.26
8.1403	12.100	17.861	21.645	26.186	38.142	55.206	113.57	228.36	449.39	866.67
8.9543	13.552	20.362	24.891	30.376	45.008	66.247	140.83	292.30	593.20	1178.7
9.8497	15.179	23.212	28.625	35.236	53.109	79.497	174.63	374.14	783.02	1603.0
10.835	17.000	26.462	32.919	40.874	62.669	95.396	216.54	478.90	1033.6	2180.1
17.449	29.960	50.950	66.212	85.850	143.37	237.38	634.82	1645.5	4142.1	10143.
45.259	93.051	188.88	267.86	378.72	750.38	1469.8	5455.9	19427.	66521.	*
117.39	289.00	700.23	1083.7	1670.7	3927.4	9100.4	46890.	*	*	*
304.48	897.60	2595.9	4384.0	7370.2	20555.	56348.	*	*	*	*

〈표 2〉 연금의 복리계수(*CVIFA*)

$$CVIFA = \frac{(1+R)^n - 1}{R}$$

	이 자 율								
기간(n)	1%	2%	3%	4%	5%	6%	7%	8%	9%
1	1.0000	1.0000	1.0000	1.0000	1.0000	1.0000	1.0000	1.0000	1.0000
2	2.0100	2.0200	2.0300	2.0400	2.0500	2.0600	2.0700	2.0800	2.0900
3	3.0301	3.0604	3.0909	3.1216	3.1525	3.1836	3.2149	3.2464	3.2781
4	4.0604	4.1216	4.1836	4.2465	4.3101	4.3746	4.4399	4.5061	4.5731
5	5.1010	5.2040	5.3091	5.4163	5.5256	5.6371	5.7507	5.8666	5.9847
6	6.1520	6.3081	6.4684	6.6330	6.8019	6.9753	7.1533	7.3359	7.5233
7	7.2135	7.4343	7.6625	7.8983	8.1420	8.3938	8.6540	8.9228	9.2004
8	8.2857	8.5830	8.8932	9.2142	9.5491	9.8975	10.260	10.637	11.028
9	9.3685	9.7546	10.159	10.583	11.027	11.491	11.978	12.488	13.021
10	10.462	10.950	11.464	12.006	12.578	13.181	13.816	14.487	15.193
11	11.567	12.169	12.808	13.486	14.207	14.972	15.784	16.645	17.560
12	12.683	13.412	14.192	15.026	15.917	16.870	17.888	18.977	20.141
13	13.809	14.680	15.618	16.627	17.713	18.882	20.141	21.495	22.953
14	14.947	15.974	17.086	18.292	19.599	21.015	22.550	24.215	26.019
15	16.097	17.293	18.599	20.024	21.579	23.276	25.129	27.152	29.361
16	17.258	18.639	20.157	21.825	23.657	25.673	27.888	30.324	33.003
17	18.430	20.012	21.762	23.698	25.840	28.213	30.840	33.750	36.974
18	19.615	21.412	23.414	25.645	28.132	30.906	33.999	37.450	41.301
19	20.811	22.841	25.117	27.671	30.539	33.760	37.379	41.446	46.018
20	22.019	24.297	26.870	29.778	33.066	36.786	40.995	45.765	51.160
21	23.239	25.783	28.676	31.969	35.719	39.993	44.865	50.423	56.765
22	24.472	27.299	30.537	34.248	38.505	43.392	49.006	55.457	62.873
23	25.716	28.845	32.453	36.618	41.430	46.996	53.436	60.893	69.532
24	26.973	30.422	34.426	39.083	44.502	50.816	58.177	66.765	76.790
25	28.243	32.030	36.459	41.646	47.727	54.865	63.249	73.106	84.701
30	34.785	40.568	47.575	56.085	66.439	79.058	94.461	113.28	136.31
40	48.886	60.402	75.401	95.026	120.80	154.76	199.64	259.06	337.88
50	64.463	84.579	112.80	152.67	209.35	290.34	406.53	573.77	815.08
60	81.670	114.05	163.05	237.99	353.58	533.13	813.52	1253.2	1944.8

CVIFA > 99,999

〈표 2〉 계속

이 자 율										
10%	12%	14%	15%	16%	18%	20%	24%	28%	32%	36%
1.0000	1.0000	1.0000	1.0000	1.0000	1.0000	1.0000	1.0000	1.0000	1.0000	1.0000
2.1000	2.1200	2.1400	2.1500	2.1600	2.1800	2.2000	2.2400	2.2800	2.3200	2.3600
3.3100	3.3744	3.4396	3.4725	3.5056	3.5724	3.6400	3.7776	3.9184	4.0624	4.2096
4.6410	4.7793	4.9211	4.9934	5.0665	5.2154	5.3680	5.6842	6.0156	6.3624	6.7251
6.1051	6.3528	6.6101	6.7424	6.8771	7.1542	7.4416	8.0484	8.6999	9.3983	10.146
7.7156	8.1152	8.5355	8.7537	8.9775	9.4420	9.9299	10.980	12.136	13.406	14.799
9.4872	10.089	10.730	11.067	11.414	12.142	12.916	14.615	16.534	18.696	21.126
11.436	12.300	13.233	13.727	14.240	15.327	16.499	19.123	22.163	25.678	29.732
13.579	14.776	16.085	16.786	17.519	19.086	20.799	24.712	29.369	34.895	41.435
15.937	17.549	19.337	20.304	21.321	23.521	25.959	31.643	38.593	47.062	57.352
18.531	20.655	23.045	24.349	25.733	28.755	32.150	40.238	50.398	63.122	78.998
21.384	24.133	27.271	29.002	30.850	34.931	39.581	50.895	65.510	84.320	108.44
24.523	28.029	32.089	34.352	36.786	42.219	48.497	64.110	84.853	112.30	148.47
27.975	32.393	37.581	40.505	43.672	50.818	59.196	80.496	109.61	149.24	202.93
31.772	37.280	43.842	47.580	51.660	60.965	72.035	100.82	141.30	198.00	276.98
35.950	42.753	50.980	55.717	60.925	72.939	87.442	126.01	181.87	262.36	377.69
40.545	48.884	59.118	65.075	71.673	87.068	105.93	157.25	233.79	347.31	514.66
45.599	55.750	68.394	75.836	84.141	103.74	128.12	195.99	300.25	459.45	700.94
51.159	64.440	78.969	88.212	98.603	123.41	154.74	244.03	385.32	607.47	954.28
57.275	72.052	91.025	102.44	115.38	146.63	186.69	303.60	494.21	802.86	1298.8
64.002	81.699	104.77	118.81	134.84	174.02	225.03	377.46	633.59	1060.8	1767.4
71.403	92.503	120.44	137.63	157.41	206.34	271.03	469.06	812.00	1401.2	2404.7
79.543	104.60	138.30	159.28	183.60	244.49	326.24	582.63	1040.4	1850.6	3271.3
88.497	118.16	158.66	184.17	213.98	289.49	392.48	723.46	1332.7	2443.8	4450.0
98.347	133.33	181.87	212.79	249.21	342.60	471.98	898.09	1706.8	3226.8	6053.0
164.49	241.33	359.79	434.75	530.31	790.95	1181.9	2640.9	5873.2	12941.	28172.3
442.59	767.09	1342.0	1779.1	2360.8	4163.2	7343.9	22729.	69377.	*	*
1163.9	2400.0	4994.5	7217.7	10436.	21813.	45497.	*	*	*	*
3034.8	7471.6	18535.	29220.	46058.	*	*	*	*	*	*

〈표 3〉 현가계수(*PVIF*)

$$PVIF = \frac{1}{(1+R)^n}$$

	이 자 율								
기간(n)	1%	2%	3%	4%	5%	6%	7%	8%	9%
1	0.9901	0.9804	0.9709	0.9615	0.9524	0.9434	0.9346	0.9259	0.9174
2	0.9803	0.9612	0.9426	0.9246	0.9070	0.8900	0.8734	0.8573	0.8417
3	0.9706	0.9423	0.9151	0.8890	0.8638	0.8396	0.8163	0.7938	0.7722
4	0.9610	0.9238	0.8885	0.8548	0.8227	0.7921	0.7629	0.7350	0.7084
5	0.9515	0.9057	0.8626	0.8219	0.7835	0.7473	0.7130	0.6806	0.6499
6	0.9420	0.8880	0.8375	0.7903	0.7462	0.7050	0.6663	0.6302	0.5963
7	0.9327	0.8706	0.8131	0.7599	0.7107	0.6651	0.6227	0.5835	0.5470
8	0.9235	0.8535	0.7894	0.7307	0.6768	0.6274	0.5820	0.5403	0.5019
9	0.9143	0.8368	0.7664	0.7026	0.6446	0.5919	0.5439	0.5002	0.4604
10	0.9053	0.8203	0.7441	0.6756	0.6139	0.5584	0.5083	0.4632	0.4224
11	0.8963	0.8043	0.7224	0.6496	0.5847	0.5268	0.4751	0.4289	0.3875
12	0.8874	0.7885	0.7014	0.6246	0.5568	0.4970	0.4440	0.3971	0.3555
13	0.8787	0.7730	0.6810	0.6006	0.5303	0.4688	0.4150	0.3677	0.3262
14	0.8700	0.7579	0.6611	0.5775	0.5051	0.4423	0.3878	0.3405	0.2992
15	0.8613	0.7430	0.6419	0.5553	0.4810	0.4173	0.3624	0.3152	0.2745
16	0.8528	0.7284	0.6232	0.5339	0.4581	0.3936	0.3387	0.2919	0.2519
17	0.8444	0.7142	0.6050	0.5134	0.4363	0.3714	0.3166	0.2703	0.2311
18	0.8360	0.7002	0.5874	0.4936	0.4155	0.3503	0.2959	0.2502	0.2120
19	0.8277	0.6864	0.5703	0.4746	0.3957	0.3305	0.2765	0.2317	0.1945
20	0.8195	0.6730	0.5537	0.4564	0.3769	0.3118	0.2584	0.2145	0.1784
21	0.8114	0.6598	0.5375	0.4388	0.3589	0.2942	0.2415	0.1987	0.1637
22	0.8034	0.6468	0.5219	0.4220	0.3418	0.2775	0.2257	0.1839	0.1502
23	0.7954	0.6342	0.5067	0.4057	0.3256	0.2618	0.2109	0.1703	0.1378
24	0.7876	0.6217	0.4919	0.3901	0.3101	0.2470	0.1971	0.1577	0.1264
25	0.7798	0.6095	0.4776	0.3751	0.2953	0.2330	0.1842	0.1460	0.1160
30	0.7419	0.5521	0.4120	0.3083	0.2314	0.1741	0.1314	0.0994	0.0754
40	0.6717	0.4529	0.3066	0.2083	0.1420	0.0972	0.0668	0.0460	0.0318
50	0.6080	0.3715	0.2281	0.1407	0.0872	0.0543	0.0339	0.0213	0.0134

* The factor is zero to four decimal places.

〈표 3〉 계속

이 자 율										
10%	12%	14%	15%	16%	18%	20%	24%	28%	32%	36%
0.9091	0.8929	0.8772	0.8696	0.8621	0.8475	0.8333	0.8065	0.7813	0.7576	0.7353
0.8264	0.7972	0.7695	0.7561	0.7432	0.7182	0.6944	0.6504	0.6104	0.5739	0.5407
0.7513	0.7718	0.6750	0.6575	0.6407	0.6086	0.5787	0.5245	0.4768	0.4348	0.3975
0.6830	0.6355	0.5921	0.5718	0.5523	0.5158	0.4823	0.4230	0.3725	0.3294	0.2923
0.6209	0.5674	0.5194	0.4972	0.4761	0.4371	0.4019	0.3411	0.2910	0.2495	0.2149
0.5645	0.5066	0.4556	0.4323	0.4104	0.3704	0.3349	0.2751	0.2274	0.1890	0.1580
0.5132	0.4523	0.3996	0.3759	0.3538	0.3139	0.2791	0.2218	0.1776	0.1432	0.1162
0.4665	0.4039	0.3506	0.3269	0.3050	0.2660	0.2326	0.1789	0.1388	0.1085	0.0854
0.4241	0.3606	0.3075	0.2843	0.2630	0.2255	0.1938	0.1443	0.1084	0.0822	0.0628
0.3855	0.3220	0.2697	0.2472	0.2267	0.1911	0.1615	0.1164	0.0847	0.0623	0.0462
0.3505	0.2875	0.2366	0.2149	0.1954	0.1619	0.1346	0.0938	0.0662	0.0472	0.0340
0.3186	0.2567	0.2076	0.1869	0.1685	0.1372	0.1122	0.0757	0.0517	0.0357	0.0250
0.2897	0.2292	0.1821	0.1625	0.1452	0.1163	0.0935	0.0610	0.0404	0.0271	0.0184
0.2633	0.2046	0.1597	0.1413	0.1252	0.0985	0.0779	0.0492	0.0316	0.0205	0.0135
0.2394	0.1827	0.1401	0.1229	0.1079	0.0835	0.0649	0.0397	0.0247	0.0155	0.0099
0.2176	0.1631	0.1229	0.1069	0.0930	0.0708	0.0541	0.0320	0.0193	0.0118	0.0073
0.1978	0.1456	0.1078	0.0929	0.0802	0.0600	0.0451	0.0258	0.0150	0.0089	0.0054
0.1799	0.1300	0.0946	0.0808	0.0691	0.0508	0.0376	0.0208	0.0118	0.0068	0.0039
0.1635	0.1161	0.0829	0.0703	0.0596	0.0431	0.0313	0.0168	0.0092	0.0051	0.0029
0.1486	0.1037	0.0728	0.0611	0.0514	0.0365	0.0261	0.0135	0.0072	0.0039	0.0021
0.1351	0.0926	0.0638	0.0531	0.0443	0.0309	0.0217	0.0109	0.0056	0.0029	0.0016
0.1228	0.0826	0.0560	0.0462	0.0382	0.0262	0.0181	0.0088	0.0044	0.0022	0.0012
0.1117	0.0738	0.0491	0.0402	0.0329	0.0222	0.0151	0.0071	0.0034	0.0017	0.0008
0.1015	0.0659	0.0431	0.0349	0.0284	0.0188	0.0126	0.0057	0.0027	0.0013	0.0006
0.0923	0.0588	0.0378	0.0304	0.0245	0.0160	0.0105	0.0046	0.0021	0.0010	0.0005
0.0573	0.0334	0.0196	0.0151	0.0116	0.0070	0.0042	0.0016	0.0006	0.0002	0.0001
0.0221	0.0107	0.0053	0.0037	0.0026	0.0013	0.0007	0.0002	0.0001	*	*
0.0085	0.0035	0.0014	0.0009	0.0006	0.0003	0.0001	*	*	*	*

〈표 4〉 연금의 현가계수(*PVIFA*)

$$PVIFA = \frac{(1+R)^n - 1}{R(1+R)^n}$$

	이 자 율								
기간(n)	1%	2%	3%	4%	5%	6%	7%	8%	9%
1	0.9901	0.9804	0.9709	0.9615	0.9524	0.9434	0.9346	0.9259	0.9174
2	1.9704	1.9416	1.9135	1.8861	1.8594	1.8334	1.8080	1.7833	1.7591
3	2.9410	2.8839	2.8286	2.7751	2.7232	2.6730	2.6243	2.5771	2.5313
4	3.9020	3.8077	3.7171	3.6299	3.5460	3.4651	3.3872	3.3121	3.2397
5	4.8534	4.7135	4.5797	4.4518	4.3295	4.2124	4.1002	3.9927	3.8897
6	5.7955	5.6014	5.4172	5.2421	5.0757	4.9173	4.7665	4.6229	4.4859
7	6.7282	6.4720	6.2303	6.0021	5.7864	5.5824	5.3893	5.2064	5.0330
8	7.6517	7.3255	7.0197	6.7327	6.4632	6.2098	5.9713	5.7466	5.5348
9	8.5660	8.1622	7.7861	7.4353	7.1078	6.8017	6.5152	6.2469	5.9952
10	9.4713	8.9826	8.5302	8.1109	7.7217	7.3601	7.0236	6.7101	6.4177
11	10.3676	9.7868	9.2526	8.7605	8.3064	7.8869	7.4987	7.1390	6.8052
12	11.2551	10.5753	9.9540	9.3851	8.8633	8.3838	7.9427	7.5361	7.1607
13	12.1337	11.3484	10.6350	9.9856	9.3936	8.8527	8.3577	7.9038	7.4869
14	13.0037	12.1062	11.2961	10.5631	9.8986	9.2950	8.7455	8.2442	7.7862
15	13.8651	12.8493	11.9379	11.1184	10.3797	9.7122	9.1079	8.5595	8.0607
16	14.7179	13.5777	12.5611	11.6523	10.8378	10.1059	9.4466	8.8514	8.3126
17	15.5623	14.2919	13.1661	12.1657	11.2741	10.4773	9.7632	9.1216	8.5436
18	16.3983	14.9920	13.7535	12.6593	11.6896	10.8276	10.0591	9.3719	8.7556
19	17.2260	15.6785	14.3238	13.1339	12.0853	11.1581	10.3356	9.6036	8.9501
20	18.0456	16.3514	14.8775	13.5903	12.4622	11.4699	10.5940	9.8181	9.1285
21	18.8570	17.0112	15.4150	14.0292	12.8212	11.7641	10.8355	10.0168	9.2922
22	19.6604	17.6580	15.9369	14.4511	13.1630	12.0416	11.0612	10.2007	9.4424
23	20.4558	18.2922	16.4436	14.8568	13.4886	12.3034	11.2722	10.3741	9.5802
24	21.2434	18.9139	16.9355	15.2470	13.7986	12.5504	11.4693	10.5288	9.7066
25	22.0232	19.5235	17.4131	15.6221	14.0939	12.7834	11.6536	10.6748	9.8226
30	25.8077	22.3965	19.6004	17.2920	15.3725	13.7648	12.4090	11.2578	10.2737
40	32.8347	27.3555	23.1148	19.7928	17.1591	15.0463	13.3317	11.9246	10.7574
50	39.1961	31.4236	25.7298	21.4822	18.2559	15.7619	13.8007	12.2335	10.9617

〈표 4〉 계속

이 자 율									
10%	12%	14%	15%	16%	18%	20%	24%	28%	32%
0.9091	0.8929	0.8772	0.8696	0.8621	0.8475	0.8333	0.8065	0.7813	0.7576
1.7355	1.6901	1.6467	1.6257	1.6052	1.5656	1.5278	1.4568	1.3916	1.3315
2.4869	2.4018	2.3216	2.2832	2.2459	2.1743	2.1065	1.9813	1.8684	1.7663
3.1699	3.0373	2.9137	2.8550	2.7982	2.6901	2.5887	2.4043	2.2410	2.0957
3.7908	3.6048	3.4331	3.3522	3.2743	3.1272	2.9906	2.7454	2.5320	2.3452
4.3553	4.1114	3.8887	3.7845	3.6847	3.4976	3.3255	3.0205	2.7594	2.5342
4.8684	4.5638	4.2883	4.1604	4.0386	3.8115	3.6046	3.2423	2.9370	2.6775
5.3349	4.9676	4.6389	4.4873	4.3436	4.0776	3.8372	3.4212	3.0758	2.7860
5.7590	5.3282	4.9464	4.7716	4.6065	4.3030	4.0310	3.5655	3.1842	2.8681
6.1446	5.6502	5.2161	5.0188	4.8332	4.4941	4.1925	3.6819	3.2689	2.9304
6.4951	5.9377	5.4527	5.2337	5.0286	4.6560	4.3271	3.7757	3.3351	2.9776
6.8137	6.1944	5.6603	5.4206	5.1971	4.7932	4.4392	3.8514	3.3868	3.0133
7.1034	6.4235	5.8424	5.5831	5.3423	4.9095	4.5327	3.9124	3.4272	3.0404
7.3667	6.6282	6.0021	5.7245	5.4675	5.0081	4.6106	3.9616	3.4587	3.0609
7.6061	6.8109	6.1422	5.8474	5.5755	5.0916	4.6755	4.0013	3.4834	3.0764
7.8237	6.9740	6.2651	5.9542	5.6685	5.1624	4.7296	4.0333	3.5026	3.0882
8.0216	7.1196	6.3729	6.0472	5.7487	5.2223	4.7746	4.0591	3.5177	3.0971
8.2014	7.2497	6.4674	6.1280	5.8178	5.2732	4.8122	4.0799	3.5294	3.1039
8.3649	7.3658	6.5504	6.1982	5.8775	5.3162	4.8435	4.0967	3.5386	3.1090
8.5136	7.4694	6.6231	6.2593	5.9288	5.3527	4.8696	4.1103	3.5458	3.1129
8.6487	7.5620	6.6870	6.3125	5.9731	5.3837	4.8913	4.1212	3.5514	3.1158
8.7715	7.6446	6.7429	6.3587	6.0113	5.4099	4.9094	4.1300	3.5558	3.1180
8.8832	7.7184	6.7921	6.3988	6.0442	5.4321	4.9245	4.1371	3.5592	3.1197
8.9847	7.7843	6.8351	6.4338	6.0726	5.4509	4.9371	4.1428	3.5619	3.1210
9.0770	7.8431	6.8729	6.4641	6.0971	5.4669	4.9476	4.1474	3.5640	3.1220
9.4269	8.0552	7.0027	6.5660	6.1772	5.5168	4.9789	4.1601	3.5693	3.1242
9.7791	8.2438	7.1050	6.6418	6.2235	5.5482	4.9966	4.1659	3.5712	3.1250
9.9148	8.3045	7.1327	6.6605	6.2463	5.5541	4.9995	4.1666	3.5714	3.1250

재무용어

가중평균자본비용(weighted average cost of capital)

여러 가지 개별자본비용들을 총자본에 대해서 각 자본이 차지하고 있는 비중을 가중치로 해서 평균한 값을 말한다.

간접금융(indirect financing)

기업이 필요한 자금을 외부에서 조달하는 방식 중에서 은행이나 제2금융권 등 금융기관으로부터 차입금을 조달하는 방식을 말한다.

감리종목

상장종목 중 주가 및 거래량의 움직임 등과 관련해 일반투자자들의 주의를 환기하여 투자에 유의시킬 필요가 있다고 판단되어 증권거래소가 지정하는 종목이다. 감리대상종목에 지정되면 신용거래가 중지되며 대용증권에서도 제외된다.

깡통계좌

예를 들어 투자자가 자신의 돈 100만원과 증권사에서 빌린 돈 100만원으로 200만원의 주식을 구입하였다고 하자. 주가가 떨어져서 그 평가액이 증권사가 빌려준 돈 100만원 미만이 되면 증권사는 투자자의 의사와는 상관없이 이를 처분해서 빌려준 돈을 회수해 가고 계좌에는 한푼도 안 남게 되는데 이러한 계좌를 깡통계좌라고 한다.

꺾기

은행에서 돈을 빌리는 조건으로 대출금 일부를 예금하는 것인데 구속성예금이라고도 한다. 대출받는 입장에서는 높은 금리로 빌린 자금을 낮은 금리로 예금하는 것이므로 예대마진만큼 손해를 보게 된다. 그러나 항상 자금이 부족했던 우리 풍토에서는 금융관행으로 인식되어 왔다.

경영위험(business risk)

동일한 매출액에서라면 고정영업비가 클수록 영업이익의 변동가능성이 더 커지게 되는 것을 말한다.

권리락

주식회사가 증자를 하면 신주인수권을 확정하기 위해 신주 배정기준일을 정하는데 이때 기준일 다음날 이후에 결제되는 주식에는 신주인수권이 없어진다. 이를 배당락이라 하며 기준일 전날에 당해 종목의 주가는 증자규모와 비례해서 떨어진다.

권리부사채

일반적 채권과는 달리 전환사채나 신주인수권부사채처럼 주식을 받을 수 있는 권리가 붙은 사채를 말한다. 최근 신주인수권만을 따로 분리하여 거래할 수 있게 되었다.

금융리스(financial lease)

임차인이 원하는 기계설비를 직접 선택하고 리스회사는 자산구입에 따른 자금을 제공하는 형태의 리스이다. 기계설비는 임차인의 책임하에 유지 · 관리되며 대체로 장기간 리스로 많이 이용된다.

금융장세

주식시장이 활황을 보이려면 경기와 기업실적이 좋아져야 하지만 그렇지 않은 경우도 있다. 주식을 사려는 수요, 즉 돈이 많이 몰리면 주가가 오를 수밖에 없다. 이처럼 실적과는 무관하게 '돈의 힘'으로 주가가 오르는 경우를 '금융장세'라 하며 시중에 돈이 많이 풀리고 금리가 급락할 때 흔히 나타난다.

기대수익률(expected rate of return)

수익률의 기대값으로서 미래 발생가능한 수익률의 확률분포에서 각 수익률을 해당 확률로 가중평균하여 산출한다.

기대효용(expected utility)

투자안의 미래 발생가능한 수익률에 대한 효용을 각 발생확률을 가중치로 해서 구한 효용의 가중평균값을 말한다.

기본적 분석(fundamental analysis)

증권투자와 관련된 의사결정문제는 어떤 종목을 선택할 것인가와 선택된 종목을 어느 시점에서 매매할 것인가 하는 두 가지이다. 여기서 종목선택의 문제를 분석하는 것이 기본적 분석이다.

기술적 분석(technical analysis)

증권투자와 관련된 의사결정문제는 어떤 종목을 선택할 것인가와 선택된 종목을 어느 시점에서 매매할 것인가 하는 두 가지이다. 여기서 선택된 종목의 매매시기를 분석하는 것이 기술적 분석이다.

기업공개(going public)

일정한 요건을 갖춘 기업이 신주를 발행하여 일반투자자에게 공모하거나 대주주가 소유하고 있는 기존의 주식을 일반투자자에게 매출하여 주식소유를 분산시키는 것을 말한다. 이러한 과정을 통하여 사적기업에서 공적기업으로 전환하게 되는 것이다.

기업어음(commercial paper : CP)

신용평가등급이 좋은 회사가 자금조달을 위해서 발행하는 어음을 말한다. 투자금융회사는 이 어음을 할인해서 매입하고 이를 고객에게 좀더 높은 가격으로 판매한다.

내부수익률(internal rate of return)

특정한 투자안에서 얻게 되는 내재적 수익률로서 투자안의 현금흐름의 현재가치를 0으로 놓고 구할 수 있다.

내재가치(intrinsic value)

증권을 보유할 때에 이로부터 얻게 되는 미래의 현금흐름을 현재가치로 산출하여 구한 값을 말하는데 균형가격이라고도 부른다. 내재가치는 대개 이론적 모형을 통해서 구하게 되는데 이 값이 시장에서 형성된 거래가격과 동일하면 균형상태라고 한다.

대리비용(agency cost)

위임자와 대리인 사이의 대리관계에서 대리인의 행동이 위임자에 의해서 관찰할 수 없을 때 대리인이 자신의 효용을 높이는 의사결정을 하기 때문에 위임자가 직접 의사결정하는 경우보다 기업가치가 감소하는데 이를 대리비용이라고 한다.

레버리지(leverage)

레버(lever)란 지렛대를 의미한다. 고정영업비나 이자비용이 큰 기업은 이것이

지렛대 역할을 해서 고정비부담이 작은 기업에 비해서 이익의 변화가 더 크게 나타나는데 이를 레버리지 또는 레버리지효과라고 한다.

만기수익률(yield to maturity)

채권을 시장가격으로 매입해서 만기까지 보유할 때에 얻게 되는 수익률로서 채권투자의 내부수익률이라고 할 수 있다.

매물벽

주가가 오르는 과정에서 팔자매물이 많이 몰려 있는 가격대를 뜻한다. 주가가 조정권에 들어가기 전에 주식을 고점에서 팔지 못한 투자자들은 시장가격이 본전으로 다시 올라오면 팔려는 욕구가 높아진다. 따라서 이전에 거래량이 많이 이뤄졌던 가격대는 매물벽도 두터워지는 것이다.

모럴해저드(moral hazard)

믿는 구석이 있어서 최선을 다하지 않는 것을 말하는데 도덕적 해이 또는 이기적 태만이라고도 한다. 예를 들면 보험에 가입한 운전자가 가입하지 않았을 때보다 주의를 소홀히 한다거다 기업주들이 부채규모가 커지면 정부가 책임져 줄 것이라는 기대하에 대규모 부채로 시설투자를 한다든가 하는 것들이다.

모라토리움(moratorium)

대외채무에 대한 지불유예를 말한다. 원리금의 상환 만기일이 도래되었음에도 이를 갚지 못하는 채무불이행(default)과는 차이가 있다. 그러나 모두 한 국가의 지불능력이 없음을 나타내는 것이다. 일반적으로 국가차원에서 채무불이행이 예상될 경우 모라토리움을 선언한다.

무보증채

금융기관등의 지급보증을 받아 발행하는 채권을 보증채라고 하는 반면 무보증채는 지급보증없이 신용도만으로 발행하는 채권이다. 종전에는 은행보증 회사채가 주류를 이뤘으나 외환위기 이후 금융기관들이 지급보증을 기피하면서 무보증채가 회사채 시장을 주도하고 있다.

무위험자산(riskfree assets)

미래에 가져다 줄 현금흐름이 고정되어 있는 자산을 말하며 대표적인 예로 정기예금이나 국공채 같은 것들을 들 수 있다.

유추얼펀드(mutual fund)

회사형 투자신탁의 일종이다. 투자회사는 투자자의 요구에 의해 언제든지 투자수익을 되돌려 주어야 하기 때문에 회사형 투자신탁 중 개방형에 해당한다.

미래가치(future value)

현재의 현금흐름을 주어진 수익률에 근거하여 미래시점의 화폐가치로 환산한 값을 말한다.

발행시장(issuing market)

증권의 발행주체가 새로운 증권을 발행함으로써 자금을 조달하는 시장을 말한다. 발행주체가 되는 기업, 국가기관 등이 주식, 회사채, 국공채 등을 투자자에게 매각하여 자금을 조달하는데 새로 발행되는 증권 뿐만 아니라 이미 발행된 증권을 매각하기도 한다.

배당(dividend)

기업이 벌어들인 이익을 주주에게 출자의 대가로 지급하는 것을 말한다. 일반적으로 현금배당을 의미하는 경우가 많지만 주식으로 지급하는 주식배당, 회사의 제품으로 배당하는 현물배당 등도 있다.

배당락

배당기준일을 지나 배당금을 받을 권리가 없어지는 것을 말한다. 사업년도가 끝난 날의 다음날 이후에 주식을 매수하면 전 사업년도의 결산에 따른 이익배당을 받을 권리가 소멸된다. 증권거래소는 이날 해당 종목의 가격을 배당규모에 맞춰 떨어뜨린다.

배드뱅크(bad bank)

부실여신이나 담보로 제공된 공장, 부동산 등의 가치를 높인 후 이를 높은 가격으로 처분하여 채권을 회수하는 은행을 말한다. 부실자산관리에 필요한 업무만을 수행하는 점이 일반은행과 구분된다.

벌처펀드(vulture fund)

죽은 동물만 찾아다니며 처리하는 독수리(vulture)의 특성에 빗대어 부실기업을 전문적으로 처리하는 회사를 가리킨다. 즉, 부실기업을 인수해서 구조조정을 통해 경쟁력있는 회사로 만들어 차익을 남기고 투자하는 방식을 취한다.

법정관리

기업이 자력으로 회생하기 어려울 정도로 빚이 많을 때 법원이 지정한 제3자(법정관리인)가 자금을 비롯한 기업활동의 전 분야를 대신해서 관리하는 것을 말한다.

베타(beta)

특정자산의 수익률 변동이 시장포트폴리오수익률 변동에 대해 얼마나 민감하게 움직이는가를 나타내는 계수로서 특정 자산의 수익률과 시장포트폴리오의 수익률 사이의 공분산을 시장포트폴리오의 수익률분산으로 나누어서 구한다.

벤처지수

코스닥 시장의 대표지수는 1996년 7월 1일을 기준시점으로 코스닥에 등록된 전 종목의 주가를 기준으로 산출한 종합지수지만 보조지수로 벤처지수와 업종별지수가 쓰인다. 벤처지수는 1998년 1월 3일을 기준으로 벤처기업부에 편입된 기업의 주가를 바탕으로 산출한 지수이다.

벤처캐피탈(venture capital)

기술력과 장래성은 있지만 경영기반이 취약해서 자금을 쉽게 조달할 수 없는 벤처기업에 전문적으로 투자하는 회사를 말한다. 대체로 투자조합을 결성해서 벤처기업에 창업 초기부터 자금을 공급하되 담보없이 주식 일부를 취득하는 경우가 많다.

블루칩(blue chip)

자본금이 크고 기업내용이 우량해 기관이나 외국인 투자자 등 큰손들이 선호하는 기업을 뜻한다. 한국산업을 대표하는 기업들로 주가도 비싸다. 삼성전자, 포철, SK텔레콤 등이 이에 속하며 블루칩의 실적변화는 한국증시 전체를 좌우하기도 한다.

BIS비율

국제결제은행(bank for international settlements : BIS)이 은행의 재무건전성을 측정하는 지표로 제시한 비율이다. 은행의 자기자본을 대출이나 유가증권 등 위험자산으로 나누어 계산한다. 따라서 자기자본이 크거나 위험자산이 적을수록 BIS비율은 커지며 그만큼 은행의 재무건전성은 양호하다는 뜻이 된다. BIS는 이 비율이 8%를 넘기도록 권고하고 있다.

비체계적 위험(unsystematic risk)

시장의 전반적인 변화와는 무관하게 개별기업의 고유한 요인으로 발생되는 위험을 말한다. 이는 분산투자를 통해서 제거할 수 있다.

사외이사

경영실무에 참여하지 않으면서 경영, 경제, 법률 등 전문지식과 능력을 갖추고 독립적인 지위에서 이사회의 의사결정에 참여하는 이사를 말한다. 대체로 대주주의 영향을 받지 않은 교수, 변호사, 공인회계사 등으로 구성된다. 현재 상장회사들은 전체이사의 1/4이상을 사외이사로 선임해야 한다.

선물거래(futures trading)

미래의 일정한 시점에 수량, 규격 등이 표준화되어 있는 특정 상품을 미리 정한 가격으로 인수 또는 인도할 것을 약속하는 계약을 선물계약(futures contract)이라고 한다. 선물거래는 이러한 계약을 사고 파는 것을 말한다.

선물시장(futures market)

선물거래가 이루어지는 선물거래소를 말한다. 우리나라에서 주가지수선물거래는 여의도 증권거래소에서 이루어지고 미국달러선물, 금리선물 등은 부산의 한국선물거래소에서 거래되고 있다.

성장주

당장은 수익성이나 자산가치가 보잘 것 없지만 앞으로 회사가 커나갈 가능성이 높은 기업이다. 미래형 산업에 투자를 많이 하고 있거나 기술개발력이 뛰어난 회사들이 여기에 속한다.

수익증권(beneficiary certificate)

원금 또는 신탁재산의 운용에서 생긴 수익을 분배받을 권리, 즉 수익권이 표시되어 있는 유가증권을 말한다. 계약형 투자신탁에서 투자신탁회사가 일반투자자

(수익자)들에게 발행하는 증서이다.

순현재가치(net present value)

현금유입의 현재가치에서 현금유출의 현재가치를 차감한 값을 말한다.

순환매

특정한 주도주가 없이 여러 종목군들이 우후죽순격으로 상승세를 보이는 경우이다. 시장매수세가 넉넉치 못하면 특정종목군에 몰리기보다 상대적으로 주가가 덜 오른 종목들로 옮겨다니게 된다.

스톡옵션(stock option)

임직원들이 낮은 가격으로 자사주식을 살 수 있는 권리를 말한다. 주가가 오를수록 차익이 커지므로 열심히 일하게 된다. 우리나라의 경우 스톡옵션을 받은 후 3년이 지난 후 권리를 행사할 수 있는 것이 일반적이다. 주가가 떨어지면 권리를 포기하면 되므로 손실은 없다.

스팟펀드(spot fund)

일정한 수익률이 달성되면 만기에 관계없이 원금과 투자수익을 돌려주는 펀드를 말한다. 주가상승기에 인기가 높으며 대체로 규모가 작은 편이어서 기동성과 유연성이 뛰어나다.

시장가격(market price)

현실적으로 증권의 가격은 증권시장에서 수요와 공급의 일치점에서 형성된다. 이렇게 증권시장에서 실제로 형성된 가격을 시장가격이라고 한다. 이 가격이 내재가치와 동일하면 균형상태라고 한다.

시장포트폴리오(market portfolio)

시장에 존재하는 모든 위험자산으로 구성된 포트폴리오를 말하며 개별자산이 총자산 중 차지하는 비율을 시장가치비중으로 가중하여 구성할 수도 있다.

신주인수권부사채(bond with warrants : BW)

신주를 발행할 때 이를 우선적으로 인수할 수 있는 권리가 있는 채권이다. 일반사채와 신주인수권이 결합된 형태이다. 전환사채는 채권 자체가 주식으로 바뀌는 것이지만 신주인수권부사채는 신주인수권을 행사하더라도 채권은 그대로 유지되면서 주식인수대금을 납부한다.

신호효과(signalling effect)

기업의 정보를 일반투자자들이 잘 알지 못할 때 우량기업이 부실기업과 차별될 수 있는 신호를 시장에 보냄으로써 더 높은 가치를 인정받게 되는 것을 말한다. 이때의 신호로는 자본구조, 배당, 투자수준, 광고 등이 이용된다.

실적장세

금융장세 이후 경기가 본격적으로 좋아지고 기업실적이 향상되면 주가는 본격적으로 탄탄한 대세상승으로 접어든다. 이때를 실적장세라 하며 경기관련주나 제조업체 등이 각광을 받는다. 이 국면에서 금리는 기업들의 투자자금수요가 증가해 상승하는 경우도 많다.

CFO(chief finance officer)

이사회에서 주요 문제를 다루고 주주들에게 기업방침을 알리며 장기경영계획을 수립하는 최고경영자를 CEO(chief executive officer)라고 한다. 이 중 특히 자금관리와 통제를 담당하는 최고경영자를 CFO(chief finance officer)라고 한다.

엔젤(angel)

아이디어와 기술은 있지만 자금이 부족한 벤처사업가에게 사업초기단계에 자금을 지원해 주는 개인투자자를 말한다. 이들의 모임은 엔젤클럽이라고 한다. 기업이 성공하면 배당을 받거나 주식매도로 고수익을 올릴 수 있다. 엔젤은 벤처캐피탈보다 앞서서 사업 초기에 자금을 지원하는 것이 특징이다.

예대마진

예금금리와 대출금리의 차이를 말하며 금융기관의 수익성을 측정할 수 있는 지표로 이용된다. 예를 들어서 대출금리가 12.5%이고 예금금리가 10.4%이면 예대마진은 2.1%가 된다.

옵션(option)

특정한 주식이나 상품을 일정기간 동안에 미리 정해진 가격으로 사거나 팔 수 있는 권리를 말한다. 의무는 없는 권리만을 의미하기 때문에 옵션 보유자가 자신에게 유리할 경우에만 행사할 수 있다.

완전자본시장(perfect capital market)

시장균형이론이 성립하기 위한 조건으로서 세금이나 거래비용 등 마찰요인이 없고 완전경쟁이 이루어지며 모든 투자자에게 동질적인 정보가 주어지는 시장을 말한다.

외평채

정부는 외환시장의 안정을 위해서 외국환평형기금을 운용하고 있다. 이 기금이 정부의 지급보증으로 발행한 외화표시채권을 외국환평형기금채권, 즉 외평채라고 한다. IMF사태 이후 민간부문에서 외화를 구하지 못하여 정부가 직접 외평채를 발행한 적이 있다.

운용리스(operating lease)

기계설비의 설치와 유지관리 등을 모두 리스회사가 책임지는 조건으로 이루어지는 형태의 리스로서 리스기간 만료 이전에도 중도해약이 가능하다. 계약기간은 대체로 기계설비의 내용년수보다 짧은 단기간 리스이다.

운전자본(working capital)

넓은 의미로는 유동자산을 의미하며 좁은 의미로는 유동자산에서 유동부채를 차감한 순운전자본(net working capital)을 의미한다.

위험(risk)

미래 현금흐름의 변동가능성을 의미한다. 통계적으로는 수익률의 확률분포에서 분산 또는 표준편차로 측정한다.

위험자산(risky assets)

미래에 가져다 줄 현금흐름이 변동될 수 있는 자산을 말하며 대표적인 예로 주식이나 부동산 같은 것들을 들 수 있다.

유통시장(circulating market)

이미 발행된 증권이 거래되는 시장이다. 유통시장에서는 이미 공개된 주식의 현재 소유주와 미래 소유주 사이의 거래가 이루어지는 곳이기 때문에 주식을 발행한 회사와는 무관하다. 대체로 유통시장은 거래소시장과 장외시장으로 구분된다.

자기자본비용(capital cost of equity)

기업이 주주에게 지급하는 자본사용대가이면서 동시에 주주가 기업에게 요구하는 수익률이다. 주식의 자본비용이라고도 할 수 있다.

자본자산가격결정모형(capital asset pricing model : CAPM)

완전자본시장이 균형상태에 있을 때에 개별주식의 기대수익률이 베타계수로 측정한 체계적 위험과 선형관계에 있음을 나타내는 식이다.

자산담보부채권(assets backed security : ABS)

금융기관이 건물, 토지, 공장 등 부동산이나 동산의 저당권을 담보로 발행한 채권이다. 유통시장에 팔아서 현금화시킬 수 있기 때문에 부동산의 유동성을 높일 수 있다. 우리나라에서는 민법상 담보물건과 저당권을 분리하기 어려워 부동산이 매매될 때마다 저당권을 새로 설정해야 하는 불편 때문에 도입이 늦어졌다.

자산주

부동산이나 유가증권을 대량으로 보유해 자산가치가 높은 기업들이다. 회사를 청산했을 때 주주들에게 분배되는 자산이 많기 때문에 투자가치를 인정받는다.

재무위험(financial risk)

부채를 많이 사용하면 동일한 영업이익이라도 주주에게 귀속되는 순이익이 더 크게 변동할 가능성이 있는데 이를 재무위험이라고 한다.

전환사채(convertible bond : CB)

일정기간 후에 주식으로 전환할 수 있는 채권을 말한다. 이렇게 주식으로 전환할 수 있는 권리를 전환권이라는 부르는데 이는 채권자가 자신에게 유리할 때에 행사할 수 있는 옵션이다. 따라서 다른 조건이 동일하다면 전환사채의 가치는 일반채권보다 더 큰 값을 갖는다.

주가수익비율(price earnings ratio : PER)

순이익을 발행주식수로 나눈 값은 주당순이익(earings per share)라고 한다. 주가수익비율은 주가를 주당순이익으로 나눈 값이다. 비슷한 조건의 두 회사 중 한 회사의 PER이 상대적으로 낮은 값을 가지면 저PER주라고 하며 투자가치가 있다고 판단한다.

주도주

증시상승을 이끌어 가는 종목군을 뜻하는 것으로 그때그때 상황에 따라 바뀐다. 매수세가 집중되기 때문에 거래량 상위를 휩쓸며 상승세가 가장 강하다.

주식예탁증서(deposit receipt : DR)

주식에 대한 권리증을 말한다. 즉, 주식현물은 국내에 두고 해당 주식에 대한 권리를 나타내는 증서로 발행된 것이 해외주식예탁증서이다. 외국증시에 국내기업의 주식을 발행하려면 복잡한 절차를 거쳐야 하는데 이를 피하기 위해서 주식예탁증서를 판매한다. 물론 의결권 등 주주의 모든 권리가 보장된다.

증권시장선(security market line : SML)

완전자본시장의 균형상태에서 개별주식의 기대수익률과 베타의 선형관계를 베타와 기대수익률의 평면에 나타낸 식을 말한다.

지배원리(dominance principle)

평균(기대수익률)과 분산(위험)으로 모든 자산을 평가할 때에 위험이 동일하면 기대수익률을 큰 자산이 작은 자산을 지배하며 기대수익률이 동일하면 위험이 작은 자산이 큰 자산을 지배한다는 것을 말한다.

직상장

비상장회사가 증권거래소에 상장하려면 주식이 30% 이상 분산되어야 하고 기업공개절차를 밟아야 한다. 그러나 이러한 절차를 밟지 않고 곧바로 상장하는 것을 직상장이라고 한다. 한국통신 등 민영화대상 공기업들이 기업공개의 절차를 거치지 않고 직상장된 바 있다.

직접금융(direct financing)

기업이 필요한 자금을 외부에서 조달하는 방식 중에서 증권시장에서 주식이나 채권을 발행하여 일반투자자로부터 직접 자금을 조달하는 방식을 말한다.

채권시가평가제

채권을 시가로 평가하는 것을 말한다. 따라서 금리가 변화하면서 채권의 평가액도 달라진다. 종전 우리나라 금융기관들은 채권을 취득원가로 계상하였기 때문에 금리가 올라 가격이 떨어져도 부실화된 금액이 반영되지 않는다. 이러한 폐단을 시정하기 위해서 도입된 제도이다.

채무불이행위험(default risk)

채권의 발행 주체가 원금과 이자를 약속한 시기에 상환하지 못할 가능성을 말한다. 채무불이행위험이 클수록 채권가격이 낮게 거래되어 기대수익률은 높게 형성된다. 특히 채무불이행위험이 매우 커서 아주 낮은 가격에 거래되는 채권을 정크본드(junk bond)라고 한다.

체계적 위험(systematic risk)

모든 자산에 공통적으로 영향을 미치는 시장의 전반적인 변화에 의해서 나타나는 위험을 말하며 그 크기는 분산(또는 표준편차)로 측정할 수도 있으며 베타계수를 이용해서 측정할 수 있다.

총위험(total risk)

개별주식 또는 포트폴리오의 수익률의 분산으로 측정한 위험을 총위험이라고 한다. 이는 체계적 위험과 비체계적 위험으로 나누어진다.

출자전환

은행이 기업에 빌려 준 자금을 회수하는 대신 그 기업의 주식으로 받는 것을 말한다. 재무상태가 좋지 않은 기업의 재무구조개선에 주목적이 있다. 은행 입장에서는 이자를 포기하고 배당을 받게 된다.

코스닥(KOSDAQ)

1996년 우리나라에 만들어진 체계화된 장외시장을 말한다. 미국의 나스닥(NASDAQ)을 본 따 만든 것으로서 최근 벤처기업 등이 시장을 주도하고 있다.

콜(call)

금융기관이나 증권회사들이 서로 하루 또는 며칠 동안 빌려주고 빌려쓰는 자금을 말한다. 그리고 이러한 단기대부 또는 단기차입에서 적용되는 금리를 콜금리라고 하는데 단기자금시장의 대표적인 금리지표로 이용된다.

콜옵션(call option)

특정한 주식이나 상품을 일정기간 동안에 미리 정해진 가격으로 살 수 있는 권리를 말한다. 따라서 나중에 형성된 시장가격이 미리 정한 가격보다 높게 형성되면 콜옵션을 행사해서 이익을 얻을 것이고 미리 정한 가격보다 낮게 형성되면 콜옵션을 행사하지 않으면 된다.

타인자본비용(capital cost of debt)

기업이 채권자에게 지급하는 자본사용대가이면서 동시에 채권자가 기업에게 요구하는 수익률이다. 부채의 자본비용이라고도 한다.

파산비용(bankruptcy cost)

기업이 파산할 때 부담하게 되는 비용을 말한다. 자산처분시 정상가격보다 낮게 평가되는 손실, 법적절차에 드는 비용과 같은 직접비용과 신용하락에 따른 매출감소, 생산성 하락과 같은 간접비용이 있다.

파생증권(derivative securities)

최근 도입되고 있는 선물(futures), 옵션(option) 등을 총칭해서 파생증권, 또는 파생금융상품이라고 한다. 이들을 적절하게 이용하면 주가, 금리, 환율 등의 변화로 나타나는 금융위험을 관리할 수 있다.

포트폴리오(portfolio)

두 가지 또는 그 이상의 종목으로 구성된 자산을 말하며 분산투자를 통한 위험감소효과를 얻기 위해서 포트폴리오를 구성한다.

평균-분산기준(mean-variance basis)

모든 자산을 미래 발생가능한 상황에서 수익률의 평균값과 분산, 두 가지 기준으로 평가한다는 원칙을 말한다. 이때의 평균은 기대수익률을, 분산은 위험을 의미하는 것이다.

평균이익률(average rate of return)

연평균순이익을 연평균투자액으로 나누어 구한 값으로서 회계상의 순이익을 기준으로 산출되기 때문에 회계적 이익률(accounting rate of return)이라고도 한다.

풋백옵션(put-back option)

어떤 물건을 살 때 일정기간내에 하자가 발생하면 물건값의 일부를 되돌려 받을 수 있는 권리를 말한다. 국내에서는 부실금융기관의 인수자가 현재에 드러나지 않은 잠재적 부실을 대상으로 일정기간 중 매도자측에 보상을 요구할 수 있는 권리로 많이 알려졌다. 제일은행을 인수한 뉴브리지캐피탈의 경우도 이러한 권리를 2년간 보장받은 바 있다.

풋옵션(put option)

특정한 주식이나 상품을 일정기간 동안에 미리 정해진 가격으로 팔 수 있는 권리를 말한다. 따라서 나중에 형성된 시장가격이 미리 정한 가격보다 낮게 형성되면 풋옵션을 행사해서 이익을 얻을 것이고 미리 정한 가격보다 높게 형성되면 풋옵션을 행사하지 않으면 된다.

프로그램매매

컴퓨터 프로그램을 이용해 주문을 낸다고 해서 붙여진 이름이다. 많은 종목을 한꺼번에 거래하기 때문에 사람이 해당 종목의 주가를 일일이 확인해서 거래하기 어렵기 때문이다. 주로 기관투자가들이 대량 거래를 할 때 사용하는 기법으로 프로그램 매매가 활발해지면 다수의 투자자들이 같은 방향으로 움직이면서 주가가 급변할 가능성이 커진다.

헤지(hedge)

헤지란 울타리 또는 담장을 의미한다. 재무관리에서는 주가, 금리, 환율 등이 변하더라도 투자자의 부가 변하지 않게 하거나 더 작은 폭으로 변화하게 하는 것을 헤지라고 한다.

현재가치(present value)

미래의 현금흐름을 주어진 할인율에 근거하여 현재시점의 화폐가치로 환산한 값을 말한다.

회수기간(payback period)

투자로부터 얻게 되는 순현금흐름으로 투자비용을 회수하는데 걸리는 기간을 말한다.

효용(utility)

소비로부터 얻는 만족의 정도를 말한다. 그리고 각 소비수준에 해당하는 효용값을 나타내는 함수를 효용함수(utility function)라고 한다.

후순위채권

회사가 파산할 경우 다른 채무를 변제하고 남는 자산이 있는 경우에만 채무를 상환하는 채권을 말한다. 후순위채권는 자기자본으로 인정되기 때문에 IMF사태 이후 많은 금융기관들이 BIS비율을 높이기 위해서 많이 발행한 바 있다.

사례 | 제2장 : 재무제표의 이해

재무상태표 … 특정 시점의 회사 재무상태 보여줘

재무제표 분석은 주식 투자의 출발점이자 완결점이다. 재무상태표, 포괄손익계산서, 현금흐름표 등을 이해할 수 있다면 해당 기업이 꾸준한 이익을 얻고 있는지, 건전성에 문제는 없는지를 알 수 있다.

상장사들의 재무제표는 금융감독원 전자공시시스템(http;//dart. fss.or.kr)에 들어가면 볼 수 있다. 재무제표가 어떤 식으로 구성돼 있고 각각 어떤 의미를 지니는지를 알기 쉽게 풀이해 매주 연재한다.

재무제표는 재무상태표, 포괄손익계산서, 이익잉여금처분계산서, 현금흐름표,자본변동표,주석 등으로 구성된다. 이 중 재무상태표는 기업의 건강상태라 할 수 있는 재무건전성에 대한 지표다.

재무상태표는 특정 시점의 회사 재무 상태를 보여준다. 일반적으로 우리나라 기업들은 12월 말 결산이 많은데 사업보고서 및 감사보고서가 나오는 시기는 대개 다음해 3월이다.

결과적으로 3개월 이전 시점의 재무상태표를 통해 현재 기업의 상태를 분석해야 한다는 얘기다.

이러한 시간의 간극을 메우기 위해 매년 혹은 매분기의 재무상태표를 비교하는 방법을 사용한다. 시간 흐름에 따라 어떠한 변화가 일어났는지를 보면 현재 기업 상태에 대해 '예측' 을 하는 것이 가능해지기 때문이다.

재무상태표는 회사가 자산을 얼마나 갖고 있고(자산),빚은 얼마나 지고 있는지(부채)를 보여준다. 자산은 기업의 부동산,보유 현금, 투자 자금, 빌려준 돈, 영업권 등 무형자산으로 구성된다. 이 모든 항목들이 자산 총계를 구성하고 그 금액은 재무상태표 하단에 표시된다.

부채에는 기업의 채무뿐 아니라 각종 충당금과 자본,즉 주주의 지분(자본 혹은 순자산)이 표시된다. 이 중 자본은 자본금과 잉여금으로 구성된다.

자본은 기업이 주주에게 빚진 돈이라는 의미이지만 '자산과 부채의 차이' 라고 단순하게 생각하는 게 낫다. 이를 풀어보면 '자산=부채+자본' 이라는 공식이 성립한다.

자산 총계와 부채 총계는 재무상태표에서 항상 일치할 수밖에 없다. 차이가 나는 금액은 자본금과 잉여금 등이 메워주기 때문이다. 기업이 영업을 잘해 이익이 나면 자본에 보태지며 이는 이익이 채권자가 아니라 주주의 몫으로 돌아간다는 뜻이다. 따라서 해당 기업의 주식을 매입해 주주가 되고자 한다면 그 전에 기업이 장사를 잘하고 있는지를 반드시 체크해야 한다.

이태훈 기자 beje@hankyung.com

사례 | 제3장 : 화폐의 시간적 가치

조삼모사 재해석

금융론 강의에 곧잘 등장하는 사자성어가 있다. 조삼모사(朝三暮四) 대 조사모삼. 중국 춘추전국시대 송나라의 저공이란 사람이 "앞으로 너희 원숭이에게 주는 도토리를 아침에 3개, 저녁에 4개로 제한하겠다"고 말하자 원숭이들은 잔뜩 화를 냈다. 그래서 저공이 "그렇다면 아침에 4개를 주고 저녁에 3개를 주겠다"고 하자 원숭이들이 반색하더란 얘기다.

조삼모사는 '똑똑한 사람이 간교한 꾀로 어리석은 자를 속여 희롱하는 짓' 을 뜻한다. 조삼모사나 조사모삼이나 도토리의 단순 합은 같은 7개다. 그런데 원숭이는 눈앞의 큰 이익만 좇았으니 정말 바보다. 이것이 중국발 통설이다.

반면 서양발 금융론의 재해석은 '똑똑한 원숭이' 다. 이른바 '화폐의 시간 가치(TVM)' 를 감안하면 조사모삼이 조삼모사보다 득이 된다는 것이다. 오늘 4억원을 받고 1년 뒤 3억원을 받는 것과, 오늘 3억원을 받고 1년 뒤 4억원을 받는 것엔 분명한 차이가 있는 것과 같은 이치다. 연 10% 금리라면 전자의 현재 가치는 대략 6억7273만원, 후자는 6억6364만원이다. 똑똑한 자라면 당연히 909만원을 득 보는 전자를 선택할 것이다. 다시 원숭이 얘기로 돌아가 보자. 아침부터 저녁까지 몇 시간 안 되는 기간에 발생할 수 있는 조삼모사와 조사모삼의 가치 차이는 극히 미미해 대수롭지 않게 여길 수 있다. 그렇다고 그 차이를 반긴 원숭이가 무슨 잘못을 저지른 것도 아닌데 2000년 넘게 조롱당한 것은 좀 이상하다는 게 현대적 해석이다. 오히려 낮 활동에 대비해 아침에 많이 먹고, 자기 전엔 적게 먹는 건강식사법까지 잘 아는 원숭이로 치켜세워 줄 수 있겠다.

글로벌 금융위기 1년. 조삼모사의 통설처럼 도전받는 제도 · 관행이 적지 않다. 금융계 '돈벼락' 보너스 체계도 그중 하나다. 경쟁력의 마법이 지금은 위기를 부른 원흉이다. 미국에서 열릴 주요 20개국(G20) 정상회의를 앞두고 각국 정상들이 보너스 규제의 필요성을 역설했다. 가장 소극적이던 오바마 미국 대통령도 보너스 개혁에 동참하겠다고 밝혔다. 과거에는 상상할 수 없던 일이다. 금융계는 "보너스를 덜 주면 인재가 빠져나갈 것"이라며 울상을 짓고 있다. 하지만 조삼모사의 원숭이보다 계산에 밝고 건강도 잘 챙기는 금융인들이야말로 세상에 걱정만 끼칠 것이 아니라 명쾌한 자체 해법을 내놓아야 하는 게 아닐까.

허귀식 경제부문 차장

사례 | 제4장 : 자본예산

'투자회수기간 너무 길어졌다' … 코스닥 자금압박 가중

코스닥 벤처 기업들의 경우 영업활동에 필요한 운전자본이 늘어나고 이를 운용하는 기간도 확대돼 상당한 현금 압박을 받을 것으로 전망됐다.

한양증권은 지난해 코스닥 벤처기업들은 투자후 현금이 회수될때 까지의 평균 기간인 운전기간이 지난 98년보다 27% 늘어났으며 운전자본 규모 또한 56%나 증가했다고 26일 밝혔다.

한양증권이 이날 발표한 "코스닥 벤처기업 운전자본을 통한 수익성과 안정성 분석"자료에 따르면 코스닥 벤처기업의 99년 평균 운전기간은 1백10.1일로 98년의 86.5일 보다 늘어났다.

그러나 총운전자본은 98년의 2조9천7백10억원보다 오히려 증가한 4조6천5백31억원으로 나타났다.

한양증권 유영국 애널리스트는 "운전자본이란 기업의 기본적인 영업활동을 위해 들어가야할 시설투자 와 운영자금으로 지난해 신규 업체와의 경쟁심화 등으로 운전자본이 늘어났다"며 "그러나 지난 98년과는 달리 국내 경기의 둔화로 증자 등 자금유입이 힘들어 현금압박이 예상된다"고 내다봤다.

특히 매출액 대비 운전자본 비중이 상대적으로 높은 옥션 씨티아이반도체 골드뱅크커뮤니케이션즈 아펙스 메디다스 인터파크 엠플러스텍 유일반도체 씨엔아이 다음커뮤니케이션 등은 현금흐름에서 곤란을 겪을 것으로 유 연구원은 예상했다.

한양증권은 코스닥 벤처기업들이 운전자본을 투입해 현금을 회수하는 기간이 상대적으로 길어진 것도 코스닥 기업의 현금흐름을 압박하는 요인이라고 설명했다.

운전기간이 길다는 것은 현금회수 기간이 확대돼 현금흐름에 제약을 줄 수 있다.

"흑자도산"은 현금회수 기간이 장기화됨으로써 생겨날 수 있는 대표적인 케이스다.

한양증권은 운전기간이 긴 코스닥 업체로 아펙스 에이콘 씨엔아이 웅진코웨이 인터파크 동양알엔디 주성엔지니어링 아이앤티텔레콤 유니와이드 도원텔레콤 등을 꼽았다.

임상택 기자 limst@hankyung.com

사례 | 제5장 : 증권시장의 이해

주식시장=기업자금 조달수단' 상식 깨져

머니투데이 김준형기자]' 주식시장은 기업이 자금을 값싸게 조달하는 장?'

지난해 국내 상장 · 등록기업들이 주식시장에 4조원의 자금을 쏟아부은 것은 경제 상식이 깨지고 있다는 것을 보여준다. 이같은 추세가 이어질 것인지, 혹은 경기침체 등에 따른 일시적 현상인지 속단하기는 힘들다. 하지만 미국 영국 등 선진국 증시에서는 일반화되고 있는 현상이 국내증시에서도 나타나기 시작함에 따라 기업과 주식시장의 관계에 대한 다양한 해석과 논란이 예상된다.

◇ 경기 · 증시 침체, 기업→증시 자금 '역류'

기업의 자사주매입이 폭발적으로 증가할수 있었던 것은 증시부양차원에서 자사주매입 제한이 지속적으로 완화됐기 때문. 상법은 주식소각이나 합병등 몇가지 예외적인 경우가 아니면 기업이 자사주를 매입하는 것을 원칙적으로 금지하고 있다. 일본도 자사주 매입이 사실상 전면금지돼 있다. 기업이 스스로 자기자신의 구성원(주주)이 된다는 모순과 더불어, 이익을 추구해야 하는 기업의 본래목적에서 벗어나기 때문이다. 하지만 상장 등록기업에 대해서는 경영권보호와 주가안정을 위해 배당가능이익의 10%내에서 자사주매입이 가능하도록 완화됐으며 외환위기 이후인 1999년 5월에는 배당가능이익 전부를 매입할수 있도록 허용됐다. 이에 따라 증시가 극도로 침체된 2001년에는 상장사의 자사주 매입이 7조원대를 넘어섰다.

반면 기업들의 자금조달은 2001년 12조1000억원에서 지난해 9조2600억원으로 줄었다가 지난해 소폭 회복하는데 그쳤다. 박찬수 금융감독원 기업금융총괄팀장은 "경기침체로 인해 시설투자가 극도로 부진한데다 저금리로 인해 자금운용처도 마땅치 않아 기업자금이 자사주매입으로 몰렸기 때문인 것으로 풀이된다"고 말했다.

◇ 주가부양에 과다 지출, 지배구조 왜곡 우려도 제기

자본주의 역사가 오래된 국가들은 이같은 자금역류 현상이 일상화된지 오래다. 경제규모가 커지고 안정화되면서 신규투자가 위축되는 반면, 주주들의 이익분배요구가 커지고 주가로 경영진을 평가하는 시스템이 자리잡으면서 나타나는 현상이라고 볼수 있다.

미국 연방준비제도이사회(FRB)에 따르면 미국 기업들이 주식시장에서 신주발행을 통해 조달한 금액이 자사주 매입금액보다 작아진 것은 1963년이 처음이며 1993년 이후에는 매년 마이너스를 기록하고 있다(배당금 제외). 1981~2000년 20년간 기업에서 주식시장으로 흘러나간 돈은 5400억달러에 달하는 것으로 추산되고 있다.

조지 워싱턴대 국제기업지배구조 연구소(IICGA)마저리 캘리는 "미국증시가 장기간 호황을 누린 것은 주주들에 의해서가 아니라 기업들이 엄청난 양의 자금을 쏟아부은 결과"라며 기업들이 연기금의 역할을 대신하고 있다고 지적했다. 기업들이 주주들의 이익을 위해 과도한 지출로 주가를 떠받침으로써 기업 지배구조를 오히려 왜곡하고 있다는 것이다. 유상증자와 기업공개시를 제외하고는 직접적으로 기업의 자금조달이나 가치상승에 도움이 되지 않는 주주들에게 기업이 지나친 몫을 할당하는 것은 새로운 사회적 문제라는 지적이 미국을 중심으로 일고 있다.

김상조 참여연대 경제개혁센터 소장은 "국내의 경우 아직까지는 기업들이 배당이나 자사주 매입 등 주주중시 정책을 지나치게 등한시했던 과거의 관행에서 탈피하고 있다는 긍정적 측면이 더 크다"고 평가했다. 그러나 주식시장이 자본시장의 중개기능을 수행하지 못하게 되는 현상이 오래 지속되는 것은 바람직하지 않다고 덧붙였다.

김준형기자 navido@moneytoday.co.kr

사례 | 제6장 : 증권가격의 결정

'보험株' 내재가치에도 못미치네

보험사들이 잇달아 내재가치를 발표하며 주가 띄우기에 나섰다. 내재가치(EV · Embedded Value)는 회사가 더 이상 가입자를 받지 않고 지금까지 받은 가입자만으로 영업을 한다고 가정했을 때 기업의 가치를 뜻한다. 전문가들은 현재 보험사들의 주가가 EV에도 못 미칠 만큼 떨어져 있기 때문에 EV 발표를 통해 기업의 본질적 가치를 알리려는 시도가 있다고 보고 있다.

손해보험사의 2008년 내재가치 추정

(단위 : 억원·원·배)

	LIG손해	삼성화재	메리츠화재	동부화재*	현대해상*
내재가치(EV)	15,503	56,611	10,120	19,396	16,225
주당 EV	28,648	121,882	9,496	30,642	20,283
주가/EV	0.7	1.6	1	1	0.9

실제 LIG손해보험이 지난 10일 밝힌 주당 EV(2008년 추정치)는 2만8648원. 그런데 이날 이 회사 주가는 2만550원에 마감했다.

11일에는 주가가 더 떨어졌기 때문에 EV에 더 못 미치는 저평가 상태가 이어지고 있는 셈이다. 장효선 삼성증권 연구원은 "사측이 EV를 계산하면서 제시한 할인율(11.5%)과 자산운용에 따른 투자수익률(5.2%)의 가정은 합리적 수준"이라고 평가했다. 그러나 EV라는 개념이 아직 투자자들에게는 생소하고, 그 신뢰성에도 의문이 있기 때문에 반드시 주가가 EV를 따라간다고 보기는 어려운 측면이 있다. 한승희 우리투자증권 연구원은 "시장에 `EV`라는 개념이 자리를 잡으면 EV 대비 저평가된 보험사들이 재평가를 받을 수도 있다"고 말했다.

[신현규 기자]

사례 | 제7장 : 위험과 효용

고수익엔 반드시 대가가 따른다

옛날 어떤 임금이 '세상의 모든 진리'를 집대성해 오라고 명했다. 신하들이 논의한 끝에 백과사전 10권으로 모아서 임금님께 바쳤다. 임금은 이걸 언제 다 읽어보냐며 1권으로 줄이라고 명하였다.

신하들이 숙의를 거듭하여 1권으로 줄인 책을 바치자, 임금은 재차 이를 단 1장으로. 그리고는 단 1줄로 요약하라고 명하였다. 신하들이 엄청나게 고민했고 마침내 이들은 만고불변한 세상의 진리를 단 1줄의 문장으로 요약해 바쳤다.

신하들은 어떤 문장을 임금에게 바쳤을까? 바로 '세상에는 공짜가 없다.(There is no free lunch.)'는 것이었다. 그렇다. 세상에 공짜란 없다. 모든 일에는 그에 상응하는 대가를 치러야 한다. 그게 진리다.

투자에서도 같다. 그런데도 사람들은 종종 '수익이 높으면서도 위험이 낮은' 투자를 꿈꾼다. 하지만 그건 애당초 불가능하다. 높은 위험을 감수하지 않는다면 높은 수익도 기대할 수 없는 법이다. 예를 들어 코스닥 종목 중에서 상한가를 넘나들면서 높은 수익을 안겨주는 종목일수록 자칫 하락할 때에는 걷잡을 수 없다. 반대로 정기예금의 금리가 낮은 것은 원금을 손해 볼 위험이 전혀 없을 정도로 위험이 작기 때문이다.

이럴 때 참고할만한 지표로 베타(β)라는 것이 있다. 이는 어떤 종목이 가지고 있는 위험의 정도를 나타내는 지표다. 다르게 표현한다면 베타는 전체 시장 수익률에 대비한 그 종목의 상대적인 수익률을 의미한다. 기준은 1이다. 예를 들어 주가지수가 어떤 기간 동안에 10% 올랐는데, A 종목의 주가는 10%보다 더 많이 올랐다면 그 종목의 베타는 1보다 높은 것이고, 반대로 B 종목의 주가는 10%보다 작게 올랐다면 그 종목의 베타는 1보다 낮은 것이다. 베타가 높은 종목은 시장수익률보다 더 많이 움직이지만 거꾸로 말해 시장이 전체적으로 하락할 때는 시장 전체의 하락률보다 더 많이 하락한다. 결국 베타가 1보다 클수록 그만큼 위험도 높다.

일반적으로 소형주에 속하는 종목일수록 베타계수가 1보다 크다. 기대수익도 높고, 그만큼 위험도 많다. 반면에 경기방어주로 간주되는 종목은 베타계수가 통상 1보다 낮다. 이들은 상대적으로 위험이 낮고 기대수익률 역시 낮다. 그리고 지수관련 대형주는 대체로 지수와 같이 움직이는 경향을 나타내므로 베타가 1에 근접한다. 아울러 상장지수펀드(ETF)도 베타계수가 거의 1 수준이다. 상장지수펀드란 주가지수의 움직임과 같은 수익률을 얻도록 고안된 펀드다. 그러니 베타계수가 1일 수밖에 없다. 인덱스펀드에 투자하는 것도 역시 시장과 같은 수익률을 얻으려는 전략이다.

위험-수익과 관련해 자신이 어떤 성향인지를 파악하는 것이 반드시 필요하다. 높은 위험을 감수하더라도 높은 수익을 기대한다면 베타가 높은 종목에 투자해야 할 것이고, 거꾸로 위험을 회피하는 성향이 크다면 베타가 낮은 종목을 골라야 한다.

높은 수익만을 무턱대로 바랄 것이 아니라 그에 상응하는 어떤 대가를 치러야할지 미리 알고 대비하는 것이 필요하다.

사례 | 제8장 : 체계적 위험 : 베타

저(低) 베타주가 뜬다

베타계수(β)를 활용한 투자 전략이 주목을 받고 있다. 과거 추이 보다 더 낮은 수준을 기록하고 있는 저베타주와, 시장 반등을 활용한 고베타주의 상승 가능성을 겨냥한 방식이다.

베타계수는 종목의 주가의 과거 변동치와 종합주가지수 움직임 간의 상관관계를 나타내는 지표로, 상승 국면에서는 고베타주들이 시장 대비 초과 수익률을 내는 특징이 있다.

12일 IBK투자증권은 "시가 총액 상위주들과 저 β업종은 지난 과거 추이보다 낮은 수준의 베타를 기록하고 있다는 점에서 본격적인 경기회복신호가 보인다면 지금 수준보다 높은 베타를 보이며 시장을 이끌것으로 기대된다"고 밝혔다. 또한 고 β 업종 역시 상대적으로 높은 주가상승률을 보였지만 실적으로써 또 다시 시장을 견인하는 역할을 할 것으로 판단된다고 덧붙였다.

실제 시가총액 1위인 삼성전자를 살펴보면 현재 2년 베타계수는 0.88이었는데, 3월 이후 주가등락률로 구한 베타계수는 0.85로 0.03 하락했다. 삼성전자가 시가총액에서 차지하는 비중을 감안하면, 시장상승을 어느 정도 제한한 요소로 작용했다고 볼 수 있다. 향후 경기 회복이 본격화 된다면 삼성전자 등 베타계수가 낮아진 시가총액 상위주들의 상승세가 커질 수 있다.

상승장에서 고베타주에 대한 관심은 당연하다. 본격적인 상승세를 나타내기 시작했던 3월 이후 베타계수가 높은 업종이 대체적으로 상승폭이 컸다. 특히 금융업종의 경우 보험을 제외한 증권과 은행이 3월 이후 주가등락률로 계산한 베타계수가 1.6을 넘고 상승폭 역시 다른 업종에 비해 높은 편이어서 회복을 주도했다.

물론 단기 급등에 따른 조정 가능성과 지나친 이익 전망치 때문에 굳이 따진다면 저베타주가 더 매력적이라는 목소리도 있다. 이종우 HMC투자증권 리서치센터장은 최근 한 기고문에서 "상황 개선이 일어나지 않는다면 시장이 더 많은 위험을 안기 힘들다. 그래서 하반기 주식시장의 선도 종목은 바뀔 가능성이 높다. 방향은 코스닥의 쇠퇴, 높은 베타 주식의 퇴조, 성장 논리의 약화가 될 것"이라고 언급했다.

김대연 기자/sonamu@heraldm.com

사례 | 제9장 : 자본자산가격결정모형

철저한 기업 연구, 상식, 신뢰가 투자결정 3대 요소

'재무공식은 잊고 감(感)을 믿어라'

전설적인 가치투자가 워런 버핏 버크셔 해더웨이 회장이 말하는 성공 투자의 비결은 뜻밖에도 간단하다.

그는 기업에 대한 철저한 사전조사와 상식, 신뢰를 투자결정의 3대 요소로 꼽는다.

파이낸셜타임스(FT)는 14일 "버핏의 성공 비결이 복잡한 재무공식이 아닌 상식과 신뢰"라고 보도했다.

실제로 워런 버핏은 지난주 월마트의 유통사업부문인 맥레인사를 15 억달러에 인수하기로 결정하는데 2시간 밖에 걸리지 않았다고 털어놨 다.

그는 "월마트의 경영능력을 믿었기 때문에 실사 따위는 필요없었으며 말 그대로 악수를 하고 계약을 체결했다"고 말했다.

그러나 이같은 결정은 그가 평소에도 복잡한 재무공식과 학술적인 논리들을 "보통사람들을 겁먹게 하는 것일 뿐"이라며 평가절하해왔다는 점에서 놀랄만한 일은 아니다.

지난 3일 주주총회에서 버핏은 기본적인 재무 논리를 따지는 주주들 의 질문에 대해 "찰리 멍거 부회장과 나는 자본비용이 얼마인지에 대 해 정확히 알지도 못하며 솔직히 그 개념자체가 말이 안된다고 생각 한다"고 말했다.

멍거 부회장도 최근 경영학계에서 논란이 되고 있는 '자본자산가격결 정모형(CAPM:Capital Asset Pricing Model)' 에 대해 "완전히 미친 짓 "이라고 비난했다.

CAPM은 시장의 체계적 위험에 대한 개별 주식의 민감도인 베타와 시 장전체의 기대수익률을 이용해 적정 주가를 산출하는 모형이다. 멍 거는 또 "컨설턴트들이 그렇게 놀라운 직관을 가지고 있었다면 컨설 팅회사가 아니라 버크셔 해더웨이를 소유하고 있어야 할 것"이라고 비아냥거렸다.

그러나 금융전문가들과 컨설턴트들 조차 버핏과 멍거를 비난하지는 않는다.

MIT의 스튜어트 마이어스 교수는 "버핏과 멍거가 복잡한 재무 공식들 을 비판하기 위해 전체 재무원칙에 대한 경멸을 과장한 것"이라며 " 재무공식을 무조건 숭배하는 것이 위험하다는 데는 이견이 없다"고 말했다.

맥킨지컨설팅의 기업 재무 전문가인 팀 콜러도 "베타나 부채의 영향 을 반영하는 공식들이 부정확하다는 것을 깨달았기 때문에 최근 컨설 턴트들도 접근 방식을 단순화하고 있다"고 말했다.

전문가들은 다만 자본비용의 개념을 전적으로 무시해서는 안된다는 입장이다.

이런 원칙들을 완전히 무시할 수 있는 사람은 일반 투자자가 아니라 경험 많은 백만장자 정도에 불과하기 때문이다.

〈이은아 기자〉

사례 | 제10장 : 자본비용

자본비용 줄여야 기업몸값 상승

◆NIE(신문활용교육) / 신경영 리포트 (12) 기업 가치 높이기◆

재료비, 인건비, 관리비…. 기업이 상품이나 서비스를 생산 · 공급하는 과정에는 여러 가지 비용이 수반된다.

경영자는 이들 비용을 줄이기 위해 많은 노력을 기울이는데 예를 들어 일본 도요타자동차는 TPS(Toyota Production System)라는 물류시스템으로 원가를 줄이고자 힘쓰고 있다.

그러나 회계장부상 비용이 기업 비용의 전부는 아니다.

기업은 자산을 취득하기 위해 자금을 조달해야 한다.

이 자금도 비용을 발생시키는데 이를 자본비용이라 한다.

집을 사기 위해 은행에서 돈을 빌리면 대출이자를 내야 하듯이 기업 역시 자본을 제공한 이에게 대가를 지불해야 하는 것이다.

◆ 자기자본비용 산정 = 그렇다면 기업의 주식에 내포된 자기자본비용은 어떻게 산정할까.

이는 주주들이 기업의 주식을 소유할 때 얼마나 수익을 올릴 수 있을지 기대하는 정도, 즉 기대수익률에 따라 결정된다.

또 주식이 내포한 위험수준과 관계가 있는데 고위험 주식은 기대수익률도 높아야 하고, 저위험 주식은 기대수익률도 낮아야 한다.

조정과정은 이렇다.

기대수익률은 아주 높은데 위험이 없는 주식이 있다면 이 주식을 사려고 투자자들이 몰려들어 현재 주식 가격이 올라간다.

이 경우 향후 기대하는 수익에 비해 현재 주식가격이 올라가 있으므로 기대수익률이 떨어지게 된다.

이러한 조정은 주식의 기대수익률이 위험이 전혀 없는 증권(예를 들면 국공채)의 수익률과 같아질 때까지 계속된다.

이 주식 수익률이 무위험증권 수익률보다 조금이라도 높다면 투자자들은 계속해서 주식을 사려고 할 것이고, 주식 가격이 상승해 기대수익률은 떨어지게 된다.

이런 논리에 따라 주식 기대수익률은 그 기업이 내포하고 있는 위험 수준에 따라 결정된다.

◆ **자본비용에는 타인자본과 자기자본이 있어…자기자본비용도 중요 = 기업의 자본은 타인자본과 자기자본으로 나뉜다.**

앞서 말한 은행 대출의 예와 같이 설비를 갖추기 위해 은행에서 차입해 사용한 자금을 타인자본이라 한다.

반면 주식을 발행해 그로부터 생성된 자금은 자기자본이 된다.

타인자본의 자본비용은 상대적으로 쉽게 계산할 수 있다.

은행에서 돈을 빌린 경우 정해진 대출이자율이 곧 자본비용의 산정 기준이 된다.

타인자본은 계산이 쉽고 회계장부상에 영업외 비용으로 기록되므로 경영자들이 비교적 명확히 인식하고 있다.

이번엔 자기자본비용을 보자. 이 비용은 주주들이 기업에 자금을 제공하면서 (즉, 주식을 구입하면서) 기대하는 수익률이다.

기대수익률이 비용으로 계산되는 이유는 주주들이 자금을 기업에 투자함으로써 잃게 된 기회비용을 포함하기 때문이다.

아들의 사업을 위해 아버지가 자기 소유 사무실을 아들에게 무상으로 빌려준다면 아버지는 이를 다른 사람에게 임대할 경우 받을 수 있었던 임대료를 받지 못한다.

따라서 받지 못한 임대료 수익을 비용으로 산정해야 한다.

기업의 경우에도 주주가 다른 곳에 자금을 사용했을 때 받을 수 있는 수익을 자기자본비용으로 간주해야 한다.

자기자본비용은 매년 배당금을 제외하고 명시적으로 지출되는 현금이 없어 비용으로 인식하지 못하는 경우가 있다.

그러나 기회비용의 개념으로 자기자본비용을 이해한다면 이를 비용으로 인식해야 한다.

◆ **자본비용 절감과 기업가치 상승 = 타인자본비용과 자기자본비용을 기업의 자본구성에 맞추어 가중평균하면 기업의 자본비용이 된다.**

이자비용으로 나타나는 타인자본비용은 절감을 위한 노력을 많이 한다.

자기자본비용의 경우는? 이 또한 기업이 암묵적으로 부담하는 비용으로 절감 노력이 필요하다.

특히 향후 주식을 발행할 때 더 높은 공모가를 받기 위해 기업의 위험을 감소시키고 현재의 자본비용을 줄이려는 노력을 해야 한다.

자본비용은 기업의 미래 현금흐름을 할인하는 기준으로 자본비용을 감소시키면 기업가치가 상승한다.

자본비용의 감소를 위해 경영자는 어떠한 노력을 해야 할까.

대출이자율과 기대수익률은 기업이 내포한 위험에 따라 결정되므로 자본비용 감소를 위해 경영은 자본 공여자들이 느끼는 위험을 감소시켜야 한다.

타인자본과 자기자본의 적절한 조합을 통해 최적자본구조를 이루고 위험관리를 통해 현금흐름을 관리해야 한다.

IR(Investor Relation) 확충 등 기업 내부 관리자와 외부 주주 간의 정보 비대칭성을 줄이려는 노력 또한 기업이 내포한 위험을 줄인다.

위험 감소는 자본비용을 절감시켜 궁극적으로 기업가치를 높이는 전략이 된다.

모든 법칙에 예외가 있듯 자본비용 감소가 항상 기업의 가치를 증가시켜주지는 않는다.

가스 전기 통신과 같은 규제기업은 자본비용 감소가 가격을 하락시켜 현금흐름이 감소할 가능성이 있다.

[채준 서울대 경영대 교수]

사례 | 제11장 : 자본구조이론 (I)

"투자 촉진 위해 부채비율 높여야"〈삼성硏〉

(서울=연합뉴스) 신호경 기자 = 최근 문제가 되고 있는 기업들의 투자 부진이 외환위기 이후 급격하게 진행된 부채 축소의 결과라는 분석이 제기됐다.

삼성경제연구소는 7일 '자본비용이 기업 투자에 미치는 영향' 보고서에서 "부채비율이 지나치게 낮은 현재의 자본 구조에서는 기업이 투자를 확대할 동기가 크지 않다"며 "부채비율을 높여 가중평균자본비용(WACC)을 줄이면 과잉 유동성을 생산 부문으로 유도할 수 있다"고 주장했다.

보고서에 따르면 1991년부터 2004년까지 연속 상장된 276개 비금융기업을 분석한 결과 이들의 WACC는 외환위기 이후(1999~2004년) 12.1%로 외환위기 이전(1991~1996년)의 11.9%보다 높아졌다.

WACC는 타인자본(부채) 비용과 자기자본 비용을 가중평균한 값으로, 외환위기 이후 일반적으로 기업들이 자기자본에 비해 비용이 낮은 타인자본의 규모를 대폭 줄이면서 전체 자본비용이 오히려 높아졌다는 설명이다.

기업은 투자 여부를 결정할 때 투자로 창출될 미래 현금흐름을 이 WACC로 할인해 현재 가치를 구하고, 이것이 투자비용보다 커야만 실제로 투자에 나서게 된다.

따라서 WACC가 높아질수록 기업들은 더욱 투자에 부담을 느낄 수 밖에 없다.

더구나 이들 기업의 투자수익률(ROIC) 역시 외환위기 전 6% 수준에서 외환위기 후 4.4%로 떨어진 것으로 나타났다.

전효찬 수석연구원은 "외환위기 이후 상장기업들의 WACC는 큰 폭의 금리 하락에도 불구, 외환위기 전보다 소폭 높아진 것으로 확인됐다"며 "부채는 무조건 나쁜 것이라는 인식을 바꿔야하며, 기업의 부채비율을 200% 정도 수준까지 높일 경우 WACC가 낮아지며 투자 여력이 생길 것"이라고 밝혔다.

shk999@yna.co.kr

사례 | 제12장 : 자본구조이론 (II)

메릴린치,"韓 기업..부채 올려 주주가치 높여라"

9일 메릴린치 이원기 전무는 "Time to Consider Re-leveraging"란 제목의 월간 분석자료에서 한국 기업들의 부채비율이 지난 97년 170%에서 35%로 격감하면서 자본구조가 지나치게 저부채 구조로 전환돼 주주가치관점에서 비효율적이라고 지적했다.

이에 따라 우량기업들이 채권 등을 발행해 자사주를 매입하거나 소각 혹은 배당정책을 실시하는 이른바 주식의 부채전환(Equity To Debt Swap) 정책을 아이디어로 활용해야 한다고 주문했다. 이 전무는 "이같은 정책으로 자기자본수익률과 주당순익을 높이면 주가는 자연스럽게 상승할 수 있다"고 지적했다.

현금흐름이 풍부하고 주주 우호적 우량기업인 삼성전자, POSCO,삼성SDI, KT&G, INI 스틸, 대림산업, 현대차, 기아차 등을 투자자들에게 주목할 것을 권고했다..

한경닷컴 박병우기자 parkbw@hankyung.com

사례 | 제13장 : 배당정책

순이익 줄자 배당금도 급감…전년比 37.77%↓

배당금총액 상위 10사

(단위 : 백만원, %)

종목명	배당금총액(A)	외국인배당금 총액(B)	외국인배당금 비중(B/A)	시가배당률	배당성향	당기순이익
삼성전자	808,811	348,355	43.07	1.18	14.64	5,525,904
포스코	762,760	326,385	42.79	2.60	17.15	4,446,933
SK텔레콤	681,996	293,599	43.05	4.30	53.38	1,277,658
S-Oil	582,199	264,435	45.42	7.50	130.48	446,214
케이티앤지	360,357	183,746	50.99	3.40	40.30	894,290
현대중공업	299,667	44,351	15.80	2.48	13.28	2,256,665
현대자동차	235,715	62,629	26.57	2.10	16.28	1,447,904
케이티	226,280	93,386	41.27	2.90	50.31	449,810
LG화학	209,201	51,380	24.56	3.40	20.87	1,002,585
SK에너지	195,289	57,591	29.49	2.80	21.99	888,085

2008년 한해 상장사들의 순이익이 축소됨에 따라 배당금 규모도 대폭 줄어들었다.

2일 한국거래소에 따르면 최근 정기주주 총회를 연 거래소(유가증권)시장 12월 결산법인 638개사 중 현금배당을 실시한 413개사를 대상으로 배당 현황을 집계 · 분석한 결과, 이같이 나타났다.

413개사의 지난해 순이익은 43조2352억원으로 2007년 당시 57조8069억원보다 25.21% 줄어들었다.

이에 따라 전년 실적에 근거해 주주들에게 주어지는 현금배당도 큰 폭으로 줄어들었다. 올해 배당금은 8조6601억원으로 지난해 13조9162억원에 비해 37.77%나 감소했다.

외국인들이 받는 배당금도 절반으로 줄어들었다.

올해 외국인 배당금은 2조6257억원으로 지난해 5조5987억원에 비해 53.10%나 축소됐다. 전체 배당금 중 차지하는 비율도 지난해 40.23%에서 올해 30.32%까지 낮아졌다.

배당금 총액과 외국인 배당금 총액 1위는 삼성전자였다.

배당성향(당기 순이익 중 배당금 비율) 1위는 식료품제조전문업체 삼양제넥스였다.

시가배당률(배당금에 대한 배당기준일 주가의 비율) 1위는 윤활유 등 생산업체 미창석유공업이었다.

박대로 기자 daero@newsis.com

사례 | 제14장 : 리스금융

산업리스금융 시장 기지개 펴나

주요 여신전문금융사별 산업 리스 동향

업체	동향
현대커머셜	– 3~5월 트럭 리스 실적 전년 동기 대비 132% 증가 – 3~5월 건설중장비 리스 실적 전년 동기 대비 104% 증가
케이티케피탈	– 산업기계 · 건설장비 리스 연체율 1% 후반선까지 하락 – 3~5월 소형 건설기계 리스 전년 동기 수준 회복
효성캐피탈	– 3월부터 공작기계 리스 영업 재개 – 공작기계 3~5월 리스 전년 동기 대비 30% 수준까지 회복

캐피털 업계를 중심으로 한 산업리스금융 시장이 경기 호전에 힘입어 꿈틀대고 있다. 캐피털사들의 산업리스 판매실적이 최근 본격적인 회복세를 타는가 하면 리스를 받은 기업들의 연체율도 하락세를 보이고 있어서다. 이는 중소 제조업체들을 중심으로 설비 수요가 살아나고 있다는 것을 암시하는 것이어서 향후 경기회복의 전조가 될지 주목된다.

9일 금융권에 따르면 효성 · KT · 두산 · 씨티캐피탈 · 현대커머셜 등 주요 여신전문 금융기관들의 기계 및 건설장비 리스 매출이 지난 3월부터 급격히 호전되고 있다.

특히 현대커머셜은 올 3~5월 중 트럭과 건설중장비 리스 실적이 각각 980억원과 335억원에 달해 전년 동기 대비 각각 132%, 104% 증가했다. 이는 지난해 상반기 화물연대 파업과 유가폭등으로 관련 부문 리스 시장이 크게 위축됐던 것에 따른 상대적인 반등효과 탓이기도 하지만 추세적으로 기업들의 투자심리가 살아나고 있음을 의미한다는 게 이 회사 측 설명이다.

케이티캐피탈의 경우 산업기계 · 건설장비 리스 연체율이 2월 2~3%선까지 상승했다 이후 하락세를 보이며 최근에는 1% 후반선까지 떨어졌다. 또 3~5월 중 소형건설기계(굴착기 · 포클레인 등) 리스 판매 실적이 지난해 같은 기간 수준으로 올라왔고 공작기계 부문 리스는 50%선까지 회복된 것으로 전해졌다.

이에 따라 케이티캐피탈은 연내에 총 1조원 규모 자금을 산업리스 부문에 투입할 계획이다. 이중모 케이티캐피탈 전략기획실장은 "신용등급 A- 등급 이상 기업들만을 대상으로 영업해도 예년 수준의 리스 판매 실적을 회복할 정도로 시장상황이 호전됐다"고 전했다.

효성캐피탈은 지난해 말 금융위기 이후 거의 휴면상태였던 공작기계 리스 부문에서 3~5월 중 매월 50억~60억원씩의 매출을 냈다. 이는 지난해 같은 기간 매출의 30% 선에 불과하지만 지난해 10월 이후 거의 실종되다시피 했던 공작기계 수요가 살아나고 있다는 점에서 눈길을 끈다. 이상철 효성캐피탈 기계영업본부장은 "정부의 재정정책 효과와 현대자동차의 신형엔진 개발과 같은 일부 대기업의 설비부문 호재에 힘입어 건설 · 제조 분야의 설비 수요가 증가하는 것 같다"고 분석했다.

캐피탈사들의 자금조달 금리가 최근 하락하고 있는 점도 산업리스 영업 강화에 한몫하고 있다. 올해 초 3년만기 이표채 기준으로 7~9%선까지 올랐던 주요 캐피털사들의 금융기관채권 발행금리는 최근 5~6%선까지 하락했다.

사례 | 제15장 : 선물거래

"국채선물, 금리변동 위험관리수단 정착"

국채선물이 국고채3년 지표물 뿐 아니라 다른 중장기 금리상품에도 효율적인 위험관리수단으로 활용될 수 있는 것으로 분석됐다.

4일 선물거래소에 따르면 국채선물 가격변동은 중장기 현물 채권수익률 변동과 상관관계가 매우 높은 것으로 나타났다. 반면 콜금리 기업어음(CP) 양도성예금증서(CD) 등 단기금리와의 상관관계는 낮았다.

지난해의 경우 국채선물가격과 국고채3년물 금리와의 상관관계는 0.86의 높은 상관계수를 기록했으며 회사채3년물과의 상관관계도 0.85에 달했다. 산금채1년물 및 통안채1년물과도 각각 0.80, 0.78의 상관관계를 나타냈다. 콜금리 등 단기채와의 상관계는 0.3미만으로 낮아 상관관계가 별로 없었다.

선물거래소는 "국채선물을 통해 국고채3년물 뿐 아니라 기타 다른 중장기채권과의 다양한 교차헤지가 가능하다"며 "국채선물은 현물채권시장의 활성화에 따라 중장기 금리변동위험을 관리하기 위한 수단으로 적극 활용될 수 있을 것"이라고 주장했다.

jgkang@fnnews.com 강종구기자

사례 | 제16장 : 옵션거래

삼성전기, 임원 스톡옵션 대박 행진에 '함박웃음'

삼성전기의 주가가 급상승세를 타고 있는 가운데 임원진들의 입가에 웃음꽃이 활짝 폈다. 스톡옵션 행사로 수억원대의 평가차익을 올렸기 때문이다.

30일 금융감독원 임원·주요주주특정증권등소유상황보고서에 따르면 김기영 부사장이 지난 20일 스톡옵션 5000주를 행사하면서 2억7500만원의 평가차익을 남겼다.

올해 초 3만원대를 기록하던 삼성전기 주가가 10만원을 넘어서면서 스톡옵션을 부여 받은 임원들이 서둘러 권리를 행사하고 있다.

이무열 상무가 지난 14일 3000주(취득단가 4만4700원)의 스톡옵션을 행사에 약 1억6000만원 가량의 평가차익을 올렸다.

또 김기영 부사장이 20일 단가 4만7300원에 5000주를 취득해 대략 10만원 안팎에서 팔아치우며 2억원이 넘는 금액을 손에 쥐었다.

이 외에도 오용수 상무가 2000주를, 김상기 상무가 5000주, 김영욱 상무 3000주 등 주가 급등가 맞물려 삼성전기 임원들의 스톡옵션 행사가 줄을 이으며 수억원대의 평가차익을 올리고 있다.

한편 지난 9월에도 삼성전기가 역사적 신고가를 기록하면서 잇단 자사주 처분이 있었다. 당시 김기영 부사장이 5000주 등 임원들이 수 백주에서 많게는 수 천주씩 자사주를 팔아 치웠다.

김기영 부사장을 포함한 일부 임원들의 주식 처분은 삼성전기의 주가가 과도하게 오른데 따른 평가차익을 얻기 위한 것으로 실질적으로 주식 처분 수익률을 따져보면 대부분 100%가 넘는다.

한편 삼성전기의 3분기 영업이익이 사상처음으로 2000억원을 넘어섰으며 4분기 역시 장미빛 실적 달성 전망이 제시되고 있다.

최현재 동양종금증권 연구원은 "주력사업인 적층세라믹콘덴서(MLCC) 등의 수익성이 과거 수준을 뛰어넘는 등 성장성이 높아지고 있다"면서 "지난 2분기 이후의 실적 개선 추세를 감안하면 현재 주가는 충분히 매력적인 수준"이라고 진단했다.

또 4분기 역시 전 사업부문이 고른 성장세를 보이고 있는 가운데 전방산업인 TV와 휴대폰 PC 등의 글로벌 수요가 점차 회복되고 있어 호실적을 기록할 것으로 전망되고 있다.

그러나 증권가 일각에서는 "회사 내부자가 주식을 판다는 것은 대체로 향후 주가에 악영향을 끼칠 수 있다"며 "실적 개선이 지속된다손 치더라도 단기적으로 투자심리를 위축시킬 수 있어 주의를 기울일 필요가 있다"고 조언했다.

성시종 기자 (ssj@e-today.co.kr)

참고문헌

1. 국내문헌

구본열, 「현대재무론」, 비봉출판사, 1994.

김영진, 「금융기관경영」, 경문사, 1995.

박정식, 「현대재무관리」, 제5판, 다산출판사, 1994.

박정식, 「투자론」, 다산출판사, 1991.

윤계섭외, 「증권금융사전」, 법문사, 1992.

이의경, 「재무관리」－이론과 응용, 경문사, 1997.

이의경, 「증권투자의 이해」, 신론사, 1998.

정한규, 「재무관리」, 제3판, 경문사, 1994.

2. 외국문헌

Archer, S. H. and C. A. D. Ambrosio, *The Theory of Business Finace*, 3rd ed., Macmillan Publishing Co., Inc., 1983.

Brealey, R. and S. Myers, *Principles of Corporate Finance*, 2nd ed., McGraw-Hill, Inc., 1984.

Barnea, A., R. A. Hangen and L. W. Senbet, *Agency Problems and Financial Contracting*, Prentice-Hall, Inc., 1985.

Copeland, T. E. and J. F. Weston, *Financial Theory and Corporate Policy*, 3nd ed., Addison-Wesley Publishing Company, 1988.

Elton, E. J. and M. J. Gruber, *Modern Portfolio Theory and Investement Analysis*, 2nd., John Wiley & Sons, Inc., 1984.

Fama, E. F., *Foundations of Finance*, Basic Books, Inc., Publishers, 1976.

Jensen, M. C., and W. H. Meckling, "Theory of the Firm : Managerial Behavior, Agency cost and Ownership Structure", *Journal of Financial Economics*, 1976.

Kraus, A. and R. Litzenberger, "A State-Preference Model of Optimal Financial Leverage", *Journal of Finance*, 1973.

Lintner, J., "Security Prices, Risk and Maximal Gains from Diversification", *Journal of Finance*, 1965.

Markowitz, H., "Portfolio Selection", *Journal of Finance*, March 1952.

Miller. M. H. and F. Modigliani, "Dividend Policy, Growth and the Valuation of Shares", *Journal of Business*, 1961.

Modigliani, F. and M. H. Miller, "The Cost of Capital, Corporate Finance and the Theory of Investment", *American Economic Review*, 1958.

Modigliani, F. and M. H. Miller, "Corporate Income Tax and the Cost of Capital : A Correction", *American Economic Review*, 1963.

Mossin, J., "Equilibrium in a Capital Asset Market", *Econometrica*, 1966.

Pinches, E. E., *Financial Management*, Harper Collins College Publishers, 1994.

Ross, S. A., R. W. Westerfield and J. Jaffe, *Corporate Finance*, 4th ed., IRWIN, 1996.

Sharpe, W. F., "Capital Asset Prices : A Theory of Market Equilibrium under Conditions of Risk", *Journal of Finance*, 1964.

Sharpe, W. F. and G. J. Alexander, J. V. Bailey, *Investment*, 3rd ed., Prentice Hall Inc., 1995.

Van Horne, J. C, *Financial Management and Policy*, 10th ed., Prentice Hall, Inc., 1995.

Warner. J. B, "Bankruptcy Cost : Some Evidence", *Journal of Finance*, 1977.

Weston, J. F. and T. E. Copeland, *Managerial Finance*, 9th ed., The Dryden Press, 1992.

찾 아 보 기

Index

연습문제 해답

제 2 장

2-4

① 350,000 ② 400,000 ③ 250,000 ④ 500,000
⑤ 400,000 ⑥ 2,000,000 ⑦ 1,600,000 ⑧ 100%

제 3 장

3-2

① 현재소비 = 80(만원) 미래소비 = 22(만원)
② 현재소비 = 60(만원) 미래소비 = 44(만원)
③ 현재소비 = 40(만원) 미래소비 = 66(만원)
④ 현재소비 = 20(만원) 미래소비 = 88(만원)

3-3

(1) 1년후 44만원을 담보로 40만원 대출
(2) 현재의 자산 60만원 중 20만원을 대출

3-4

이자율이 10%인 경우
① 1 ② 1.18 ③ 0.95 ④ 1.1 (억원)
이자율이 15%인 경우
① 1 ② 1.13 ③ 0.84 ④ 0.73 (억원)

3-5

(1) 투자안의 현재가치 = 103만원
(2) 이자율이 10% : 99.5만원
(3) 이자율이 12% : 96.1만원
(4) 이자율이 15% : 91.3만원

3-6

(1) 김하늘의 부의 현가 = 100만원 이선주의 부의 현가 = 100만원

3-7

(1) ①의 경우 1년 후 : 110(만원)
　②의 경우 1년 후 : 110.25만원

(2) 실질이자율 = 10.25%

3-8

$$이자율 = \frac{100-90}{90} = 0.11(\%)$$

3-9

(1) 249 만원

3-10

(3) 33.1 만원

(5) 24.9 만원

3-11

(1) 19 만원

(3) 일반적으로 동일한 연금의 n시점의 가치를 S_n이라 하면 $n+t$시점의 가치는 $S_n(1+R)^t$이 된다.

3-12

3년 후의 가치 = 133.1 만원

5년 후의 가치 = 161.1 만원

3-13

(1) $R = 0.12$　(2) $R = 0.1$

3-14

$R = 0.072$

제 4 장

4-2

투자안의 현금흐름

0	1	2	3
−1억원	1,500 + (− 1,000)	1,500 + (− 1,000)	1,500 + (− 1,000)

4-3

증분의 현금흐름

0	1	2	…	5
−5,000	2,000 + (− 1,000)	2,000 + (− 1,000)		2,000 + (− 1,000)

4-4

$\triangle CF = 260$

4-5

"전액 자기자본으로 조달한다고 가정"

(1) 순이익 = 1,600

(2) 각 연도별 현금흐름 = 3,600

(3) NPV = 3,644 만원

4-6

회수기간 = 2년

순현가 = 1.5

내부수익률 = 10.1 %

4-7

피셔의 할인율 = 0.25

4-8

(1) 투자안 1에 투자하는 것이 유리 (2) 투자안 2에 투자하는 것이 유리

4-9

(1) $IRR(A) = 14\%$, $IRR(B) = 20\%$→투자안 B를 선택한다.

(2) 두 투자안 모두를 선택한다.

(3) $NPV(A) = 34$, $NPV(B) = 28$→투자안 A를 선택한다.

4-10

(1) 할인율이 25% : $NPV_A = 0$ 할인율이 400% : $NPV_A = 0$

4-11

(1) 생략 (2) $IRR_{1+3} \fallingdotseq 200\%$ $IRR_{2+3} \fallingdotseq 237.5\%$

4-12

$IRR = -0.206$

4-13

순현가 = 0

내부수익률 = 시장이자율

제 5 장

5-5

(1) 가격우선의 원칙에 의해 10,000원에 구입

(2) 가격우선의 원칙에 의해 김철웅씨는 10,000원, 최철희씨는 10,500원에 구입

5-6

(1) 다우식 주가지수 = 112.5 (2) 시가 가중식 주가지수 = 130.7

제 6 장

6-2

(1) 10,909원 (2) 10,909원

6-3

(1) 영하산업 주가 = 10,000 고도산업 주가 = 50,000

6-4

(1) 10% (2) 10%

6-5

(1) 시장이자율이 5%인 경우 가격 = 109.3
시장이자율이 15%인 경우 가격 = 91.9
(2) 시장이자율이 5%인 경우 가격 = 138.6
시장이자율이 15%인 경우 가격 = 86.1

6-6

(1) 18% 가격 하락
(2) 16% 가격 하락

6-9

(1) 110원
(2) 115.5

6-10

(1) 인플레이션율 = 5%
(2) 채무불이행 위험에 대한 프리미엄 = 1%

제 7 장

7-3

(2) 기대수익률 = 0.1
(3) 분산 = 0.01

7-5

(2) 정기예금을 선택시 기대효용 = 100
주식을 선택시 기대효용 = 99.77
정기예금을 선택시 기대효용 = 331.66
주식을 선택시 기대효용 = 331.72

7-6

(1) 한계효용이 일정
(2) 주식 1 선택시 기대효용 = 5,000
주식 2 선택시 기대효용 = 5,000
주식 3 선택시 기대효용 = 5,002.5

7-7

(1) 한계효용이 체증
(2) 주식 1 선택시 기대효용 = 100,000,000
주식 2 선택시 기대효용 = 180,500,000

7-9

(1) 23
(2) 보험에 드는 것이 유리
(3) 65원

7-10

(1) W≤100
(2) 이진희군의 기대효용 = 9,840
이민아양의 기대효용 = 2,160

제 8 장

8-6

(1) $E(R_h) = 0.07$

$E(R_m) = 0.12$

$Cov(R_h, R_m) = 0.0292$

(2 $\sigma_m^2 = 0.0195$

$\beta = 1.5$

8-7

(2) $\beta_B = 3$

(3) $Cov(R_h, R_m) = 0.02$

$\sigma_m^2 = 0.00667$

$\therefore \beta_B = 3$

8-8

(1) $\sigma_m^2 = 0.01$ $\sigma_1^2 = 0.02$ $\sigma_2^2 = 0.05$

$Cov(R_h, R_M) = 0.01$

$\therefore \beta_1 = 1$

$Cov(R_h, R_M) = 0.01$

$\therefore \beta_2 = 1$

8-10

(1) 시장 포트폴리오를 선택하는 경우 기대효용 = 60,967

주식 2를 선택하는 경우 기대효용 = 59,567

주식 3을 선택하는 경우 기대효용 = 58,300

제 9 장

9-2

50%씩 분산투자한 포트폴리오의 $\beta = 0.5$

30%, 70%씩 분산투자한 포트폴리오의 $\beta = 0.7$

9-3

$\beta_p = 0.5 \times 3 + 0.5 \times (-1) = 1$

9-4

(1) $E(R_m) = 0.12$

(2) 현대전자의 기대수익률 = 0.16

(3) 현대전자의 주가 = 10,000 원

9-6

(1) $E(R_m) = 0.2$ $\sigma_m = 0.2$

(3) 포트폴리오의 기대수익률과 위험을 표시하는 궤적은 직선을 이룬다

9-7

(1) 포항제철의 기대수익률과 위험을 $E(R_p)$, σ_p이라 하면

$E(R_p) = 0.12$ $\sigma_p = 0.145$

(2) $E(R_i) = 0.06+0.04\beta_i$

(3) $\sigma_m^2 = 0.01$ $\beta_i = 1.45$

(4) 앞으로 주가는 상승하고 이에 따라 수익률은 하락할 것이다.

9-8

(1) 균형가격 = 22,400(원)

(2) 한국전력의 실제 기대수익률은 0.4이므로 앞으로 가격이 상승하고 수익률이 하락할 것이다.

보론

A-2

(3) 쌍용건설의 분산 = 0.05

시장포트폴리오와 관련된 부분의 분산 = 0.04

기업고유의 위험과 관련된 분산 = 0.01

(4) 시장포트폴리오와 쌍용건설의 공분산 = 0.25

시장포트폴리오와 쌍용건설(시장포트폴리오 관련부분)의 공분산 = 0.02

제 10 장

10-2

삼성기업 부채의 자본비용 = 7% 현대기업 부채의 자본비용 = 10%

10-3

(1) 투자하지 않는다.

10-7

$E(R_i) = 26\%$

10-8

25%

10-9

(1) 10% (2) 15% (3) 13%

10-10

(1) 주주의 현금흐름 3 억원

채권자의 현금흐름 1 억원

기업의 현금흐름 4 억원

(2) V = 25억원

(3) ① 20% ② k_e = 30%

10-11

(1)

① 26(억원)

② k_0 = 13%

③ V = 200(억원)

(2)

① 주주의 현금흐름 20 억원

채권자의 현금흐름 12 억원

기업의 현금흐름 32 억원

② k_0 = 16%

③ V = 200(억원)

10-12

현금흐름에 법인세 절감효과를 반영하고 자본비용에서는 반영하지 않는 방법이다.

10-13

(1)

① 부채가치 = 333.3억원

② 기업가치는 1,500억원에서 1,333.3억원으로 감소

(2)

① k_d = 15%

② k_0 = 18.75%

제 11 장

11-4

(1) V = 200(억원)

(2) k_e = 0.11

(3) k_0 = 0.1

11-5

(1) $k_0 = k_e$ = 0.2

(2) ① S = 10(억원) ② k_e = 0.6

(3) 재정이익 = 2 억원

11-6

(1) 재정이익 = 2 억원

(3) ① k_0 = 18.33(%)

② k_e = 22.5(%)

(4) 10(억원)

(5) ① k_0 = 16.67(%)

② k_e = 22.5(%)

제 12 장

12-3

(1) ① 5(억원)

② 55(억원)

(2) S = 45(억원)

주가 = 45(만원)

12-4

소신기업의 가치 = 72 억원, 자기자본가치=44억원

12-5

(1) 현대기업의 가치 = 60억원
(2) C = 11 (억원)

12-6

(1) $V_L = 30+20\times0.4 = 38$(억원)
(2) 재정이익 = 2 억원

제 13 장

13-2

(1) ① EPS = 2,500(원)
② DPS = 750(원)
(2) 배당성향 = 30(%)
(3) 자본이득 = 3,000 (원)
배당수익률 = 3.75(%)
(4) 주식수익률 = 18.75(%)
(5) 배당률 = 15(%)

13-3

(1) 배당을 하지 않는 경우
현재주가 P_0 = 1,000
기업가치 V = 100,000
(2) 이익의 50%를 배당하는 경우
현재주가 P_0 = 1,000
기업가치 V = 100,000
(3) 이익 전액을 배당하는 경우
현재주가 P_0 = 1,000
기업가치 V = 100,000

13-4

배당하지 않는 경우 = 20,000
50% 배당하는 경우 = 18,000
100% 배당하는 경우 = 16,000

제 14 장

14-5

리스사용의 순현가 = 106.61

14-6

리스사용의 순현가 = −7.111

제 15 장

15-2

(1) 10월 3일　　15,000만원
　　10월 4일　　15,500만원
　　10월 5일　　15,750만원
　　10월 6일　　15,500만원

(2) 1500만원(=3×50만원×10단원)

15-4

(1) 선물계약을 하는 경우 : 배럴 당 35달러
　　현물을 사서 보관하는 경우 : 32.5달러(=30×(1+0.05)+1)

(2) 32.5달러가 되어야 함

15-5

(1) 1×100/500 + 4×400/500 = 3.4

(2) (500억/500만원)×3.4 = 3,400단위(매도)

(3) 포트폴리오의 체계적 위험은 없앨 수 있으나 비체계적인 위험은 없앨 수 없다.

15-6

(1) 1년 후의 선도이자는 다음과 같이 20%가 된다.

$$\frac{132}{(1+0.1)(1+f)} = 100 \quad \rightarrow \quad f = 20\%$$

따라서 선물가격은 다음과 같이 110만원이 된다.

$$\frac{132}{1+0.2} = 110$$

(2) 20%

15-7

(1) 삼성전자에 투자시 수익률 = 10%
　　선물투자시 수익률 : 100억원을 매입할 수 있으므로 10억/15억 = 66.7%

(2) 삼성전자에 투자시 수익률 = −10%
　　선물투자시 수익률 : 100억원을 매입할 수 있으므로 −10억/15억 = −66.7%

15-8

(1) 균형상황에서의 선물가격 : 100×(1+0.05) = 105
　　따라서 균형이 아니다.

(2) 이 경우는 선물이 상대적으로 가격이 낮고 현물이 가격이 높다. 따라서 선물의 가

격이 상승할 수도 있으나 현물의 가격이 하락할 수도 있다.

제 16 장

16-3

(1)

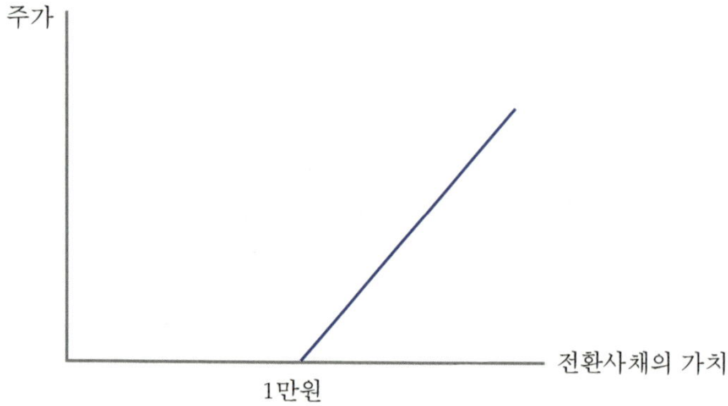

(2) 전환사채는 주가를 기초자산으로 하는 콜옵션의 성격을 갖는다.

16-5

풋콜패러티에 의해
주가 + 풋옵션가격 = 콜옵션가격 + 행사가격의 현가
50만원 + 풋옵션가격 = 7만원 + 55/(1+0.1)
풋옵션의 가격 = 3만원

16-6

주가를 S, 풋옵션의 가격을 P, 콜옵션의 가격을 C라 하면
풋콜패러티에 의해
$S + P = C + S/(1+R)$
따라서 $C > P$

16-8

(1) 5주를 발행하면 주가가 상승하든 하락하든 재산이 8,000원이 된다.
(2) $10{,}000 - 5 \times C = 8{,}000/(1+0.1) \rightarrow C = 545.5$
$P = 545.5 + 12{,}000/(1+0.1) - 10{,}000 = 1{,}454.6$
(3) $10{,}000 - 5 \times C = 8{,}000/(1+0.05) \rightarrow C = 476.2$ (콜가격의 하락)
$P = 476.2 + 12{,}000/(1+0.05) - 10{,}000 = 1{,}904.8$ (풋가격의 상승)

16-9

(1) 풋옵션 1주 구입시

주가상승시 재산 : 12,000

주가하락시 재산 : 8,000 + 2,000

풋옵션 2주 구입시

주가상승시 재산 : 12,000

주가하락시 재산 : 8,000 + 2×2,000

따라서 풋옵션을 2주 구입하면 재산이 항상 12,000원이 된다.

(2) 주식 1주와 풋옵션 2주구입시 투자액 : $10{,}000 + 2\times p$

1기 후 재산 : 12,000

$\rightarrow 10{,}000 + 2\times p = 12{,}000/(1+0.1)$

$p = 454.6$

▩ 저자 소개 ▩

• **이 상 우 (李相雨)**

서울대학교 경영학과
서울대학교 대학원, 경영학석사(재무관리)
서울대학교 대학원, 경영학박사(재무관리)
서울시립대학교, 한국외국어대학교 강사
공인회계사시험 출제위원
미국 미주리주립대 연구교수
한국재무관리학회 이사
현재, 전주대학교 경영학부 교수
E-mail:minaa@jj.ac.kr

〈주요 논문〉

은행의 대리문제와 부실기업의 출자전환(2007)
코스닥시장에서의 IPO기업의 장기성과(2009)
증권투자론(2010)
창업기업의 실태에 대한 탐색적 연구(2011)
중국증권시장의 정보이전효과에 관한 연구(2012)
GARCH모형을 이용한 항공관련 주식수익률의 상호 연관성 분석(2013)
중국차스닥시장의기업가치평가모형에관한연구(2013)

• **이 의 경 (李義景)**

성균관대학교 경제학과
서울대학교 대학원, 경영학석사(재무관리)
서울대학교 대학원, 경영학박사(재무관리)
공인회계사
전주대학교 교수
공인회계사시험 출제위원
미국 일리노이대학교 연구교수
한국재무관리학회 이사 및 편집위원
대진대학교 사회과학대학 학장 역임
현재, 대진대학교 경영학과 교수
E-mail:eklee@daejin.ac.kr

〈저서와 논문〉

증권강의, 제5판(신론사, 2008)
선물과 옵션 제2판(명경사, 2010)
재무관리-이론과 응용 제4판 (경문사, 2010)
이기적인 대리인들 (명경사, 2011)
경영수학 통계학(명경사, 2016)
How to Teach M&M' S Capital Structure Irrelevance Theory(2006)
환음결정모형에 대한 교육적 관점의 실증분석(2010)
중국증권시장의 정보이전효과에 관한 연구(2012)
인적특성변수가투자성과의교육효과에미치는영향(2013)

제3판 알기쉬운 재무관리

2000년 3월 10일 초 판 1쇄 발행
2004년 2월 10일 초 판 7쇄 발행
2004년 8월 5일 제 2 판 1쇄 발행
2009년 8월 10일 제 2 판 6쇄 발행
2011년 2월 10일 제 3 판 1쇄 발행
2018년 1월 25일 제 3 판 6쇄 발행

저 자 **이 상 우 · 이 의 경**
발행인 **한 의 명**
발행처 **명 경 사**
주 소 : 경기도 파주시 탄현면 금산리 345-10
전 화 : 02)2164-1591(代) 팩 스 : 02)2164-1594
Home-page : www.mkpub.co.kr
E-mail : mkspub@daum.net
등록 2000년 8월 9일 제10-2024(倫)

• 정가 **28,000원**

ISBN 978-89-94236-15-5